闽海学刊

第一辑

肖庆伟◎主编

闽南师范大学文学院◎编

海峡出版发行集团
THE STRAITS PUBLISHING & DISTRIBUTING GROUP
福建人民出版社

编 委 会

刊首语

闽海之称，由来已久。晚唐五代福建诗人黄滔《祭先外舅》云“绵邈吴山，苍茫闽海”，乃最早提及闽海一语，并有指代福建之意。至宋，闽海一语使用增多，或为福建士人自称，或为宦游福建者自述。及元，改福建广东道为福建闽海道，并在江南诸道行御史台下设闽海道廉访司，这是中国历史上首次以“闽海”冠名设置的行政机构。至此，闽海已获得官方认可，正式成为福建区域地理的指称。自康熙二十二年清朝统一台湾，“台海”一语始现，其意初指台湾西部海域。至嘉、道间，闽海在地理内涵上已有覆盖台海之势。林树梅在向闽浙总督邓廷桢阐述全闽备海之策时说道：“闽海界连浙、粤，濒海之宁、福、兴、泉、漳、台，各有汊口，不能一一设备。”闽海已然包含福建、台海、台湾在内。

闽南师范大学地处闽海之南，学校建立之初，中文即为重点学科。陈炳昭、刘庆璋、林继中、汤漳平、张桂兴、王春庭、胡金望等教授辛勤耕耘，奠定学术之基础，薪火相传，迄今已逾六十载，学风日炽。2021年，文学院幸获一级学科博士点，遂使中文学科登上新的发展平台。新的平台，需要承担更大的责任。爰此之际，编辑《闽海学刊》，秉持求是创新之宗旨，立足闽南，广对四海，发布高质量学术文章，展示中文学科相关领域的最新研究成果，促进学界交流合作，为推动中文学科发展贡献自己的绵薄之力。

回溯传统，展望未来。闽海拥有深厚的文化根基，我们从这里出发，与各地同道通力合作，相信终将走出一条有特色的学术之路。

闽南师范大学文学院

2024年7月

目　　录

科幻电影研究

闽台海疆文学文献研究

语言文字研究

佛教文学研究

古代文学研究

CONTENTS

Science Fiction Cinema Studies

Fujian and Taiwan Coastal Areas and Territorial Seas Literature Studies

Language and Philology Studies

Buddhism Literature Studies

Classical Chinese Literature Studies

科幻电影研究

比较视野下的科幻喜剧片*

黄鸣奋

（厦门大学电影学院，福建厦门　361005）

摘　要：科幻喜剧片以奇思妙想激发观众的创新思维，引导他们在笑声中思考有关科技、人性和自我等问题。与其他喜剧片比较，科幻喜剧片的特点在于构建跨天体、跨物种、跨人机的喜剧情境，超越现实羁绊。与其他科幻片比较，科幻喜剧片的特点是将时间想象、空间想象和末日想象置于喜剧视野下展开，寓庄于谐。西方科幻喜剧片相对倾向于以调侃的方式揭露社会弊端、进行政治批判，中国科幻喜剧片相对倾向于通过制造笑点激浊扬清、进行道德讽喻。中外科幻喜剧片都深受科技发展的影响，也都力求通过对科技价值的辩证思考发挥自己的社会功能。

关键词：科幻电影；创意；喜剧片；比较研究

喜剧最初是指寓庄于谐的戏剧，在人类文明初期就已经产生。它通常诉诸夸张的手法、诙谐的台词、另类的视角、丑化的角色，以期揭示否定性事物的不堪，增进对肯定性事物的喜爱，或使观众因为目睹剧中人陷于尴尬而产生相对的优越感。喜剧电影虽然诉诸屏幕影像而非传统舞台，但就主旨而言继承了上述传统。它诞生于 19 世纪末，以描绘顽童戏弄花匠场景的法国短片《水浇园丁》（*L'arroseur arrosé*，1895）为开山之作。在那个时代诞生的科幻滑稽片，可以说是科幻喜剧片的先导，法国短片《自动香肠店》（*La Charcuterie mécanique*，1895）可以为例。它主要显示生猪变成肉制品的过程，具有某种逗趣意味。进入 20 世纪之后，科幻喜剧片在娱乐经济的总体格局中获得发展，大大增强了故事性，虽然以搞笑为特色，但不乏值得思索的意蕴，深受观众喜爱。这一点在 21 世纪犹然。对于科幻喜剧片的基本定位，可以从与其他喜剧片的比较、与其他科幻片的比较、中外比较等角度予以把握。所谓“妙趣横生”，是指相关作品结合了科技与幽默，不只是遣愁索笑，而且展现了一种轻松的对未来的探索与想象，同时也可能暗藏对现实的讽刺或批判。

---

*　本文为国家社科基金艺术学重大项目“比较视野下中国科幻电影工业与美学研究”（21ZD16）的阶段性成果。

一、科幻视野下的喜剧：与其他喜剧片比较

“所谓喜剧电影，就是让人发笑的作品。”优秀的喜剧电影不仅给人带来欢笑，而且值得观众深思。① 作为例子，可以举出下述各届奥斯卡金像奖最佳影片：第 7 届美国《一夜风流》（*It Happened One Night*，1934），第 11 届美国《浮生若梦》（*You Can't Take It with You*，1938），第 17 届美国《与我同行》（*Going My Way*，1944），第 29 届美国、意大利、西德、南斯拉夫合拍片《环游世界八十天》（*Around the World in 80 Days*，1956），第 31 届美国《金粉世界》（*Gigi*，1958），第 33 届美国《桃色公寓》（*The Apartment*，1960），第 36 届英国《汤姆·琼斯》（*Tom Jones*，1963），第 75 届美国、德国合拍片《芝加哥》（*Chicago*，2002），第 84 届法国、比利时、美国合拍片《艺术家》（*The Artist*，2011），第 87 届美国、加拿大合拍片《鸟人》（*Birdman or The Unexpected Virtue of Ignorance*，2014），等等。上述喜剧片都是以描绘地球人现实生活为主的，其中《环游世界八十天》具备科幻成分。与其他喜剧片相比，科幻喜剧片擅长利用科技元素（如太空船、外星生物、机器人等）营造夸张、神奇和想象力极强的情境，以此来达到幽默和娱乐的效果；探索未来社会中可能出现的问题和文化冲突，以此为契机，通过幽默和讽刺的手法进行社会批判与反思；注重特效，给观众带来新奇的体验。下文从跨天体、跨物种、跨人机角度对喜剧情境加以分析。

（一）不罄于前：构建跨天体喜剧情境

喜剧情境包含令人发笑的矛盾冲突，通常由误会、戏仿、失态、机智、巧合、夸张等因素构成。科幻电影所构建的喜剧情境具备如下特点：（1）假定性，即不可能发生于现实生活之中。例如，法国《月球旅行记》（*Le voyage dans la lune*，1902）设想六名天文学家乘炮弹舱登月，与当地土著发生冲突。美国《坦克女郎》（*Tank Girl*，1995）设想少女驾驶坦克，带领变异基因袋鼠人发动进攻，打垮霸占星球水源的公司。“少女驾驶坦克”，这种现象在现实生活中即使有，也相当罕见；“带领变异基因袋鼠人进攻”，这种现象目前在现实生活中根本不可能出现；再加上“打垮霸占星球水源的公司”这一目标意义上的限定，那么，上述情节完全可以认定为纯属虚构。（2）奇异性，即事情的因果关系不仅出乎观众的意料之外，而且没有明确的合理根据（可能是出于巧合、误会、夸张或“无厘头”）。例如，美国《星际远征》（*Galaxy Quest*，1999）设想人类演员出演太空英雄，却真的帮助外星人抵御可怕敌人。美国《外星神犬》（*Good Boy!*，2003）中的父母为 12 岁小男孩欧文收养了一只小狗，它居然是来自行星“故乡”的星际调查员。这类情节都属于

① 张家新、陈红梅：《坚守喜剧精神内核——当代喜剧电影研究》，《戏剧之家》2019 年第 17 期，第 6 页。

“咄咄怪事”。事物的属性超出常识范围，也可能构成奇异。例如，美国《你来自什么星球?》(*What Planet Are You From*，2000）提到本无外部生殖器的外星人为到地球找配偶，给自己配了勃起时会发出响亮声音的阳具。又如，美国《新邻里联防》(*The Watch*，2012）提到外星人用蛋蛋思考。这类细节几近于“胡思乱想”。(3）窘迫性，即涉及需要一定机智或能力方可化解的尴尬境况。例如，在美国《火星叔叔马丁》(*My Favorite Martian*，1999）中，好客的主人蒂姆偷拍客居的火星人马丁的原形，录像带被记者布瑞丝窃取，即将在电视台播放。蒂姆和马丁赶紧合作去阻止。马丁制服布瑞丝，变成她的形态出镜，但在直播时因控制不了自己的身体即将露馅。蒂姆急中生智，冒着被摄像机揭露的危险，钻到导播台下面帮助马丁控制不断冒出来的触手。上述机智如果通过语言表达出来，往往被称为“幽默”。如果窘迫已经到了再机智、再有能力都无法化解的程度，只能报以无可奈何的苦笑或明知不可而为之的解嘲，往往被称为“黑色幽默”。例如，日本《美丽之星》(*A Beautiful Star*，2017）的主人公因看到飞碟而认为自己和家人是从火星、木星等不同星球来的，想要带领家人肩负起拯救地球的使命。如影评所言：“这个家族从濒临破碎到重归温馨，戏剧性地竟然靠的是同为外星人的同类感情纽带，影片中用带着一丝黑色幽默的手法让人们感受到了家庭的温暖。”① 某些影片故意放大、凸显不合理现象，使之变得荒诞不经。例如，我国《海带》(2017）以精神病患者卫仁磊为主角，围绕他提醒大家说海带星人将在13天后入侵地球、虽有根据但无人相信一事，对传媒与世态加以讽刺。我国动画片《圣蛋传奇之猪公的骰子》(2018）描绘玻色子星系的盟主猪老大将战争作为自己植入的罂粟种子精心呵护，杂种人大鸡拍受萝卜星人唆使从外婆家鸡蛋星回父亲家苹果星挖祖坟等事件，极尽嘲讽之能事。上述两部影片的叙事风格也可以归入黑色幽默。

喜剧情境的特点集中体现于引人发笑。误会、戏仿、失态、机智、巧合、夸张等都可能产生这样的效果。科幻喜剧片围绕外星人构想了不少这样的情景。例如，土耳其《G. O. R. A.》(2004）设想被外星人绑架的聪明土耳其青年地毯商对该星球安全总长以智取胜，显示出人文精神。加拿大《外星人菲尔》(*Phil the Alien*，2004）中的外星人具有变形能力和意念力量，坠落加拿大北部后与当地人为友，使人相信他是救世主，并作为歌手加入乐队巡回演出，挫败想干掉他的杀手。上述两例重在机智。美国动画电影《四眼天鸡》(*Chicken Little*，2005）中的小鸡因为被橡果砸中而推断外星人来袭，被视为臆想，不料此事却成真。泰国《虫虫欲动》设想某小镇的生活被天上掉下的外星生命搅得地动山摇。上述两例重在巧合。美国《非法移民》(*Illegal Aliens*，2007）设想三个外星女郎阻止星际恐怖分子撒坦克斯破坏地球。英国、美国合拍片《保罗》(*Paul*，2011）设想两个

---

① 赵清荣、陈爱琴：《从影片〈美丽之星〉看日本生态危机意识》，《大众文艺》2019年第24期，第178页。

呆头呆脑的漫画迷极客在拯救从51区逃出的外星人、帮助他返回母星的过程中成了整个银河系的英雄。上述两例重在夸张。美国与中国合拍的短片《绿色食品》（2021）设想飞船在返回地球时被陨石击中，食品储运舱被撞飞。虽然救援队已经出发，但飞船上的三个航天员单靠所余食品难以撑到救援队抵达。在这样的背景下，是维护人类尊严，将所捕获的外星人尸体完好地运回地球，或者屈从口腹之需，将它当成食物吃掉，成了有争议的问题。关键在于判定它是否为智慧生命。如果不吃外星人，那也许三个人为活下去只好彼此相食，同样是伦理难题。老王因为饥饿难忍，先咬了外星人尸体一口，其他两个航天员继而效尤。等救援队到达时，外星人尸体只余下一根骨头。还好救援队说它无脑而且有光合作用，于是吃过它的航天员欢呼起来，其中之一庆幸自己还是素食主义者。从喜剧效果看，该片重在三个宇航员因缺乏食物导致的失态。

古人有画鬼容易，画犬马难的说法。“鬼魅最易。夫犬马，人所知也，旦暮罄于前，不可类之，故难。鬼魅，无形者，不罄于前，故易之也。”① 外星人是和鬼魅类似的艺术对象，既不能断言其有，也不能断言其无，反正谁也没见过（不罄于前）。正因为如此，很适宜用于构建跨天体喜剧情境。这种情境之所以令人发笑，至少有如下三种原因：

一是若相信外星人存在会显得可笑，因为不合人们所了解的常识。例如，我国香港《星际钝胎》（*Twinkle Twinkle Little Star*，1983）主要叙述美女李天珍被“外星人”抓进飞碟回来后自证清白的故事。该片的情节一波三折，围绕到底外星人是否存在做文章，直到片末仍未给出明确答案。李天珍与私家侦探伊电在教堂举行婚礼，记者冲了进来，说美国人证明有外星人存在，大家争相要和李天珍签独家报道合同，有个记者还强行将笔塞到她手里。李天珍很生气，三拳两脚将他们打出去。婚礼继续进行，但新娘突然跑了。伊电顿时觉得天都塌了，无精打采地走出教堂。没想到李天珍跑过来拥抱他，说自己刚才只是去将笔还给记者。两个主角幸福地拥抱。没想到天上突然出现飞船（暗示可能外星人来了），李天珍感到恐惧，但飞船闪出“囍”字。伊电说那是自己租的（暗示并非外星人来了）。没想到飞船突然撒下来绿色黏糊糊的东西（暗示可能是外星人干的），伊电安慰李天珍说那是礼饼（暗示并非外星人干的）。短短几分钟的镜头，对外星人存在与否的问题给出的答案变动了好几次。我国动画实景混合片《我儿子去了外星球》（2018）同样围绕上述问题做文章，给出模棱两可的答案，以营造喜剧效果。在该片中，农民陈立根守护不知真假的外星人尸体，因他要用它换回似乎被其他外星人带走的儿子。电视台记者王小如和摄影老李深入采写新闻，先是发现陈立根似乎为吸引农家乐来客而编造与外星人遭遇的故事，不久又觉得他似乎受骗于吸毒的流浪者，但这个流浪者居然从警察监视之下的病房神秘消失，似乎真的被外星人接走。

二是外星人与地球人相互觉得可笑，因为不符合各自所理解的常情。例如，在我国

① 韩非：《韩非子》卷十一“外储说左上第三十二”，《四部丛刊初编》本，第86页。

《火星宝贝之火星没事》(2009)中，某家具公司经理罗秉文因爱妻早逝而在五年后领养一男婴，起名“没事”。不料这个男婴来自火星、具有异能，长大后惹出不少麻烦。他擅自将幼儿园的小伙伴们带到天文馆，向大家介绍火星，说那里的山比地球最高的山高三倍，有巨大的游乐场，从上面滑下来得花40分钟，将屁股都擦破了，因此禁止穿开裆裤滑。这时，天文馆的屏幕上显示火星冒红光，解说员阿姨说那是火星气旋，但“没事”说那是大楼失火，因为火星上的大人没有地球上的大人那么乖。又如，我国《外星萝莉》(2016)设想外星人胡可不谙地球人规矩，其举止因此显得好笑。《寻找寄生体》(2017)将外星人寄生于地球人身体的感受当成笑料的来源。贝塔星武官、学者来地球后占据傻子阿宝的身体，不懂得排泄是什么意思，因为下体“漏水”而想将其割掉；不懂得感动是什么意思，惊叹眼睛“漏水”和下体“漏水”味道不一样。

三是地球人与外星人的互动在因果关系上显得可笑，因为不符合观众所熟知的常理。例如，美国《火星家园》(*Martians Go Home*，1990)设想某歌曲作家邀请十亿绿色火星人来地球，结果这些客人变成麻烦制造者。又如，我国短片《晴爱物语之再见火锅》(2013)设想成都火锅突然消失，空气中火锅味下降，导致许多人昏迷。报社记者杨挺获悉此事是外星人作祟。外星卧底李志超因爱上火锅而倒戈，要杨挺毁灭他，说这是挽救危机的办法。杨挺经过犹豫照做，拯救了世界，并赢得了“不嫁不吃辣男人”的姑娘姚霜的欢心。美国、中国合拍片《像素大战》(*Pixels*，2015)中的外星人将经典街机游戏的视频摘录误解为战争声明，以视频游戏的形式攻击地球。我国《坑蒙拐骗外星人》(2018)设想土豆村的人为证明外星人来过，将一只本地锦鸡当成外星物种。我国《你瞅啥？外星人》(2021)设想地球朝阳村主任谢一飞用大葱蘸大酱对付驾驶飞船来地球的外星不速之客。谢一飞成立地球护卫队，与刘凤娟、潘乐乐和霹雳哥一起找外星人莫吉算账。谢一飞根据先前与莫吉打交道的经验，以为用大酱可以砸倒莫吉，不料莫吉这次将大酱当成美味。原来莫吉怕的味道不是来自大酱，而是来自大葱。这类情节在影片中都是笑点。

编导虽然设置了笑点，但观众是否会因此而发笑，笑与不笑的原因又是什么，都是相当复杂的问题。大致而言，有三种情况值得注意：一是与认知过程相关的笑。比如，若发现剧中人明显愚蠢的不当言行，或者发现电影出现穿帮，观众都可能发笑。这种笑基于观众因理智而产生的相对于剧中人或编导的优越感。二是与情感过程相关的笑。比如，若发现剧中人用其机智或能力巧妙地化解了窘迫，或者发现电影巧妙地解决了事关重大的悖论问题，观众也可能发笑。这种笑基于观众因钦佩而产生的对剧中人或编导的好感。三是与意志过程相关的笑。比如，若发现剧中人明显的狂妄或电影编导不适宜的说教，观众同样可能发笑。这种笑基于观众因自信而产生的对剧中人或编导的鄙视。

涉及跨天体喜剧情境的科幻片为数众多。除上引外，动画电影还有美国《疯狂外星人》(*Home*，2015)、美国与日本合拍片《刺猬索尼克2》(*Sonic the Hedgehog 2*，2022)，我国“开心超人”系列，“太空熊猫”系列，《黑猫警长·翡翠之星》(2015)，《长江 7 号之超萌特攻队》（2015），《吃货宇宙》（2018），等等。西方实景电影有美国“外星通缉者”系列、《尖头外星族》（*Coneheads*，1993）等。我国实景电影有香港《两傻大闹太空》（1959）、《魔翡翠》（1986）、《憨星先生》（1997），台湾《圈养女主播计划》（2017），内地《来自星星的教练》（2014）、《从天儿降》（2015）、《外星人》（2016）、《异星寻爱记》（2016）、《国民女团》（2017）、《外星痞子》（2017）、《废柴外星人》、《我的外星女友》（2017）、《一惊到底：反斗空城》（2018）、《小强大战外星人》（2019）、《我的外星人舅舅》（2019），以及短片《华氏 311》（2008）、《文艺青年大战火星人出租车司机》（2015）等。

（二）不可思异：构建跨物种喜剧情境

跨物种喜剧情境与前述跨天体喜剧情境有相通之处，如果将外星人与地球人视为不同物种的话。例如，在我国《长江七号》（2008）中，主角小狄收到父亲赠送的礼物玩具狗，居然是来地球济困扶危的外星生物。我国动画片《开心超人 2 · 启源星之战》（2014）设想主角为救失踪伙伴踏上冒险之旅，到达陌生星球，共同对抗入侵家园的邪恶沙怪。我国《不可思异》（*Impossible*，2015）设想来地球采样的外星人变成核桃状魔球，他将地球人唐立果当成小白鼠，称其为傻子，并送给他一辆小轿车，引发唐立果居住的小楼震动。唐立果称他“么么哒”，因为他出现时经常发出这样的声音。上述三部影片所设置的喜剧情境都兼有跨天体、跨物种的效果。第三部影片的标题颇有意思。就字面而言，“不可思异”包含悖论性的双重含义：想不到居然这么奇异（奇怪、异常），因此见了就发笑；只有不往奇怪、异常的方向去想，才能做出正常的判断，否则就会被人取笑。美国与日本合拍的动画片《刺猬索尼克 2》（*Sonic the Hedgehog* 2，2022）亦为一例。该片将一只能够超音速奔跑的蓝色刺猬当成主角。它移居地球上的绿丘镇之后，因急于证明自己有成为英雄的潜能，引发了混乱。老对手蛋头博士借助神秘力量带巨型机器怪物返回地球，与新帮手针鼹纳克鲁斯一起，妄图夺取可以扭曲现实的翡翠，毁灭世界。刺猬索尼克和跟班黄毛狐狸塔尔斯联手阻止其邪恶计划，拯救了地球。如果排除跨天体的因素，仍有可能构建跨物种喜剧情境。例如，我国《特异功能猩求人》（*Miracle* 90 *Days*，1992）中的马戏团猩猩芝达因机缘巧合转变为人，与预定猩猩表演的那位公司女职员为友。他试图融入都市社会，结果弄出许多笑话。

就国产影片而言，在构建跨物种喜剧情境方面最为知名的应当是大陆、香港合拍的《美人鱼》（*The Mermaid*，2016），由周星驰导演。该片不仅具有周氏喜剧的标志性风格，而且融合了广为人知的文学母题（人鱼故事），“创造了一种深邃与诙谐共存的审美效果”。[①] 在该片中，年轻的千亿富翁刘轩花重金拍下青罗湾，其他富商都觉得他肯定要亏

① 高雪洁、苏屹：《深邃与诙谐共存——〈美人鱼〉建构的喜剧电影形式与风格》，《理论观察》2016 年第 9 期，第 113—114 页。

本200亿。但他获得填海批文，看来这项目行情肯定要涨，房地产商若兰因此注资300亿。但青罗湾是海豚保护区，开发商决定用强力声纳驱离，结果危及海中人鱼水族。美人鱼珊珊奉派去勾引并刺杀刘轩，但未成功，反而暗生情愫。该片采用如下手法以构建跨物种喜剧情境：一是童趣。美人鱼存在于古代传说之中，经过丹麦安徒生等近现代童话作家的渲染而广为人知，深为儿童所喜爱。由人类演员出演美人鱼，这种人对鱼的模仿具有童趣，可以创造喜剧效果。二是错位。美人鱼原先被设想只存在于罕见人迹的海洋，如今却出现在作为高科技消费社会的城市，形成极大反差。人鱼与人类所生活的环境迥异，价值标准自然不同。珊珊请刘轩吃她做的烤鸡，刘轩因此想起儿时老爸对自己的疼爱，开了一张百万元的支票给她，但珊珊将支票扔进火里烧了。这个级别的支票对平常人来说价值不菲，但对没有商品交换、货币流通和银行兑付之观念的人鱼来说却没有什么意义。因此，烧支票这一细节是具备喜剧效果的合理设计。它对男女主角之关系的质变具备重要意义（刘轩觉得珊珊不像其他女子那样为了金钱绕着自己转，喜欢上她）。三是俗化。刘轩去珊珊家（停在海边的一条破船）拜访，获悉功能强大的声纳对海洋生物造成的危害。他回来后，亲自去体验，结果痛苦到大便失禁，而这还是声纳只开1/10功率的效果。因此，刘轩下令关掉声纳，这对人鱼无疑是福音，体现了编导倡导环保的创作意图。俗化不只意味着设想大便失禁之类不高雅的现象，而且意味着大众化，有时被用于故意亵渎那些貌似高贵的事物（如绅士做派），甚至具备颠覆性作用。

除上述例证之外，我国还出品了一些以构建跨物种喜剧情境为特色的科幻片。例如，《熊出没·狂野大陆》（2020）设想游客在游乐场借助基因技术变身各种动物以娱乐，《变异兽》（2016）设想原先自命不凡的大明星被神秘组织变形为动物后的尴尬。它告诉观众：人不可貌相，不是靠脸吃饭。该片的主角AJ本来认为自己的脸最重要，后来其头部因为得罪人而被变成猫头鹰状，但观众仍然欢迎他的歌声。他因此大彻大悟，公开承认自己变形的事实，继续为大家演唱。整个故事吻合“浪子回头金不换”的原则。

（三）不拘绳墨：构建跨人机喜剧情境

致力于构建跨人机喜剧情境的科幻片可能包含上述跨天体、跨物种因素。例如，我国《异想天开》（1986）既设想主角徐立国靠异能打败外星人、拯救空姐张小瑜，又设想他借助展厅的机器人打败追赶的武僧。当然，科幻片也可以相对独立地构建跨人机喜剧情境。例如，我国《百变星君》（1995）的主角李泽星作为人造人复活之后能变出包括足以融化杀手铁甲威龙的超级微波炉在内的各种形态，以此构成具备假定性、奇异性和机智性的喜剧情境。我国《机器侠》（2009）亦可为例。该片以人机恋为题材，兼有喜剧和悲剧成分，践行了导演刘镇伟“笑着哭”的煽情法则。① 国外科幻片同样不乏跨人机喜剧情境。例

① 黄文杰、孙昭：《〈机器侠〉：无厘头移植与失策》，《电影艺术》2009年第6期，第46页。

如，在美国《神秘科学剧院》（*Mysterious Science Theater* 3000：*The Movie*，1996）中，科学家弗雷斯特博士想通过卫星大量播送低俗 *B* 级片以征服世界，因此找来麦克和两个机器人做实验，不料这三位观众一边看一边嘲笑。在美国《怪物大战外星人》（*Monsters vs. Aliens*，2009）中，美国总统组织人们欢迎到访地球的独眼探测机器人，没想到机器人却伸出巨掌要抓他，总统因此出洋相。在美国、加拿大合拍片《失控玩家》（*Free Guy*，2021）中，一位银行出纳员发现自己其实是电子游戏里的非玩家控制角色，他拒绝平庸，立志成为英雄。上述情境都有喜剧意味。

所谓“不拘绳墨”，原意是使用工具或制作产品时不循规蹈矩，喻意是人的行为或艺术风格洒脱豪放。在科幻语境中，我们以这个成语寓指有关人机互动的构思超出社会刻板印象。构建跨人机喜剧情境的手法有很多，试举例说明：(1) 在对立的两极之间形成强大张力。例如，我国短片《空气人》（2014）中的阿明和小美是一对正在闹分手的伴侣。虽然同居一室，但某天清晨醒来之后突然发现对方只存在于镜子中，只能通过手机进行语音交流。他们由此想到如果不为彼此做点事的话，自己可能真的就要从世界上消失了。在我国《智能天使》（*AI Angel*，2017）中，主角郑乐的手机铃声很独特：“爷爷，你孙子来电啦!”原来，郑乐是一位自视甚高但屡屡受挫的程序员。他在 108 次面试失败之后当了快递员，自豪地说自己找工作不是为了面试，而是想借此机会拯救人类。(2) 制造各种令剧中角色出丑的尴尬情境。例如，在我国《觉醒：仿生浩劫》（2018）的开头，富二代郑浩在仿真世界“重建现实”系统中救了一个美女，事后想求欢，不料美女却说晕血（郑浩刚才受伤，身上有血迹），这坏了郑浩的好事。又如，在我国《超级 APP》（2018）中，虚拟人丽塔敦促主角韩晨起床。他若置之不理，她就每秒从他的银行账户捐给慈善机构 100 元。再如，根据法国《巨型漏洞》（*Big Bug*，2022）的构思，一个房间中的 6 个家用机器人智能发达到足以模仿人类。生产它们的蓝眼睛公司已经进入社会生活方方面面并施加控制，但由于程序缺陷（Bug）而导致大堵车。家用机器人发现户外环境危险，自动将大门锁上。里面的 7 个本真人出不去，只好设法将房间内环境变得不安全，以诱导家用机器人开门。不料开门之后来的是蓝眼睛公司的代表，他威胁要逮捕房间内的本真人，没想到门外发生了成群无人机进攻蓝眼睛公司的大事变。原来是这家企业操作失误，将自己设置成敌对对象了。(3) 运用误会与巧合安排情节。例如，在我国《疯狂 AI 之夺命外挂》（2017）中，某编辑部程序员陈奇开发出智慧城市系统外挂软件“真数”，以便于记者采访火爆新闻。根据该软件的建议，陈奇和记者拦住前来拍摄神创大电影（并非美国 1975 年同名作品）的导演马小刚（谐指冯小刚），但这位导演只是匆匆说了一句“如果你们能够释放人性，我就接受你的采访”，“真数”果真将疯人院的病人都放了出来，这就是它所理解的“释放人性”。我国《机器情人 2·野蛮女管家》（2017）着眼于黑客乔子俊、雇主胡总与其太太、男性机器人马克斯与女性机器人艾玛五个角色之间的复杂关系，设计出胡总出轨、机器人互换性别、胡总与乔子俊之间的控制与反控制等复杂情节。其中之一是巧合。原来，乔子俊奉胡总之命在家测试机器人，结果被艾玛管束得受不了。他和马克斯合谋关闭她，不料她有被关闭超过十小时就自动向胡总报告的功能，乔子俊因此被扣三个月工资。他和马克斯再度合谋关闭她并重写其程序，不料胡总五分钟后就要来检查，乔子俊为避免露馅，只好采用马克斯提出的方法，让两个机器人交换芯片。除上引之外，以跨人机喜剧情境为特色的国产科幻喜剧片还有《机器情人》（*Worm Max*，2015）、《我的极品女神》（*iGirls*，2016）、我国《异能机友之东京龙珠》（2016）、《贴身萌妹腹黑计划》（2017）、《我的新款女友》（2017）、《超能手机》（2020）、《我的女友是机器人》（2020），以及动画片《汽车人总动员》（2015）、《超级飞侠：乐迪加速》（2023）等。

上述分析表明：若和其他喜剧片相比的话，构建跨天体、跨物种、跨人机喜剧情境是科幻喜剧片的重要特色。就此而言，我国香港著名喜剧演员周星驰作出了重要贡献。他不仅出演、执导科幻喜剧片，而且成为某些科幻喜剧片不在场的主角。《还星爷一部电影》（2017）可以为例。该片设想外星人大米为解除母星百姓战后忧郁症而来地球，想邀请周星驰去施治，虽未见到星爷，却得到其秘籍，学到喜剧表演的本事，留在地球。科幻喜剧片从总体上说受到了观众的欢迎。不过，跨天体、跨物种、跨人机喜剧情境主要是通过虚构营造的。因此，科幻喜剧片在放飞想象的同时削弱了自己的现实感，可能导致“故事资源的窄化”“现实逻辑的断裂”。① 这或许是创新所付出的代价。

二、喜剧视野下的科幻：与其他科幻片比较

科幻喜剧片是科幻和喜剧这两种电影类型的结合。它注重营造轻松、欢快的氛围，不像其他类型的科幻片那样令人感到紧张、压抑。如果说科幻片经常包含时间想象、空间想象或末日想象的话，那么，科幻喜剧片的特点是将上述想象置于喜剧视野下展开，以诱使观众发笑。下文对此进行具体分析。

（一）兴味盎然：喜剧视野下的时间想象

我国有不少用以描绘笑之过程性的成语，如“笑逐颜开”“捧腹大笑”“拈花一笑”“眉开眼笑”等。它们在某种意义上暗示喜剧性和时间有关。所谓“兴味盎然”，正是指美妙的意趣接连不断地表露出来。成功的时间想象能够产生这样的效果。其原因可能有许多。例如，不论是朝前进入未来时代，或者是朝后进入过去时代，时间旅行者都有可能遇到由于不了解当时情况、不适应当时习惯、不符合当时规范而产生的尴尬处境，既让情节内的当事人发笑，也让情节外的观众捧腹。又如，时间旅行者如何让其他人相信自己的确来自当下以外的历史时期呢？由于当下并没有人真正见过时间旅行者，任何坚持自己来自

---

① 邱振刚：《喜剧精神的重建：对当前喜剧精神创作态势的观察》，《中国文艺评论》2019 年第 5 期，第 41 页。

其他历史时期的说法都可能被认为开玩笑或神经病。美国《时光倒流》（*Happy Accidents*，2000）中就有这类设想。编导完全可以拿不同时期经济、政治、文化等方面的差异做文章，展开旨在逗趣的想象。美国《蠢蛋进化论》（*Idiocracy*，2006）可以为例，故事始于2005年，美军图书管理员乔伊和妓女丽塔被选为军方秘密进行的冷冻实验的对象。他们在2505年醒来，发现美国已经变成了荒诞的低智商社会。由于五个世纪以来最聪明博学的人选择不生育，那些学识浅薄的人却迅速繁衍，导致整个社会的人口素质迅速下降。这种“逆向进化”使得时人蠢到用饮料（而不是水）灌溉农田。经测试，乔伊居然是当时智商最高的人。他因为懂得灌溉用水等原因而升职，被选为部长以至总统，和丽塔生下世界上最聪明的三个娃娃。该片的构思别具一格，令观众忍俊不禁。

利用时间想象使人发笑的方法不拘一格，如通过时间反转创造笑点，通过时间旅行将不同时代历史和文化的有趣差异加以对比，将时间的压缩和扩展当成幽默修辞，利用时间悬念制造戏剧性效果，等等。科幻喜剧片的相关创意主要有如下取向：

一是利用时间溯回制造喜剧情境。例如，在第13届土星奖最佳科幻电影美国《回到未来》（*Back to the Future*，1985）中，高中生马丁驾驶时间机器（跑车）到了1955年，那时他父亲还在上学，经常受其同学比夫欺负。马丁在那个年代被自己的外祖父撞倒（按历史被撞的应是他父亲），又被自己的母亲爱上了。这可是前所未遇的难题，因为他父亲如果不是被他外祖父撞倒，也就没有机会认识其母亲；如果他母亲不是和其父亲成亲，也就没有他自己。为了解决这个难题，在母亲邀请他出席学校周末舞会时，他请父亲也出席，因为母亲曾告诉他说她自己是在那个舞会爱上了父亲。这一计划出了点意外，平时经常欺负其父亲的比夫喝醉酒想欺负其母亲，结果马丁的父亲出面，“英雄救美”，马丁则为他们奏乐，这一场景富有喜剧气氛。又如，我国《皇上命我来选妃》（2018）设想穿越者廖文斌只有得到皇上佩戴的清明玉，才能从“大浪朝”返回3015年。为此，他必须完成皇上所委派的赢得竹鹤坊头牌歌女朱却的芳心并为之赎身的任务。但朱却反而看上廖文斌，拒绝做“一人胯下，万人之上”的妃子，除非日月同辉。廖文斌因此和她打赌，当月十五之夜在戏台上展示日月同辉之景。他让同来的技术员造出全息投影仪，在月夜投射金乌（太阳别名，神鸟），随后又呈现真龙现身的奇观，由于事先已安排皇上到场，以证明皇上是“真龙天子”。皇上煞有介事地配合。这一场景也富有喜剧气氛。

二是利用时间跃前制造喜剧情境。例如，我国香港《童梦奇缘》（2005）设想主角因系私生子而受到同学、老师、家人的歧视。后来，他服下神秘老人给予的催生药，一夜成年，以新身份与原先的熟人交往，笑料百出。该片中的时间跃前现象仅发生在主角身上，他因此和其他人物形成时间错位关系，这是喜剧性的重要来源。又如，我国《僵尸王爷》（2015）讲述清朝王爷载澄因全球性病毒危机复活，在融进现代生活过程中遇到的各种趣事，具备喜剧色彩。

三是利用时间循环制造喜剧情境。例如，在我国《套住青春》（2017）中，调皮学生杜天一利用自己通过周而复始的循环获悉的信息搞恶作剧。上数学课时，他预言郎老师的袖子会被挂破，让小伙伴吃惊。他在黑板上演算出了郎老师说没人会做的题目，让这位老师吃惊。他从舞台天花板降下来，向心中的女神杨晓慧献花，让同学吃惊。又如，在我国《明日重生》（2020）中，某实验室遭到袭击。女主角安琪虽然是科学家，但身手矫健，一连杀了几个恐怖分子。暗恋安琪的实验员窦宝远远地叫她，她因此回头，就在这一刹那被新冒出来的恐怖分子打中丧命。窦宝大恸，用所能找到的各种枪支自杀，但这些枪居然都没有子弹！他因此死不成。还是另一个恐怖分子开枪，窦宝才死了。他因此重生，安琪也复活了。他想吻躺在地上的她，但她说："你咯着我了。"

除上举诸例外，以时间想象为特色的科幻喜剧片还有不少，如英国、美国合拍片《世界尽头》（*The World's End*，2013）等。在我国，这类作品有香港《追击 8 月 15》（*Hidden Heroes*，2004），内地《超能老师》（2016）、《时空送货人》（2017）、《我的机器女友未成年》（2017）、《大悲大喜 24 小时》（2021）等。必须说明的是：时间溯回、时间跃前与时间循环完全可以相互结合。巴哈马、美国合拍片《比尔和泰德寻歌记》（*Bill & Ted Face the Music*，2020）即为时间溯回和时间跃前相结合之例证。在该片中，两个中年人获悉自己必须在 2720 年 7 点 17 分之前创作出一首神曲，否则现实就会崩塌。他们因此前往未来，相信可以在那儿找到自己创作的歌曲；他们各自的女儿则回到过去，希望将历史上最棒的音乐人召集起来帮助她们的父亲。结果是，代表新生代的两个女儿创作出救世神曲，她们的父辈则演奏它们。

（二）天大笑话：喜剧视野下的空间想象

"空间"是一个能产性很高的范畴。美国后现代政治地理学家索雅（Edward Soja）所描述的空间多达 60 余种，如身体空间、行为空间、文化空间等。[①] 在我国有关喜剧研究的学术文献中，不仅荒岛空间、客厅空间、幽默空间、生存空间、媒介空间之类范畴已经被应用，本土空间与异域空间、边缘空间与中心空间、城市空间与乡村空间、地理空间与社会空间、封闭空间与开放空间、个体空间与公众空间、话语空间与权力空间、清晰空间与模糊空间、文化空间与政治空间、物理空间与心理空间、校园空间与市场空间、虚幻空间与现实空间、移动空间与固定空间、艺术空间与学术空间、异质空间与同质空间等成对范畴经常或明或暗地渗透到字里行间。

我国有"天大笑话"这一成语。它是指某种现象非常可笑、某种事情非常荒唐或某种说法没有道理，就字面而言，说明喜剧性可以用空间为尺度来衡量。在喜剧视野下，空间不仅是一般意义上的叙事环境或故事发生地，而且是喜剧人物、喜剧矛盾、喜剧事件等要

---

① Edward W. Soja. *Thirdspace: Journeys to Los Angeles and Other Real-and-Imagined Places*. Oxford: Blackwell. 1996.

素汇聚之处。不同的空间赋予喜剧人物不同的活动可能性，衍生出不同的喜剧矛盾，进而影响喜剧事件的进程。我国已经拍摄了一些以乡村为背景的科幻喜剧片，如《我儿子去了外星球》（2018）、《坑蒙拐骗外星人》（2018）、《外星人事件》（2020）及其续集（2022）、《你瞅啥，外星人》（2021）等。它们强调“爆笑”“土味”，风格明显不同于以城市为背景的作品。

科幻喜剧片中的空间想象可能与前述跨天体喜剧情境的构建交织。动画片《桂宝之爆笑闯宇宙》（2015）、《太空熊猫英雄归来》（2016）、《赛尔号6：圣者无敌》（2017）等均可为例。上述三部影片充分利用动画电影的创作优势，自由驰骋对浩瀚太空的想象。相比之下，我国《疯狂外星人》（2017）、《疯狂的外星人》（2019）是真人电影，受拍摄条件限制，主要以地球为立足点表现跨天体喜剧情境。前者着眼于“戏中戏”（空间中的空间），设想外星人在某废弃工厂从事生化实验，导致人口连环失踪。某主播为吸引粉丝，带团队外出拍伪纪录片《女主播荒野遭遇外星人》，正好撞见那些做生化实验的外星人。后者着眼于“龙游浅水遭虾戏，虎落平阳被犬欺”的习惯思考，设想堂堂外星来使奇卡被中国某艺人当猴耍，因为他的座舱掉入乐华世界公园（特殊空间）。我国《超能疯人院》（2020）中的外星人也够倒霉，因为他们来地球后被关进精神病院（特殊空间）。

如果排除跨天体的因素，空间想象仍然可以在喜剧视野下展开。相关例证有美国描绘剧本人物来到现实生活的《随心逐流》（*Slipstream*，2007），法国与美国合拍描绘核浩劫梦境的《大爆炸》（*Kaboom*，2010），我国描绘异性邂逅的《超时空同居》（2018），等等。利用空间想象使人发笑的手法有很多种。例如，设计各种奇异的星球，让主角在陌生空间中陷入尴尬处境，使人物对空间的认知脱离实际等。

在我国科幻喜剧片中，空间想象至少有如下取向：（1）通过平行空间制造喜剧情境。例如，《空中俏佳人》（2017）的故事始于玛莉的男友在一次飞行中意外消失。她相信只要拥有异能就可以在平行世界中找回他，为此不仅将自己训练成为优秀飞行员，而且向巫师换取瞬移超能力。（2）通过虚拟空间制造喜剧情境。例如，《黄金岛历险记》（1996）设想游戏迷朱事丁被电视吸入游戏世界。《疯狂电玩城》（2017）设想设计师董安进入游戏世界“英雄救美”。在《我的VR女友》（2018）中，虚拟女友玥曦与客户俊枫生情，因此被所属公司删除。他们原来是科幻故事角色，如今跳出来绑架作家，要求重写剧情。（3）通过心理空间制造喜剧情境。例如，《李毅大帝》（2018）设想“菜鸟级”球员奎海与“大虾级”球星李毅彼此进入对方的意识，以对方的身体行动，不仅交流球艺，而且揭露业界黑幕，因而产生了不少趣事。涉及他人意识之进入的喜剧片还有《超能特务》（2016）、《借梦空间》（2016）、《魔法王座之超能宅男》（2017）等。（4）通过身体缩放揭示空间相对性。例如，《缩小人特攻队》（2022）设想科学家杜芬奇为减少地球资源消耗，通过强相互作用实现活体转换，在第一次实验时将自己变小了。导游顾嘉在带队参观杜芬奇故居时，意外启动缩小对撞机，变成1厘米高的小人，邂逅缩小版杜芬奇和他仿照助手温丽造的机器人丽丽，利用杜芬奇新近研制成功的放大对撞机恢复原形，挫败了杜芬奇故居物业经理王大亮将缩小人卖给国外研究所的图谋。

（三）绝境浪漫：喜剧视野下的末日想象

作为范畴的“末日”与喜剧可以在不少意义上发生关联。例如，人们可能因为听信末日即将到来而放松自律，露出丑态；在上帝进行再严肃不过的末日审判时，魔鬼们却吵吵闹闹；末日似乎将至却没有到来，弄得众生虚惊一场等。美国《最后一个人》（*The Last Man*，2000）、《末日情缘》（*Seeking a Friend for the End of the World*，2012）都是以末日想象为特征的科幻喜剧片，主要围绕后天启时代的三角恋构思，渲染了危机到来之际异乎寻常的浪漫。

我国也拍摄了一些包含末日想象的科幻喜剧片。例如，短片《爆炸性新闻》（2012）设想玛雅人太空舰队登陆北京附近的马家屯，事先由入侵世界各大媒体的病毒视频作了预告。第七频道记者吴倩奉命到该村采访，尽管不信玛雅人会登陆，但迫于主编要爆炸性新闻的压力，只好造假。孰料玛雅人真的登陆，吴倩认为世界末日到来，对观众承认自己造过假。笑点形成原因之一，是外星人即将到来的传闻像镜子一样反射出地球人（特别是那些违背职业规范的新闻工作者）的丑态。

在国产科幻喜剧片中，影响最大的估计是获得高票房的《独行月球》（2022）。它的构思体现了下述观念：不是英雄造时势，而是时势造英雄。主角独孤月原先只是个普通人，而且是个不靠谱、不着调的普通人。作为月盾基地的修理工，他在陨石来袭击之际因忙于给指挥长马蓝星写情书而错过了与299名同事一起紧急撤离月球的机会，只身一人留在基地。当时，人类由于生态系统被陨石破坏而被迫到地下生活，沮丧的气氛弥漫。人们需要英雄以提振信心，因此，月盾计划亚洲地面中心想将独孤月吹捧成英雄，说他是由于将返回舱的位置让给同事才滞留月球。地球上的幸存者都关注他在月球生活的直播，他也确实通过寻找回到地球的方法显示出智慧。但他毕竟是普通人，在两年的孤独生活之后，觉得没有理由再坚持下去。此时，指挥长将独孤月只是普通人的事实告诉世人，激励大家到地面发出“你不是一个人”的灯光信号来鼓舞他。独孤月度过心理危机，在只身返回地球的途中，为拦截新的陨石碎片而牺牲。他生前曾自认为“中间人”，即普普通通的人。他不想出头，为避免给人冒尖的印象，曾在考试时故意少答一道题。他只想过平凡的生活，最大的梦想是娶上意中人。然而，在他明白自己是介于陨石和地球之间的“中间人”，只有自己可望保护人类（也保护意中人）的时候，毅然选择了自我牺牲，成为真正意义上的英雄。

《独行月球》的喜剧性主要有如下表现：一是为表达美好的心愿而陷入绝望境地（浪漫导致绝境）。主角独孤月是飞行器动力工程师，对指挥长马蓝星一见钟情，为接近她而甘当月盾基地普通的修理工（当时已无工程师招聘名额），但只有在工作告一段落之际才有空给她写情书。没想到因此错过紧急撤离月球的飞船，只身留在那儿，处境十分尴尬。

这一人物之所以被视为“不着调”，此事是原因之一。二是为度过文明的危机而结交动物朋友（绝境导致浪漫）。独孤月曾希望与地球上的同事取得联系，但此时人类文明由于陨石的袭击面临深重的危机，通信系统中断，只有月表的视频发射模块还在工作。地面人虽然看到独孤月在月球的活动，却无法回复。此时一只原先被宇航员带到月球当实验动物的袋鼠跑到独孤月身边。他和它的相处笑料百出。例如，为了安抚它的暴躁，他曾扮成母袋鼠与之互动。由生存竞争转为生态互助殊非易事，但他和它终于成为伙伴。三是为实现辉煌的壮举而寻找平凡理由（浪漫拯救绝境）。独孤月从回避英雄（只想当个合群的平常人）、被捧为英雄（月盾计划亚洲地面指挥部出于提振人类幸存者信心的缘故，杜撰他的事迹并通过全球直播加以宣传）、祛除英雄光晕（他只身滞留月球两年后面临心理危机）到成为真正的英雄（在返回地球途中为拦截陨石碎片英勇牺牲），经历过起起落落。危难之际他托着核弹，利用宇航服的喷气动力飞向陨石碎片，没有留下惊天动地的豪言壮语，只是对指挥长表露了朴素的动机——“为了保护你”（也许想到大家，又补充说“保护你们”）。可惜，马蓝星对独孤月的感情还未发展成真爱，他就牺牲了。该片因此不仅是科幻喜剧片，而且还有悲剧的意味。

上述分析表明：科幻喜剧片将时间想象、空间想象与末日想象置于喜剧视野下展开，其笑点体现为塑造作为喜剧人物的时间旅行者、设置作为喜剧事件发生地的另类空间、围绕末日危机描绘考问人情人性的喜剧场面等。这类电影不仅具有科幻作品的神秘感和幻想感，还具有喜剧作品的轻松欢快。它们可以进一步融入其他类型片的要素（如动作、爱情、冒险等），从而给观众带来更加多样化和富有想象力的视听享受。

三、科幻喜剧中的文化：中西比较

要把握科幻喜剧片的特色，不仅可以将它们与其他喜剧片、其他科幻片相比较，而且可以将它们置于不同文化背景下加以比较。西方科幻喜剧片通常强调对时代文化、社会问题、政治体制等方面的批判和讽刺，以幽默和讽刺的方式引导观众在欢笑中反思；中国科幻喜剧片更注重对人性、人情、人际关系等方面的讽喻和揭示，以轻松幽默的方式探讨深刻的道德和人生问题，启发观众进行思考。西方科幻喜剧片通常具有浓郁的西方文化和思维方式的色彩，包含西方文化的价值观、世界观和认知方式；中国科幻喜剧片通常具有更多的中国文化元素和东方哲学的思想内涵。这种文化差异体现在故事情节、角色设定、道德观念等多个方面，使得中西方科幻喜剧片在文化背景和思维方式上有着不同的特点。从总体上看，西方科幻喜剧片比较强调政治批判，我国科幻喜剧片比较重视道德讽喻。它们都将科技风云置于视野的焦点。

（一）西方：喜剧与政治批判

西方科幻喜剧片的历史可以追溯到默片时代。除前引《水浇园丁》之外，英国《摩托车手》（*The Motorist*，1906）以夸张手法展示司机腾云驾雾逃脱警察追捕，意大利《萨图尼诺·法兰朵拉的非凡冒险》（1913）设想“猴孩”在猴群因发现他没尾巴而不理他后离开猴岛，到处游历。这些作品都可视为早期的科幻喜剧片。法国短片《沉睡的巴黎》（*Paris Qui Dort*，1925）、美国《活着太好了》（*It's Great to Be Alive*，1933）、南斯拉夫《核战新娘》（*Atomic War Bride*，1960）、美国《睡衣派对》（*Pajama Party*，1964）等作品的问世，标志着科幻喜剧片进入了有声时代。

在西方科幻喜剧片中，有不少具备政治批判的意味。例如，捷克《先生，我杀了爱因斯坦》（*I Killed Einstein*，*Gentlemen*，1969）描绘原子弹爆炸导致妇女长出大胡子，失去生育能力。联合国首脑会议想出的解决办法是通过时间机器回到过去时代去谋杀爱因斯坦，因为没有他的研究，也就不会有原子弹。该片表现了核武器在当时人们心中留下的阴影，以及对各个国家、国际组织无力防范核战争的失望。又如，美国《捉鬼敢死队》（*Ghostbusters*，1984）试图告诉观众：用简单的行政命令制止人们研究超自然现象，是不可取的做法。该片设想纽约三个前超心理学教授组成超能敢死队，提供驱鬼服务。律师佩克代表环保机构以“从事未经许可的垃圾处理业务”为名逮捕他们，下令让装鬼系统失效，结果放出了数百个魔鬼，它们在城中造成大破坏。佩克的指责实在有趣，因为“鬼”被当成了垃圾（准确地说是精神垃圾），而且由环保部门过问此事，打通了应对环境污染和精神污染的界限。至于该部门行政干预的结果却为佩克所始料不及。

在西方科幻喜剧片中，第24届土星奖最佳科幻电影美国《黑衣人》（*Man in Black*，1997）是有代表性的。据其构思，来自宇宙各个角落的外星难民秘密生活于地球，他们当中的多数伪装成人类，住在纽约。作为秘密特工，美国联邦调查局所属的黑衣人机构负责监视这些外星人，保护世界不受星际威胁，并运用记忆擦除器使外星人活动不为公众所知。这个机构存储了外星人被擦除的身份，其特工如果退休必须消除关于它的记忆。主人公K（Kay）和J（Jay）身穿黑色西装、携带先进枪械活动，对付外星人中的恐怖分子。该片以外星人影射进入美国的移民，显示他们与本土居民的格格不入，难以完全融入美国社会。不仅如此，导演还通过K和J的组合、地球人与外星人的关系、外星人与外星人之间的关系，深刻揭示了美国社会存在的种族和阶级问题。①

本世纪西方出品了不少具备讽喻意味的科幻喜剧片。例如，美国《星期一女孩》（*The Girl From Monday*，2005）从外星人的眼光观察消费社会百态，发现纽约人人都被打上条形码、当成商品和股票出卖。剧中人杰克白天是广告中介公司的职员，晚上则致力于秘密运动，以求推翻这个商品至上的世界。以下两部作品提醒观众纳粹主义再起的危险：澳大利亚、芬兰、德国合拍片《钢铁苍穹》（*Iron Sky*，2012）设想纳粹1945年在月亮黑暗侧建立秘密基地，隐藏在那里并计划在2018年重新上台。芬兰、德国、比利时合

---

① 李洪斌：《电影〈黑衣人〉中的喜剧色彩与现实意义》，《电影文学》2014年第24期，第119页。

拍片《钢铁苍穹2：即临种族》（*Iron Sky：The Coming Race*，2019）设想外星长生种族维里尔（Vril）来到地球，通过让猴子吃他们的“巧克力”（Vrilla）而创造人类。该片对人类历史进行荒诞演绎，将希特勒、撒切尔夫人等人物设定为维里尔种族的成员，认为宗教的建立、科技的发展都受到维里尔种族的操纵，通过对外星动物园、恐龙骑行等描绘嘲讽当代流行文化。如杨俊蕾所言，上述两部电影在反乌托邦的夸张叙事中狠狠调侃了欧美世界的历史政治与当今的新技术拜物教。① 在美国科幻喜剧片《不要抬头》（*Don't Look Up*，2021）中，两位天文学家（师徒）发现彗星再过半年将撞向地球，辗转呈报女总统，不料她怕影响中期选举而不愿声张。天文学家想通过媒体警示民众，却被当成娱乐新闻。中期选举失败后，总统为转移公众注意力改变态度，下令用数十架航天飞机载运核弹击毁彗星。一个富豪主张将彗星碎裂为30块以供采矿，理由是它含有价值数万亿美元的稀土元素。总统因此下令航天飞机悉数返航。不料采矿计划失败，彗星没有被裂解，而是撞击地球，造成人类灭亡。地面唯一的幸存者还不忘拍摄视频宣传自己。总统带2000名精英乘方舟飞船到新的宜居星球，但她才出舱就被当地的怪物咬死，其他人则生死未卜。该片辛辣地讽刺了极端不负责任的政府、娱乐至死的媒体与公众、操控政局以牟利的企业与富豪等。

西方也拍摄了一些不具备鲜明政治批判色彩的科幻喜剧片。美国《瞬息全宇宙》（*Everything Everywhere All at Once*，2022）可以为例。这部电影主要表现华人移民的生存焦虑。笑点来自如下设定：人类发明了一种技术，可以暂时将意识投射到其他宇宙的自我身上。这种宇宙跳跃的方法使主角超越了现实局限，得以体验多样人生，化解各种矛盾。不过，上述设定谈不上有什么科技依据，倒是主角的时空穿越令人眼花缭乱。因此，该片也被列为奇幻冒险片。

（二）中国：喜剧与道德讽喻

中国的科幻喜剧片导源于默片《隐身衣》（1925）。当年蒲伯英在分析这部电影时指出：“果真以讽刺的精神作喜剧，凡一切可悲可愤可感可泣的事实，都可以艺术的手腕教它们‘喜剧化’。这种材料在社会上是不愁其穷只愁其不穷的；——尤其是我们贵国底现社会。喜剧若只是些笑料的堆集，并没有它底灵魂存在，——没有可悲可愤可感可泣的深厚的背景，可以说是‘喜’而不‘剧’。”② 上述观点可能源于当时对西方喜剧片特点的领悟，也可能源于国难当头时强烈的责任感。

从创作实践看，由于具体社会历史条件的影响，国产科幻喜剧片的讽刺精神主要不是

① 杨俊蕾：《重塑欧洲性：当代欧洲科幻电影的技术观念、艺术视景与未来想象》，《当代电影》2021年第1期，第122页。

② 蒲伯英：《开心公司影片底第一个进步》，《开心特刊》1926年第3期，第1—2页。

体现在政治批判，而是体现于道德讽喻上。鲁迅指出："喜剧是将那无价值的撕破给人看。"[①] 科幻语境下同样如此。例如，内地《男人的世界》（1987）设想重男轻女导致性别失调，女孩从最初的不被认可，逐渐变成了"珍稀物种"。这类构思是对陈腐性别观念的讽刺。又如，香港《现代豪侠传》（1993）设想核爆之后环境污染，金先生发明净水系统，成立净水公司，妄图通过控制供水来实现当总统的野心，其阴谋被三位女侠联手挫败；香港《坏小子特攻》（2000）设想日本野心家秘密利用DNA复制人，其阴谋被提供寻找初恋情人服务的私家侦探社发现并揭露；内地《超能特工学院》（2017）设想基因实验室借学院的名义招收具有异能的学生，被困其间的年轻人争取自由；内地《恶魔天才》（2019）设想脑神经外科专家霍恩开发出天启系统，表面上用于唤醒植物人，实际上它是依靠吞噬他们的意识进化的人工智能。上述四部影片都将讽刺的矛头指向越轨的科学家。还有一些科幻喜剧片将讽刺矛头指向病态或丑恶的现象。例如，台湾《基因决定我爱你》（2007）所讽刺的是作为强迫症的洁癖；内地《特工学妹》（2015）所讽刺的是利令智昏、贪得无厌。某些国产科幻喜剧片还试图提供社会矛盾的解决方法。例如，内地《大悲大喜24小时》（2021）设置了父女不睦的场景，然后让女儿亚美阴差阳错地担负国际道歉公司的业务。她必须在24小时内完成三件替人道歉的业务，但因陷入时间循环而一筹莫展。公司执行总裁刘峥帮助她改变思路，并配合她做好工作。在上述过程中，亚美成熟起来，学会换位思考，与父亲言归于好。对该片而言，时间循环成了我们日常生活中所陷入的某些怪圈的隐喻，摆脱时间循环的经历成了涉世未深的少女成长的投影。刘峥为亚美所想出的化解矛盾的多种办法都体现了相互体谅的精神，这也是该片试图引导观众在日常生活中予以贯彻的。内地《宇宙探索编辑部》（2023）的主角唐志军长期致力于寻找外星生命（"外求于物"），为的是弄清宇宙为什么存在、人类又是为什么存在。片末，他自述答案不在宇宙深处而在我们的身体里（"内求于心"），从而在科幻情境下贯彻了我国传统文化关于人格修养的主张。

就国产电影而言，某些科幻喜剧片在一定意义上可以视为对西方超级英雄片的戏仿。例如，在《煎饼侠》（2015）中，青年作家大鹏成名后拍摄超级英雄片。为了节约经费，他采用偷拍明星的方法蹭热度，结果陷入窘境，出尽洋相。另一些科幻喜剧片在一定意义上可以视为对传统武侠片的戏仿。例如，《屁屁侠，我们走》（2017）以天生爱放屁的青年皮小强为主角，讲述他意外喝下黑博士自制的基因药水后的遭遇。此人本想靠因药效而获得的超能力打败情敌熊大，却被同样喝下药水发生变异的熊大打成残废。《梦游侠》（2017）设想本身性无能的科学家眼儿爷研制出可以毁灭人类性欲的病毒，其手下斯朵想以情趣用品公司的产品做掩护予以传播，致使该公司公关部总监林小雪被抓，此时拥有灵

① 鲁迅：《坟·再论雷峰塔的倒掉》，《鲁迅全集》第1卷，北京：人民文学出版社，1981年，第192—193页。

魂附体异能的情趣用品体验调查员兰梓腾挺身而出，力求拯救危机。《灵魂拍档》（2018）讲述四位小人物因受引力波影响而获得异能，依靠群体力量打败想攫取他们的血以求长生不老的疯狂科学家的故事，突出了团结一心的重要性。《隐形侠》（2022）试图说明成为英雄不是靠超能力，而是靠品格和斗志。主角王二狗是地球人与外星人的混血儿，具备不稳定的隐形能力，想当警察未成，追求加入地球英雄联盟也未能通过初试，爱打抱不平又经常闹笑话。赛博瑞纳星球派飞船到地球探路，计划用炸弹消灭和平岛居民。王二狗虽有外星人基因，却是在地球文化熏陶下成长的，急公好义，拒绝当“地奸”，在隐身能力被外星人用基因注射破坏的情况下，鼓动当地居民反抗入侵者，被地球英雄联盟接纳。该片是根据胡戈同名微电影（2013）扩展而成的。还有一些以异能者为主角的喜剧片定位于科幻电影、奇幻电影、超级英雄电影之间，如《异能女友》（2015）、《超能废物》（2016）、《异能者之撒旦之眼》（2016）、《电磁王之霹雳父子》（2020）等。其中，《超能废物》（2016）致力于描绘凡夫俗子成长为超级英雄的历程。影片笑点层出不穷，多数出于误会、错位或窘境。虽然将俗气趣味当成卖点，但主题仍然是严肃的。那些以超能力报复社会的俗人终于失败，尽管他们曾经得逞于一时。那些只想到用超能力寻欢的俗人一再出洋相，但当他们立志用超能力除恶扬善时，就焕发出英雄的光辉。不过，别因为一时的成功便趾高气扬，正如旁白所提示的，还有新的危机在前头。这是一部俗气而精致的作品，从中可以看到我们时代的城市众生相。

上文着重从政治批判和道德讽喻的角度分析中西方科幻喜剧片的特点。应当补充说明的是：二者的区别并不是绝对的，因为科幻喜剧片本身就具有多样性和可变性，中西方文化交流又促进了不同国家电影的相互借鉴。政治批判和道德讽喻也不是互相排斥的关系，完全可能彼此结合，形成独特的故事情节和表达方式。

（三）世界：喜剧与科技态势

从世界的角度看，科技是由社会层面、产品层面和运营层面构成的复杂系统，俗称“科技界”。它是专业性很强的领域，对公众而言相对封闭，具备某种神秘感。人们在享用科技界所提供的各种便利的同时，间或根据报道、传闻或社会刻板印象猜想其内幕。文艺家更是大胆地骋才运思，塑造出“科学怪人”之类，与其说是写实不如说是扭曲的哈哈镜形象，令人忍俊不禁。科幻喜剧片以“科”当头，顺理成章地将笑点集中在与科技相关的事物之上。科技在什么情况下引人发笑？至少有下述现象值得关注：一是技术失误。科技发明的动机和效果可能脱节，给当事人带来匪夷所思的副作用，这属于技术反噬。科技在运用中出现错误、故障和不良反应，这属于技术失控、失灵。上述原因都可能引发观众的笑声，条件是未酿成悲剧，只是使当事人尴尬、出洋相。二是技术傻瓜。用户可能因为缺乏经验而误解新理论、误用新技术，弄得手足无措、进退失当，令旁观者觉得可笑。一些超级先进的科技工具因太过复杂而导致使用者难以掌握，也会令人捧腹。三是技术狂想。

发明家的想法过于新奇，脱离实际，观众一看就可以断定它们不可行。某些当事人坚信自己所发明或掌握的科技手段的优越性、可行性，因此狂妄自大，也可能沦为笑柄。

有关科技否定性价值的创意至少有如下三种取向：一是设想科技人员失当。例如，美国《肥佬教授》（*The Nutty Professor*，1996）的主角金斯是在学术上很有造诣的超级大胖子，因为体型臃肿而被同事当成笑柄。他为摆脱尴尬而潜心研究通过改变基因减轻体重的新药，对开创新生活充满期待，没想到服用之后居然变成了卑鄙狡诈的瘦子。美国《计算机奇案》（*The Strange Case of Señor Computer*，2001）设想孤独的计算机奇才创造类人机器人。他们相互影响，做了不少糗事。二是揭示科技发明另类。例如，美国《征空杂牌军》（*Dark Star*，1974）构想了被哲学爱好者用笛卡儿怀疑论引入歧途的智能炸弹。美国《外太空杀人小丑》（*Killer Klowns from Outer Space*，1988）设想了可以射出茧状物、将观众包裹成棉花糖的外星武器。日本《回忆三部曲》（*Memories*，1995）设想了一种生化胶囊，可以将服食者变成能以气味克敌的兵器。美国《神偷奶爸》（*Despicable Me*，2010）设想了可以使月球收缩的特殊射线。我国《小矮人捉鬼记》（2016）设想了多种类型的高科技捉鬼工具。三是渲染科技活动洋相。例如，在西班牙、法国合拍的《电动旅馆》（*El hotel eléctrico*，1908）中，高度自动化的旅馆出了故障，家具与设施进行无序运动，入住的客人因此陷入困境，进退失据。在美国《西蒙妮》（*Simone*，2002）中，好莱坞导演维克多利用电脑天才艾列诺赠送的软件设计出美女演员“虚拟一号”（Simulate One），起名“西蒙妮”（Simone）。他通过所推出的电影将她包装成大众偶像，使之拥有无数疯狂粉丝。公众强烈要求揭示“西蒙妮”真面目，但维克多既没有勇气戳破这个美丽的假象，也没有胆识忍受日益增大的压力。他为摆脱这一切而“杀死”了“西蒙妮”，也因此被捕。当维克多公布真相之后，没有人相信他的话，人们无法接受“西蒙妮”并未真正存在过的事实。在英国、美国合拍片《银河系漫游指南》（*The Hitchhiker's Guide to the Galax*，2005）中，银河系两个最聪明的智慧生命（鼠形泛维度存在物）造了最强大的计算机“深思”，运行了750万年，得出生命和宇宙的意义是数字42的荒诞结论。这简直是对当下炙手可热的信息科技的挖苦。值得注意的是：科幻情境中的科技可能只是编故事的引子而已，未必吻合现实情境中的科技原理。例如，根据我国动画片《开心超人之英雄的心》（2022）的构思，启源星上的超人都有能量石。能量石可以吸收任何能量，成倍增强，然后释放。灰心星球的怪兽为抢夺能量石而入侵，遭到开心超人及其伙伴的反击。所谓能量石其实只是噱头。

科幻喜剧片也包含了关于科技肯定性价值的创意，同样大致有三种取向：一是称道科技用户妙思。例如，美国《进化危机》（*Evolution*，2001）设想外星有机体随陨石落地迅速进化，但被人们注入洗发精爆炸。洗发精的主要成分是表面活性剂，遇水有起泡功能。将它注入外星有机体类似于直肠洞的部位，使其身体异乎寻常地膨胀以至于迸裂。用这么普通的生活用品战胜如此可怕的外星异形，不能不归功于科技用户的妙思（生产洗发精的企业事先绝对想不到这样的用途）。二是肯定科技发明前卫。例如，美国《时光骇客》（*Clockstoppers*，2002）设想了一款可以使用户身体加速、他人运动静止的奇特手表，主角靠它在超时空状态下尽享其乐。我国《我的外星人舅舅》（2019）设想了一种只要塞入耳朵就能使人梦想成真的芯片。我国《超能手机》（2020）设想了一款帮助用户向异性献殷勤的手机，可以提供预案、信息并进行即时指导，增长当事人的信心，使之显得博学多才；可以了解所追求的对象的兴趣爱好、人格特征、位置动向，供当事人参考；还可针对第三方，创造交流的机会，以至于提供要挟的把柄。三是呈现科技活动奇观。例如，日本《大日本人》（*Big Man Japan*，2007）描绘通过高压电流刺激使超级英雄体形增长数百倍、拥有无穷的战斗力的场景。美国《缩小人生》（*Downsizing*，2017）讲述通过建设缩微社区提供避难场所的故事。

科幻喜剧片还包括了有关科技彼此较量的创意。在多数情况下，"高科技"战胜"低科技"似乎是很自然的，"低科技"不敌"高科技"可能显示出某种悲剧性（倘若前者和弱势群体相联系的话）。反过来，"低科技"战胜"高科技"（或者"高科技"不敌"低科技"），则可能显示出某种喜剧性。例如，在我国《外星人事件》（2022）中，瓦瑟星飞船来地球之后，因企图掠夺能源而和下沟村村民发生冲突。村民们没有什么高科技手段，却硬是用几条绳子将已经升空的飞船"扽"（使劲硬拉）下来。这类事情在现实生活中是不可能发生的，但村民们勇气可嘉，外星人则意外出丑，相关镜头使人忍俊不禁。

综上所述，电影与公众见面，最初是作为市场杂耍的技术发明，其后是以滑稽逗观众开心的通俗作品，然后才是具备完整故事的电影类型、拥有相对固定范式的类型电影。作为类型片的喜剧片和科幻片都是沿着上述路线发展起来的，科幻喜剧片则是它们相互融合的产物。它本身又在类型与反类型的矛盾下演变。由于受到观众喜爱、有娱乐经济助推的缘故，科幻喜剧片在社会不胫而走，既引发了公众对相关科技议题和社会问题的关注，又像哈哈镜那样提供了丰富多彩、令人解颐的科技映像，值得深入研究。

顺便说一下：历史上的喜剧是相对于悲剧而言的。由此推论，既然有科幻喜剧片，理应有科幻悲剧片。某些科幻电影确实有一定的悲剧性。例如，美国《银翼杀手》（*Blade Runner*，1982）的主角在追捕复制人的过程中逐渐发现自己也可能是复制人，美国、英国合拍片《人工智能》（*A. I. Artificial Intelligence*，2001）中的机器人大卫难以获得人类的认同和接纳。我国《夕阳天使》（2002）在某种程度上包含了科幻悲剧片的成分。影片将故事背景设定在一个虚构的未来世界，主要讲述了一对姐妹因父亲被不法商人秘密杀害而陷入困境，最后不得不成为职业杀手的悲惨故事。不过，类型电影是在娱乐经济的总体格局中发展起来的，悲剧片本来就不太多。进而言之，科幻片通常探讨的是未来、科技、人类和宇宙的关系。这种主题往往与悲剧片的情节、风格和气氛不太相符。悲剧片注重人物的内心感受和萦怀记忆，科幻片则强调社会的科技创新和未来畅想。要将二者融合在一起，殊非易事。

Science Fiction Comedy Films from a Comparative Perspective

HUANG Mingfen
(School of Film, Xiamen University, Xiamen, Fujian 361005)

Abstract: Science fiction comedies inspire audiences' innovative thinking with fantastic ideas, and guide them to think about issues such as technology, human nature, and self in laughter. Compared with other comedies, the characteristics of science fiction comedies are to construct cross-celestial, cross-species, and cross-human-machine comedy situations, transcending the constraints of reality. Compared with other science fiction films, the characteristics of science fiction comedies are to place time imagination, space imagination, and doomsday imagination under the perspective of comedy, combining seriousness with humor. Western science fiction comedies tend to expose social ills and conduct political criticism in a teasing way, while Chinese science fiction comedies tend to create laughs to promote good, and conduct moral satire. Both Chinese and foreign science fiction comedies are deeply influenced by the development of science and technology, and they also strive to play their social functions through dialectical thinking on the value of science and technology.

Keywords: science fiction film; creativity; comedy; comparative study

作者简介：黄鸣奋，厦门大学电影学院教授、博士生导师，著有《科幻电影创意研究系列》（三卷本，2019—2020）等。

中国科幻电影源起

——《隐身衣》的创作观念与类型表达

邵梓洛

（厦门大学电影学院，福建厦门　361005）

摘　要：近年学界经过史料考证和讨论后认为，1925 年问世的《隐身衣》是中国科幻电影的发端之作。这一结论将中国科幻电影的源起由原来的《六十年后上海滩》（1939）追溯至 20 世纪 20 年代。《隐身衣》由徐卓呆、汪优游联合执导，与《临时公馆》《爱情之肥料》共同组成了开心影片公司出品的第一批影片。作为一部融入科幻元素的滑稽短片，其在商业制片上凸显了开心影业公司专一性、经济性、高效性的经营策略，彰显了编剧徐卓呆中西交融的本土创作观念，也体现了中国早期电影在类型表达上多元探索的风格特色。

关键词：《隐身衣》；开心影片公司；创作观念；类型表达

有关早期中国科幻电影的源起，学界曾涌现诸多讨论。2021 年，中国科普研究所和南方科技大学科学与想象力研究中心联合举办科幻研习营，黄鸣奋等学者指出："1925 年，开心影业公司出品了汪优游、徐卓呆执导的《隐身衣》，它可能有资格作为中国最早的科幻电影的候选者。"① 这一观点将中国科幻电影的源起回溯至 20 世纪 20 年代，从而推翻了此前学界普遍认同的《六十年后上海滩》（1939）为中国科幻电影起始之作的观点。不过，对于中国科幻电影源起的界定，主要源自后世的学术探讨。彼时，世人多将《隐身衣》视为滑稽短片或神怪片。何为"神怪电影"？郑君里指出："神怪电影最初是从电影表现的可能性中产生出来，即是应着摄制技术之新奇的试验而出现的。中国神怪电影的开端，亦正如法国乔治·梅里厄斯（G. Méliès）所作的滑稽幻想片流行于 1895—1900 年间一样，开始于竞用摄制诡术（trick）制作神怪滑稽片的民国十五年（1926）。开心公司与英美烟公司制片部的大部分出品便是这类影片的代表，如《隐身衣》《神仙棒》《千里眼》《活动银箱》《神僧》《名利两难》等都是运用电影手法的奇迹（如"倒摄""慢摄""复摄"等）做成许多新鲜的笑料。"② 显然，将《隐身衣》视为"神怪电影"是基于其独特的摄

① 黄鸣奋：《从滑稽片到故事片：再探我国科幻电影发端》，《科普创作评论》2021 年第 3 期，第 79 页。

② 郑君里：《中国现代电影史略》，《民国丛书》编辑委员会编：《近代中国艺术发展史·电影》，上海：上海书店，1989 年，第 78—79 页。

影技巧与表现手法。

《隐身衣》是由徐卓呆、汪优游执导的滑稽短片，与《临时公馆》《爱情之肥料》共同组成了开心影片公司出品的第一批作品。影片主要讲述的是："一个人得了一件隐身衣，披着回家，正巧他的妻子约了情人在房中饮酒谈心，忽然半空中飞来一记巴掌，打在情人的脸上，把一双男女吓得叫喊起来。而那人这时忽然只露出一个脑袋在房中移动。只见那个人头一忽儿东，一忽儿西，一忽儿高，一忽儿低，把一双男女慌得如同见鬼一般。"① 该片并非严格意义上的科幻电影，但可以视为早期中国电影初涉科幻元素的探索与尝试。电影上映之后，颇受观众认可并得到南洋片商的关注。据徐耻痕在《中国影戏大观》中的记载："开心公司第一次出品，《临时公馆》《隐身衣》《爱情之肥料》等三短片，开映之日，戏院中之笑声与掌声震耳欲聋，观众咸称其于滑稽之中，别有隽味。即南洋片商，亦以出品新鲜，争相订购，是以开心获利既丰，成名尤速，于是效颦而起者，遂不乏人。"② 即便是影界同人，在目睹了开心影片公司的市场效应和影响力之后，也迅速将其视为效仿对象纷纷投入摄制滑稽片。

一、开心影片公司的源起及商业制片策略

开心影片公司由徐卓呆和汪优游两人合办，专门摄制滑稽影片。徐卓呆以其在滑稽文学领域的卓越成就，被誉为"文坛笑匠"，而汪优游则以滑稽剧作家的身份，赢得了"新剧巨子"的赞誉。当时正是中国电影蓬勃发展的时期，徐卓呆敏锐地洞察到国产电影在内容创新上的不足，提出了以滑稽影片为突破口的发展策略。此时期的国产电影"类多陈陈相因，无甚新奇，必得另辟途径，方可发展"③，两人磋商后，决定拍摄滑稽影片，恰逢有位"从东北流浪来的摄影师，他到上海来，正在找寻主顾"，徐卓呆便邀请日本摄影师川谷庄平加入，成功解决了导演以及演员问题。随后，他们"计划先拍三个短片，凑成一个拷贝"④，徐卓呆便编写了《临时公馆》《隐身衣》《爱情之肥料》三个短片。

开心影片公司的创建并非单纯追求商业利益，而是具有相当的玩票性质。汪优游指出："开心影片就是我们几个朋友的寻开心的结果，只求自己寻开心，别人看了究竟开心不开心，我们是不管的。"⑤ 开心影片公司在国产电影制作中另辟蹊径，将滑稽片视为专一的类型样式进行拍摄。首次公映的作品受到了观众的认可，"因当时国产的滑稽片很是

---

① 梅德：《野鸡影片公司的鼻祖》，《大公报》（香港）1961 年 11 月 29 日，第 11 版。

② 参见徐耻痕：《中国影戏大观》，上海：上海合作出版社，1927 年，第 17—18 页。

③ 谷剑尘：《中国电影发达史》，中国教育电影协会编印：《中国电影年鉴》，[出版地不详]，1934 年，第 11 页。

④ 徐卓呆：《滑稽小说与滑稽电影》，本社编：《滑稽论丛》，上海：上海文化出版社，1958 年，第 48 页。

⑤ 参见汪优游：《过去的开心玩艺儿》，《开心特刊》1926 年第 3 期，第 2 页。

稀有，所以博得观众人士相当的欢迎，来鼓励该公司努力的摄制下去”。① 开心影片公司的商标设计别具匠心，以猪八戒坐着吃钥匙的形象为标志，“因为有句俗语叫猪八戒吃钥匙，乃开心之谓也”。② 也恰好与公司的经营宗旨“专门以引人开心为唯一之目标”③ 相契合。这一宗旨与两位创办人徐卓呆、汪优游的创作经历有关，共同造就了开心影片公司的独特魅力。

徐卓呆（1881—1958），又名徐傅霖，别名半梅，号筑岩，早年留学日本，在东京时就曾参加过春柳社。他不仅是“鸳鸯蝴蝶派”的代表作家，还积极参与滑稽戏的创作与表演，享有“东方卓别林”的美誉。同时，他对电影理论也有着深入的思考研究，由其译著的《影戏学》深受后世学界的认可，被视为是中国第一部电影理论专著。汪优游（1888—1937），原名汪效曾，字仲贤，活跃于戏剧界，积极组织剧团从事话剧演出活动。1905年，尚在上海民立中学念书的他就曾组织发起了文友会，此后又相继创办开明演剧会等剧社。他因为“会演戏”“会编戏”“会写小说”“写散文”而被称为“多方面的天才”。④ 两人的搭档可谓是珠联璧合。郑正秋对此感慨道：“半梅本有滑稽天才，平素更研究滑稽文字，舞台上又是一位滑稽名家，再加上一位经验宏富、思想新颖的仲贤。两位老朋友合作，又能待人和气，不搭架子，因此内内外外，都肯拼命出力，所以容易完工，成绩既好，出品又快。”⑤ 从郑氏的评价中也可窥见开心影片公司高效的经营策略。

开心影片公司秉持着专一性、经济性、高效性的商业制片方针。专一性体现在开心影片公司从成立之初便定位于滑稽喜剧的制作，不仅结合了创办人此前的戏剧创作经验，同时也契合了当时中国电影行业缺乏专门滑稽片制作的行业背景。“只有演滑稽影片，刚刚适用戏剧家动作，开心公司开手，就走一条滑稽路，所以恰到好处，容易得到观众的同情，这就是开心真开心的原因之一。”⑥ 经济性则是开心影片公司在竞争激烈的中国电影界得以生存的重要策略。尽管徐卓呆曾自嘲“开心”公司秉持的是“拾香烟屁股主义”，但他进一步解释：“因为公司是营业性质，所以万事不能不从经济的着手，从前我们摄影时，曾经将人家才搭成而未糊纸的布景，利用了当他一个穷苦人家的房间，一时传为滑稽材料，其实这些都根本着经济原理，一点也不稀奇。”⑦ 相较于其他制片公司高昂的制作成本，开心影片公司由于“资本极小”而采取“无开销主义”的制片宗旨。“平常日子，公司里一些开销也没有，要拍戏的日子，才有开销。好在他们公司既无地方，就在自己家

① 杨德惠：《开心公司是国产滑稽片的鼻祖》，《力报》1938年4月30日，第4版。
② 周瘦鹃：《徐卓呆与猪有缘》，《半月》1925年第4卷第24期，第10页。
③ 参见徐耻痕：《中国影戏大观》，第17页。
④ 曹聚仁：《上海春秋》（修订版），北京：生活·读书·新知三联书店，2016年，第352页。
⑤ 参见郑正秋：《说说开心话开开心》，《开心特刊》1926年第2期，第10页。
⑥ 郑正秋：《说说开心话开开心》，《开心特刊》1926年第2期，第10页。
⑦ 徐卓呆：《拾香烟屁股主义》，《开心特刊》1926年第2期，第4—5页。

里，又不雇用职员，都是自己人办事，所以平日可以没有开销。”仅在拍摄时才临时召集工作人员，有效降低了制片成本。根据徐卓呆所述，“每一部片子拍成，一共花不到三千元”。[①] 高效性是开心影片公司受到日本电影公司影响下推崇的经营特色。“开心公司为什么会这样地开快车呢？事前，创办人某君曾参观日本的‘松竹’和‘日活’两大影片公司，见他们每星期必定要出两部片子，平均每一部片子只拍五天，非常经济。”因此，开心影片公司“也不肯耗费一些时间”。[②]

开心影片公司极力寻求在电影市场上有所突破，也收获了当时观众乃至业界人士的认可。徐耻痕评价道：“开心公司在中国电影界中，资格虽不老，范围虽不大，而其创造新环境，开辟新富源之功，殊不可没。”[③] 郑正秋亦对开心公司给予高度评价：“最开心的是开心公司，第一片就达到了开心目的，成功最快，进步也最快，而损失却很少。”[④] 显然，外界对开心影片公司给予了高度的肯定。

然而，在经营者徐卓呆、汪优游看来，开心影片公司专制滑稽短片、追求低成本、高效率的制片策略却是一条失败的商业探索。其中主要有两方面的原因：首先，开心影片公司颇具玩票特质的营业初衷以及因陋就简的制片方式，使之较难在竞争激烈的电影界中维持持续发展的态势。徐卓呆深刻认识到：“影戏公司是一种事业，非一心一意去经营他不可，像我那么半娱乐的办影戏公司，第一步就错了。”[⑤] 汪优游通过对比开心影片公司与大中国影片公司的经营策略，进一步指出：“大中国的《谁是母亲》，费用极大，心血极多，开心的出品，资本极小，耗费的时日也极少。大中国的《谁是母亲》也许能博得中国空前佳片的美誉，开心公司的出品，据我个人看来，确是几张极蹩脚的影片，也许尚不至于最蹩脚。”[⑥] 其次，开心影片公司在出售拷贝时未能获得片商的认可，使其在制片上处于被动。因为“滑稽片是小剧，只能映在正片之前，不能作正片用，虽足映二小时，然而买了去除搭映在正片之前外，别无办法，所以这种片子，与新闻片无异，与广告片无异。”[⑦] 显然，两位创办人对于开心影片公司的经营成果并不满意。

二、徐卓呆之《隐身衣》创作观念的流变

滑稽短片《隐身衣》由徐卓呆编剧。在此之前，他曾于 1924 年撰写过同名的滑稽小

① 徐卓呆：《开心公司之回忆》，《大众影讯》1940 年第 1 卷第 1 期，第 5 页。

② 徐卓呆：《开心公司之回忆》，《大众影讯》1940 年第 1 卷第 1 期，第 5 页。

③ 参见徐耻痕：《中国影戏大观》，第 18 页。

④ 郑正秋：《说说开心话开开心》，《开心特刊》1926 年第 2 期，第 8—9 页。

⑤ 参见徐卓呆：《我办影戏公司的失败谈》，《电影月报》1928 年第 2 期，第 1 页。

⑥ 汪优游：《大中国与开心》，《谁是母亲》1925 年第 1 期，转引自中国电影资料馆编：《中国无声电影》，北京：中国电影出版社，1996 年，第 62—63 页。

⑦ 参见徐卓呆：《我办影戏公司的失败谈》，《电影月报》1928 年第 2 期，第 1 页。

说，发表在严独鹤主编的《红杂志》，该刊作为“鸳鸯蝴蝶派”小说周刊，在当时影响较大。这部短篇小说详细叙述了新闻记者陆先生的奇遇。陆先生请假避暑，他乘着一辆旧式摩托车抵达池边时，摩托车突发障碍。此时他注意到池水中央泛起波纹，出现了一位裸体美人，但仅见其足痕，听见其娇笑声，始终不见人影。陆先生想要一探究竟，恰好撞到了隐身女郎的身体。陆先生一把扯去隐身衣，便出现了一位裸体的年轻女郎，她羞怯地逃往林中躲避，陆先生不忍女郎受窘，因此将衣服放置好便离开。然而，意外突生，一年轻男子夺走隐身衣，穿上后偷走陆先生的摩托车逃逸。之后，陆先生将女郎安置在旅馆并拜访了郝古松博士，得知隐身衣即为博士利用光线折射原理制成，博士担心隐身衣被盗后被用于不法之途。一周后，市面上因有人利用隐身衣进行偷盗而闹得沸沸扬扬。郝古松博士深感自责，决定使用“嗅觉放大器”追捕偷走隐身衣的孔二南，之后他劝诫偷盗者孔二南改过自新。① 学者黄鸣奋经过考证后发现：“徐卓呆的这篇小说袭用了克莱门特·费赞迪埃（Clement Fezandié）《秘密博士》（*Dr. Hackensaw's Secrets*，又译作《隐身衣》）的创意。后者的上半部分就是《隐身衣》之所本，下半部分则言及隐身衣在粉碎过激党进攻纽约之战争中的作用。”② 对照《秘密博士》中的第五篇《隐身术》③ 中的剧情可以得知，徐卓呆所写的短篇小说《隐身衣》与之有着高度的重合，基本上沿袭了其创作思路。

《隐身衣》这部滑稽短片主要聚焦于夫妻情感纠葛的呈现。影片详细叙述了一位丈夫在发现妻子外遇后，利用隐身衣作为手段进行应对的故事。某甲外出时忘带钱袋，于是他便回家取钱，不想撞见了妻子与某乙之间的私情。某甲对此颇感愤懑，忽然想起友人万能博士发明了隐身衣，于是他借用这件衣服意欲捉奸，博士应允，甲身披隐身衣进入府内，利用隐身衣的特殊能力，捉弄这对不忠的男女，之后甲再次利用隐身衣嫁祸于乙。④

对照来看，滑稽短片《隐身衣》的基本情节与同名短篇小说有所不同，却与徐卓呆所著长篇小说《万能博士》中的某一情节类似。“《万能博士》是卓呆所著的小说中之一节，原题四字，未免所包太广，因此改名叫《隐身衣》。”⑤ 《万能博士》是徐卓呆于 1925 年 8 月连载在《飞报》上的长篇小说，令人遗憾的是，因原始史料资料缺失，该小说的完整内容已难以可见。目前，仅能从 1925 年 8 月 1 日、10 日、13 日、16 日、19 日这五日的报纸文献中，窥见部分小说节选。从 8 月 19 日《飞报》上连载的《万能博士（五）》一节中，可以一窥滑稽短片《隐身衣》与其在剧情上的相似之处。其中有一段的剧情：万能博

---

① 徐卓呆：《隐身衣》，《红杂志》1924 年第 2 卷第 47 期，第 1—6 页。

② 黄鸣奋：《从滑稽片到故事片：再探我国科幻电影发端》，《科普创作评论》2021 年第 3 期，第 81 页。

③ ［美］Clement Fezandie：《秘密博士第五篇　隐身术》，敏芝译，《民众文学》1925 年第 9 卷第 5 期，第 1—12 页。

④ 涵：《滑稽片〈隐身衣〉本事》，《新闻报》1925 年 11 月 9 日，第 13 版。

⑤ 参见涵：《开心影片公司命名之研究》，《新闻报》1925 年 10 月 5 日，第 18 版。

士发明了隐身衣，有位叫申叔经的客人来访，意图借用此衣。申叔经家中有一位貌美的夫人，平日里申叔经在外办事夜间才归。某日白天，他突然回家取东西，但敲了很久的门，夫人来开门时却是一脸不悦，催促他取完东西就走。申叔经在房间内听到床下的异响，并看到床下露出的男人的脚，但因畏惧妻子的威严不敢当场拆穿，于是“他便想借用这隐身衣去窥探夫人秘密，或是去与他们为难”。① 显然，这一部分的情节也被徐卓呆挪移到滑稽短片《隐身衣》的创作之中。

倘若说，短篇小说《隐身衣》是对西方科幻小说的承袭，那么在滑稽短片《隐身衣》的剧本创作之中，徐卓呆所展现的是对社会问题的深刻洞察。他“善于从司空见惯的平凡小事中以小见大；写作中死死抱定要有趣味性，他要‘在每一个字眼中找笑料’”。② 尽管这部短片在创作立意上凸显了科技发明的重要性，但徐卓呆更倾向于以幽默诙谐的手法揭示现代科技的力量，科技进步亦成为推动剧情发展的关键因素。换言之，这部短片的重点并非侧重于展现科学技术发明的详细过程，而是借助隐身衣这一新发明调侃社会百态，因此这部短片也充满了戏谑性的恶作剧和滑稽的表演元素。

不应讳言，滑稽短片《隐身衣》呈现了徐卓呆中西交融的本土化喜剧创作观念。在此之前，他也曾编写过“趣剧”，“当时的趣剧大多是西方式的喜剧模式加上中国戏曲的惯用手法，集中体现在以小丑、滑稽角色为中心的演技上，对剧本的准备不够考究，缺少细致的考虑。”③ 这种“趣剧”模式也被沿袭到《隐身衣》的创作之中。不仅如此，美国启斯东（Keystone）的打闹喜剧（Slapstick）风格也对其产生了深远的影响，麦克·塞纳特（Mack Sennett）开创了这一风格，其后查理·卓别林（Charlie Chaplin）、哈罗德·劳埃德（Harold Lloyd）等人对此进行了延续。“1921年至1926年前后，中国影坛在以卓别林和罗克为代表的美国滑稽片的冲击影响下，也曾形成一个滑稽片创作热。”④ 开心影片公司就是在这种创作氛围中成立的，但滑稽短片《隐身衣》并非单纯移植启斯东的打闹喜剧风格，而是努力探索一种本土化的喜剧表达方式。

《隐身衣》借用了打闹喜剧的外在形式呈现，其故事内核依然是中国社会的现实问题，尤其是其以市井生活为背景的故事情节，深受普通市民观众的喜爱与认同，进而使该作品在当时广受欢迎与认可。彼时的报纸、杂志中时常将徐卓呆与卓别林、罗克等人并列，徐卓呆本人也被赞誉为“东方卓别林”⑤，就连周瘦鹃也曾赞誉道：“老友卓呆、优游，创制滑稽片，余以二人平日之著作及艺术料之，已可必其成功矣，前日试演于中央大戏院，果

① 参见徐卓呆：《万能博士（五）》，《飞报》1925年8月19日，第3版。

② 钱程：《上海滑稽“三大家”》，上海：上海教育出版社，2012年，第10页。

③ 钱程：《上海滑稽“三大家”》，第10页。

④ 胡文谦：《中国早期滑稽片与美国启斯东（Keystone）打闹喜剧》，《首都师范大学学报》（社会科学版）2013年第2期，第111页。

⑤ 参见吉诚：《看“开心”笑片后》，《时事新报》（上海），1925年11月26日，第11版。

博观众欢迎，实不亚于卓别灵、罗克也。”① 当时的观众看完开心影片公司放映的滑稽短片之后，也给予了相对肯定的评价，“上星期日承卓呆先生不弃，允许我参观‘开心’第一次出品《隐身衣》和《爱情的肥料》，看得我笑声不绝，完了之后还是想笑，因为剧本好，笑料多，表演得妙，光线又不差，有了这几处佳点，自然使观众‘满意而归’，脸上多带着笑容了。”② 也有评论者描述了影院内观众的反应并将滑稽巨匠卓别林与之相提并论：“场中之笑声掌声震屋宇，足见徐、汪二君之表情，不在卓别灵下也。”③ 因此，在观者看来《隐身衣》无疑契合了张石川所说的“处处惟兴趣是尚，以冀博人一粲”④ 的制片理念。

三、滑稽短片《隐身衣》的多元类型表达

开心影片公司执导的《隐身衣》以喜剧见长，同时融合了神怪、科幻等多重电影元素，从而在电影类型上呈现出多元化的风格特色。“类型电影是按照不同的题材或技巧所形成的不同的影片范式。20 世纪 20 年代末，好莱坞大部分类型电影已经初具规模。20 世纪三四十年代，类型电影在好莱坞占据了统治地位。”⑤ 喜剧片是重要的电影类型之一，滑稽短片《隐身衣》体现了中西融合的本土化喜剧特色，导演试图通过滑稽动作表演展现一个中国式的故事。诚如聂欣如所言，“类型电影本体的基本构成要素是类型元素和观念”，其中“构成类型电影的元素可以来自各个不同的方面：既可以是个人心理的（如恐怖片），也可以是社会的（如政治片）；既可以是对叙事题材的要求（如战争片），也可以是对表现形式的要求（如歌舞片）；既可以是地域的（如西部片），也可以是时间的（如历史片）；既可以是天马行空的奇想（如魔幻片），也可以是有根有据的推断（如推理片）”。⑥

《隐身衣》在公映之际，亦引起了评论界的广泛关注。相关影评文章将其归类为“笑片”，实际上，“‘滑稽片’‘笑片’‘趣剧’是早期观众对喜剧电影的称谓，这种滑稽笑闹短片和长片的放映贯穿于20 年代的始终。”⑦ 开心影片公司因专门制作滑稽片而享有盛名，由于当时的电影是默片，他们无法在人物对白和字幕解说上花费太多功夫，因此创作者

① 参见周瘦鹃：《谈艺》，《申报》1925 年 12 月 3 日，第 11 版。

② 参见吉诚：《看“开心”笑片后》，《时事新报》（上海）1925 年 11 月 26 日，第 11 版。

③ 参见胖子：《观开心影片后》，《时事新报》（上海）1925 年 12 月 2 日，第 11 版。

④ 张石川：《敬告读者》，《晨星》1922 年第 1 期，转引自程季华主编：《中国电影发展史》（第一编），北京：中国电影出版社，1980 年，第 58 页。

⑤ 杨远婴主编：《电影概论》（第 2 版），北京：北京联合出版公司，2017 年，第 278 页。

⑥ 聂欣如：《类型电影原理教程》，上海：复旦大学出版社，2020 年，第 4 页。

⑦ 张雪丽：《一种现代性：20 年代中国电影的“欧化”倾向与批评》，高小健主编：《中国电影：20 世纪 20 年代现象研究》，北京：中国电影出版社，2020 年，第 199 页。

“注重在情节与表情的滑稽”[1]，这种制作倾向也引发了观众的热烈回应。据《申报》记载：“开心公司之《临时公馆》《爱情之肥料》《隐身衣》等三种滑稽片在中央大戏院开映，一星期来，其观客之拥挤，为中央破天荒之盛事。”[2] 有评论者指出：“说起开心公司，我就会眉飞色舞地大笑起来，因为他们出的片子滑稽极了，没有一张不使人看了笑得肚痛的。”[3] 然而，开心影片公司注重使用滑稽动作表演引发的笑料也引起了相关舆论的讥嘲，指出其中的情节“便壶当酒壶、粪簸当帽子、扫帚当扇子，真是龌龊不堪，只能引起一般稚子的一笑”。[4] 可见，观者对于《隐身衣》的艺术评价并不完全一致。但也有观众分析了影片之所以引发社会大众的认可，是因为这些来到影戏院看电影的人，“心中必有一种刺激或抑郁”，他们看电影的目的“左右不过是消闲散闷一回事，听到一笑话，也可以舒畅舒畅写心胸”，基于这一市场需求而言，“所以能利用滑稽来灌输人们一种智识，他收效比书本自上教育，要宏大许多呢，电影何尝不如是”。[5] 尽管如此，开心影片公司在资金匮乏且缺乏专业化电影生产模式的情况之下，其对中国早期喜剧电影的本土化探索所作出的贡献仍值得肯定。

而在后世的电影研究者看来，开心影业公司生产的这些喜剧电影也被冠以“神怪幻术片”之名。[6] 这番定论主要源于该片在技术上所使用的“幻摄”技巧，这种摄影技巧也为观众提供了一种新的视觉经验，增强了电影的喜剧性。所谓神怪片，指的是“影片所描写的对象，是超然的，其进展不受自然法则与因果关系的限制，一任故事作者的想象无拘束地发挥，而把这种想像托之于神怪，这种影片便是神怪影片”。[7] 徐卓呆曾自述，他本人“对于编剧上，对于摄影上，竭力主张多用‘幻摄’。这摄影师对幻摄，相当有本领，技术在上海一般摄影师之上。他的幻摄，竟很能惊动上海的观众和电影界中人”。[8] 恰如署名“吉诚”的影评人指出：“在《隐身衣》里的几幕梦景想入非非，我们平常就是真的做梦也做不到的，现在竟然在《隐身衣》里发现了，无怪乎我们在《隐身衣》一开场，就哈哈大笑了。”[9] 更有评论者直言：“《隐身衣》一剧，以插用幻术胜，”[10] 因此，就连周瘦鹃也对《隐身衣》的摄影技巧大加赞誉：“《隐身衣》以应用摄影艺术为主，如箱子走路，酒壶变

---

① 徐卓呆：《滑稽小说与滑稽电影》，《滑稽论丛》，第 49 页。

② 参见佚名：《游艺消息》，《申报》1926 年 1 月 7 日，第 12 版。

③ 参见观客：《开心影片给我的印象上》，《时事新报》1926 年 5 月 25 日，第 12 版。

④ 不开心：《谈谈开心的三笑片》，《影戏世界》1926 年第 11 期，转引自李道新：《中国电影的史学建构》，北京：中国广播电视出版社，2004 年，第 73 页。

⑤ 参见曹痴公：《我对于笑剧的感想》，《开心特刊》1926 年第 3 期，第 1—2 页。

⑥ 程季华主编：《中国电影发展史》（第一编），北京：中国电影出版社，1980 年，第 56 页。

⑦ 白坚：《谈神怪影片》，《联华画报》1936 年第 7 卷第 1 期，第 20 页。

⑧ 徐卓呆：《滑稽小说与滑稽电影》，《滑稽论丛》，第 49 页。

⑨ 参见吉诚：《看“开心”笑片后》，《时事新报》（上海）1925 年 11 月 26 日，第 11 版。

⑩ 参见胖子：《观开心影片后》，《时事新报》（上海）1925 年 12 月 2 日，第 11 版。

夜壶，粪箕与扫帚战争等，颇堪发噱，且忽隐忽现，尽神出鬼没之能。此种摄法，中国片中应用尚少，故甚为新异也。”① 因此在后来的研究者看来，开心影片公司拍摄的滑稽短片，“其思想内容毫无新颖可言，但在摄影技巧上有不少进步。利用倒摄、慢摄和复摄等特技，制造种种新奇笑料，以增强喜剧效果。这对后来的神怪武侠片的拍摄，产生一定影响”。②

在“重写电影史”的学术呼声中，电影研究者通过精细的考证和深入地挖掘，发现了《隐身衣》这部电影中所蕴含的科幻特质。这主要是因为电影中呈现的隐身衣并非依赖于神秘力量，而是完全来源于科学技术的创造，这样的设定使得它符合科幻电影的定义，即“以科学幻想故事为题材，往往以大量特技效果为卖点”。③ 尽管在早期中国电影的发展中并没有形成科幻电影这一专门的类型，但是《隐身衣》中所呈现的科幻元素，却极大地拓展了电影的叙事方式，展现了早期中国电影在类型探索上多元融合的特质。

四、结　语

回溯早期中国电影史，爬梳中国科幻电影的源起，不仅有利于系统性地整理科幻电影这一类型电影在中国的诞生和发展脉络，更能发掘和凸显早期中国电影所蕴含的深厚内在价值。尽管开心影片公司秉持着专一、高效、经济的商业经营策略，并以其独特的经营宗旨在当时获得了观众的广泛认可与喜爱。然而，由于该公司缺乏专业化、团队化的运营模式，导致其并未能形成一条成功的商业发展路径，这亦是开心影片公司在发展过程中的显著局限。编剧徐卓呆在滑稽短片《隐身衣》的创作中，致力于探索一条中西交融的本土化喜剧创作之路，其作品融入了启斯东“打闹喜剧”的外在形式，同时深入观照中国社会的现实语境。随着电影研究视野的不断拓宽与深化，《隐身衣》中所蕴藏的多元融合的类型特质也得到了更为深入与全面的发掘，这也启发着研究者们从史料挖掘和分析视角着手，不断推进中国科幻电影史的书写工作。

The Origin of Chinese Science Fiction Cinema

—The Creative Vision and Genre Expression of *The Invisible Cloak*

SHAO Ziluo

(School of Film，Xiamen University，Xiamen，Fujian 361005)

Abstract: Recent historical researches have identified the 1925 production *The*

① 参见周瘦鹃：《谈艺》，《申报》1925 年 12 月 3 日，第 11 版。

② 郦苏元、胡菊彬：《中国无声电影史》，北京：中国电影出版社，1996 年，第 121 页。

③ 王志敏、陆嘉宁编著：《电影学简明词典》，北京：中国电影出版社，2011 年，第 157 页。

Invisible Cloak as the progenitor of Chinese science fiction cinema. This revelation revises the origin of the genre to the 1920s, predating the previously acknowledged milestone, *Shanghai Beach Sixty Years Later* (1939). Directed jointly by Xu Zhuodai and Wang Youyou, *The Invisible Cloak* was part of the inaugural batch of films produced by the Happy Film Company, alongside *The Temporary Mansion and Fertilizer of Love*. As a comedic short film infused with science fiction elements, it highlighted the focused, economical, and efficient production strategy of Happy Film Company. It also showcased Xu Zhuodai's hybrid creative concept of blending Eastern and Western elements and reflected the early Chinese cinema's diverse exploration of genre expression.

Keywords: *The Invisible Cloak*; Happy Film Company; creative concept; genre expression

作者简介：邵梓洛，厦门大学电影学院2020级博士研究生，发表有论文《〈独行月球〉：想象力消费美学视域下的科幻表达与英雄建构》等。

闽台海疆文学文献研究

闽台海疆文献之宦台文人文集叙录*

郭秋显

（闽南师范大学文学院，福建漳州　363000）

摘　要：本叙录为“闽台海疆文学文献整理与研究（1602—1895）”国家社科重大项目中有关“宦台文人文集”第一期拟目。其选编宗旨：一、提供见树又见林之完整宦台文人著作，以开展研究者之宏观视野。二、提供诗文善本或完备的版本，整理出更全面性之文本，以供闽台海疆文献之专家学者研究之用。三、避免浪费学术资源，不收录坊间已出版整理完善之诗文集，乃冀集中人力，创新学术发展。

关键词：闽台海疆文献；宦台文人；文集叙录

一、明·徐孚远《钓璜堂存稿》

徐孚远（1599—1665），字闇公，晚号复斋，江苏华亭人。崇祯十五年（1642）举人。徐孚远与夏允彝、陈子龙等同组“幾社”，并列名为“幾社六子”；永历六年（1652），徐孚远组织抗清文士，结“海外幾社”于厦门。“海外幾社六子”于永历十五年（1661）三月，随郑成功入台，然并未久留，考其应在同年冬离台回厦。其间往来台、厦两地。永历十七年（1663），清军攻陷金门、厦门，徐孚远拟送儿子登岸，守先人宗祧，即返与卢若腾、王忠孝诸公颠沛流离大海中，不果，后止于粤潮之饶平。永历十九年（1665）五月二十七日痛哭而卒。郑成功取台湾，郑经从铜山撤退，海外幾社社人大都随军入台，故海外幾社文学被视为台湾汉人文学之开端，而徐孚远为其领袖。

徐孚远《钓璜堂存稿》，民国十五年（1926）金山姚光怀旧楼刻本。《钓璜堂存稿》历来不行于世，存稿流通实始于南社著名诗人姚光整理编次刊行。姚光所得《钓璜堂存稿》手钞本有二：一为徐孚远之孙怀瀚所录，二为徐孚远之七世孙元吉藏本。二稿皆分体编列，未编年，姚光认为“各体之中，似以岁月为序”，如有此次第先后排列，虽无编年但对徐孚远诗作系年亦极有帮助。姚光怀旧楼刻本书前收有陈乃乾、陈洙两人合编之《徐闇

* 本文为国家社会科学基金重大项目“闽台海疆文学文献整理与研究（1602—1895）”（21&ZD272）的阶段性成果。

公先生年谱》及由林霍、王沄、全祖望等人所撰写有关徐孚远之传记、碑铭、祭文及诗文集序共十篇。

姚光怀旧楼刻本《钓璜堂存稿》诗歌共二十卷，计收有古今体诗二千七百七十五首。卷二十后录有徐孚远之《交行摘稿》，共有三十九题，五十九首。上述两者总计二千八百三十四首。此外，姚光复搜辑徐孚远文残集，共录徐孚远遗文八篇。审《钓璜堂存稿》内容，乃是徐孚远入海之后作。

二、清·季麒光《蓉洲全集》

季麒光，生卒年未详，字昭圣，号蓉洲，江苏无锡人。清顺治十七年（1660）举人。榜姓郑，一云赵，其后复姓季。康熙十五年（1676）进士，由内阁中书出知梅县。康熙二十三年（1684）八月再由闽清县移知诸罗县事，为清领时期首任诸罗县令。时县治初设，人未向学，季氏至，首课儒童，拔尤者而礼之，亲为辨难。士被其容光者，如坐春风。在任逾年，以文献未修，久而荒落，乃撰志稿，总其山川、风物、户口、土田、阨塞，未及终篇，世称《台湾郡志稿》六卷。此稿为蒋毓英《台湾府志》底稿，康熙二十四年（1685）以忧去，高拱乾因其稿而编修《台湾府志》。《诸罗县志》云："季文才富艳，首创郡志稿，以发全台之聋聩，奖掖士类。言者方于常观察之风，伟矣！"力邀沈光文创立台湾第一诗社——"东吟社"，并与之倡和。

《蓉洲全集》包括季麒光今存《蓉洲诗稿》七卷、《蓉洲文稿》四卷、《三国史论》一卷、《东宁政事》一卷、《台湾杂记》一卷（传统著录有《台湾郡志稿》六卷、《蓉洲文稿》四卷、《蓉洲诗稿》七卷、《台湾杂记》、《山川考略》、《海外集》、《华阳怀古》、《三国史论》各一卷）。《诸罗县志》评其"博涉群书，为诗文清丽整赡"。彭国栋评《天妃宫》"诗虽不甚工，亦足备海东掌故也"。季氏诗笔甚健，其文恣肆，记闽中事甚备，尤详于台湾。

三、清·陈瑸《陈清端公诗文集》

陈瑸（1656—1718），字文焕，号眉川，广东海康人。康熙三十三年（1694）进士，授福建古田知县，四十一年调知台湾县事，清操绝俗，慈惠利民。

康熙四十九年（1710）为福建巡抚张伯行荐，调分巡台湾厦门道，兼理学政。五十年，谕令各县设立义学，招集生徒，延师诲课。隔年夏，集刻《台厦试牍》，梓其尤雅者若干篇示诸生，题曰"海外人文"。捐俸重修台湾府儒学明伦堂，兴建朱子祠及文昌阁。设立十六斋以教士子，置学田以资师生膏火。凡所创造，亲董其事，终日不倦，于是台湾文风丕振。

康熙五十三年（1714），超擢湖南巡抚，年底调福建巡抚，五十五年冬兼摄闽浙总督。隔年，奉命巡海至台，北及上淡水，往复一千四百余里，自持干粮（糒糗），携小账房以随，露宿风餐，不入邸舍，不受馈献。康熙五十七年十月初三日卒于官。追授礼部尚书，谥“清端”。

《海康陈清端公诗集》十卷，附丁宗洛编《年谱》二卷，道光六年（1826）沛上东署不负斋刻本。陈瑸文集最早有《陈眉川诗文》三卷，见于乾隆二十九年（1764）《清文献通考》著录。后有《陈清端公文集》八卷，乾隆三十年（1765）兼山堂刻本，乃陈瑸孙子良、子恭等辑其遗文编修而成，有孙人龙等序。文七卷、诗一卷，文详而诗略，所收诗仅三百余首，未见其全。嘉、道年间，同里丁宗洛乃补编之，续搜遗诗达六百余首，按年编诗并加以详注，又编次《年谱》，辑成《海康陈清端公诗集》，计首一卷、诗十卷，附刻书来札、《年谱》二卷。首一卷有蒋祥墀、叶绍本、张维屏、陈钧序，丁宗洛补编序，集题，弁言等。有关台湾之诗作，集中于卷七、卷十。较以丁宗洛编注《海康陈清端公诗集》系统之版本，则以此本诗注最详，诚为善本。

《陈清端公文集》十卷，同治六年（1867）刻本，前五卷属奏议公牍，卷六、卷七为序记之文，卷八至卷十则收其诗作。周宪文曾据光绪二十三年（1897）刊行八卷本《文集》，选其关系台湾部分集为《陈清端公文选》，列入《台湾文献丛刊》第116种。此二本可互参。

四、清·冯协一《友柏堂遗诗选》

冯协一（1661—1737），文华殿大学士冯溥第三子，应顺天乡试不中，随例荫父爵谒选吏部，授浙江绍兴府同知兼摄山阴知县，后升任江西广信府知府。当时恰逢三藩之乱结束，大量流民进入境内，冯协一抚绥备至，解决了流民问题。在地方力行清丈法，获得百姓官员称赞，补广东广州府知府。当时战乱刚息，民心不定，恰逢连州瑶族民变，冯协一请用王阳明的“雕剿法”进行平定，为当地官员所倚重。担任福建汀州府知府时，与汀州总兵陈有功平定漳州陈显五、宁化曹祖乾等盗乱，为康熙所闻知，民间亦建造生祠祀赞。康熙五十二年（1713）任台湾府知府，期间免除各种赋税。不久乞归。

冯协一著有《友柏堂遗诗选》，分上、下两卷，收古今体诗各一百首，基本以作诗时间先后为顺序，在台湾的诗有二十余首。是集由协一之子冯愿辑录、校对，其婿何垣、赵念（赵执信之子）眷写，后求正于同郡姻家赵执信。执信托目疾不省览，命门人仲是保代删之，而执信为之作序。

五、清·张湄《柳渔诗钞》

张湄（1695—?），字鹭洲，号南漪，又号柳渔，浙江钱塘人，雍正十一年（1733）进士。曾任《大清一统志》编修。乾隆六年（1741）四月十二日由翰林院迁巡台御史，兼理提督学政。在台二年余，严查冒籍，校士公明，政绩卓著。又颇重文教，在台主岁、科两试，曾仿夏之芳《海天玉尺》编有《珊枝集》，选取诸生课艺佳作纂集而成，以为士子科考撰文之楷模。在台期间，与满御史书山合奏，阻止台米大量外流，以平抑台湾米价。乾隆八年（1743）四月秩满，十月丁忧回籍。乾隆十六年（1751），任兵科给事中；十七年任巡漕御史；十八年任云南道监察御史，署京畿道事。

张湄书法俊秀，殿试时无人能出其右，又善于诗，著有《柳渔诗钞》，常与厉鹗等人唱和。厉鹗《柳渔诗钞序》云："读其诗，华润而不窘于物象，春容而不伤于促迫，应变不穷而无旬锻月炼、雕肝鉥肾之苦。"《柳渔诗钞》十二卷，共一千一百多首，有清乾隆十年（1745）圣雨斋刻本。其中七、八卷《海槎集》收录其在台之作，录有《瀛壖百咏》中《水沙连》《剑潭》《澄台》《五妃墓》诸诗，文字稍有改异。

六、清·钱琦《澄碧斋集》

钱琦（1709—1792），字相人、一字湘纯，号玙沙、又号述堂，晚号耕石老人，浙江仁和人。雍正十三年（1735）举人；乾隆二年（1737）进士，选庶吉士，授翰林院编修。乾隆十六年（1751）二月，任巡台御史兼理学政；十一月，负责巡视南路；十二月，处理彰化"生番"杀内凹庄兵民事件，据实奏闻，总督徇庇武员，奏与琦异。翌年九月，返京。任内对台湾军事、内政多所革新。

《澄碧斋集》含《澄碧斋诗钞》十二卷、首一卷，《澄碧斋别集》二卷，清光绪二十二年（1896）刻《湖墅钱氏家集》本。另钱琦所撰《重修台湾县志序》《澎湖纪略序》二序为本集新辑佚，补于别集之后。附录巡台奏折十五折。

《澄碧斋诗钞》，凡十二卷，计《渔塘野唱》（卷一）、《观光草》（卷二）、《山水屏间集》（卷三）、《行役集》（卷四）、《荣过集》（卷五）、《恩补集》（卷六）、《纵游草》（卷七、卷八）、《虚敝集》（卷九）、《惊候集》（卷十）、《采兰集》（卷十一、卷十二），共录古今体诗九百六十三首。首卷有袁枚、申发祥、朱仕琇序，及袁枚《福建布政使钱公墓志铭》、《钱琦小传》。集后有乾隆四十三年（1778）张时风跋。又《澄碧斋别集》二卷，为集唐宋人句、颂、箴、铭、家言等。《澄碧斋诗钞》及《别集》，乃乾隆四十三年刻，光绪二十二年（1896）钱锡宾等增编，辑入《湖墅钱氏家集》中。

《澄碧斋诗钞》卷七、卷八《纵游草》，乃钱琦于乾隆十六至十七年（1751—1752）巡台时作。此无论是前人或今之编《全台诗》者，多未曾寓目，如连横《台湾诗乘》云："巡台御史之能诗者，若范九池之《婆娑洋集》、张鹭洲之《瀛壖百咏》，蜚声艺苑，传播东宁，而钱玙沙御史足与颉颃，惜无全集可资雒诵。唯就诸书所载，采而入之。"审《纵游草》诗作内容，卷七《纵游草上》自《试院纪事》《奉旨出国门》至《大嶝门憩慧经上人精舍》，计二十四题、三十三首，乃自北京南下，赴台途中所作；而《前渡海》至《望玉山》，凡十九题、三十二首，则属巡台之作。卷八《纵游草下》自《署西隙地数弓中有古井，覆亭其上，余颜之曰坐观，旁缀以花木竹石，公余游眺，亦居然海上一洞天也，得诗四首》至《抵鹭门》，计五十题、八十六首，亦属巡台之作；另《大嶝门重憩慧经上人精舍》至卷末《赵北口》，共八题、八首，乃写自厦门返京之作。

七、清·朱仕玠著述五种

朱仕玠（1712—1773），字璧丰，一作碧峰，号筠园，福建建宁人。乾隆六年（1741）邵武拔贡生。仕玠精通古今之文、经史百家之书，尤工诗。其弟仕琇（1715—1780）工古文，自成一家。朱氏兄弟壮年游北都，声名动京师。仕琇于乾隆十三年（1748）中进士，然仕玠屡试不第，乃渡黄河，游吴、楚、越、宋、齐、鲁等地，游历归里后，于溪西草堂设馆授徒。乾隆二十六年（1761），年五十，方任福建德化县学教谕。乾隆二十八年（1763）六月，调台湾府凤山县学教谕，用心撰写《小琉球漫志》一书。翌年夏，丁母忧，西渡回建宁守制。乾隆三十年（1765）授徒里中，暇日完成《小琉球漫志》书稿。守制期满，出补漳州府龙溪县学教谕。乾隆三十八年（1773）擢河南彰德府内黄县知县，未及赴任即逝世，享年六十二。

朱仕玠传世著作有《筠园稿》三卷、《筠园删稿》三卷、《谿音》十卷、《音别》四卷、《小琉球漫志》十卷等。著录又有《和陶》三卷、《和红蕉山房诗录》一卷、《鸿雁诗》一卷、《水竹居赋钞》一卷、《龙山漫录》二十卷、《荑稗集》（制义）一卷，并编辑何梅、李荣英、族父朱璜、伯父朱霞四家诗为《濉溪四家诗钞》。

《筠园稿》，乾隆九年（1744）松谷刻本，诗三卷，卷首有乾隆九年夏沈德潜序、朱仕琇序；收其乾隆七、八年间所作诗。

《筠园删稿》，乾隆九年松（1744）谷刻本，诗三卷，卷首有朱仕琇序。此为其弟朱仕琇所编。

《谿音》，乾隆二十三年（1758）松谷刻本，收诗十卷，卷首有乾隆二十三年李中简、李俊、朱仕琇序，乾隆二十二年（1757）朱仕玠自序。

《音别》，清乾隆二十四年（1759）松谷刻本，诗四卷，卷首有乾隆二十三年（1758）夏朱仕玠自识。此乃《谿音》之别格，是诗奚必律以《谿音》，故音之别也。

《小琉球漫志》，乾隆三十一年（1766）松谷刻本。全书凡十卷，计收《泛海纪程》（卷一）、《海东纪胜》（卷二、卷三）、《瀛涯渔唱》（卷四、卷五）、《海东剩语》（卷六、卷七、卷八）、《海东月令》（卷九）、《下淡水社寄语》（卷十）。卷首有乾隆三十一年徐时作、鲁仕骥序。然考镜《小琉球漫志》版本源流，自有清以降，在台湾文献中仅见民国十年（1921）传钞本（台湾图书馆藏），覆核松谷原刻本，传钞本乃依照原版式抄录。坊间有成文《中国方志丛书·台湾地区》据以影印，然缺页、错简、讹字甚多。而当今通行之标点本，乃收于《台湾文献丛刊》第 3 种之《小琉球漫志》（台北：台湾银行经济研究室，1957 年 12 月）。

八、清·谢金銮著述四种

谢金銮（1757—1820），字巨廷，一字退谷，晚年改名灏，福建侯官人。乾隆五十三年（1788）以增广生中乡试；嘉庆六年（1801）以大挑二等，试邵武教谕，补南靖、安溪。嘉庆九年（1804）改调嘉义县学教谕，未及期而蔡牵倡乱，陷凤山县，南北戒严，金銮为知县陈防御之策，而部署以定，及总兵武隆阿率师至，蔡牵已遁去，以是知其贤，两人一见如故。海寇蔡牵、朱濆欲得蛤仔难基地，嘉庆十三年（1808）金銮著《蛤仔难纪略》六篇，详其利害。十四年，秩满内渡，任南平教谕，再调安溪。晚年不乐居官，作《教谕语》四篇赠安溪诸生，其言恳恻。嘉庆二十三年（1818）告病回籍，于二十五年四月六日在籍病故，享年六十四。嘉义诸生闻之，自海外相与鸠赀祭葬，并置产业以赡其后人。道光五年（1825）入祀乡贤祠。

《二勿斋文集》六卷、首一卷，道光十六年（1836）二勿斋刻本；《教谕语》四卷、首一卷，嘉庆二十一年（1816）安溪学署原刻本；《泉漳治法论》，同治七年（1868）吴棠重刊本；《蛤仔难纪略》，道光十四年（1834）二勿斋重刊本。又有谢金銮诗存四十八首，载《续修台湾县志》卷八《艺文三·诗》及《噶玛兰厅志》卷八《杂识下·纪文下·诗》。

《二勿斋文集》，道光十六年（1836）二勿斋刻本。文集凡六卷：卷一“论、说、解”，卷二“书”，卷三“序”，卷四“序、记”，卷五“诗钞小传”，卷六“状、帖、志铭、文、赋”。卷首有作者画像一帧及《自题》，诸人所题《像赞》，《题请崇祀乡贤事迹录》暨《照准公文》，陈寿祺撰《皇清敕授文林郎安溪县学教谕谢君墓志铭》。目录前有陈庚焕撰《谢退谷先生宦绩述》及高澍然撰《二勿斋文集序》。谢金銮为文不空言性理，所序所论，皆切合实用。高澍然于《二勿斋文集序》特别指出其文章特点云：“其沦浃道妙，参观民情时变，协于治体，能使浅者愈愚，柔者起懦，浇者革薄，亢者释矜，信乎有真得者，其感人独神也。是集也，学文者固俎豆之矣，求道与治者能祧之乎？若先生，斯可谓之著书也已。”谢金銮于世抱热肠而具通才，无论文格与人品皆强调经世致用，其友陈庚焕于《谢退谷先生宦绩述》中言其“不空谈性理，必指事切情因，所明近譬而导之于善；要使闻者勿怖，若河汉而言易入”，足见其诚循循善诱之导师者也。

《教谕语》，嘉庆二十一年（1816）安溪学署原刻本。本书凡四卷：卷一“读书作文”，卷二“立身行己”，卷三“居官致用”，卷四“教学著述”。首卷为嘉庆二十一年冬汪润之序、嘉庆二十三年九月李宗昉补序、嘉庆二十年秋谢金銮引言（自序）。谢金銮自许教官位虽卑而任重，乃作《教谕语》以训士。李彦章道光九年（1829）《教谕语又序》：“余刻是书成，山阳汪文端师见之谓其质实切当，且在吕司寇《呻吟语》之上。”（见津河广仁堂重刊本）汪廷珍（1757—1827）以《教谕语》质实切当，“其言隐寓圣贤之道，而修齐治平罔不在其中矣”，故其内容及影响乃在吕坤（1536—1618）《呻吟语》之上。《教谕语》于清中叶风行于士大夫间，故各郡学者几家有其书。此自印行版本可见其梗概，有江西本、浙江本、陕西守约斋校正本、安溪学署本、嘉庆重刊本（台湾大学图书馆藏）、同治九年（1870）山东文友堂重刊本（台湾大学图书馆藏）、光绪七年（1881）津河广仁堂重刊本（“中研院”历史语言研究所等藏）、光绪十年（1884）珙邑柚香阁重刊本、光绪十八年（1892）扬州府学重刊本、光绪二十二年（1896）宁郡学重刊本、民国三十一年（1942）铅印本等，然各刻本文字各有修改增订，篇目内文亦不尽相同。

《泉漳治法论》，同治七年（1868）吴棠重刊本。卷首有陈寿祺、赵慎畛序，谢金銮自序，吴棠《重刊泉漳治法论序》。本书为谢金銮任教南靖、安溪县学时，审悉民情风俗所作，可为治泉漳之要。初为闽浙总督（1822—1825）赵慎畛（？—1826）于道光三年（1823）刊行，用以治其吏以教士民之书。闽浙总督吴棠（1813—1876）同治七年又予重刊。全书凡九篇，即《察由》《知难》《任役》《用耻》《械斗》《掳禁》《抗官拒捕夺犯杀差》《亲民》《重士》。附刻陈寿祺所著《治南狱事论》一文，出自陈寿祺《左海文集》卷三。

《蛤仔难纪略》，道光十四年（1835）二勿斋重刊本。本书原刊于嘉庆十四年（1809），实为杨廷理所刊行，不数年之后，其版已亡，遂有二勿斋重刊本。本书凡六篇，计《原由》《宣抚》《形势》《道里》《图说》《论证》。卷首有嘉庆十三年（1808）十一月杨廷理《蛤仔难纪略序》，书后为嘉庆十四年二月谢金銮《蛤仔难纪略后序》。

九、清·孙尔准《泰云堂集》

孙尔准（1770—1832），字平叔、一字莱甫，号戒庵，室名曰泰云堂、海棠巢。江苏金匮人，嘉庆十年（1805）进士，改庶吉士，散馆授翰林院编修。二十五年，任福建布政使。

道光三年（1823）正月，任福建巡抚。隔年，循例巡台。尔准巡阅台湾，周历形势，请于彰化、嘉义间开五条港正口；噶玛兰开乌石港正口，以饷内郡；移凤山治于故城兴隆里，以固东北。又议开水沙连、埔里两社。

道光五年（1825）九月，擢闽浙总督，值岁收歉，豫请开海禁，募运浙米，以赈各属，囤积者无可居奇，价悉平。奏请噶玛兰收入版籍，设官治理。道光六年（1826），嘉义、彰化匪徒械斗，彰化人李通等与粤民黄文润挟嫌纠众斗杀，奸徒诱煽，乘机焚掠数日，延及嘉义，旁近蜂起，全台震动。尔准亲驻厦门，遣副将佟枢等分往彰化、淡水搜山围捕。詗知贼党煽诱日众，移陆路提督马济胜守厦门，自渡海驻彰化督剿。捕获李通，诛之。旋又有黄斗乃等久跨苗栗三湾，潜出为盗。遣参将黄汉等分路侦击，士卒攀藤蹑葛而登，擒黄斗乃等二十一人，斩以徇。事平，诏加太子少保，赏戴花翎。道光十二年（1832）卒，赠太子太师，谥“文靖”，入祀福建名宦祠及乡贤祠。

《泰云堂集》二十五卷，道光十三年（1833）孙氏刻本，计文集二卷、骈文集二卷、诗集十八卷、词集三卷。其中在台之作为卷十三《婆娑洋集》、卷十四《台阳筹笔集》。徐世昌《晚晴簃诗话》评孙尔准：“其督八闽，台湾民变，亲统舟师戡定，不至成朱一贵、林爽文之乱。慕陵眷倚方笃，遽薨于位，有梦幻追悼之谕，时为感诵。学问淹贯，治官文书不假手于幕僚。工诗，尤长于词。”考《婆娑洋集》为道光四年循例巡台之作，《台阳筹笔集》为道光六年赴台平乱之作。一闲情居多，一警乱为主，故二集诗风迥然不同。

十、清·胡承珙《求是堂诗文集》

胡承珙（1776—1832），字景孟，号墨庄，安徽泾县人。嘉庆十年（1805）进士，十四年授翰林院编修。道光元年（1821）担任按察使衔分巡台湾兵备道，在官三年。《清史》有传。

承珙有《求是堂诗集》二十二卷、《求是堂文集》六卷等，在台诗作存于《诗集》卷十七《东瀛集》。黄得时（1909—1999）曾于1968年《台湾文献》专文介绍其价值。承珙潜心经学，广证博考以求本意，着意《毛诗》，归里后，闭户著书，与陈奂往复讨论，不绝于月，著《毛诗后笺》三十卷。《毛诗后笺》在《诗经》学史上是与马瑞辰（1777—1853）《毛诗传笺通释》、陈奂（1786—1863）《诗毛氏传疏》齐名的重要著作。另有《小尔雅义证》十三卷，《仪礼古今文疏义》十七卷、《尔雅古义》二卷等。

十一、清·黄鹤龄《不暇懒斋诗钞》

黄鹤龄（1792—?），广东嘉应人，幼年即从福州莫友堂学，年十七弃书习度支，为丁绍仪（1815—1884）之师。道光二十六年（1846）渡海赴台，襄台湾知府仝卜年幕，在台十余年。著有《不暇懒斋诗钞》，未刊，尚存十二卷，在台诗作一千余首，《全台诗》失收。刘荣平教授曾据福建图书馆藏抄本点校编成《黄鹤龄集》（厦门大学出版社，2014年5月）。

十二、清·符兆纶著述四种

符兆纶（1796—1864），字雪樵，江西宜黄人。道光十一年（1831）优贡生，十二年乡举第五，其后一纪之久，礼闱屡摈。道光二十四年（1844），以大挑一等分发福建之知县，历任福清、屏南、光泽、建阳，实授沙县，再任福清。晚年主讲恩江书院。

符兆纶寓台乃如连横《台湾诗乘》卷四云："同治间，佐其乡人兴宜泉司马幕，来游台湾。司马名廉，任鹿港海防同知，政绩无考。惟画甚高雅，尤善山水长幅，至今得者珍如拱璧。曾作《富春山水图册》，雪樵为题绝句。"兴廉，字宜泉，咸丰二年（1852）举人，光绪二十一年（1895）进士。兴廉宦台事迹，据《台湾通志·列传·政绩》载："咸丰八年（1858），由闽县擢任鹿港同知。教士如师，爱民如子。此三年颂声载路。同治三年（1864），复来任；值戴万生乱后，鹿港兵防未撤，月饷费数万金。兴廉广为设法，义输不足，则以廉俸弥补之。如是三年，军无乏用，而善后事宜，亦无不办。以实心行实政，民受其益，商旅无怨言，皆兴廉之力也。"

兆纶著有《卓峰草堂诗钞》，诗二十卷，卷首有同治元年（1862）六月江湜序、符兆纶自记，计刻诗二千四百余首，古体四卷、近体十六卷。

《卓峰草堂诗续钞》，诗四卷，卷首有同治五年（1866）五月彭綵序，符兆纶自记，徐宗干、戴望、谢章铤、梁鸣谦、魏秀仁、宋谦、陈宇诸人题辞。此集为符兆纶逝世后，其后人所刻，收同治元年至三年（1862—1864）间创作之诗，计二百余首，古体一卷，近体三卷。

《梦梨云馆诗外编》（亦称《留梦草》），诗四卷，卷首有符兆纶自叙，朱樱船、米朧伯、陈叔安、陈少香题辞。是集名《梦梨云馆诗外编》乃用唐代王建《梦看梨花云歌》“薄薄落落雾不分，梦中唤作梨花云”之事典，此当是谢章铤所说《梦梨云馆别集》也。

《卓峰草堂文钞》，收文三卷，录文二十五篇，计卷一“序”八篇、卷二“书、记”十一篇、卷三“赋、说”六篇。卷三末附祝士诠《杂说跋》。

其弟子宋谦所撰《先师小传》，载民国十八年（1929）聚珍版铅印本《卓峰草堂诗钞·卷首》。符兆纶《卓峰草堂集》同治刻本，版存福州江西会馆，至民国初年已毁。民国十八年（1929）其曾孙符鼎升（1879—?）（曾任民初参议院参议员，民国十六年，筹办第一交通大学，并代理第一任校长）乃以聚珍版重印《卓峰草堂诗钞》《梦梨云馆外编》数百部，以广流传。宋谦（1827—?）字己舟，侯官人，为符兆纶弟子，咸丰六年（1856）与谢章铤共举聚红榭词社，九年（1859）中举，著有《灯昏镜晓词》四卷。

十三、清·刘家谋著述七种

刘家谋（1814—1853），字仲为，一字芑川，号九十九峰散吏，福建侯官人。读书于福州鳌峰书院，道光十二年（1832）中举，时年十九。之后五应礼部试，皆不第。道光二十六年（1846）以大挑初任宁德教谕，二十九年调台湾府学任训导，在任凡四年。咸丰三年（1853）海寇黄位扰乱沿海，岛上又有林恭事件与之相呼应，土匪屡攻府城，家谋力疾守城三月余，致使肺疾加遽，于咸丰三年（1853）六月二十五日子时，以四十岁之英年，病逝于台湾府学训导任内。

著作据《芑川先生合集》总目著录有：《外丁卯桥居士初集》八卷、《东洋小草》四卷附《斫剑词》一卷、《观海集》四卷、《海音诗》一卷、《开天宫词》二卷（未刻）、《东洋纪程》一卷（未刻）、《操风琐录》四卷（未刻）、《鹤场漫志》二卷、《揽环集》十卷（未刻）。今《芑川先生合集》仅存十九卷，其已佚者有《怀藤吟馆随笔》一卷、《东洋纪程》一卷、《揽环集》十卷及在台词作。见存者包括：《外丁卯桥居士初集》八卷、《东洋小草》四卷、《斫剑词》一卷、《开天宫词》二卷、《海音诗》一卷、《观海集》四卷、《鹤场漫志》二卷。《外丁卯桥居士初集》《斫剑词》多反映鸦片战争时事，《东洋小草》《鹤场漫志》为宁德文献，与台湾文献有密切关系者乃《海音诗》及《观海集》二书。湖北省博物馆藏《外丁卯桥居士初集》手稿本，可补遗诗歌 201 首①。

---

① 刘荣平、欧阳超群：《刘家谋诗歌补遗 201 首》，《闽学研究》2023 年第 4 期。

十四、清·张景祁著述二种

张景祁（1830—1904），原名左钺，一作祖钺，字蘩甫，号韵梅，又号新蘅主人，浙江钱塘人。为薛时雨（1818—1885）门人，同治三年（1864）拔贡，十三年进士，选庶吉士。光绪三年（1876）谒选得福建武平知县，坐事落职。台湾布政使邵友濂与之有旧，坚邀其来权淡水。光绪十年（1884）莅任，乃抚瘠痍，慎折狱，颇有惠政，十二年十月离任内渡，二十三年知连江县。

《研雅堂诗》十一卷，清光绪二十三年（1897）杭州百亿梅花仙馆藏版，福州吴玉田刻本，全集收诗九百多首，古体诗居多。台湾大学图书馆线装善本室藏有八卷本《研雅堂诗》，收诗止光绪二十四年（1898）。二书前八卷实同一版本，而十一卷本后三卷为百亿梅花仙馆按年增刻，续收诗至光绪三十年（1904）初，多百余首诗，故其文献价值远高于八卷本。审《研雅堂诗》与台湾有关者，自卷一《台湾纪事诗八首》至卷八《恒春赤石歌》，计十六题、三十首诗。

《新蘅词》六卷、词外集一卷，清光绪九年（1883）开雕，杭州百亿梅花仙馆刻本。全集词作计三百五十多阕，卷六所收词泰半为在台之作。

十五、台湾杂咏六种

清·夏之芳《纪游百韵》

夏之芳（1690—1746），字筠庄，号荔园，江苏高邮人。雍正元年（1723）进士，改庶吉士，三年授翰林院编修，寻改监察御史。雍正五年十一月初二，出任巡台御史，初四日自京起程，六年二月十二日抵台视事，并兼视学之任，为巡台御史实际兼掌台湾学政之第一人。六年十一月初八奉旨再留台巡视一年。任中积极整顿政务，澄清吏治，振兴文教，以培养士类为己任，生平廉介绝俗，而待人接物乐易冲和，绝少崖岸，尤为僚属所敬服。在台著《纪游百韵》，另编《海天玉尺》初、二编。任满后，改任四川道监察御史。八年，巡太平仓。十三年，巡视山西，以漕艘旧误镌级归。乾隆初年起，补浙江道御史，掌河南道事。后归里，不复出。乾隆十一年（1746）十月八日卒，享年五十七岁。

夏之芳在台巡视南北两路时，“凡过一邑、经一社，必留意山海形势险隘之处，其番民错杂、风土俗尚有可纪者，亦必博为采听谘访之”，著《纪巡百韵》一卷。郭秋显曾撰《夏之芳〈纪巡百韵〉辑佚考录》一文，重新排序并校勘原诗与自注，共得六十五首。《纪巡百韵》在雍正间即有刻本，乾隆五十九年（1794）秋曾孙夏长源复刻之，嘉庆十三年（1808）秋修版。今所见为光绪元年（1875）玄孙夏铭孙刻本。

清·张湄《瀛壖百咏》

张湄，前《柳渔诗钞》已述其生平大略，其在台著有《瀛壖百咏》一卷，乃其自厦门至澎湖，自澎湖至台湾，及其在南、北两路之作，每首四句，诗后附自注诂释名物，可作为采风者参考。台湾道刘良璧曾推崇《瀛壖百咏》所咏“山川景物历历如绘，令观者如阅《山海经》，如读《水经注》，光焰陆离，千态万状，皆于斯集见之”，并将之与苏轼的海外奇文并论。连横在《台湾诗乘》中赞张鹭洲之《瀛壖百咏》诗多可诵，“蜚声艺苑，传播东宁”。各方志多所抄录其诗作，但未见传本。近人林文龙曾做辑佚，去其重复，共收得五十七首（含断句），然《含羞草》一诗为孙元衡之作，林氏误植，故仅得五十六首。中国国家图书馆藏《瀛壖百咏》一卷，乾隆七年（1742）刻本，为海内外仅存孤本，一册共三十六叶。内页水渍污损严重，尚可辨识完整，全卷含附《台湾杂感四首》，计诗一百又三首。

清·周澍《台阳百咏》

周澍，浙江钱塘人。据乾隆《杭州府志》之《周澍传》：

周澍，字雨甘，号西坪，钱塘人。于书无所不窥，今古文兼诸家所长，诗宗盛唐，别出机杼。海宁陈元龙以侍读承修《康熙字典》，延澍总理校刊事。雍正庚戌（1730）一甲一名及第，授修撰。典试湖南、江南，督学陕西，公允有声。（《周氏家传》）[①]

《台阳百咏》是周澍唯一留传于世之诗作，共分《台阳内编百咏》和《台阳外编百咏》上下二种。《内编》一百又一首，所咏为汉人社会；《外编》百首，所咏为少数民族社会。合计二百零一首，每首诗作之后，均附有注解说明。《台阳百咏》未能刊行于世，现存的仅有南京图书馆藏抄本四册，及上海图书馆藏清吴骞批点本。因此，此书一直未能为研究台湾史者及中国古典诗歌者所重视。

据嘉庆十二年（1807）谢金銮纂《续修台湾县志·政志·张挺传》载：

张挺，号鹤山，陕之泾阳人也。以戊午乡举登仕籍，入闽为漳州守。乾隆三十一年（1766），擢台、澎兵备道兼督学。挺居官洁清，自矢厘奸勤民。始至，尝令街坊清衢道，扫除粪秽。顷之出，见居民门首有不蠲者，笞其人。由是道无留秽。曰：人言台民难治，吾以决信否耳。天下岂有不化之民哉？乃尽革旧弊，绳奸猾胥役以法，不少恕。政以清。岁科所取多知名士。有《台阳试牍》行于时。海东山长周澍，浙名

① 郑沄、邵晋涵纂：《（乾隆）杭州府志》卷九十四《人物·文苑二》，《续修四库全书》史部第703册，上海：上海古籍出版社，2002年，第420页上。《（乾隆）杭州府志·选举》又载：“雍正八年庚戌科周澍榜，周澍，钱塘人，修撰，陕西学政，一甲第一名。”见《（乾隆）杭州府志》卷七十一《选举五·进士》。

宿也，以道自持，风格甚峻，挺亦能为之下。时论交称之。居无何，黄教乱作，邹大守出城剿捕，挺日夜巡防，安抚市肆，民赖以不惊，乱克戡定。卒以匪案例夺官，去之日，民争叹惋焉。

张挺于乾隆三十一年（1766）十月任，后以匪案夺官。后任为余文仪，乾隆三十三年（1768）十一月赴台查办匪案，摘署道篆，十二月任。周澍掌海东书院当在乾隆三十一年至三十三年前后，故《台阳百咏》创作亦在此时。

清·王凯泰《台湾杂咏》

王凯泰，字幼轩，号补帆，原名敦敏，字幼徇。江苏宝应人，道光三十年（1850）进士。同治九年（1870）以广东布政使迁福建巡抚。十三年觐京师，未至，台湾有事，诏回任。时沈葆桢督台湾海防，奏请移巡抚驻台湾。又奏王凯泰励行清苦，用心缜密，“开山抚番”诸大役，宜以任之。王凯泰亦奏，事难遥断，请先往履勘奏牍。光绪元年（1875）五月，王凯泰抵台，当时正办理“开山抚番”，遂撰《训番俚言》一篇以谕“番民”，并作《台湾杂咏》三十二首及《续咏》十二首。是时炎曦毒雾，酷暑郁蒸，王凯泰以国事为重，不避艰险。益以目击当时台俗与内地绝异，台民嗜赌，无老少皆食鸦片烟，又锢婢女，至老不嫁，王凯泰皆作歌以劝化之。七月初，王凯泰亲诣凤山，时已得疾。八月，病日臻，王凯泰尚拟往巡南路，飓风作，不果。至九月，乃以疾闻，请假一月。是时其夫人卒于家，王凯泰不敢以私废公，仍治事如故。王凯泰居台五月，力筹整顿，并兼顾省台大局。十月初，以“整顿台地并巡抚兼顾省、台大局事宜”入告，拜疏后，即内渡。甫至省城，王凯泰疾已不可为矣，卒于官，年五十有三，赠太子少保衔，视总督例赐恤，谥“文勤”。命于福建省城、台湾府城建祠祀焉。

清·马清枢《台阳杂兴》

马清枢，字子翊，福建侯官人，光绪三年（1877）任台北府学教谕，作《台阳杂兴》三十首。连横《台湾诗乘》录其中八首，《台湾诗荟》刊其全稿《台阳杂兴》诗三十首（分见第十九、二十号）①。

清·何澂《台阳杂咏》

何澂，字竟山，浙江山阴人。光绪元年（1875），王凯泰自闽抚移驻台湾，何澂随营办理府署文案。光绪二年（1876），复随丁日昌巡抚至台襄办营务。光绪三年（1877）春，防务稍弛，丁日昌回省，命何澂留住行营，勾稽之暇，遂与汪序东、林鹤荪倡和。是时，马清枢适校士台湾，作《台阳杂兴》三十律，何澂因就马清枢“诗所未及者”作《台阳杂

① 刘荣平：《福建词史》，北京：社会科学文献出版社，2023年，第318页。

咏》二十四律，互相参考。光绪七年（1881）夏，何澂回闽，而马清枢已归道山，因检其遗稿并王凯泰《台湾杂咏》三十二首及《续咏》十二首，汇录成《台湾杂咏合刻》以刊印之。今台湾大学图书馆、东海大学图书馆等藏有原刻本，另通行本为《台湾文献丛刊》排印本。

清·苏镜潭《东宁百咏》

苏镜潭，字菱槎，晋江人，苏廷玉之裔，曾参与创办泉州国学书院。1918 年从林尔准以记室首次东渡台湾。1923 年偕林尔嘉长子林小眉再度抵台，与吴锺善同客台北林氏。1923 年冬，林小眉至晋江，苏镜潭与之酬唱，日课十诗，十日共得百咏，所咏多关台湾事迹，曰《东宁百咏》。

Summary of Poetic and Prose Collections by Huantai Wenren (Literati Officials in Taiwan) in Fujian-Taiwan Coastal Literature

GUO Qiuxian
(School of Liberal Arts, Minnan Normal University, Zhangzhou, Fujian 363000)

Abstract: This summary is part of the first phase of the project "Compilation and Research of Fujian-Taiwan Coastal Literature (1602—1895)", a major initiative funded by the National Social Science Foundation. The objectives of this selection are: 1) to provide a comprehensive collection of works by Huantai Wenren (Literati Officials in Taiwan), offering researchers a macro-level perspective; 2) to present high-quality or complete versions of poems and essays, thereby supplying more comprehensive texts for experts and scholars studying Fujian-Taiwan coastal literature; 3) to avoid duplicating efforts by excluding poetry and essay collections that have already been meticulously compiled and published, thus focusing resources on innovative academic developments.

Keywords: Fujian-Taiwan coastal literature; huantai wenren (literati officials in Taiwan); summary of poetic and prose collections

作者简介：郭秋显，闽南师范大学文学院副教授，著有《海外幾社诗史研究：以陈、夏及海外幾社三子抗清完节为主轴》等。

晚清福州南台岛诗歌创作考论

——近代福州文学地图的另一中心*

程妹芳

（温州大学图书馆，浙江温州　325035）

摘　要： 明清两代，福建省垣福州府的文学创作在全省独占鳌头，以福州府城中的三坊七巷为文人聚居的首选宅区和繁荣的文学创作活动中心。然而，在晚清至民国中叶数十年间，末代帝师陈宝琛退居故乡南台岛（今属福州市仓山区）螺洲，身边常有友朋雅集、交游、唱和，形成规模不小的诗人聚落。此外，南台岛本籍重要作家如严复、叶大庄、郑锡光、林纾等人并世而出，著名诗人陈衍兄弟移居南台岛陶江，这些因素使南台岛成为福州另一个文学创作中心，以诗歌创作著称，产生特殊的文学史意义，值得研究。

关键词： 南台岛；聚落；文学中心；陈宝琛；陈衍

清代福建的文学创作以福州府特盛，学术研究亦以福州府冠诸福建十二个府州①。近代以来，我们观察福州的文学创作地理空间分布的特征——以福州城西南部的江中岛屿南台岛（今属福州市仓山区）为区域文学创作的又一个中心。这个中心外于福州城内最著名的文人学者、官宦人家的聚居中心区域——三坊七巷②，形成清末民初福州府城两个文学创作中心，以闽江分隔开来。

南台岛西至淮安，东至林浦，南至螺洲，北至烟台山，以龙峰山和望北台（望北台真武庙在仓山区上渡黄柏岭，三县洲大桥南端东侧，隔闽江与台江大庙山钓龙台相望）连接点为界，东属闽县，西属侯官，四至长乐、福清、永福等县及闽江北之郡城福州城，均十分便捷。

南台岛的全部面积远远超过今福州市所设五区中其他四区（台江、鼓楼、马尾、晋安）的全部，在晚清至民国间特定的历史时期，南台聚集了一批作者和学者，形成疏离于

---

* 本文为国家社科基金重大项目“闽台海疆文学文献整理与研究（1602—1895）”（21&ZD272）的阶段性成果。

① 清代福建省设福州、兴化、泉州、漳州、汀州、邵武、延平、建宁、福宁、台湾十府和永春、龙岩二州，共十二个府州。光绪十一年（1885）台湾升格建省，置巡抚。

② 可参看吴可文《明清福州文学地图——以三坊七巷为中心》（福建师范大学2012年博士学位论文）的论述。

城市人文核心区三坊七巷的另一聚集地。

一、晚清至民初南台岛闽县境的诗人群体

陈衍《石遗室诗话》卷五有数条论螺洲陈氏及其诗歌创作成就，敏锐地关注到南台岛在晚清福州府诗歌创作中的地位及历史意义：

吾乡诗人多在会城之西南乡。弢庵（陈宝琛）居螺洲，去城三十余里，南而稍偏西，筑沧趣楼。……弢庵同怀弟有叔毅宝璐，族侄有芸敏（陈琇莹），族孙有汝翼翥（陈翥）。汝翼编修与李纯客慈铭、吴子儁观礼友善，能为骈散文与诗，皆不传。芸敏骈文学阳湖，诗学浙派，力避高调，而苦落纤仄。……（芸敏）《论诗寄兰生》云："燕瘦环肥各赏音，偶于浙派见精深。论诗未信卷葹语，樊榭何人更铸金？"（第二条）

叔毅（陈宝璐）耽经学，汉宋兼采，能散骈文，能诗，极少作。以庶常改官部曹，闭户乡居，累岁不入城。弢庵哀辞所谓"不名一编，不出一廛"者也。有《雪坪与弢庵联句》（诗略）……旧稿传写，脱去两人（陈宝琛、陈宝璐）名字，三十余句，不辨其孰伯孰叔矣，然妥帖不颇，居然韩孟之工力悉敌也。（第三条）

弢庵犹子徵宇懋鼎，肆力后山，俯视一切。尝手录旧作二十余首付余，密字丈余，可装一长卷也。……皆从诗榻中苦吟来也。（第四条）①

陈宝琛胞弟陈宝璐之诗能与韩、孟悉敌，族侄陈琇莹诗学浙派，侄陈懋鼎诗学陈师道，与陈宝琛之间，各各面目不同，俨然同治、光绪年间闽中诗坛的缩影。螺洲地方属闽县。螺洲陈氏先祖陈广于洪武间自新宁（长乐）迁入，迄今已历二十余世。清代陈若霖及其族裔聚居南台之南螺洲，历明清两代，至陈宝琛之时，以陈宝琛领袖兄弟、群从，是陈衍家族之外最庞大的近代文学创作群体。陈宝琛所修《螺江陈氏家谱》记载恭房（陈曙，陈广长孙）仙湾派栋公陈基（第十四世）的后裔第十九世陈翥（陈炳之子）、陈建侯、陈懋侯（俱陈恭缵之子）都是诗人，恭房君祉公陈若霖（第十四世）的后裔到了第十七世陈宝琛及其子若孙数代间，人才辈出，陈宝琛兄弟六子登第，子侄众多，直到当代，在各阶层、各行业中不乏闻人，著声于世。

同光体著名诗人陈宝琛家在南台岛上的螺洲，在其被斥、退居乡里的二十五年中（1884—1909），经常泛江（闽江在福州城分叉成南港乌龙江、北港马头江，夹南台岛而下，复合出海）上下，往返于永福（按：明清两代，福州府永福县即今永泰县。陈宝琛在永福方广岩建有听水第二斋）、闽县、侯官、长乐之间，真正称得上是一位在籍从事文学创作的作家。以《沧趣楼诗集》所收诗为例。此集正集所收诗自光绪十三年丁亥（1887），在陈宝琛罢官之后，终民国二十四年乙亥（1935），共十卷。陈宝琛《海天阁成属有北行

① 陈衍：《石遗室诗话》，《民国诗话丛编》第1册，上海：上海书店出版社，2002年，第73—75页。

留别山中诸子》云："屏居越两纪，一壑甘长终。"① 从光绪十年甲申（1884）斥退乡里至宣统元年（1909）起复北上，其间二十五年，时或入福州城中府邸居住，大部分时间都在螺洲故乡。陈宝琛在故乡的文学创作活动略考如下：

（1）北渡南台江，登临鼓山，在鼓山营建听水斋，与长乐诗人谢章铤、闽县诗人郑孝胥（苏龛）等唱和。有《鼓山晏师坐处结一小寮颜曰听水得八十字》、《七月望后陪谢枚如丈（谢章铤）山居》②、《七月廿五夜山中怀蒉斋（张佩纶）》、《鼓山见竹坡（宝廷）题句却寄》（1887）、《正月雨后谢丈偕清江黄星石介来国因游石鼓星石为丈鹿洞高弟时省师将归》（1888）、《十一月十四夜听水斋同苏盦待月即送北行》（1890）、《二月十八夜泛月入山得苏盦江南寄诗苏盦竹坡试闽举首也感赋以答》、《鼓山觅竹坡句不得怆然有感》、《夜到涌泉寺》、《石鼓山中送赵声伯归江西应举》（1891）、《七月廿二夜听水斋对月》（1893）、《叔毅（陈宝璐）墨樵树二石斋前漫题》（1893）、《次韵枚如丈中秋对月》（1900）、《石鼓山中送瑞裕如户部丰还京》（1901）等，与谢章铤的唱和活动尤多，又有《九月十五夜涌泉寺口号》（1901）、《听水斋杂忆》（1902）等。

在会城西禅寺共啖荔枝，有《水退同周彦昇黄子穆丈林贻莽啖荔长庆寺》（1890）、泝江而上沿大樟溪至永福诸胜，如《游方广岩》（1891）、《六月十四日同林行陀方策六李子新钟惺西郭芸屏李石芝王彦和陈易园逭暑小雄山庄》、《八月十四日夜携家泛南溪晨至小雄山斋晚归诗以纪之》（1908）等。

（2）与侯官叶大庄（1844—1898）交游、唱和。有《题损轩不二门图部净名额》（1887）、《过玉屏山庄》（1892）。组诗《听水斋杂忆》（1902）第七首："玉屏亭榭散春星，下院潮平惯扣扃。谁信出山缘便断，再无诗讯草堂灵。"下注："损轩来最数，诗最多。"③ 足见陈、叶二人交谊。谢章铤《校阅余话》："伯潜以《听水斋杂忆》见示。听水斋在鼓山国师岩，其诗皆记往来诸朋旧，中有云'损轩来最数，诗最多'。"④ 即指此。

（3）与叶大庄的挚友、侯官诗人陈书唱和。有《次韵答俶玉》（1892），有句"君忘拳曲志绳削，假内外集示级差。纸筒拗铁出硬语，惊走木魅跳山夔。晋安风雅今中衰，黄鹄摩天莫敢谁"⑤ 称许陈书的诗歌创作，对陈书的诗歌风格有所论定；《次韵和俶玉舆中作》、《俶玉雨中以诗枉存次韵答之》（1892）、《上巳花下怅然有感因和俶玉用昌黎寒食日出游韵》、《俶玉赠石绝肖竹根走笔谢之》（1893）、《答俶玉用东坡送李公择韵见寄》

---

① 陈宝琛著，刘永翔、许全胜校点：《沧趣楼诗文集》，上海：上海古籍出版社，2013 年，第 112 页。

② 按：谢章铤的赌棋山庄在于山之麓，见陈衍《石遗室诗话》记载。陈衍：《近代诗钞》上册，上海：上海书店出版社，2002 年，第 680 页。

③ 陈宝琛：《听水斋杂忆》，《沧趣楼诗文集》，第 54 页。

④ 谢章铤：《赌棋山庄余集》文集卷三，《清代诗文集汇编》第 681 册，上海：上海古籍出版社，2010 年，第 113 页。

⑤ 陈宝琛著，刘永翔、许全胜校点：《沧趣楼诗文集》卷一，第 14 页。

(1894)、《俶玉石遗倡和叠韵见及因同城东风浴即事次韵》、《俶玉以索荔莆田诗征和摘山寺新熟百颗以饷并致鼓山泉一器即次其韵》、《俶玉以丹午所寄莆荔三百分饷赋谢因讯特舟直州》(1904)等。

(4)与陈书之弟陈衍唱和。有《六月十三日丹曾肖韩(叶在琦)同舟枉存因访叔伊玉屏山庄有诗征和感念损轩昔日之游即次其韵并视珍午》、《(七月)十六夜访叔伊(陈衍)于损轩旧居即送其之鄂》(1901),知光绪二十七年辛丑(1901)六七月间,陈宝琛与陈衍的交往密切;又有《石遗出示俶玉别诗次韵奉柬即送石遗行》(1904)等。

(5)与叶大庄表兄、闽县诗人龚易图唱和。如《春阴和含晶韵》四首(1893)、《题龚海峰先生濬渠留别筹边三图》(1893)等。与龚易图、陈书唱和,有《俶玉和雪诗并示与含晶(龚易图)酬倡诸作用倒叠韵奉酬》(1892)、《含晶前辈招饮环碧池馆见示俶玉叠韵诸作依倒叠韵奉呈》(1893)等。在《含晶前辈招饮环碧池馆见示俶玉叠韵诸作依倒叠韵奉呈》(1893)中,陈宝琛自注末两句为叶大庄、陈书所作。陈衍称陈宝琛在里中,所与唱和居多者为陈书、谢章铤、龚易图、张元奇及叶在琦等数人。①

(6)与闽县诗人叶大焯唱和。有《恂予见和雪诗感念昔游叠韵奉答》(1892)、《听水斋杂忆》第十四首回忆叶大焯曾经到听水斋的往事(1902)。光绪十八年末、十九年初(1892—1893),陈宝琛作《十一月廿九日沧趣楼雪中作》,即所谓《雪诗》,有陈书、叶大焯、龚易图、叶大庄等人唱和,唱和的方式在次韵之外,还有倒叠韵的形式,即颠倒原韵次序进行唱和的诗体。

(7)与长乐诗人陈耕三唱和,有《听水斋喜灌畬夜至》(1893);与侯官严复(阳岐人)唱和,有《次韵答几道即以赠别》(1893)、《次韵答几道》(1908);与侯官张元奇(今闽侯县上街镇厚美村人)唱和,有《谢珍午招观鉴亭荷花并柬幼点》、《珍午和诗感及昔游因叠前韵奉答》、《二十六夜珍午寄示叠和望夕泛月诗时以仓神出游不果行也四叠答之》(1901)、《入城过鳌峰就珍午闲话》(1902)。

(8)与闽县诗人王允皙(今马尾区亭江人)唱和,有《幼点风雨中拏舟枉存见和前作并示去夏寄太夷(郑孝胥)词再叠以答》、《七月十五夜与幼点泛月同赋兼答珍午(张元奇)再叠之意三叠前韵》(1901)、《幼点之官瓯宁雨夜见过有诗用韵和之》、《四月十二日白湖(即今仓山白湖亭)舆中书寄幼点》(1902)、《幼点新归七月十五夜复同泛月分赋》、《八月十二夜同幼点宿听水斋》(1912)、《七月十二夜同幼点登南台山》(1903)、《八月十二夜期幼点不至时听水斋补葺未竟晓坐池上楼即事柬幼点》(1904)、《听水第二斋落成幼点默园同赋》、《次韵答幼点因怀爱苍》(1908)等。陈宝琛与王允皙之间的交谊甚笃,从风雨枉存、雨夜见过等细节尤见挚友之间的情谊。

(9)与侯官诗人沈翊清、叶在琦等唱和,有《答丹曾(沈翊清)叠韵见赠》、《五叠答

① 陈衍:《近代诗钞》上册,第680页。

肖韩（叶在琦）见和》(1901)。与侯官沈瑜庆唱和，有《爰苍倡修宛在堂诗龛见寄二律赋和》(1907)，又因此事赋《出郭勘宛在堂旧址因泛舟绕湖归过李忠定祠西湖书院》诗。

（10）与大舅郑锡光（南台岛胪厦人）唱和，有《郑友其大舅[①]招饮偕寒亭观旧植梅》(1904)。

（11）与同光体著名诗人易顺鼎等诗人在福州唱和，时在光绪三十年甲辰（1904）、三十一年乙巳（1905）间，有《冬日同易实甫兵备顺鼎沈小沂舍人兆祉游邻霄台》、《叠前韵酬实甫见和》、《实甫再叠见和并示长至三叠之作再叠奉答》、《实甫四叠前韵因及匡庐感念旧游四叠奉和并为石鼓之约》、《次韵答实甫》（1904）、《伯严和实甫诗见及感旧六叠次韵》、《七叠前韵答实甫留别即以送行》、《八叠寄和实甫独游石鼓听水楼见怀之作》(1905）等。

二、南台岛侯官县境诗人群体的文学活动

从螺洲向西泝江而上，是陈书、陈衍兄弟曾经村居之处阳岐，地属侯官县。阳岐有玉屏山、李家山、楞岩（陈书兄弟所居）等丘壑名胜。

《石遗室诗话》："（南台岛）土著为岩（当作'严'）、陈二姓，已数百年。陈氏少闻人，严氏则几道复久客于外，令子伯玉以三千饼金典叶氏玉屏山庄，小住又去。"[②] 严复家族是近代福州府的重要家族。严复（1854—1921）长陈衍三岁，亦能诗。《石遗室诗话》卷五第七条追记严复与其友陈衍之间数首诗："己酉（宣统元年，1909）在都，几道见示《十二月初七日阅邸抄作》云：'自笑衰容异壮夫，岁寒日暮且踟蹰。平生献玉常遭刖，此日闻《韶》本不图。岂有文章资黼黻，耻从前后说王、卢。一流将尽犹容汝，青眼高歌见两徒。'几道以马江习流学子，既游学西国，复肆力探究四部之书。所译《原富》《天演论》《名学》各种，文笔雅驯，殆罕其匹。看花之年，虽同于东野（孟郊）；及第之赐，大异于方干。得意马蹄，难逢开口之笑；同皂牛骥，终免仰首之鸣。诗末联较有意趣，视古人弟子得桂、先生灌园者，迥不同矣。余急和其韵云：'夫子雄才敌万夫，苦吟字字费踟蹰。偶将雁塔题名记，写入诗龛祭脯图。五十本来少进士，百年能几大胡卢？看君放荡思无涯，莫管南公与左徒。'唐人最重进士，有'五十少进士，四十老明经'之谣。君并示送朝鲜某侍郎诗，故末句及之。"[③] 按：《严复年谱》："1月17日（十二月初七日），本日见上谕：'严复赏给文科进士。辜汤生、伍光建、王劭皆文科进士'。(《己酉日记》）同时

---

① 按：陈宝琛所谓"大舅"实际上指的是陈宝琛之父陈承裘的从舅，陈宝琛的舅祖，即俗称舅公。陈宝琛《潘耀如同年墓志铭》："君有高弟子郑编修锡光，先大夫（陈承裘，陈景亮之子）之从舅也。"(《沧趣楼文存》卷下《潘炳如同年墓志铭》，《沧趣楼诗文集》，第431页)。

② 陈衍：《石遗室诗话》卷五，《民国诗话丛编》第1册，第75页。

③ 陈衍：《石遗室诗话》卷五，《民国诗话丛编》第1册，第76—77页。

被赐者还有詹天佑等共十九人。”并云：“先生有《初七见邸抄作》七律一首，咏此事。”[①]严复起家后，其子侄多人亦多才，从事文学创作和学术著述。

著名诗人叶大庄在阳岐营建玉屏山庄。陈衍《石遗室诗话》卷五云：“玉屏山庄者，叶损轩之父（叶滋森）作宰江南，买玉屏山，以万金筑焉。池馆幽致，有陶江书屋、归来草堂、偕寒堂、写经斋、玲珑阁诸胜。山庄外，田园果树几占一乡之半。过江至古零、西溪诸处（均在今闽侯县南屿镇及永泰县葛岭镇、塘前乡）。”[②]

陈衍之兄陈书，在光绪十年甲申[③]至十一年乙酉间（1884—1885）为叶大庄所邀，移家前往陶江，居住二年，有诗集《陶江集》。陈衍回忆“木庵伯兄四十以后倦游，能为医，奉母不出者十余年。村居陶江，城居龚氏双骖园、武陵园。损轩、芸敏皆出山，乃与陈弢庵阁学、龚霭仁布政、刘特舟州牧游，具林壑琴尊之乐”。[④]与叶大庄论诗，有论诗诗、唱和诗多首。到光绪二十六年庚子（1900）之时，陈衍亦避乱至陶江，购田置产，陈衍亦有村居陶江之作；后来陈衍举家归自京师，先是借居南台岛上力钧医隐庐，又典得力氏产业。至光绪三十一年乙巳（1905）二月间，方购置文儒坊三官堂房产，在南台岛的活动甚繁。

陈衍一生中除了在福州之外，以客居京师、武昌、上海、无锡等地为宦游之重要场所，晚年在厦门、苏州等地谋生，与当时旧体诗坛众多诗人风云际会，从事诗歌创作，“数十年来多说诗”[⑤]。尝在京师五年，置地为秀野草堂，“相从为五七言诗者无虑数十人”[⑥]，结为诗社唱和；在湖北客张之洞幕府，“夏秋多集两湖书院水亭、水陆街姚园、墩子胡安徽会馆，多言诗”[⑦]，《石遗室诗话》中记载了易顺鼎以《庐山诗录》请张之洞评定的事迹，亦有陈衍的评论，文字长达千言[⑧]；在上海，寓居高昌庙寓庐，与周星诒、萧穆等谈艺甚久[⑨]。本文着重考察陈衍在福州故乡的文学活动。

力钧（1855—1925），永福人，幼年起即寓居陶江阳岐楞岩[⑩]，与叶大庄在阳岐时间

---

① 孙应祥：《严复年谱》，福州：福建人民出版社，2014年，第284、285页。

② 陈衍：《石遗室诗话》卷五，《民国诗话丛编》第1册，第75页。

③ 按：陈书有《光绪甲申年赁屋陶江上开户通道人多笑之自秋徂冬未有改也》诗（《近代诗钞》中册，第853页）。

④ 陈衍：《石遗室诗话》卷一，第二五条，《民国诗话丛编》第1册，第32页。

⑤ 陈衍：《〈石遗室诗话〉序》，《民国诗话丛编》第1册，第17页。

⑥ 陈衍：《石遗室诗话》卷一，第三三条，《民国诗话丛编》第1册，第36页。结社唱和事载《石遗室诗话》卷三，第十七、十八条，《民国诗话丛编》第1册，第57—58页。

⑦ 陈衍：《石遗室诗话》卷一，第一条，《民国诗话丛编》第1册，第18页。

⑧ 陈衍：《石遗室诗话》卷四，第六条，《民国诗话丛编》第1册，第64—66页。

⑨ 陈衍：《石遗室诗话》卷四，第九条，《民国诗话丛编》第1册，第67—68页。

⑩ 据《石遗室诗话》卷五第一〇条所引陈衍仆张宗扬诗句“此诗岩下梅应发”下自注：“主人所居名楞岩”语（《民国诗话丛编》第1册，第78页）推知。按：陈衍阳岐房产典自力钧。

相先后。力钧寓居于阳岐李家山下，后举进士，富资财，遂在阳岐置房屋田产。陈衍《石遗室诗话》记载举家归自京师后，借居陶江力氏旧园，有《归陶江》四首诗寄力钧，并详细记载阳岐诸姓产业易手的情况："时山下田园，皆陈氏数百年产，旋归叶氏。后二十余年，叶氏中落，竟易主于力氏。前岁又典于余，以其经营北京鹅房之田。医隐有次韵和余云：'陈家村又叶家村，野老犹呼李垞园。里社饮宾多父执，先畴服穑记师门。园本乡贤陈兰畹先生公产。……''玉屏山下水环村，四十年前此灌园。无主落花常满地，成围老树尚当门。白云亲舍儿时泪，春草池塘客子魂。世事升沉都阅尽，算来还是布衣尊。''上下斜街似一村，东园载酒醉西园。寻芳览胜常联骑，破晓冲寒擅入门。再过亭台新易主，归来环珮孰招魂？今年春意萌芽早，独坐花前懒举尊。'……'招魂'一联谓君居下斜桥，余居上斜街。宅今归林肖旭，而余妻实卒其中也。"[①] 陈衍妻萧道管卒于光绪三十三年丁未（1907），推知陈衍在购置文儒坊新居后尚保有阳岐旧屋多年。

著名诗人张元奇（1860[②]—1922，字珍午、君常、珍五、贞甫[③]、贞午[④]，号姜斋）家在阳岐之西、闽江南岸上街（今上街镇厚美村），清属侯官县。陈宝琛、陈衍、郑孝胥[⑤]三诗人均与张元奇交好。张元奇、郑孝胥均生于咸丰十年庚申（1860），陈宝琛是闽中同光体诗人群体中的长者，长张、郑十二岁，生于道光二十八年戊申（1848）；陈衍次之，长二人四岁。陈衍《石遗室诗话》："余交张珍午元奇民政十余年，癸卯（光绪二十九年，1903）都门别后，余仍客武昌，君出守岳州，与武昌一江上下，邮筒隔宿可至。至必有诗若书，录数首于后。……岳州为张燕公凄婉得江山助处，于公最称，故诗笔皆壮于发端，而千忧百悲，中间时时流露。"[⑥] 据陈衍此条诗话纪事末"君当少日，曾馆陶江损轩处"，知张元奇与南台叶大庄之间的交往。

张元奇与螺洲陈宝琛两家之间缔结婚姻，更紧密的关系则在于两人之间结社、酬唱等文学活动。民国八年（1919），陈宝琛撰《张君姜斋六十寿序》："己未上巳，为吾姻张君姜斋六十诞日。……予识君于通籍之初，相从吟事者三十余年于兹矣。吾乡先辈每燕闲，拈题为绝句，推二人甲乙之，集其稿为《击钵吟》。其嵌二字成一联，则目为'折枝'，即

① 陈衍：《石遗室诗话》卷五，第九条，《民国诗话丛编》第1册，第77—78页。

② 张元奇的生年，据《石遗室诗话》所引张元奇《随除日喜晤苏堪》诗句"坠地同时身易老"下自注"余与苏堪俱生庚申"（《民国诗话丛编》第1册，第76页）推定，与《清代硃卷集成》第58册张元奇履历所载"咸丰庚申年（1860）三月初三日吉时生"（顾廷龙：《清代硃卷集成》，台北：成文出版社，1992年，第418页）相合。林纾《晋安耆年会序》记载张元奇1914年夏尝预京师晋安耆年会，时年五十五岁。（林纾：《晋安耆年会序》，《林纾集》第1册，福州：福建人民出版社，2020年，第115页）

③ 郑孝胥：《郑孝胥日记》，北京：中华书局，1993年，第187页。

④ 郑孝胥：《郑孝胥日记》，第1249页。

⑤ 闽县诗人郑孝胥与张元奇亦属姻亲，郑孝胥族人娜妹之女沈韵琚适张元奇之子（《郑孝胥日记》，第1301页）。

⑥ 陈衍：《石遗室诗话》卷五，第六条，《民国诗话丛编》第1册，第76页。

世所称‘诗钟’者，盖亦滥觞于百年中，郭远堂先生、沈文肃公、林锡三丈皆喜为之。余里居时，作者益甚，风气亦屡变，独君与希村（林如玉）、肖韩（叶在琦）、幼点（王允皙）皆以唐宋律诗为句法。予尝评希村近玉溪，或似明七子，肖韩似后山，幼点类四灵，而君诗出入苏、陆，不事雕饰，虽游戏之作，亦岸然有以自异。老宿常规人勿多为折枝，恐有妨诗格，殆不然也。君先主讲风池，及与予迭主鳌峰，吟集最数，间同肖韩、幼点集诗牌为七律，或为五排。予归村经月，则君等诗筒往复赓和至六七叠。洎君还朝，以言事忤权贵出守，肖韩亦入补御史。予独与幼点诸子命啸于夏荔冬橘间，骎骎逾六十。自谓此生不复见软红尘土。而君又远宦辽藩，讵知一星未终，世事电激云谲，与君又有相对吮毫刻烛之日耶？君之辞官，至都常主予，既而避地津沽，为终老计。近更买宅西斜街……君往来京津，遇社期，无风雨寒暑必至，且常携朋为山游。前月自杭归，与匏庵搜择社稿付刊，萧然若与世相忘者，何其适也！予自再至京师，时荔香社中人无一存者。……君自叙《知稼轩诗》，谓能引退，当求吾所好，以诗人终。今《续集》又刊成矣。君家世皆大年，自今以往，君能自必其无求于世，安能必世之无求于君？而诗与年相引以益深，非世之所能升降，则君所可自必者也。”① 此篇寿序在陈宝琛《沧趣楼文存》中面目独异，较诸陈宝琛为郭曾炘、叶在琦、谢章铤、郑孝胥诸人所撰寿序，风格更加平易，叙平生若话家常，温情流动。陈宝琛评价了闽中诗歌创作活动，比较了叶、王、张三位诗友不同的诗歌创作道路及其风格，对张元奇诗歌的评价与陈衍所评接近，尤其对张元奇“能引退”的赞许，与陈宝琛所撰郑孝胥六十寿序的态度明显不同，在郑、张之间，陈宝琛更加欣赏张元奇其人其诗。

闽县诗人郑锡光家在南台岛胪厦乡。郑锡光（1860—1911），字璧侯，号德津、友其、澹庵、恒声，进士郑瑞麟之庶子、郑瑞麒侄。七岁而孤，母王氏课读。移家杨桥巷，有澄川山房。光绪十一年乙酉（1885）拔贡，十六年庚寅（1890）科二甲进士，与陈懋鼎、陈宝璐、陈宝瑨等同年。散馆授翰林院编修，尝主讲鳌峰书院、凤池书院。从长乐人潘炳年（字耀如，号退庵）学诗，与陈衍为诗友。《石遗室诗话》：“胪厦乡在螺洲、陶江之间，郑友其锡光其乡人也。余交友其晚，一见相怜，不自知所以然，友其常以为佛言有缘者。罕为诗，尝和余寄怀之作……君以宿学入翰林，未几即翛然引去。精内典，喜与浮屠氏游。中年屡遘伤心之故，思以道力战胜，解脱蚕茧缴绕，故有‘平生婚宦’云云，读之使人凄然也。余寄君诗二首，今只存‘齐’韵一首……时君掌教鳌峰书院，院有鉴堂，前后荷池，旁挺高树，常邀余烂醉池上。君饮量至洪，数倍于余，而独喜与余饮。一夜醉后话别，因及往事，琐屑悲辛，使余酒气不知何往，分携时不禁共诵坡诗‘世间那有千寻竹，月落空庭影许长’矣。”② 郑锡光与侯官张元奇亦是诗友，《石遗室诗话》卷五录郑锡光

① 陈宝琛：《张君姜斋六十寿序》，《沧趣楼诗文集》卷上，第340—342页。
② 陈衍：《石遗室诗话》卷五，第一一条，《民国诗话丛编》第1册，第79页。

《里居闻石遗内调甚喜得寄岳州诗知殊不欲行窃广其意并示珍午》、《次石公韵怀珍午并寄石公》二诗。

三、论南台岛文学聚落的意义

陈衍是清末民初福建诗人群体在同光以来全国诗坛的代表者，其诗论突破明清以来宗唐诸种闽派演变的小格局。所著《石遗室诗话》《石遗室诗话续编》等以其宏大的诗歌理论体系，兼容唐、宋诗歌，融通旧体诗歌不同时代、不同风格的沟壑，成为旧体诗歌创作的殿军人物。《石遗室诗话》所论表现出陈衍主持诗教的地位，即《〈近代诗钞〉叙》“有清二百余载，以高主持诗教者，在康熙曰王文简（王士禛），在乾隆曰沈文悫（沈德潜），在道光、咸丰则祁文端（祁寯藻）、曾文正（曾国藩）也”[①] 之意，陈衍隐然以当代王士禛自许，以疏凿当代诗歌自任。

在清末民初的全国诗坛，陈衍之于闽派诗人群体有绝大贡献，主要在于提升闽诗在诗坛的地位，扩大闽诗的影响。以陈宝琛在清末民国的政治地位，犹念念不忘陈衍的作用。民国二十四年（1925），陈宝琛撰《陈君石遗七十寿序》：“予中岁家居，始常为诗，获交君兄木庵先生（陈书），倡酬商榷无虚月。时君方客游，恒数岁一归，归辄录予诗以去。予久蛰荒滨，不以诗鸣，而诗流闻于世，由君也。……君兄弟皆有殊禀，木庵标奇萧逸，诗学倾一世。君则无学不窥，又早游四方，得山水友朋之助，故诗闳肆如其文。予初学诗于郑仲濂丈，谢丈枚如导之学高、岑，吴丈圭庵引之学杜，而君兄弟则称其类荆公，木庵且欲进之以山谷。曩岁有作，非经木庵及吾弟叔毅商可，终不自释。……予于壬戌（民国十一年，1922）春假归，君饮之皆山楼，所纂《通志》稿本堆床塞屋，案头诗卷满焉，皆君说诗社弟子也。”[②] 由于陈宝琛壮岁罢官被斥，只能从京官退居故乡福州府闽县螺洲，而其诗名则日渐鹊起，如 1927 年 6 月 2 日王国维自沉前一日为人书扇面的两首诗系陈宝琛作于 1919 年的名作《次韵逊敏斋诸人落花四首》中的第三、四首，与“其早年所作的《感春四首》诗，早就‘传诵海内’‘驰诵一世’了，林葆忻云：‘殿柳宫莺春欲晚，禁城传遍落花诗’可以为证”[③]。《次韵逊敏斋诸人落花四首》中的第三、四首分别是：

生灭元知色是空，可堪倾国付东风。唤醒绮梦憎啼鸟，罥入情丝奈网虫。
雨里罗衾寒不耐，春阑金缕曲初终。返生香岂人间有，除奏通明问碧翁。

流水前溪去不留，余香骀荡碧池头。燕衔鱼唼能相厚，泥污苔遮各有由。
委蜕大难求净土，伤心最是近高楼。庇根枝叶从来重，长夏阴成且小休。[④]

---

① 陈衍：《〈近代诗钞〉叙》，《近代诗钞》，叙。
② 陈宝琛：《沧趣楼文存》卷上《陈君石遗七十寿序》，《沧趣楼诗文集》，第 347—348 页。
③ 刘永翔、许全胜：《〈沧趣楼诗文集〉前言》，《沧趣楼诗文集》，第 1—2 页。
④ 陈宝琛：《沧趣楼诗集》卷八，《沧趣楼诗文集》，第 180—181 页。

《感春四首》：

一春谁道是芳时？未及飞红已暗悲。雨甚犹思吹笛验，风来始悔树旛迟。
蜂衔撩乱声无准，鸟使逡巡事可知。输却玉麈三万斛，天公不语对枯棋。

阿母欢娱众女狂，十年养就满庭芳。那知绿怨红啼景，便在莺歌燕舞场。
处处凤楼劳剪彩，声声羯鼓促传觞。可怜买尽西园醉，赢得嘉辰一断肠。

倚天照海倏成空，脆薄原知不耐风。忍见化萍随柳絮，倘因集蓼毖桃虫。
到头蝶梦谁直觉，刺耳鹃声恐未终。苦学挈皋事浇灌，绿阴涕尺种花翁。

北胜南强较去留，泪波直注海东头。槐柯梦短殊多事，花槛春移不自由。
从此路迷渔父棹，可无人坠石家楼？古林好在烦珍护，莫再飘摇断送休。①

前一组诗作时，陈宝琛方追随逊帝溥仪于旧京，其诗传诵天下犹有时机，而《感春四首》却是作于光绪二十一年乙未（1895），此时陈宝琛方家居螺洲，“久蛰荒滨”，其诗能“禁城传遍”，必有缘由，此缘由即陈宝琛自己说的“由君（陈衍）也”之故。

陈宝琛自以为陈衍兄弟对于他的诗歌创作有数种帮助：其一，倡酬商榷无虚月，陈氏兄弟能“商可”陈宝琛的诗作。其二，使陈宝琛得“尚友”② 之助，陈氏兄弟皆有殊禀，是“一乡之善士”，在诗歌创作上导清末闽人诗歌创作之嬗变，诗学倾一世，又游历多所，得“江山友朋之助”。特别是陈衍，成举人之后，礼部试屡不售，客游诸方，数岁一归，入为诸老幕宾，与著名诗人谈诗，眼界开阔，不立门户，诗力直可与一流的诗人抗衡，优游其中，是与“天下之善士”友，又“无学不窥”，堂庑阔大，是“尚论古之人”，合乎孟子所论“尚友”的所有内涵。陈宝琛的诗歌创作转向，得诸前辈郑守廉、谢章铤、吴观礼的揄扬、奖掖及陈书、陈衍兄弟的帮助，陈氏兄弟以为陈宝琛的诗歌具有王安石、黄庭坚的风格，其实有之。其三，陈衍数年一回乡“辄录予诗以去”，“予久蛰荒滨，不以诗鸣，而诗流闻于世，由君也”，使陈宝琛的诗歌不为退居里中的空间所局限，仍然能在清末民初的诗坛中传播，成就其重要诗人的地位。闽中历代固有文学创作颖异者，苦于处东南荒服远州，所见与所传播均为所限，在这个意义上陈衍的客游、入幕等生涯事迹呈现出重要的贡献和价值。

从道光间林直、杨浚、龚易图等人的创作，再到陈衍（1856—1937）、郑孝胥（1860—1938）等同光体的过渡，构成完整有序的代际衔接链条各环节，形成从明末清初的林古度等诗人到晚清陈衍、郑孝胥、陈宝琛等诗人为绾结点的近体诗歌创作的清代福建诗歌史。南台岛的著名作家林纾在诗歌创作之外，在古文创作和翻译文学、绘画艺术等方

---

① 陈宝琛：《沧趣楼诗集》卷一，《沧趣楼诗文集》，第 29—30 页。

② 《孟子·万章》下：“孟子谓万章曰：一乡之善士，斯友一乡之善士；一国之善士，斯友一国之善士；天下之善士，斯友天下之善士。以友天下之善士为未足，又尚论古之人。颂其诗，读其书，不知其人，可乎？是以论其世也，是尚友也。”（阮元刻《十三经注疏》本《孟子注疏》）

面更是大著声名，其“门下著籍者数百千人”，声势可谓壮大，洵一时人杰之选。

晚清南台岛所具有的空间位置，是南台岛文学创作活动聚集的重要因素。概括而言，约有三端：一者在于南台岛系各县人民入府城必经之地；二者在于南台岛的位置虽次于府城，却是府城之下、县治与府城之间最优的次级地域；复次则是由于近代以来福州开埠，航运发达，沿海、沿江商业活动日趋繁荣，改变了福州各区域经济发展的模式，有力驱动南台岛的经济、文化活动。福州的东面临海，晚清福州往江南和京师的航行逐渐繁荣，郑孝胥于光绪八年（1882）春从金陵岳家返回福州走的就是这条航线。这条航线的开通使得福建人穿越福宁府北往浙江的意愿更加低落，所以我们看到清代福州府所属北部、西北诸县连江、罗源、屏南、古田并未形成具有影响力的文学聚集的地域中心，而福州的南面和西面各县永福、闽清、侯官、闽县等县域的文人却形成了以南台岛为中心的聚集。

以往的研究关注福州府城作为福建省域重要的文学活动中心，而忽略对其他文学活动中心的研究。在清代的绝大部分时段中，三坊七巷区域是福州文学创作活动最繁荣的区域。尤以嘉庆、道光、咸丰、同治年间（1796—1874）为最盛，如林则徐、陈寿祺、梁章钜、冯缙、郭柏苍等人及其所属家族。光绪朝以来，福州的文学活动渐渐往南台岛上迁移，以晚清具有全国性影响的作家陈宝琛、陈衍等居住南台岛而该区域的文学活动更加密集，而三坊七巷的文学活动则有所回落。本文通过勾勒南台岛上作者以及文学活动的事件，还原了晚清、民国间福州文学活动在南台岛上的密集景象，呈现出南台岛与三坊七巷为中心的区域相颉颃的文学双子星座的重要性。

A Textual Research on the Poetry Creation of Nantai Island in Fuzhou in the Late Qing Dynasty

—Another Center of Modern Fuzhou Literary Map

CHENG Meifang

（Library of Wenzhou University，Wenzhou，Zhejiang 325035）

Abstract: During the Ming and Qing Dynasties, the literary creation of Fuzhou Fu（福州府）, capital of Fujian Province dominated the achievement of the whole province. The Three Lanes and Seven Alleys（三坊七巷）in Fuzhou City were the most superior residential areas for literati and the center of literary creation activities. However, in the decades from the late Qing Dynasty to the Mid ROC（民国中叶）, the famous writer Chen Baochen（陈宝琛）retired to his hometown Luozhou（螺洲）Town, Nantai Island（南台岛, now part of Cangshan District）, there were lots of friends gathering, socializing, and poem singing, thus forming a large-scale poet's settlement. In addition, important writers of Nantai Island, such as Yan Fu（严复）, Ye Dazhuang（叶大庄）, Zheng Xiguang（郑锡光）, Lin Shu（林纾）, etc. came out together, poet Chen Yan（陈衍）and his brother moved to live in Taojiang, Nantai Island. All these factors made Nantai Island another literary creation center in Fuzhou and its special significance in literary history which is worth studying.

Keywords: Nantai Island; settlement; literary creation center; Chen Baochen（陈宝琛）; Chen Yan（陈衍）

作者简介：程妹芳，温州大学图书馆副研究馆员，已出版《清代福建家族文学研究》（合著）。

新校张湄《瀛壖百咏》叙论*

赖丽娟

（成功大学中国文学系，台湾台南　709031）

摘　要：张湄著有《瀛壖百咏》《柳渔诗钞》，乾隆六年（1741）四月十二日抵台任巡台御史兼理学政。因学界对其生平行谊了解有限，不无遗憾。连横《台湾诗乘》云："张鹭洲之《瀛壖百咏》，蜚声艺苑，传播东瀛。"足证张湄《瀛壖百咏》流播后世，极享盛名，然近代却未见全豹，今人仅辑得五十六首。笔者于2000年发现北京图书馆藏乾隆七年刊刻《瀛壖百咏》一卷，乃当今海内外仅存孤本。一册，共三十六叶，虽内页水渍污损严重，尚可辨识全文。卷内并录《台湾杂感四首》，计收诗一百〇四首。笔者早年取得此复印件，乃着手整理《瀛壖百咏》之全文，并撰写系列研究论文。本文参据《柳渔诗钞》，旁及史乘、方志、民俗及其同时人之诗文集，探讨张湄生平行谊、《瀛壖百咏》写作年限，并公布笔者点校《瀛壖百咏》之全文。

关键词：张湄；《瀛壖百咏》；宦台文人

前　言

历来学界对巡台御史张湄生平的探讨，除林文龙《张湄与"瀛壖百咏"》① 一文外，其他也多未超过500字的介绍，甚至连张湄的生卒年亦付诸阙如。至于张湄的代表作《瀛壖百咏》，赞赏者颇不乏人。如乾隆五年（1740）升分巡台湾道的刘良璧就在《瀛壖百咏跋》中推崇张湄"检点奚囊，得绝句百首……山川景物，历历如绘，令观者如阅《山海经》，如读《水经注》，光焰陆离，千态万状，皆于斯集见之"②。连横《台湾诗乘》也称许"张鹭洲之《瀛壖百咏》，蜚声艺苑，传播东宁"。③ 遗憾的是，二百多年来，仍一直未见全豹。其间，林文龙先生

* 本文为国家社会科学基金重大项目"闽台海疆文学文献整理与研究（1602—1895）"（21&ZD272）的阶段性成果。

① 林文龙：《张湄与"瀛壖百咏"》，《台南文化》新8期（1980年1月21日），第173—182页；又见林文龙：《台湾史迹丛论》中册人物篇，台中：国彰出版社，1987年，第187—204页。

② 刘良璧：《瀛壖百咏跋》，六十七编：《使署闲情》卷四《杂著》（二），《台湾文献丛刊》第122种，台北：台湾银行经济研究室，1961年，第116页。

③ 连横：《台湾诗乘》，《台湾文献丛刊》第64种，台北：台湾银行经济研究室，1960年，卷二第58页。

曾加以辑佚，去其重，虽用力甚深，亦仅得五十七首（含断句）①，然他所收《含羞草》一诗为孙元衡之作，被误植入，故实际仅得五十六首耳。②《全台诗》在“张湄”提要云：

> 《瀛壖百咏》原有乾隆年间的精刊本，今未得见。除《瀛壖百咏》外，另著有《柳渔诗钞》十二卷，共一千一百多首，收在乾隆十年（1745）刊刻的《四库全书存目丛书》③。其中，仅七、八卷收录其在台之作④，但亦未见《瀛壖百咏》全貌。⑤

其实《瀛壖百咏》尚存人间，笔者于2000年发现中国国家图书馆藏乾隆七年（1742）刊刻《瀛壖百咏》一卷，乃当今海内外仅存孤本，一册共三十六叶，惟内页因水渍污损严重，全卷内并录《台湾杂感四首》，计收诗一百〇四首。后通过邓小南教授帮忙取得部分复印件及几次笔录全文，当时虽影钞颇为困难，后又据相关文献及清钞本参照、比对，终得《瀛壖百咏》完璧。⑥ 近二十年来笔者也利用此百首诗与自注，撰写清代台湾社会议题之论文。

本文第一部分为提要，首先介绍张湄其人其事，其次考证《瀛壖百咏》创作动机及完成于乾隆七年（1742）冬。第二部份是点校本《瀛壖百咏》全文，此为首次正式公开。

一、张湄生平行谊

张湄（1696—?）⑦，字鹭洲，号南漪⑧，一字柳渔，浙江钱塘（今属杭州）人。上有

---

① 林文龙：《张湄与“瀛壖百咏”》，林文龙编著：《台湾史迹丛论》中册人物篇，台中：国彰出版社，1987年，第187—204页。

② 孙元衡：《赤崁集》，《台湾文献丛刊》第10种，台北：台湾银行经济研究室，1958年，卷四《羞草》第63页。按：《全台诗》第2册“张湄”，亦沿袭林文龙辑本之误，第178页。

③ 《全台诗·张湄提要》说：“《柳渔诗钞》十二卷，共一千一百多首，收在乾隆十年（1745）刊刻的《四库全书存目丛书》。”此言版本著录刊刻时间有误。据笔者考证：《柳渔诗钞》前十卷为乾隆十年刊刻；第十一卷《鹢风集》第一首《丙寅首夏别母北征黯然离怀晨夕作恶舟次书示儿辈》诗题“丙寅”为乾隆十一年（1746），而第十一、十二卷收录时间起于乾隆十一年四月讫于乾隆十二年（1747）七月，则第十一、十二卷为乾隆十一年后之递刻本。

④ 按：《柳渔诗钞》第七卷所收录的时间为乾隆五年（1740）十二月三日至乾隆八年（1743）四月十二日止。第八卷所收录的时间为乾隆八年四月十二日至当年朔冬止。

⑤ 《全台诗》，台北：远流出版事业股份有限公司，2004年，第145页。按：《全台诗·张湄》据林文龙《张湄与“瀛壖百咏”》一文所收五十七首（含断句）收录。

⑥ 感谢邓小南教授帮忙取得部分复印件及几次笔录全文。邓小南教授帮忙取得时，我曾与馆方古籍部主管联系，得知他们有意编辑馆藏珍本丛刊，乃推荐《瀛壖百咏》之价值，之后收录于陈红彦等主编《清代诗文集珍本丛刊》第244册（北京：国家图书馆出版社，2017年）。

⑦ 杭世骏《张柳渔诗钞序》云：“当时拟余两人者，谓生同庚。”见杭世骏：《道古堂文集》卷十，《清代诗文集汇编》第282册，上海：上海古籍出版社，2010年，第102页。杭世骏生于康熙三十五年（1696）。笔者细阅《柳渔诗钞》卷十《五十初度漫成》二首，张湄五十初度时为乾隆十年（1745），故两相比对可证张湄生于康熙三十五年（1696）。至于其生日则为农历五月十六日，因他在卷三《四十初度感赋》第四首第三句“早生三日或犹龙”句下自注道：“俗传五月十三日为龙生日”，以此推知其生辰。

⑧ 《（民国）杭州府志·文苑·张湄传》：“张湄，字南漪，钱塘人，雍正十一年进士。”《（民国）杭州府志》，《中国地方志集成·浙江府县志辑》，上海：上海书店出版社，1993年，第476页。

兄，下有妹。[①] 既冠，为生员。雍正七年（1729）曾写《自题柳渔小照》诗二首表明自己的心愿：

六尺鱼竿一卷书，钓徒家世更无余。寻盟只在鸥眠处，秋水陂塘好卜居。

不袭桐江五月裘，直针为饵亦何投。烟波许我歌青笠，尚有芦中旧钓舟。[②]

题诗中清楚传达他想渔隐，像烟波钓叟那样过着悠游自在的高卧生活。

雍正七年（1729）秋，乡试中举，年三十四。冬，写《己酉冬日将事北征饮湖楼短歌志别》一诗：

把杯语青山，酒尽吾去汝。山叶解留人，对客纷如雨。黯然夕景微，西来照风渚。欲别重徘徊，倚栏歌激楚。远行不可期，天涯谁酒所。衣上湖水痕，千里魂相与。[③]

他前往幽、燕，不得已与父母离别，内心充满不舍。诗中将“青山”“山叶”加以拟人化，让全诗更笼罩在依依不舍的离情中，强调纵与故乡距离千里之遥，内心其实未曾或离。

雍正八年（1730），参加会试，未上榜。之后任中书舍人，职掌撰拟、缮写等政事。

张湄入都三年，转眼过四十岁生日，不胜感慨，写出“四十无闻百事迟”“热客不来门似水”“妇拙难分旅食忧”等诗句，还说：“食牛壮气消沉尽，忍说峥嵘坠地时?”[④] 就在他消极沮丧参加科考时，写下《北闱受卷与诸同年作》：

高楼角吹夜深闻，将老幽燕待策勋。但觉气衰三鼓后，谁堪勇敌万人群？暗中或有文章主，局外偏能白黑分。今日重吟辛苦地，依然风幕月沄沄。[⑤]

张湄以不惑之年应试，历经艰辛，内心自然战战兢兢，但也很豁达，认为“暗中或有文章主，局外偏能白黑分”。

雍正十一年癸丑（1733），张湄考上陈倓榜“二甲赐进士出身”第七名。[⑥] 选庶吉士，授编修。双亲闻讯，喜不自胜，怕他孤单，命其妻前往照顾。十三年乙卯，入《大清一统

---

① 张湄：《柳渔诗钞》卷十一《泣血吟一百二十韵》，《四库全书存目丛书》集部第 276 册，台南：庄严文化事业公司，1997 年，第 722 页。

② 张湄：《柳渔诗钞》卷一《自题柳渔小照》，《四库全书存目丛书》集部第 276 册，第 615 页。

③ 张湄：《柳渔诗钞》卷一《己酉（1729）冬日将事北征饮湖楼短歌志别》，《四库全书存目丛书》集部第 276 册，第 615 页。

④ 张湄：《柳渔诗钞》卷三《四十初度感赋》四首，《四库全书存目丛书》集部第 276 册，第 631—632 页。

⑤ 张湄：《柳渔诗钞》卷三《北闱受卷与诸同年作》，《四库全书存目丛书》集部第 276 册，第 632 页。

⑥ 见郑沄、邵晋涵纂：《（乾隆）杭州府志》卷七一《选举五·进士》，《续修四库全书》史部第 703 册，上海：上海古籍出版社，2002 年，第 6 页下。其全文云：“雍正十一年癸丑科陈倓榜，张湄钱塘人，巡台湾御史。”另据江庆柏编：《清朝进士题名录》（上册），北京：中华书局，2007 年，第 397 页。

志》馆，编修《河南志》[①]。

乾隆元年（1736），新帝登基，敕封张湄父亲如子官，敕封其母亲沈氏为安人。其母得知，反致书张湄，要求他向朝廷呈请将其自身所受的封爵名号移授给已死的公婆，以慰先人在天之灵，张湄受命上奏，朝廷同意敕封张湄父、祖两代。

乾隆二年（1737）五月七日，张湄在乾清宫参加御试，以《赋得熏风自南来十二韵限来字》为题，其诗云：

阳气细缊资长养，和风澹荡应恢台。已知品汇无藏宝，更助君王奏阜财。琴上清音留太古，松间幽吹绝尘埃。低翻帘影文波动，细袅炉烟碧缕回。夏木千章交荫美，水轩四面向明开。披襟洒散还辞扇，着物醇和不假醅。殿角日迟铃自语，花阴人静漏徐催。芙蕖拂沼红成锦，穲稏连畦翠作堆。大块有情长煦妪，炎官乘令亦栽培。露盈仙掌通凉泻，云矗奇峰入仗来。共庆尧厨纷萐脯，敢夸楚客集兰台。穆如句好真堪继，作颂惭非吉甫才。[②]

此乃一首藉咏物来歌颂乾隆帝德泽的应制诗，限定考生以十灰韵歌咏熏风，诗中称美和风骀荡，化养天地万物，故财丰物足，连神异祥瑞的萐脯亦纷至沓来，各地人才更齐聚兰台，此乃熏风之恩泽，诗末谦称自己无周宣王贤臣尹吉甫之作诵才。此诗名列三等之内。五月十日，乾隆帝赏赐纱、葛、笔、砚等物。[③]

乾隆三年（1738）五月二日，张湄奉使持节昆滇，《戊午五月二日奉使出都夜宿良乡作》首句云"万里西南第一程"。他怀抱报国赤忱，自信自己"信有文章移朴俗"[④]，途经吕祖祠，相传是《枕中记》主角卢生入梦处。[⑤] 更游陶渊明所说的桃花仙乡，目睹"阡陌俨交通，屋舍殊清閟。沿溪飞落英，时见野花媚。家家业捕鱼，柳阴闲鼓枻。黄发与垂髫，嬉游逐畜宇"的生活实况，至此才相信陶渊明所言不虚，而他以为"山川固绝佳，人物皆古致。何必论避秦，自忘汉后事"，并提醒世人若是"过求洞中缘，无乃太凝滞"，[⑥] 那样反而不好，所以要很小心。

① 张湄：《柳渔诗钞》卷三《送同年陈孟仁检讨出守南阳》，《四库全书存目丛书》集部第276册，第633页。此诗末句张湄自注："时余方承乏《一统志》馆修《河南志》。"

② 张湄：《柳渔诗钞》卷四《赋得熏风自南来十二韵限来字》，《四库全书存目丛书》集部第276册，第638页。

③ 张湄：《柳渔诗钞》卷四《既试后三日蒙御赐纱葛笔砚等物纪恩二首》，《四库全书存目丛书》集部第276册，第639页。

④ 张湄：《柳渔诗钞》卷五《戊午五月二日奉使出都夜宿良乡作》，《四库全书存目丛书》集部第276册，第645页。

⑤ 张湄：《柳渔诗钞》卷五《邯郸县北十余里有吕祖祠相传即卢生入梦处余与述斋员外入憩祠下纳凉久之遍览壁间题咏若讽若愧大率皆梦中说梦也晚投客舍就枕辄睡去至夜午起戒行李乃成此篇》，《四库全书存目丛书》集部第276册，第646页。

⑥ 张湄：《柳渔诗钞》卷五《游桃源洞》，《四库全书存目丛书》集部第276册，第646—647页。

张湄风尘仆仆走了三个月之久，才进入云南境内，终于领教到当地“不定阴晴总漏天”的气候，连来迎接他的驿吏也“劳劳谒马前”[①]。一路上又经过白木驿、杨林驿，最后才抵达试院。张湄此行典试，职责在选拔真才，而此地也的确人才济济，所以他在《中秋夕试院偶成》诗中赞赏道“金碧征材六诏多”[②]，“六诏”即指云南。完成此行任务后，重阳佳节已过。等到他回程出滇，只见“北风迎我前，马嘶色凋丧”“滇风黔雨动经旬，摇落天涯归思频”[③]“岁阑归客急征鞭，梦悬京国一千里”[④]的萧条情景。回顾前尘，劳生若梦，至岁暮才归抵都门，作《抵都口号》：

赤日烧空忆去时，几经风雪我来思。蛮山瘴水探奇遍，只助归装一卷诗。[⑤]

张湄此番出使滇黔，历时半年余，自言“绝域归来蓬鬓改”[⑥]，可见行役之劳苦，但也因此而开阔视野。至于此诗末句“只助归装一卷诗”的“一卷诗”，乃指《滇行集》，后来收入《柳渔诗钞》第五卷，共收古今体诗一百三十五首。

乾隆三年（1738）冬，张湄顺利完成持节滇云的任务后，被皇帝任命为谏官，掌谏诤之职。期间，战战兢兢，如临深渊，如履薄冰，故颇著风节。

乾隆五年（1740）农历十一月，皇帝特下诏命，派他前往台湾担任巡台御史兼理学政，张湄欣然答应，并藉此归觐父母。离乡十二年，亲朋亲自出城迎接，父母亦心满意足。时值新春，全家欢聚，到十二月三日，张湄才带着妻小赴台履新。张湄在台一年任满后又留任一年，计在台二年余，所至严查冒籍，校士公明，政绩卓著。[⑦]重文教，在台主岁、科两试，曾仿夏之芳《海天玉尺》编有《珊枝集》，乃选取诸生课艺佳作纂集而成，以为士子科考撰文之楷模。在台期间，与满御史书山合奏，阻止台米大量外流，以平抑台湾米价。

乾隆八年（1743）四月秩满，张湄原以为可回乡奉养双亲，不意其父病得嶙峋瘦骨，他亲侍汤药并向朝廷提出辞官归隐，孝养父母。其父病情后来渐有起色，此时朝廷也催他紧急还朝。十月，张湄奉使视漕山左，[⑧]而就在他才刚离开不久时，就传来父亲病逝的噩

① 张湄：《柳渔诗钞》卷五《抵平夷县多罗驿》，《四库全书存目丛书》集部第276册，第651页。

② 张湄：《柳渔诗钞》卷五《中秋夕试院偶成》，《四库全书存目丛书》集部第276册，第652页。

③ 张湄：《柳渔诗钞》卷五《出滇》《题亦资孔驿旅壁》，《四库全书存目丛书》集部第276册，第652页。

④ 张湄：《柳渔诗钞》卷五《书临洺旅壁》，《四库全书存目丛书》集部第276册，第658页。

⑤ 张湄：《柳渔诗钞》卷五《抵都口号》，《四库全书存目丛书》集部第276册，第659页。

⑥ 张湄：《柳渔诗钞》卷五《黔江舟行杂诗二十四首》，《四库全书存目丛书》集部第276册，第653—654页。

⑦ 范咸：《重修台湾府志》，《台湾文献丛刊》第105种，台北：台湾银行经济研究室，1961年，第142页；余文仪：《续修台湾府志》，《台湾文献丛刊》第121种，台北：台湾银行经济研究室，1961年，第185—186页。

⑧ 张湄：《柳渔诗钞》卷九《癸亥十月奉使视漕山左夜宿良乡二首》，《四库全书存目丛书》集部第276册，第686页。

耗，因写下《途次闻讣哭先大人二首》诗，自责道：“君亲两负将安赎，缓死须臾计总非。”① 丁父忧回籍，有《抵家三首》其三云：

语终涕横流，挥使离寝户。关河秋夜永，魂梦相慰抚。晨兴眺南山，欻忽云迷岵。辟咡遗余音，衰容不再睹。何处劝加餐，繐帷霜色苦。绕床一昔言，渺矣成千古。②

回家后，再也看不到父亲，以致清泪如水泻，回想当初向父亲告别时，看到父亲床头瘦骨，而今人已不在，其内心之悲伤自是不言而喻。

乾隆十年（1745）四月二日，束装赴皖城。③ 于途中适逢五十岁生日，撰《五十初度漫成二首》云：

人生如朝露，五十露半晞。草木将同腐，江湖欲永归。从添临盥懒，不悟作诗非。白首劳慈母，频缝千里衣。（其一）

吴楚连江介，阴晴杂滃云。病多先惮暑，老去尚离群。久负烟霞癖，终虚翰墨勋。几时田二顷，植杖事鉏耘。（其二）④

他一直念念不忘归隐家园，但无奈身在公门，致“老去尚离群。久负烟霞癖”，且“白首劳慈母，频缝千里衣”。一直等到秋天，才终于抵家门。

乾隆十一年（1746）四月，他又驿马星动，写下《丙寅首夏别母北征黯然离怀晨夕作恶舟次书示儿辈》：

飘萧白发泪盈巾，垂老生离膝下身。泛宅尽教逾故里，绝裾（断去衣襟）何忍到慈亲。残年谁惜桑榆迫，至乐争如菽水养。儿女满前情莫慰，可知剩有向隅（喻孤独失意或不得机遇而失望）人。⑤

诗言母亲年事已高，而自己仍不能在家孝养，致使母亲就算儿女满前也得不到内心安慰，目睹此情此景，难怪他心情不好。而就在九月后，传来慈母过逝之噩耗，因作《泣血吟一百二十韵》，写其母之懿德及其内心之悲恸，可见张湄对其母亲的孺慕之情之深。

乾隆十六年（1751），任兵科给事中。乾隆南巡，张湄忧西湖冢墓有司经理失宜，上奏乾隆，得以善完冢墓枯骨。阮元《两浙輶轩录》载张湄：

居官台谏，颇著风节。辛未岁，圣驾南巡，因念西湖南北两山冢墓累累，恐有司

---

① 张湄：《柳渔诗钞》卷九《途次闻讣哭先大人二首》，《四库全书存目丛书》集部第276册，第693页。

② 张湄：《柳渔诗钞》卷九《抵家三首》，《四库全书存目丛书》集部第276册，第695页。

③ 张湄：《柳渔诗钞》卷十《乙丑四月二日束装赴皖城暮宿谢村作》，《四库全书存目丛书》集部第276册，第703页。

④ 张湄：《柳渔诗钞》卷十《五十初度漫成二首》，《四库全书存目丛书》集部第276册，第706页。

⑤ 张湄：《柳渔诗钞》卷十一《丙寅首夏别母北征黯然离怀晨夕作恶舟次书示儿辈》，《四库全书存目丛书》集部第276册，第714页。

经理未宜，于銮辂不经之处，悉迁徙纷更；乃奏请恩谕，着地方官善于经理，以仰体泽及枯骨之意。疏入，上嘉纳焉。①

“辛未岁”即乾隆十六年。此诗可见张湄不只关心民生疾苦，更泽及枯骨，其胸怀悲悯，仁民爱物。

乾隆十七年（1752），任巡漕御史。十八年（1753），任云南道监察御史，署京畿道事。时任台湾彰化教谕的福建崇安人董天工，为答复友朋询问，乃将在台见闻及所参阅得知之史志资料，编纂成《台海见闻录》四卷，十八年三月，邀张湄写序。张湄在《台海见闻录序》中极力称赞、肯定此书的价值：

则斯编也，信其行远传后，足补舆经之阙轶，匪直为山海之梯航，而詹詹小言如余者，亦得附垂不朽。②

张湄却谦言“视仆之所作，奚啻判雅郑已哉”③，其实，张湄《瀛壖百咏》自注乃为《台海见闻录》所本。

张湄才华洋溢，书法俊逸，殿试卷无出其右者④，今见其《台海见闻录序》书迹，诚不虚耳。再者张湄善于诗，常与厉鹗、杭世骏、郑江等人唱和。陆耀曰：“侍御诗春容华润，不为桀奡险涩之体。”⑤ 厉鹗更称美道：“读其诗华润而不窘于物象，春容而不伤于促迫，应变不穷而无旬锻月炼、雕肝鉥肾之苦。”⑥

二、《瀛壖百咏》之写作年限

张湄莅台任巡台御史。当时巡台御史又分满籍及汉籍两种，张湄属汉籍的巡台御史。巡台御史最初的职责，据康熙六十年（1721）冬十月初五日康熙皇帝谕旨记载：

每年自京派出御史一员，前往台湾巡查。此御史往来行走彼处一切信息，可得速闻。凡有应条奏事宜，亦可条奏。而彼处之人，皆知畏惧。至地方事务，御史不必管理也。将此旨传示九卿。⑦

可见巡台御史的权限甚广，除要迅速向清廷上报台湾一切信息外，尚须据实向清廷报告台湾行政上所有重要事件的办理情形，无论是纠正或兴革。雍正五年（1727）又下谕旨：

台湾远隔海洋，向来督学官员难以按临考试，是以将学政交与台湾道兼管。朕思

---

① 阮元：《两浙輶轩录》，《续修四库全书》集部第1683册，上海：上海古籍出版社，2002年，第640页上。

② 张湄：《台海见闻录序》，董天工：《台海见闻录》，《台湾文献丛刊》第129种，台北：台湾银行经济研究室，1961年，第1—2页。

③ 张湄：《台海见闻录序》，《台湾文献丛书》第129种，第1页。

④ 阮元：《两浙輶轩录》卷二十《张湄》，《续修四库全书》集部第1683册，第640页上。

⑤ 见阮元《两浙輶轩录》卷二十《张湄》作者简介引陶元藻之言。

⑥ 厉鹗：《柳渔诗钞序》，《柳渔诗钞》，《四库全书存目丛书》集部第276册，第603页下。

⑦ 马齐、张廷玉等修：《大清圣祖仁皇帝实录》，台北：华文书局，1964年，第3918页上。

道员管理地方之事，又兼学政，未免稍繁。每年既差御史二人前往台湾巡察，应将学政交与汉御史管理，甚为妥协。现今御史在彼，着即办理台湾学政，嗣后永著为例。①

雍正帝鉴于台湾兵备道既要管理地方，又要提督学政，工作份量太重，因此下旨“将学政交与汉御史管理”，从此汉籍的巡台御史便要同时兼管台湾学政。

台湾学政之事大略包括科举与士风。张湄在台主岁、科两试，并编《珊枝集》，其《珊枝集序》云：

《珊枝集》者何？集海东校士之文而名之也。珊枝者何？珊瑚之枝也。海之大无所不有，希世之宝皆于是兴焉，曷取乎珊瑚也？曰：杜甫不云乎“飘飘青琐郎，文采珊瑚钩”。文若珊瑚，诚贵之也，亦难之也。何难乎尔？难乎其枝也。其枝奈何？曰：枝生海底，一岁黄、三岁赤，渔人以铁网取之，未及时不得取；失时不取，则腐也，故曰难也。台湾者，万川环流、一岛中屹，与世殊绝；六十年来，沐浴圣教，暗沕跃乎光明。海邦人士，璘璘然、纷纷然质有其文矣。前乎此者未可取，珊瑚未有枝也；今不取，吾惧其失时也。然则及今无取者乎？曰：有。雍正戊申，高邮夏筠庄侍御尝取之矣，颜其文曰“海天玉尺”。玉尺云者，盖言善量才也。余踵其后，无能为役，顾亦奋力取之。虽不敢称量才之尺，而窃自许为罗才之网。愿献其琛，以与海内共宝之。则斯集之成也，夫亦犹行筠庄之志也。于是乎书。②

雍正五年（1727）出任巡台御史的夏之芳，首将台湾岁、科二试中诸生课艺的佳作，编印成《海天玉尺》（初集、二集），作为当时台湾欠缺优良师资时的补充资料。张湄见贤思齐，编纂《珊枝集》，作为士子科考撰文的模板，藉此培育人才，以在科考中崭露头角。

张湄在任内除编纂《珊枝集》外，最重要的是他还创作《瀛壖百咏》，但《瀛壖百咏》一直未见完整的传本，惟各方志多所抄录其诗作，当世流传除林文龙辑佚本外别无他本。笔者于2000年发现中国国家图书馆藏乾隆七年（1742）刊刻《瀛壖百咏》一卷，乃当今海内外仅存孤本，一册共三十六叶，惟内页水渍污损严重，全卷内并录《台湾杂感四首》③，计收诗一百〇四首。前文已交代通过邓小南教授帮忙取得部分复印件与抄录全文，后又据相关文献参照、比对，已得十之八九。后又发现厦门大学人类博物馆藏有清钞本④，此钞本经比对，乃据原刻本版式钞写，除少数笔误与阙损外实可补原刻本水渍残阙，至此，终得《瀛壖百咏》完璧。

---

① 《清会典台湾事例》，《台湾文献丛刊》第226种，台北：台湾银行经济研究室，1966年，第192页。

② 刘良璧：《重修福建台湾府志》，《台湾文献丛刊》第74种，台北：台湾银行经济研究室，1961年，第535页。

③ 《台湾杂感四首》亦收入《柳渔诗钞》卷七《海槎集上》，第675页。

④ 方宝川主编：《台湾文献汇刊续编》第1册，北京：九州出版社，2016年，第180—252页。

《瀛壖百咏》前有张湄《自序》，其云：

余奉使持节是邦，自厦抵台，自郡治讫南北二路，即志乘所载，合之巡历所经，凡岁时、习俗、山川、草木、禽鱼之类，苟有可纪，辄赋短句，投之奚囊。经岁累百篇，同人怂恿付梓。顾惟舷次社寮，率意漫兴，既无故实可征，亦不得以文言窜易，徒拾蛮语，曷足称诗？乃复屑屑，加之诂释，岂好为无盐增陋哉？诚欲使览者一手卷而如身履其地，庶几后之于役君子，或等余为识涂之马，未可知也。若夫只承圣谟，寓化导于拊循，俾中外同风，协气横溢，使臣之职固有其大者，甚无取乎此也。①

张湄自言在持节台湾时著《瀛壖百咏》一卷，言此乃其自厦门至澎湖，自澎湖至台湾及其在巡视南北两路之作，每首四句，诗后另附自注以诂释名物。除《瀛壖百咏》外，张湄还著有《柳渔诗钞》十二卷，共一千一百四十首，有清乾隆年间圣雨斋刻本。其中第七卷《海槎集上》收录他出发来台途中及其在台诗作共一百〇四首，当中也收录《瀛壖百咏》中的《水沙连》《剑潭》《澄台》《五妃墓》等诗，惟文字稍有改异。第八卷《海槎集下》收录他离台回京途次，与台湾有关者仅《再泊澎湖》《海上柬台阳诸友》《抵厦门》《惠安道中》《过西王山岭有怀书给谏》五首。缘此，《柳渔诗钞》卷七、卷八《海槎集》亦为研究张湄在台活动重要诗作与史料。

笔者以为《瀛壖百咏》的创作时间开始于乾隆六年（1741）四月十二日张湄抵台前，而完成是在乾隆七年（1742）冬前，根据有三：

一、张湄虽是乾隆六年（1741）才调任巡台御史，但早在乾隆五年（1740）十二月三日就启程，这从《柳渔诗钞》第七卷《海槎集上》第一首《庚申十二月三日出广宁门作》得证②，诗题“庚申”就是乾隆五年。另外，他在“恭报接任日期”的题本上也清楚说道：

窃臣奉命巡视台湾，又蒙皇上天恩，赏给臣假省亲，臣随恭请圣训，于乾隆五年十二月初三日自京起程，至本年四月十二日抵台郡，接受前任巡察臣杨二酉亲交钦颁学政关防一颗。臣随恭设香案，望阙叩头，即日任事讫。③

据此他是在乾隆六年（1741）四月十二日抵台，并完成交接。而他在替董天工写《台海见闻录》的序中说道：

忆辛酉岁，余奉命持节台湾，自厦门东渡，长飙四至，扬波触天，舵人面皆土色。余端坐舷次，频左右顾，伸纸濡笔，手未辍书，初不知吾舟之颠如箕也。居台二

① 张湄：《瀛壖百咏》，清乾隆七年刻本，第 1 页 a。

② 张湄：《柳渔诗钞》卷七《庚申十二月三日出广宁门作》，《四库全书存目丛书》集部第 276 册，第 670 页。

③ 百吉（夏德仪）辑：《台案汇录乙集》卷二《三三、巡台御史兼理学政张湄题本》，《台湾文献丛刊》第 173 种，台北：台湾银行经济研究室，1963 年，第 91 页。

稔，汇所作诗，颜曰《瀛壖百咏》，凡乘槎之使，谬取为导海一针，余则弃为敝帚久矣。①

张湄言当他在乾隆六年（辛酉岁，1741）“持节台湾，自厦门东渡，长飙四至，扬波触天，舵人面皆土色”，点出船夫全晕船，而他却“端坐舷次，频左右顾”，又“伸纸濡笔，手未辍书”，可见在船上时就已经开始写《瀛壖百咏》了。考察其全文，《瀛壖百咏》的前五首依序分别是《厦门》《大担门》《水程》《望向》《澎湖》，接着第六、七、八首开始为《鹿耳门》《七鲲身》《赤崁城》，这时才真正进入台湾本岛。因此可推断《瀛壖百咏》的起笔早在乾隆六年四月十二日他抵台交接前就已开始了。

二、《柳渔诗钞》第七卷内所收的诗歌都按时间先后编排，其中《北巡纪行》四首的第一首云：

地高风稍劲，晨发凛如秋。海气山头雾，番居竹里楼。衣冠移裸俗，耄稚并嬉游。岁晚闲村落，青畦豆叶稠。（其一）②

此诗记载张湄北巡看到“番居竹里楼”，而此与《瀛壖百咏》第八十五首《禾间》恰吻合，其诗云：

流珠炊玉食维艰，终岁勤劬敢务闲。生计只知依稼穑，一枝栖息号禾间。③

张湄并自注道：“舍前后架竹为小屋，离地数尺，上及四旁皆护以席，贮所收粟于内，名曰禾间。”④

《北巡纪行四首》第二首写道：

輶轩临北鄙，问俗首诸罗。彩帨迎舆舞，红裳踏臂歌。野芳增髻饰，官酒恣颜酡。怀葛今何远，淳风此地多。（其二）⑤

言张湄巡行至诸罗，抚赏“番黎”，而受到热烈欢迎，而《瀛壖百咏》第八十九首《迎使》诗云：

争迎使节共欢呼，骢马前头众妇趋。首顶瓷盘陈野食，大官未曾识都都。⑥

“番”呈献的“都都”为何物？据《东瀛识略》载：“番以薯芋为常餐，食饭者仅十之三、四，饭皆抟而食之；或将糯米蒸熟，舂为粉餈，名‘都都’，珍为上品。”⑦ 可见土官

① 张湄：《台海见闻录序》，《台湾文献丛刊》第129种，第1页。

② 张湄：《柳渔诗钞》卷七《北巡纪行》四首其一，《四库全书存目丛书》集部第276册，第678页。

③ 张湄：《瀛壖百咏》第八十五首《番俗廿六首·禾间》，第27页b。

④ 张湄：《瀛壖百咏》第八十五首《番俗廿六首·禾间》，第27页b。

⑤ 张湄：《柳渔诗钞》卷七《北巡纪行》四首其二，《四库全书存目丛书》集部第276册，第678—679页。

⑥ 张湄：《瀛壖百咏》第八十九首《番俗廿六首·迎使》，第28页b。

⑦ 丁绍仪：《东瀛识略》，《台湾文献丛刊》第2种，台北：台湾银行经济研究室，1957年，第76页。

妇女对张湄之心诚意切。而《北巡纪行四首》第三首：

糗饵充庭实，盘匜列马前。双螺秀花竹，半线画山川（双螺、半线皆地名）。月静吹箫社，凉生被毳天。严更休太急，土窟几家眠。（其三）[①]

“半线画山川”之“半线”即今之“彰化”。《瀛壖百咏》第三十八首《水沙连》：

团团孤屿水中央，稻熟浮田吠蛤凉。烟火渡头移蟒甲，青山环映白波光。[②]

诗前有小序：“在彰化县东北番境。四围皆山，自山口入为潭，广可七、八里，周二十里，中突一屿，名‘水沙连’，番绕屿以居。”[③] 写水沙连岛屿中圆净开爽，青嶂白波，云水飞动，为海外别一洞天，故隔岸欲诣社者，必举火为暗号，社番再划艋舺来接他。《北巡纪行四首》最后一首云：

大甲东西路，滩声不忍听。雪涛天际白，雨岫晚来青。累卵深溪石，编茅远戍亭。谁非行役者，辛苦独番丁。（其四）[④]

诗中所写到的“大甲东西路，滩声不忍听”的景况，即《瀛壖百咏》第三十九首《大甲溪》所云：

奔流万壑砯秋厓，刓石轮圆水底排。苔滑沙旋无踏处，征人多少此中埋？[⑤]

张湄自注道：“溪阔水急，水底皆圆石，大者如轮如鼓，小者如拳，苔蒙其上，足不可驻，虽善泅如番，亦对之失色，秋涨尤险。阮参戎蔡文诗：‘溪石圆圆马蹄萦，溪面谁填递疏密。水挟沙流石动移，大石小石荡摩涩，水方没往已难行。水至拦腰命呼吸，夏秋之间势益狂，弥漫五里无舟楫，往来溺此不知谁？征魂夜夜溪旁泣。’”[⑥] 而《北巡纪行》第四首尾联有云：“谁非行役者，辛苦独番丁。”从《瀛壖百咏》第七十六首《箍腹》，即可看出写出“番丁”行役之辛苦，其诗云：

竞夸麻达好腰围，健足凌空捷似飞。萨鼓铿锵声近远，轻尘一道走差归。[⑦]

自注：“麻达走递公文，插雉尾于首。手背系萨鼓宜，以铁为之，状如卷荷，长三寸许。展足斗走，脚掌去地尺余，扑及其臀，沙起风飞；手镯与萨鼓宜相击，丁当远闻，瞬息数万里，见郡志。”[⑧] 可见麻达为免耽搁递送公文须展足疾走。

《北巡纪行》四首后面接着是《茅港道中》一诗：

持节番寮往复还，海声溪韵共潺湲。红蕉径里居人少，紫蔗田边牧竖闲。小队骎

---

① 张湄：《柳渔诗钞》卷七《北巡纪行》四首其三，《四库全书存目丛书》集部第276册，第679页。

② 张湄：《瀛壖百咏》第三十八首《水沙连》，第13页a。

③ 张湄：《瀛壖百咏》第三十八首《水沙连》，第13页a。

④ 张湄：《柳渔诗钞》卷七《北巡纪行》四首其四，《四库全书存目丛书》集部第276册，第679页。

⑤ 张湄：《瀛壖百咏》第三十九首《大甲溪》，第13b—14页a。

⑥ 张湄：《瀛壖百咏》第三十九首《大甲溪》，第13b—14页a。

⑦ 张湄：《瀛壖百咏》第七十六首《箍腹》，第24页b。

⑧ 张湄：《瀛壖百咏》第七十六首《箍腹》，第24页b。

骎投野宿，前旌冉冉渡沙湾。夕晖澹着倪黄笔，一抹平林数尺山。[①]

诗中张湄言自己“持节番寮往复还”，对照《瀛壖百咏》，发现从第七十二首到第九十七首共二十六首写的都是“番”俗，可见这是他巡视南北两路的尾声。此诗后面接着是《和喝能上人长至韵》[②]、《楸村惠鸽卵戏赋短句为谢》二首[③]、《祀灶词》[④]、《壬戌除夕》[⑤]，“壬戌”是乾隆七年（1742），从以上所引《北巡纪行四首》及《茅港道中》，可推论《瀛壖百咏》创作完成的时间最慢不晚于乾隆七年冬后。

三、现在发现的《瀛壖百咏》之《瀛壖百咏自序》是作于乾隆七年（1742）十月十六日，更是明证。

张湄在《瀛壖百咏》的《自序》中提及“舣次社寮，率意漫兴，既无故实可征，亦不得以文言窜易，徒拾蛮语，曷足称诗?”这段话的意思与《瀛壖百咏·寓公三首》中的第三首所言“百首风谣聊述异，羌无故实寄吟情”[⑥] 若合符节。张湄言《瀛壖百咏》所以能付梓，肇因于“同人怂恿”，此与陈第写《东番记》起于友人陈志斋的鼓动一样。不同的是，张湄写《瀛壖百咏》的动机旨在“欲使览者一手卷而如身履其地”，并让“后之于役君子，或等余为识涂之马，未可知也”[⑦]。而回到前面所提及的将一地之风物、民情、名胜，笔之成诗，以俟后来者参考，此亦是巡台御史的职权与任务。

三、《瀛壖百咏》之全貌

《瀛壖百咏》是张湄吟咏台湾风物的写实作品，有诗有注，不但资料翔实，诗亦清新可诵，内容涵盖台湾史事、地理形胜、岁时习俗、山川风物、草木禽鱼以及少数民族的习俗，采摭极其丰富，乃张湄巡视台湾南北路时将所见所闻及所思笔之成诗，其中除有登临之作，更多是咏物一类之作品。张湄出自翰林，能书能画，加上身历翰林院丰富藏书之濡染，学养渊深，故所写的百首七绝能将难显之情及难摹之状，除能做到应物象形，还能做到气韵生动，故达到他所说的“使览者一手卷而如身履其地”[⑧]，更成为后世采风者之参考，惜二百多年来，学界一直未见其全豹，兹于此公开笔者所发现并点校的《瀛壖百咏》全文，见附录。

---

① 张湄：《柳渔诗钞》卷七《茅港道中》，《四库全书存目丛书》集部第276册，第679页。

② 张湄：《柳渔诗钞》卷七《和喝能上人长至韵》，《四库全书存目丛书》集部第276册，第679页。

③ 张湄：《柳渔诗钞》卷七《楸村惠鸽卵戏赋短句为谢》二首，《四库全书存目丛书》集部第276册，第679页。

④ 张湄：《柳渔诗钞》卷七《祀灶词》二首，《四库全书存目丛书》集部第276册，第679页。

⑤ 张湄：《柳渔诗钞》卷七《壬戌除夕》，《四库全书存目丛书》集部第276册，第679页。

⑥ 张湄：《瀛壖百咏·寓公三首》其三，第32页b。

⑦ 张湄：《瀛壖百咏·自序》，第1页a。

⑧ 张湄：《瀛壖百咏·自序》，第1页a。

四、结　　语

乾隆五年（1740），张湄任巡台御史。当时“湄闻踊跃甚”①，携眷来台，言“八口异方存”。② 张湄至台后巡视南北两路，关心民瘼，故民“番”皆悦，生平廉介绝俗，苞苴不入门，任满离台时“归舟只载读残書”③。张湄因待人和易，深受僚友敬爱，当其要归国时，台湾诸生王廷瑜、徐得纯等还亲自送他到温陵并为之饯行，因此他感动地说：“多情最有青衿子，祖道离樽越海携。”④ 惜乎世人对张湄生平行谊所知有限，笔者遂藉机加以探究，以张皇幽眇，惟囿于文献资料之不足，本文仅探讨到他为《台海见闻录》写序，其余俟日后发现新资料再续。

与张湄“生同庚，学同师，居同官”的杭世骏，序《柳渔诗钞》云：

> 已而柳渔持节滇云，巡方赤崁，身行万里，目营四海，览山川之郁盘，泄胸中之奇气，礌硠排戛，诗境益雄。⑤

“持节滇云”之诗收在《柳渔诗钞》卷五《滇行集》内，“巡方赤崁”之诗则收在《柳渔诗钞》卷七《海槎集上》。二百多年来，学界一直未见《瀛壖百咏》全本，笔者在此除探究《瀛壖百咏》写作年限，并公开笔者所发现和点校的《瀛壖百咏》全文，冀对古典文学研究略尽绵薄之力。

附录：张湄《瀛壖百咏》全文

赖丽娟　郭秋显　点校

自　　序

台湾，古昆舍耶国也⑥。始见于马贵与《文献通考》。至明季，莆田周婴《远游编》载《东番记》一篇，称其地为台员，盖闽音之讹也，台湾之名入中土，实自兹始。万历间，海寇颜思齐踞有其地，俘掠海滨，台湾之有中土民，自兹始。思齐死，红夷乘其敝取之。我朝顺治辛丑，郑成功攻降荷兰，据其土城，改名东都，寻改为东宁。康熙癸亥，大兵荡平岛寇，郑逆归诚，台湾之入版图，自兹始。五纪以来，地辟民聚，居然一大都会。昔之鲛窟鹿场，今皆庐宇矣；昔之荒榛野莽，今皆黍稌矣；昔之亡命遗俘，今皆长子孙而

---

① 张湄：《柳渔诗钞》卷十一《泣血吟一百二十韵》，《四库全书存目丛书》集部第276册，第722页。

② 张湄：《柳渔诗钞》卷七《庚申十二月三日出广宁门作》，《四库全书存目丛书》集部第276册，第670页。

③ 张湄：《柳渔诗钞》卷七《抵塘西镇》，《四库全书存目丛书》集部第276册，第672页。

④ 张湄：《柳渔诗钞》卷八《惠安道中》，《四库全书存目丛书》集部第276册，第682页。

⑤ 杭世骏：《道古堂文集》卷十《张柳渔诗钞序》，《清代诗文集汇编》第282册，第102页。

⑥ “昆舍耶国”，清钞本作“昆舍耶国”，形误。

称地著矣；昔之雕题凿齿、劗发文身，今皆躬礼乐而口《诗》《书》矣。

余奉使持节是邦，自厦抵台，自郡治讫南北二路，即志乘所载，合之巡历所经，凡岁时、习俗、山川、草木、禽鱼之类，苟有可纪，辄赋短句，投之奚囊。经岁累百篇，同人怂恿付梓。顾惟舷次社寮，率意漫与①，既无故实可征，亦不得以文言窜易，徒拾蛮语，曷足称诗？乃复屑屑，加之诂释，岂好为无盐增陋哉？诚欲使览者一手卷而如身履其地，庶几后之于役君子，或等余为识涂之马，未可知也。若夫祇承圣谟，寓化导于拊循，俾中外同风，协气横溢，使臣之职固有其大者，甚无取乎此也。乾隆岁在玄黓阉茂阳月既望，西泠张湄书于海粟轩。

瀛壖百咏(钱唐张湄　鹭洲)

厦门一名鹭门，在泉州东南，海舶群集于此。

香楮纷陈妈祖前，厦门港口讨商船。乌桅赤帜风徐动，放海须乘暴尾天。

沿海多祠天后（土人称妈祖），渡海者必设祭而行。台、厦往来官吏皆坐商船，取其底平行稳，舵师熟海道也。大桅以乌木为之，极坚致，长可八丈，通身无节，名“打马木”，其直数百金，盖得之外域者。

凡飓风发后数日为暴尾，最宜行舟。

大担门由厦门东南行五十里，水流峡中，两岸如门，故谓之门，亦作亹。

门经大担渡横洋，五色波中漾日光。起碇声高惊晓梦，吟魂倾仄寄悬床。

《赤嵌集》云：“凡往异域，顺势而行，惟台与厦，藏岸七百里，号曰‘横洋’。”

出大担门，海水深碧，或翠色如靛，红水沟色稍赤，黑水沟如墨，更进为浅蓝色。

碇凡三：正碇、副碇、三碇。入水先用铅锤试水深浅，绳六七十丈，绳尽犹未至底，则不敢寄。铅锤之末，涂以牛油，沾起沙泥，即至底矣。

宿海船中，用绳缠床四角，悬空而卧，以防颠簸，俗称“吊床”。

水程

七更针路指澎湖，秘本流传近有无？此地未须论道里，风生八面往来殊。

厦门至澎湖七更，澎湖至鹿耳门四更。志以六十里为一更，《樵书二编》：一日一夜定为十更，以焚香几枝为度。此皆为顺风言之，若逆风或无风，则不可以例论。

放洋全恃指南针，认定方向，随波上下曰“针路”。由大担或浯屿放洋，用罗经向巽巳行，舟子各有秘本，相传为明太监王三保所遗云。

---

① “漫与”也作“漫兴”。“漫与”典出唐杜甫《江上值水如海势聊短述》诗：“老去诗篇浑漫与，春来花鸟莫深愁。”又宋苏轼《次韵表兄程正辅江行见桃花》：“袖手焚笔砚，清篇真漫与。”而“漫兴”用杜甫寓成都草堂作《漫兴》九首之典故。“漫与”“漫兴”者，皆指兴之所至，信笔率意而作。

望向

浩瀚乾坤不见山，水晶圆域览周环。凭谁探取猫花屿，桅末飞腾两亚班。

《稗海纪游》①："独坐舷际，水波不动，天水上下相映，合成圆器，身处其中，觉宇宙皆空。"

过黑水沟，望见澎湖西屿、头猫屿、花屿，方可前进，若计程应至澎湖，而诸屿不见，定失所向，仍收泊原处。

海船中有占风望向者二人，能缘篷桅而上，登眺盘旋，了无怖畏，名曰"亚班"。

澎湖一名彭蠡湖。《方舆纪要》：海中岛屿，最险而纡回莫如澎湖。其山周围数百里，险口不得方舟，内溪可容千艘。海中旧有三山，澎湖其一耳。东则海坛，西则南澳，皆天设之险也。元末尝置巡司于此。

三十六屿如排衙，渔舍参差烟火赊。澳里风多异南北，莫教海客误停槎。

澎湖环岛三十有六，坡垅相望，宛然城郭，地尽沙碛，不宜禾稼，居人以海为田，以渔为业。

湾泊处分南风、北风二澳，时当南风误泊北风，时当北风误泊南风，则船必坏。

鹿耳门乘北风作，从澎湖放洋，不半日可到门，故台湾之咽喉。港道险仄，出入仅容三舟，潮长水深丈四五尺，潮退不及一丈，将至门必折帆起舵而进。

铁板交横鹿耳排，路穿沙线几纡回。浪花堆里双缨在，更遣渔舟向导来。

南北两岸铁板沙线，横伏水底，舟触之立碎，土人标示其处，名曰"荡缨"。或令小舟为导，迂曲行之，乃得无恙。

七鲲身入鹿耳门，舟行二十里许曰安平镇，南连七鲲身，若断若续，环郡左臂，东风起，波浪冲击，声如雷殷，谚云："鲲身响，米价贵长。"谓海涌米船难于进港也。

翯翼连翩振地垠，风抟水击势难驯。鹏图孰是南溟好，愿尔长安徙海身。

赤嵌城亦称红毛楼，有二：一在安平镇，一在府治。两楼对峙，诘曲玲珑，匠巧殊绝，居人登此观海，为台郡胜景之一。

巍楼遥望屹西东，月户云窗结构工。极目晚天环海市，倚阑谁忆荷兰宫。

竹城台郡孤悬海表，向无城垣，惟设立木栅，环以莿竹，四面各辟一门，拨兵守之。前贤屡议筑城未果，岂以圣朝柔远怀德，惟宁可无藉藩篱乎？

万仞金汤讵足称，山销伏莽海波澄。八荒在闼天威远，植竹成城亦永宁。

岛市

百货如云集海门，万灯照夜失黄昏。西来使客乘槎到，忽若身冲星宿源。

府治南势街、北势街、新街、南货街、大井头、水仙宫，诸市列肆骈连，货物充溢，皆挂灯为额，黄昏燃烛，光同白昼。

---

① 清钞本亦作《稗海纪游》，康熙三十六年（1697）郁永河来台采硫磺日记，今通作《裨海纪游》。

海艘

万斛楼船屹若山，帆樯掣泄怒涛间。王周刻意吟船具，十二支名已就删。

海船往来多漳泉巨商，其船主曰“出海”，司舵曰“舵工”，望向曰“亚班”，司绳曰“大缭”，司椗曰“头椗”，司修理曰“押工”，司货物曰“财副”，司更漏曰“火长”，司火食曰“总铺”，司香楮祀神曰“香公”，每船水手数十名。

船具按十二支名，船头边板曰“鼠桥”，后两边栏曰“牛栏”，舵绳曰“虎尾”，系椗绳木曰“兔耳”，船底大木曰“龙骨”，两边另钉湾杉木曰“水蛇”，系篷绳板曰“马脸”，船头横板插两角曰“羊角”，镶龙骨木曰“猴楦”，抱桅篷绳曰“鸡冠”，抱椗绳木曰“狗牙”，拄桅脚杉木段曰“桅猪”。

营汛

帕首靴刀列队多，环山沿海俨星罗。风清细柳鲸波静，君子营中事雅歌。

水陆十五营兵，共一万二千六百七十，分防南北路，各汛控制咽喉，海疆宁谧。

风信

迟骤端须辨飓台，天风未动海声催。暴期靡定还依约，记取终年五十回。

台湾风信，与他海异。大而烈者为飓，又甚者为台。飓，骤发骤止；台，则由四面递至，常连日夜不止。诸志云：天地之气交逆，地气鼓而海沸，天风烈而雨飘，若海不先沸，天风虽烈，海舟顺风而驰，犹鲲鹏之徙①耳。六月有雷则无台，谚云：“六月一雷免三台，七月一雷九台来。”每月各有暴期，名虽怪诞不经，而验之多应。（按正月四日为接神暴，九日为玉皇暴，十三日为关帝暴，廿九日为乌狗暴，二月二日为白须暴，三月三日为上帝暴，十五日为真人暴，廿三日为妈祖暴，以上三月共三十六暴。四月八日为佛子暴，五月五日为屈原暴，六月十二日为彭祖暴，十八日为彭祖婆暴，廿四日为洗炊笼暴，七月十五日为鬼子暴，八月一日为灶君暴，十五日为魁星暴，九月十六日为张良暴，十九日为观音暴，十月十日为水仙王暴，廿六日为翁爹暴，十一月廿七日为普庵暴，十二月廿四日为送神暴，廿九日为火盆暴，自廿四日以后皆曰送年暴。）一岁中过洋以四、七、十月为稳，四月少飓，七月寒暑初交，十月小春，晴暖故也。

气候

扶桑红日挂炎洲，挹爽惟宜雨作秋。倏忽断虹天乍霁，频将午葛易朝裘。

少寒多燠不霜天，木叶长青花久妍。真个四时皆似夏，荷花度腊菊迎年。

台湾气候与漳、泉相似，暑多于寒。惟遇霖雨，则飒然凉生，所谓四时皆夏，一雨成秋是也。自府治至凤山以南，蕴隆之气，当昼特甚。诸罗以北，地高风厉，冬时山有积雪。同属一郡，而南北不同如此。

① “徙”，原刻本、清钞本作“徒”，据《庄子·逍遥游》“鹏之徙于南冥也”改。“鲲鹏之徙”较“鲲鹏之徒”意胜。“徒”“徙”，应是形误。

卉木经岁不萎，花开无节，黄玉圃《使槎录》：“余壬寅仲冬按部北路，至斗六门，见桃花方谢，菜花初黄，回至笨港，见人擎荷花数枝，及回寓馆，榴花亦照眼。”丁河峰此游纪日己亥，《岁除拈壁》一联云：“迎年莲菊犹芳，奚但梅传春信？献岁瓜茄未老，还同韭荐辛盘。”皆实录也。

岁时台地岁时祀先礼神以及烧灯竞渡之类，略同内地，兹特记其稍异者。

露重风轻七夕凉，魁星高宴共称觞。幽窗还听喁喁语，花果香灯祝七娘。

七夕为乞巧会，家家设牲醴、果品、花粉之属，夜向檐前祭献，祝七娘寿。或曰魁星于是日生，士子为魁星会，竟夕欢饮，村塾尤盛。

煜煜明灯散海壖，长竿施食竞攀缘。夜深才罢盂兰忏，一派欢声在半天。

中元节，醵金为盂兰会，延僧众作道场。竖木为棚，高七八丈，陈设饭饵。黄昏后登坛散食，声彻天表，谓之“普度”。是夜头家为纸灯千百，满路插之，名“放路灯”；沿海浮之，名“放水灯”，亦谓“水陆会”。事毕，演剧为乐，谓之“压醮尾”。

碧天云净水烟微，砧杵无声一镜飞。画饼香中人尽醉，嫦娥亲见夺元归。

中秋夜，士子饮博达旦，制大饼以象月，硃书“元”字，掷四红者得之，取秋闱佳兆也。

载酒登临赤崁巅，樽开未及菊花天。西风更比东风软，九月晴空见纸鸢。

九日登高，好事者制风鸢，放于高原，夜或系灯其上，远望炯若巨星。

风俗

睚眦小忿久难忘，牙角频争雀鼠伤。一抹腮红还旧好，解纷惟有送槟榔。

闾里相诟谇，辄易速讼，亲送槟榔数口，无论事大小，即可消释。

香车碧幰厌纷纭，拥盖微行拟鄂君。一队新妆相掩映，红蕖叶底避斜曛。

台俗妇女靓妆入市，无肩舆，以伞蒙首而行。

金勒笼头锦䌰纡，追风犊子抵神驹。晴郊鞭影摇山绿，写出函关老子图。

择黄犊之膔壮者，饰以鞍䌰，远行代马，日可百里，少年子弟磬控如意，以之学骑射，最易驯习。

丹颊无端生酒晕，朱唇那复吐脂香。饥餐饱嚼日百颗，倾尽蛮州金错囊。

槟榔无益饥饱，云可解瘴气。以蛎房灰用柑子蜜染红，合浮留藤（一名蒌藤）食之。范石湖所称“三物合和，唾如脓血，可厌者也”。台地男女竞食，不绝于口，岁靡数十千亦无谓矣。

凤头龙尾好衣裾，锦绣偏诸谢不如。若使贾生来此地，未知流涕更何如？

衣服不衷，袴露衣衫外者曰“龙摆尾”。袜不结带，脱落足面者曰“凤点头”。担夫舆隶云履绸衫，服劳任役，殊不雅观。

短軥高箱服两牛，柴车挽运健于舟。五更残月梦初醒，角韵呜呜生客愁。

地平旷，便于行车，轮高五尺许，轨辙画一，一牛约运六、七百斤，重则增一牛以曳之，若马之两骖，而缺其左。冬春多夜行，月静风高，闻辗毂之声，不异画角。

画船鼓吹奏巫词，王醮三年举不迟。可惜中人十家产，抛随流水鬼应嗤。

敛金造船，器用服饰悉备，召巫设坛，名曰“王醮”。三岁一举，以送瘟王，醮毕，盛席演剧，执事者跽进酒食，送船入海，顺流扬帆以去。或泊于岸，则其乡多厉，必更禳之。迩年有舆船焚诸水次者，或代以竹，用五色纸饰之，每一醮，动靡数百金，虽穷乡僻壤，莫敢吝者。

云汉昭回海外天，鲛绡贝锦出重渊。量才使者人争诵，纸贵台阳《玉尺编》。

高邮夏筠庄侍御督学海东，校士公明，著《海天玉尺编》，以为习举子业者法，至今脍炙人口。

蔗田

川原弥望色葱茏，翠浪齐翻穲稏丛。绝爱怀新苗态好，平畴添却蔗芃芃。

台地产蔗甚盛，陇亩棻敷，与禾苗相间。熟时硖取其汁，煎滤成糖，较闽广所出为佳。《东宁政事集》云：“蔗苗种于五六月，自十一月至次年正月则皆熟矣。硖煮之期，亦以蔗分先后，否则浆不足而糖少也。”

檨圃“檨圃风清”为诸罗六景之一，台郡各属亦皆有之。檨音羡。

参天高树午风清，嘉实累累当暑成。好事久传蕃《尔雅》，南方草木未知名。

种自荷兰，树高大可阴，实如猪腰子，有香檨、木檨、肉檨三种，香为上品。盛夏大熟，色黄味甘，肉黏于核。

按韵书字典无“檨”字，《山海经》《博物志》《草木状》诸书，亦未详其物，盖台人附会名之。

暗澳相传在台湾东北，昔红夷泊舟其地，无昼夜，山明水秀，万花烂熳，绝无居人，心爱之，遂留二百人居焉。次年复至，则山中昏黑如夜，所留番，无一存者。取火索之，见石上题云：至秋成夜，至春始旦。黑时俱属鬼怪，番因渐次以亡，盖一年一昼夜云。

年去年来明复幽，山中昼夜一春秋。寻花莫待春归后，长夜①无人秉烛遊。

冈山在凤山县东北，与台湾县连界。

冈山树色冷斜阳，石洞阴深不可量。乱叶堆中遗牡蛎，人从绝顶叹沧桑。

山顶平旷多蛎房壳，不知其何时物也。山阴有小石洞，莫测所底，以石投之窅然无声，相传谓下通大海云。

玉山在诸罗县治大武峦山后，为邑六景之一。

空明天宇映玲珑，争睹庄严冰雪容。万古只如玄豹隐，须臾又被白云封。

山不恒见，惟风静无尘，日晖映射，晶莹耀目，三峰并列，如雪如冰，如瀑如练，瞬息云起，如隐纱笼香篆中，变幻不一，过午则尽封之。

鸡笼山在淡水东北。

---

① “长夜”，清钞本漏抄“夜”字。

经年积雪影嶙峋，夜半鸡鸣彻海滨。知被刚风吹水破，羽人宫阙远浮银。

地处极北，风烈暑微，山头常有积霰，为台胜境。

赤山亦名火焰山，在凤山县南。

灵海神光火上腾，坎离相济见明征。天弓三日流虹彩，不费王师赤羽矰。

山顶时出火焰，置薪其上则烟起。诸罗亦有火山，皆从水中炎上，造物化工真不可解，殆相克乃能相生耶？康熙癸亥，我师进港，出火三条，如彩虹亘天，至三日夜乃散。

打鼓山在凤山县南海滨，俗呼打狗山。

蓁树猿啼海雾深，曾闻侠女此埋金。百年遗迹空秋草，时有樵夫荷担寻。

旧传林道乾妹埋金山上，入山樵采者，时或见之。施陈庆咏其事云："采樵日暮却忘还，绣阁妆楼在目前。奉金为寿醉瞑然，冷露荒林一夜眠。"

硫磺山在淡水内北投、毛少翁二社。

落木深山煖白云，迎风磺气不堪闻。跳珠无数温泉沸，散作松黄满径纷。

山腰白气，缕缕如云乍吐，触脑欲裂，即硫穴也。周广数十亩，如一大沸镬，跳珠喷溅，出地尺许。近穴处，土石皆热，草木不生，水凝石间，经日曝干，色黄如蜜蜡，名曰"磺花"。

龙湖岩闽人谓寺为岩，在诸罗县赤山庄，伪官陈永华建。

湖波镜莹寺门幽，面面晴峦空翠浮。寂历辋川图画里，柳烟花雨不胜愁。

环岩皆山，境颇幽邃，前有潭，名"龙湖"。周里许，遍植荷花，左右列树桃、柳、杉、桧，远山浮空，游人拟之《辋川图》云。

水沙连在彰化县东北番境。

团团孤屿水中央，稻熟浮田吠蛤凉。烟火渡头移蟒甲，青山环映白波光。

四围大山，自山口入为潭，广可七、八里，周二十余里，水深多鱼，中突一屿，圆净开爽，番绕屿以居。架竹木水上，藉草承土以种稻，谓之"浮田"。隔岸欲诣社者，必举火为号，番划蟒甲（小舟名，以独木为之）以渡，盖海外别一洞天也。

大甲溪在彰化县北。

奔流万壑砯秋厓，刓石轮圆水底排。苔滑沙旋无踏处，征人多少此中埋？

溪阔水急，水底皆圆石，大者如轮如鼓，小者如拳，苔蒙其上，足不可驻，虽善泅如番，亦对之失色，秋涨尤险。阮参戎蔡文诗："溪石圆圆马蹄紥，溪面谁填递疏密。水抉沙流石动移，大石小石荡摩涩。水方没胫已难行，水至拦腰命呼吸。夏秋之间势益狂，弥漫五里无舟楫。往来溺此不知谁，征魂夜夜溪旁泣。"①

① 此为节录阮蔡文《大甲溪》诗，据连横《台湾诗乘》卷一作："蓬山万壑争流潝，溪石团团马蹄紥。大者如鼓小如拳，溪面谁填递疏密？水挟沙流石动移，大石小石荡摩涩。海风横刮入溪寒，故纵溪流作郁嵂。水方没胫已难行，水至拦腰命呼吸。夏秋之间势益狂，弥漫五里无从测。往来溺此不知谁，征魂夜夜溪旁泣。山崩岩壑深复深，此中定有蛟龙蛰"。诗中"水抉"，《台湾诗乘》等文献皆作"水挟"，形误，两者意皆可通。"无舟楫""无从测"异文。

北香湖在诸罗县北里许。

十顷红云贴水铺，藕花深处乱鸥凫。北风凉动香逾好，得似西湖六月无？

湖修且广，回环如带，荷花盛开，度腊乃尽。以其地居县北，花蒨于冬，故名。

八里坌潭在淡水北。

八里坌山隐翠岚，老蛟窟宅少人探。稜稜水面浑如削，绝岛天成三角潭。

潭在山顶，形三角，类人力为之，周可数亩，清深莫测，土番间因逐鹿而至，汉人罕能陟也。

剑潭在淡水大浪泵社。

澄空潭影月溶溶，几夜寒随剑气冲。三尺枯蛟抱树死，只余秋水绕加冬。

潭畔有加冬树，高耸蔽天，围合抱。相传荷兰开凿时，插剑于树，树忽生皮，包剑于内，不可复见。

龙潭在台湾县永康、长兴、广储三里之界，绵延二十余里，取水祷雨辄应，中多鲫鱼，亦名“鲫鱼潭”。

天教旱岁作甘霖，廿里清瑶亘碧浔。潭底神龙不可见，墨鳞戏藻日浮沉。

莲池潭在凤山县学宫前。

莲瓣芹丝一气香，天然泮水绕宫墙。林端不许飞鹗集，山势高骞拱凤皇。

潭水澄清，中植荷花，香闻数里。凤山对峙，形如似飞凤，故名。

魁斗山在台湾府治，与文庙对。

近接宫墙数仞高，星光磊落起文豪。问名已列魁三象，分派应知海一鳌。

海会寺距台湾县治五里，伪郑别业，康熙二十九年改建。

歌罢蛮姬易梵腔，层楼烟际晚钟撞。吟诗赌奕人稀到，闲煞孤僧白菊窗。

僧石峰能诗，壁间多粘咏白菊句。

小西天距台湾县治二里许。

竹溪小寺远尘鄙，青壁临流薜荔悬。高望美人何处所，漫凭东海说西天。

竹溪寺，径曲林深，溪山环拱，可称胜致，寺门榜曰“小西天”。

灵山庙在淡水干豆门①，前临巨港，汇东西二潮，波澜甚壮，康熙五十一年建庙于此，以祀天后。

峨峨松桷②水云隈，风满灵旗绀殿开。岂独雕题齐拜舞，娵隅如阵趁潮来。

庙落成之日，诸番并集，忽有巨鱼数千，随潮而至，如礼拜然，人称灵异。

五妃墓明宁靖王妃袁氏、王氏、秀姑、梅姑、荷姐。癸亥六月施襄壮督师克澎湖，王语诸妃曰：“我死期至矣，听汝辈自为之。”妃曰：“王生俱生，王死俱死。”遂结缳同缢堂上。

---

① “干豆门”，清钞本作“千豆门”，形误。

② “松桷”，清钞本作“松桶”，形误。松桷，松木做的方椽子。《诗·鲁颂·閟宫》：“松桷有舄，路寝孔硕。”

王亲为殡殓，葬台邑之仁和里。越日，王死。

瘗玉埋香骨未尘，五妃青冢草长春。云寒孤岛魂相聚，直抵田横五百人。

梦蝶园在台湾府治小南门外。

疏林一碧映清渠，物外翛然水竹居。指点昔年寻梦处，秋风蝴蝶自蘧蘧。

漳人李茂春，隆武举人，遯迹来台，构茅亭于永康里以居，名“梦蝶处”，今改为法华寺。

李氏园在台湾府治小东门外。

梧竹阴森护短垣，群峰飞落聚星园。海翁九十发如鹤，门外水田秋稼繁。

园近先农坛，主人筑小亭曰“聚星”。绿畴四绕，青嶂当窗，台地官僚省耕，皆憩于此。

澄台在台湾道署后，高观察拱乾建。沧波浩渺，岛屿参差，悉入望中。

澄台上下树婆娑，满目残阳动远波。天水无垠同一碧，风帆如叶岛如螺。

斐亭与澄台同时建。

留得清风动去思，千竿潇碧影猗猗。何人呼起文同笔，有斐亭前画卫诗。

秀峰塔在台湾府学东南，乾隆辛酉杨学山侍御倡建，以培文风。

光摇五岳扫千军，颖脱霜锋卓不群。海国文章肖天秀，故应健笔已凌云。

榕梁在台湾府署后，老榕根干蟠结，架空如桥，亘数丈，广二尺许，人可步履其上，名曰“仙梁”。

绿莎厅后影扶疏，龙卧虹垂曲更舒。若比渔梁临水次，未防缘木一求魚。

番植皆内地所无者。

干霄莿竹易蘩生，渭水淇园未较盈。千亩侯封何足贵，赖君海表列长城。

莿竹横生多刺，数十竿为一丛，绝无萧疏之致，土人屋后密植为围，用以防盗，取其坚利，人不敢犯也，故台地环城植之。又长枝，竹节疏而平，可为器用，然质薄易蠹，不能经久，筀竹产竹堑，岸里社笋极佳，余皆味苦不堪食。

莿桐好是开花候，烂熳赪霞照海东。一自浪传丁老句，春来不敢盼新红。

莿桐即柽桐，二三月花开殷红，望若朝霞。辛丑春，无一着花者，遂兆朱一贵之乱，后遂于花时占一年盛衰。泉州旧志：“莿桐先叶后花，则五谷丰熟。故丁晋公诗云：‘闻得乡人说莿桐，花如后发始年丰。我今至此忧民切，只爱青青不爱红。’”今泉郡绝无此树，近乃有自台移栽者。

碧叶修修缀树端，拂天羽扇任风翻。沉酣不待斟椰酒，嚼破鸡心两颊丹。

槟榔树直无柯，高五七丈，皮似青桐，节似桂竹，叶聚于杪，如凤羽临风，叶下系数房，房结数百子，名“枣子槟榔”。中有实，如鸡心，与海南子无异，粤人俟成熟取食。台人于未熟，食其青皮细嚼，麻缕相属，即大腹皮也。

一种可人篱落下，家家齐插绿珊瑚。想从海底搜罗日，长就苔肤润不枯。

绿珊瑚亦名绿玉树，多椏枝而无花，叶光润，雅与名称，种自吕宋来。

亭亭清影绿天居，扇暑招凉好读书。怪底弹文出修竹，美人颜色胜芙蕖。

美人蕉，似蕉而小，花出蕉心，状如荷，鲜红可爱，经月不谢。亦有莲蕉红、黄二种，俗谓美人蕉，误。

采自猊床象座前，紫霞一片映青莲。优昙不是人间种，色相应归忉利天。

昙花，夏开，一枝数十蕊，一蕊长七八寸，外紫内白，香颇似莲，亦有白色者，僧言自西方小本，台地佛寺多种之。

奇英六出干三叉，檐葡香中嗅露华。曾识僧龛写经叶，而今始见贝多花。

贝多罗来自西洋，叶似枇杷，梵僧用以写经，枝每三叉，花瓣六出，如小酒杯，白色，近心渐黄，香似栀子。台人但称番花，不知为贝多罗花也。

红芳不歇贯春秋，艾叶钗边插满头。雨打无声名未称，却随金鼓闹龙舟。

龙船花，一名鼓子，瓣碎而鲜红，内地五月开，台则终年长茂，即"雨打无声鼓子花"也。

番果

离离瓜实满畦新，采摘偏宜及腊辰。土贡年年劳驿使，进时二月正中旬。

台地西瓜，种于深秋，熟于隆冬，取以充贡仁庙，时必在三月万寿前至京，故至今名万寿果。

清供菩提绕室馨，金包柑橘丽繁星。更怜斗大波罗蜜，磥砢真同佛髻青。

菩提果，俗名香果，类枇杷，味甘而香，置诸几案以供清玩，差不愧其名云。

台产柑橘，味俱酸。有公孙橘，前生者红，后生者青，花实四时相续。沈文开《杂记》："番橘出半线，与中原橘异，大如金橘，肉酸皮苦。"其诗云："枝头俨若挂繁星，此地何堪比洞庭？除是土番寻得到，满筐携出小金铃。"又云："番柑种自荷兰，大如番橘，荷兰人夏月饮水，以此和盐，捣作酸浆入之。"

波罗蜜亦自荷兰，实生树干，大如斗，色绿似如来顶，液黏似漆，子略如栗，煮熟味亦相类。

毛羽丰茸皮甲皴，阿谁截得凤皇身。番梨纵复称名好，何似中原大谷珍。

凤梨，一名黄梨，《居易录》称"黄来（去声）"，叶似蒲，两旁如锯齿，果生丛心，味甘酸，清芬远袭，末有叶一簇，似凤尾，故名。又有番梨，似波罗蜜而小，名释迦果，味甘腻，熟于夏秋之间。沈文开诗："称名颇似足夸人，不是中原大谷珍。端为上林栽未得，只应野岛作安身。"

海石

咸波结就硨磲石①，袖底峰峦无此瀛。不信澎湖文石美，只教磨砻作番珠。

① "硨磲"即"砗磲石"。

海中有硬礧石，斥卤结成，粗劣易腐，或置盆盎间，殊不足玩。澎湖文石色纹温润，颇似玛瑙，可制为器，仅供诸番饰项之用，可惜也。又有骨石沙中凝结峰崿，坚挺如剑攒，仿佛英石。

海鱼

海鱼万族不胜罗，未及泥魠（平声）旨且多。鲑菜朝朝供匕箸，龙虾麻虱与莺哥。

泥魠鱼，形似马鲛，大者重二三十斤，味甚甘美，台鱼之最佳者，澎湖亦多产。

龙虾、海马独产澎湖。

麻虱目生海塭中，水纹所结形如子鱼，味清而带微酸。

莺哥鱼，状如鲤而阔嘴尖曲，类莺哥，故名，亦澎湖所产。其余种类甚夥，凡内郡滨海者皆有之，无烦细注虫鱼也。

海禽

风雨枝头舞雪衣，无言鹦鹉善忘机。五鸣五彩多灵鸟，谁解填桥带信飞。

白鸠，每当风雨，舞翅盘旋，雪衣可爱。或呼为洋鸽，云自噶喇叭来者。白八哥、白画眉皆出北路盐水港、统领埤等处。

绿鸠，绀嘴碧毛，艳深鹦鹉，惟不能言。

彩囊鸟，似鸡而小，顶上有垂五彩囊。五鸣鸡，大如鹌鹑，每漏下一鼓，则一鸣。皆内地所未经见者，海外多产珍禽，独雁鹊自来绝少。

虫类

尔许幺鳞性颇饕，侵肤芒刺利如刀。蜩螗嘒处春风在，蜥蜴声中海月高。

台地多蚊，无冬夏，昼夜能嘬人，更有不见闻而为所刺，愈搔愈痒者。《闽小纪》云："闽地有小虫，若微尘，视之不见，刺人较蚊蚋尤甚，密帷亦不能间之，名没子。"

四时阶砌蛩鸣不绝，蝉于二月即噪树间。

蜥蜴能鸣，傍晚檐下作嘎嘎声，绝类麻雀，林佥事麟焻《竹枝词》"静听盘空蜥蜴声"是也，或云过澎湖沟即不鸣矣。

土花粘壁润连床，蛾子纷纷割据场。何必槐南依故国，争雄随地战玄黄。

蚁有赤黑黄白数种。白者尤恶，无隙不入，衣服器物置近湿处，必为所坏。

番俗

竹墙茅屋净无尘，门户疏通采色新。岸上一舟堪共宿，就中聊复别猫邻。

番屋，各社不一，大都编竹为墙，覆以茆茨作室，先结顶，成后合众番擎而盖之，状如覆舟，广二丈余，长数丈，檐深垂地，通门于脊头，或施丹雘，灿然可观。夫妻子女，同聚一室，时时洒扫，地无点尘。惟未嫁者，另居一舍曰"猫邻"。或云男未婚者，亦另宿公廨，以备差拨。

乌衣渐易裸人风，尺布为裈犊鼻同。可但鹿胎花簇簇，达戈纹锦手裁工。

男女皆裸体跣足，上衣乌布短衫及脐，名曰"嗯吷"，以布四尺围蔽下体，名曰"踏毕”。妇用青布裹胫，曰“沙里乐”。近亦有效汉人衣裈者，北路诸番，多着鹿皮或间以达戈纹缘领。

番妇自织布，以狗毛、苎麻为线，染以茜草，错杂成文，朱殷夺目，名“达戈纹”。

包练衣衫最丽都，换年风景野花敷。金藤耀首新妆裹，答答偏宜宾也珠。

每年二月力田之候，名“换年”。男女皆更艳服，名曰“包练”，头簪野花，缠以金丝藤。番妇所戴纱头箍，名“答答悠”，多饰小珠，以玛瑙为之，名“宾也珠”。

垂肩粉耳大如盘，贯竹填螺取次宽。丫角鬐边风不定，翩翻五色斗鸡翰。

番喜为大耳，自幼实以竹圈、螺壳，渐大如盘，涴以土粉，取饰观云。

束发为三叉或双角，插鸡尾三翎为一翿，迎风摇飐。

竞夸麻达好腰围，健足凌空捷似飞。萨鼓铿锵声近远，轻尘一道走差归。

番之未娶者曰“麻达”，幼即编篾束腰，以利疾走，凡差递公文专任之。

腕带铁钏，复制二铁卷如新荷叶状，名“萨鼓宜”，系于手背，展足斗捷，两物相击，丁当远闻，瞬息数十里。

文体何须皓齿为，采芳涅就瓠犀儿。虽无男子须髯美，剩取垂垂发覆眉。

男女肩背胸臂，遍刺花鸟虫鱼之状，用黑烟文之，名曰“沙产”。齿用涩草或芭蕉花染黑，口不留须。

后垄、竹堑诸社，发半剪以覆额，男女不甚辨，状类头陀。

茹饮犹余上古风，地炉蒸芋腹常充。玉蛆满瓮新醅熟，滴滴流芬齿颊中。

捕猎鱼鹿皆生食之，或穴地置芋薯其中，积薪煨熟，仍覆以土，远出则资为糇粮。

酒凡二种：一用未嫁猫女口嚼米成曲，和黍秫入瓮中，旬日发气，取出搅水而饮，名“姑待酒”。一用米蒸熟拌曲入篾篮，置瓮口津液下滴，藏久，色味香美，遇贵客始出以待。

弓刀镖箭制谁遗，即鹿深林器用宜。善猎由来数功狗，追奔今让众番儿。

弓箭及镖皆以竹为之。弓无弰，背密缠以藤，苎绳为弦，渍以鹿血，坚韧过丝革。箭舌长三四寸，传翎如汉制，而翦其梢。镖杆长五尺许，镞长二寸，别有双钩，长绳系之，用时置箭端射飞逐走，发无不中，虽奔而绳罥于树，无得脱者。刀长不满尺，或方头、或尖叶，函以木鞘，男妇外出，佩于腰间。

尺许腰镰百用全，才教作室又稽田。纷纷陶冶何多事，木扣螺樽有别传。

耕作无铫鎒犁耙，以短刀掘地而种，或用以筑室，亦无斧凿之烦。腰间一刃，凡所成造，皆出于此。

农事之暇，采藤编篮、砍木凿盆以及匏壶汲水、木扣为炊。螺椀饮酒之类，无非自为而用之，其诸以一身备百工者与？

底须设网与操舟，撑突清溪截上流。发发游鱼齐入手，�顷刻百千头。

捕鱼于水清处，集番妇数十，用竹笼套于右胯，众番持镖竿从上流驱鱼，番妇齐起齐落，扣鱼笼内，以手取之。

攀枝已讶众猱升，渡水惊牵百丈藤。真见飞行都绝迹，西京那数戏橦絙。

槟榔树极高，子生木杪，汉人以长柄钩镰取之。番腾越而上，名曰“猱采”。

溪深水汩①，编藤系两崖之树以当桥，左右另系一藤，高出桥三尺许，两手扶之以行，汉人惊悸，敢渡者少。

浴川女伴不知寒，绿水鸬鹚雪影翻。见说生雏才堕地，陂池堪作浴儿盘。

番妇爱浴，疾病不知医药，辄浴于溪，虽冬月亦然。

儿方离产，用冷水浴之，所以去疾。

馌饷余闲载绩勤，龙毛如线费经纶。海边那得支机石，意匠圆灵杼轴新。

番妇织布用圆木，广三四尺者，虚其中为机，贯竹杆于内，卷舒自如。

北路社中有异狗，色白身小，毛长二三寸，拔其毛，杂苎麻，织为罽毯，陆离如锦，四方人多欲购之，即所谓“达戈纹”也。

流珠炊玉食维艰，终岁勤劬敢务闲。生计只知依稼穑，一枝栖息号禾间。

舍前后架竹为小屋，离地数尺，上及四旁皆护以席，贮所收粟于内，名曰“禾间”。

满把黄云带穗舂，相歌声里韵丁冬。水村月白天微曙，似断还联和远钟。

粟不粒积，带穗而舂，凿巨木为臼，面凹如锅底，虚如覆桶，番妇三五，各执木杵，按节上下，或歌以相之，声韵清远，村舍相闻。

出草东郊径路深，枝头鸟语最关心。几声啁哳宛如诉，不似黄鹂俱好音。

樵薪捕鹿，谓之“出草”，必听鸟声以占吉凶，吉则往，凶则退。

鸟色白，长尾，即莘雀也，番曰“蛮任”。

领悬文石间雕螺，连臂唉噫踏地歌。簇锦围中看赐酒，累觞未觉醉颜酡。

项挂玛瑙珠曰“衣堵”，螺钱曰“眉打喇”。每遇宴会及官长至社，番妇数十人，身着鲜衣，挽手合围，踏地而歌，发声唉噫，继复逐队跳舞，一老妪鸣金以节，官饮之酒，举椀连釂，少有醉者。

争迎使节共欢呼，骢马前头众妇趋。首顶糍盘陈野食，大官曾未识都都。

巡使至社，土官妇女远迎马前，跪献都都，意颇诚切。黄玉圃侍御诗：“沙辘行来界北边，裸人虽陋意殊虔。官厨未识都都味，首顶糍盘众妇先。”余犹及见此风。

瓜瓞移根自剪劆，家家秦赘俗同谙。再传尽使孙忘祖，有赚惟知女胜男。

俗贱子贵女，以婿为嗣。生男皆出赘，终身依妇以处，故一再传，而孙不识其祖。番人无姓氏，或祖孙同名，皆以此也。婿赘于家曰“有赚”，男出赘于人曰“无赚”。

定情虽假白螺钱，猫达歌谐礼数捐。几处社寮清月夜，鼻箫吹彻手随牵。

自幼两家缔姻，用螺钱三五枚为定（螺钱皆汉人所造，长三寸，中一孔，以洁白者为上，如古贝式），亦有不用定聘，女大听自择偶，麻达夜游社中，吹鼻箫以挑之，番女意

① “汩”，清钞本作“泪”，形误。

悦即引与同处，谓之“牵手”。

鼻箫长可二尺，截竹窍四孔，通小孔于端，以鼻横吹，或如箫直吹，名曰“独萨里”。

如悲如诉语黄昏，琴里幽怀半吐吞。鼓得求凰成好合，齿亡犹喜赖唇存。

嘴琴制如小弓，长数寸，以铁线及木皮之有音者，纶为弦，用口弹之，韵极纤静。其一制，略如琴形，大如拇指，长可四寸，窍其中二寸许，钉以铜片，另系一小柄，以手为往复，唇鼓动之，声出铜片间，如切切私语，番女潜相和以通情好，当意即成配偶。

哆啰国等社，男女成婚后，各凿去二齿，以矢终身不易。

反目还将放手称，牵牛挈酒痛交惩。何如白首期偕老，高筏迎归耀彩缯。

夫妻反目离异曰“放手”。男离妇，必俟妇嫁而后再娶；妇离男，男未娶不得别嫁。违则罚酒、粟、牛只若干。若历久不相离异，即造高筏结彩，坐妇于上，舁迎社中，番众咸贺，以色布遗之。

鹅筒惯写红夷字，鴃舌能通先圣书。宁馨儿童真拔俗，琅琅音韵诵《关雎》。

习红毛字者曰“教册子”。用鹅管濡墨横书，自左而右，所以登记钱谷出入之数。

南路番童能默写“四子”书，余巡历凤山番社，有童子背诵《毛诗》，音韵清朗，与汉人无异，非复侏离之习。

一枕斛觫树杪眠，从来木处不曾颠。此中风味人知少，蝴蝶南柯梦境全。

番人每以布毯缠两树间，酣寝其上，不畏风露。

藤毬掷罢舞秋千，世外嬉怡别有天。月几回圆禾几熟，岁时频换不知年。

番众百十合围，一人以藤毬上掷，众竞以长竿刺之，中者为胜。

番妇好戏秋千，就大树缚藤，纵送为乐。

男女不知甲子，以谷熟为一岁，月圆为一月。

傀儡山深恶木稠，穿林如虎攫人头。群凶社里谁雄长，茅宇新添金髑髅。

傀儡生番，野性难驯，每于林木蘩茂处杀人，割截头颅，烹剥去皮肉，饰之以金，悬列户内，夸示其众，以数多者为雄长云。

寓公

一二寓公谁可数，僧衣作赋沈斯庵。别花颂果千篇锦，瘴雨飘残海石岩。

各志多取沈文开《杂记》，未得全书，亦不知其人。《蓉洲文稿》：“沈光文，字文开，别字斯庵，四明故相文恭公世孙，以恩贡历官至太仆少卿，鼎革后遯迹不仕。辛卯，挈眷赴泉，过围头洋，遇飓风，飘泊至台。及郑大木掠有其地，斯庵以客礼见。郑经嗣，多所变更，斯庵以一赋寓讥讽，为忌者所中，乃改服为僧，入山不出。在厦门时，与施侯、姚少保友善，及侯安抚东宁，慰问夙昔，斯庵仍着僧衣。少保许赠资回籍①，未几，姚死，

① “籍”，原刻本作“藉”，形误，据季麒光《沈光文传》改。张湄在此为节引，全文见清季麒光：《蓉洲诗文稿·蓉洲文稿》卷三《沈光文传》，清康熙三十三年世彩堂刻本。

事遂寝，不复能作归计矣。所著《东海赋》《桐花赋》《檨赋》《芳草赋》《果木杂记》古近体诗，俱存稿，未及梓行。”

司马风流方外仙，蛮珍海错细耽研。论诗无过渔洋老，倾倒《裸人丛笑篇》。

桐城孙元衡，字湘南，素工诗，官台湾同知。所著《赤嵌集》，王阮亭司寇谓“《裸人丛笑篇》及咏禽鱼花草诸什，可作台湾图经风土志”。

福台新咏萃群英，调绝音希孰继声。百首风谣聊述异，羌无故实寄吟情。

《东宁诗》一名《福台新咏》，四明沈光文，宛陵韩又琦，关中赵行可，会稽陈元图，无锡华衮、郑廷桂，榕城林奕，丹霞[①]吴蕖，轮山杨宗城，螺阳王际慧前后倡和之作。吴有《桴园诗集》，杨有《碧浪园诗》，又有季麒光《海外集》、沈省轩《郊行集》，今皆湮灭，不可复见矣。

附：台湾杂感四首

高浃天墟括九州，茫茫一水认流求。风生鳌背重溟黑，雷奋鲲身巨岛浮。针路向空难问渡，铁礁拔地不容舟。林颜几辈虫沙没，落日苍凉赤嵌楼。

千头真听草鸡鸣，石上流言谶早成。七郡逋囚充臂指，三江战舰剧纵横。火飞龙碛红毛尽，飙涌羊山白下惊。劫运不曾逾甲子，俄看海东腐长鲸。

青油红旆拥风云，阃外专征兕甲军。穷岛降帆争献玺，尚方御锦远褒勋。乾坤何处存衰鬓，妾媵偏能伴旅坟。金碗不随淋雨出，一抔蛮土野花薰。

牖户谁怀未雨思，春华忽谢刺桐枝。无端鸭母狂称帝，直为豨群怒誓师。潮长海亹频得力，晛消冰雪未移时。山头碧雪成陈迹，酾酒还登五将祠。

刘良璧跋[②]

昔贤称东坡赋物诗，为不可方物。即至难摹之状，与甚难显之情，兴剧挥毫，无不随形立肖，岂其得力于海外游耶？抑其本领有大过人者，而地以人传耶？今侍御柳渔张公，以武林名进士登玉堂，历谏垣，奉天子命巡视台湾，兼司学政。下车之后，目睹海外情形，所与僚属持筹者防微杜渐，保障天南，惓惓以地方为念。而加意作人，手集先正大家名文三百篇，置海东书院，为诸生楷模。其校士也，冰壶朗鉴，厘顶冒、拔真才，得课艺数十篇，付之开雕，颜曰《珊枝集》，固已脍炙人口、纸贵台阳矣。未几，检点奚囊，得绝句百首，加以诂释，皆其自厦而澎而台而南北两路所赋也。溯版图入我中国上下六十余年，山川景物，历历如绘，令观者如阅《山海经》，如读《水经注》，光焰陆离，千态万状，皆于斯集见之。夫以公之淹贯经术、通达治体，不日返虎观、抵龙门，召伯《卷阿》

① “丹霞”，“霞”字据黄叔璥《台海使槎录》卷四《赤嵌笔谈》补。

② 原无此题，整理者拟题。

之音、吉甫《清风》之颂，将珥笔以鸣国家之盛，固大有在也，斯集特其绪余耳。顾海外山川景物，得藉公诗而益著，则《瀛壖》一编，即为坡老海外之文也可。璧亲炙公之德教，因拜手而跋于后。衡阳刘良璧。

A Synopsis of New Collation to Zhang Mei's *Yingruan Baiyong*

LAI Lijuan

(Department of Chinese Literature, Cheng Kung University, Tainan, Taiwan 709031)

Abstract: Zhang Mei, who came to Taiwan as an imperial censor on the 12th day of the fourth month in the sixth year of the Qianlong reign, is distinguished as the author of two poetic works: *Yingruan Baiyong* and *Liuyu Shichao*. Regretfully, little information about his life, deeds and literary creation can be acquired from existing literature.

Yingruan Baiyong (*A Hundred Poems Celebrating the Region of Penghu*) was well received in the contemporary literary circles, as evidenced by Lian Heng's comment in *Taiwan Shi cheng*: "Zhang Luzhou's *Yingruan Baiyong* is renowned as a masterpiece in the literary community and widely circulated around the land of Ying (now Penghu)." However, the full text of the work has not been seen so far, with only a collection of 56 poems available.

In the Beijing Library I have found a volume of *Yingruan Baiyong*, in thirty six pages, printed in the seventh year of the Qianlong reign, which could be the only edition in the world. The volume consists of 104 poems, including *Four Poems on Taiwan* (*Taiwan Zagan Sishou*). Based on this defective copy with several water-damaged pages, I have worked to restore its full text and have written a series of related research papers.

This paper is intended to explore Zhan's life and deeds, recover the full text of *Ying Ruan Bai Yong*, and determine its publication year, with reference to *Liuyu Shichao*, historical document, chorography, folklore, and contemporary poetic works. It concludes with a proofread full text of *Yingruan Baiyong*.

Keywords: Zhang Mei; *Yingruan Baiyong*; huantai wenren

作者简介：赖丽娟，台湾成功大学中国文学系助理教授，著有《刘家谋社会诗研究》等。

语言文字研究

当代日本汉字学理论著述概要

李无未

（厦门大学中文系，福建厦门　361005）

摘　要：通过对当代日本汉字学理论著述的介绍，可以了解到当代日本学者思考汉字学理论的路向及意识：深入研究汉字字源、文字与语言关系、汉字性质之表语文字判定、国语国字论争史、日本文字史体系研究的整体性构想、面向汉字历史与未来、日本汉字构形“变异”史、国字“位相”意识、方言汉字理论、跨学科研究汉字等方面上来，角度不同，思考问题的方式不同，体现了当代日本学者汉字学理论学术取向性特点。

关键词：当代；日本；汉字学理论

一、引　言

对1945年以后的日本汉字史研究，一些日本学者进行了整体而深入的思考，比如阿辻哲次《战后日本汉字史》①。

阿辻哲次《战后日本汉字史》侧重于日本汉字史研究，比如第一章“终战和汉字”谈到国语罗马字化探索、当用汉字表的制定、当用汉字表的“别表”与“音训表”“当用汉字字体表”的制定问题；第二章“奔向常用汉字表之路”涉及制定人名用汉字规则、当用汉字表、表音派与表意派对立、甚嚣尘上之汉字废止论及汉字拥护派之抵抗、吉田富三的提案、方针大转换、常用汉字表的制定问题；第三章“从‘书写’时代到‘打字’时代”谈及不用机械工具书写文字、“鸥”与“鷗”——表外字的字体、表外汉字字体表；第四章“常用汉字表的改定”涉及电子时代“汉字目标”制定问题。

与阿辻哲次《战后日本汉字史》阐释汉字与日本文化历史关系问题视角有所不同，冲森卓也《日本汉字1600年之历史》② 力图展现一个清晰的历史脉络。其目录主要是：第一章“汉字传来”（至六世纪），第二章“汉字浸透”（七、八世纪），第三章“汉字定形”（九—十二世纪），第四章“汉字之展开”（十三—十六世纪），第五章“汉字普及”（十

① ［日］阿辻哲次：《战后日本汉字史》，东京：新潮社，2010年。

② ［日］冲森卓也：《日本汉字1600年之历史》，东京：ベレ出版，2011年。

七一十九世纪），第六章“汉字大众化”（十九世纪中叶以后）。以日本学者及其著作为中心，日本与汉字的历史关系呈现了明晰的时代特征。

中国学者对当代日本汉字学及日本汉字理论著述还缺乏整体性理解，我们根据现有专著成果，对此加以概述，力图从基本文献的侧面反映当代日本汉字及日本汉字理论著述基本情况。

二、当代日本汉字及日本汉字理论著述概要

日本学者从不同角度建构中国汉字及日本汉字理论体系，出现了许多引人注目的成果，我们在这里分别进行介绍。

（一）语言与文字关系

石黑修《语言与文字》① 目录为：绪言。第一章，“语言”。语言究竟是什么。第二章，“音韵”。人如何发音。第三章，“文字”。文是如何发展起来的、语言与文字、岩刻文字、楔形文字、罗马字。第四章，“汉字”。汉字的发生、字典查询方法、汉字之数、汉字音读、汉字书体与字体。第五章，“日本的文字”。假名、万叶假名、片假名、平假名、神代文字、罗马字。第六章，“语汇”。语与语汇、汉语、外来语、术语、特殊语、女性语言、敬语。第七章，“语法”。语法（文法）、文体、方言、共通语（标准语）。第八章，“标记”。标记法、送假名、书写方式、句读法。第九章，“日本的语言”（国语）。日本语的历史、日本语的特质。第十章，“世界的语言”。世界语言的数量、世界语言的分类、语言的交流、国际语、世界语、书写方式。附录一、“当用汉字（音调、字体）表”等。

此外，书中还附有大量的图表，比如：发音器官名称、发元音时舌的位置、楔形文字、罗马字排列顺序、罗马字字体、蒙古文字、甲骨文（殷的时代）、甲骨文（刻于龟甲之物）、汉字的起源（象形）、汉字的起源（指事）、部首的名称、莫尔斯电码符号、日本的岩刻文字、四角号码检字、古字与废字、汉字字体移变等。

石黑修的研究，以语言与文字关系起始，逐渐引入更多的语言问题，关注的问题有些庞杂，还不是理想的聚焦于语言与文字关系研究的成果。

（二）面向汉字历史与未来的思考

桥本万太郎、铃木孝夫、山田尚勇等《汉字民族的决断——面向汉字的未来》② 是一本集中讨论汉字历史与未来问题的论文集。为何将讨论的主题称之为“汉字民族的决断”？桥

① ［日］石黑修：《语言与文字》，东京：三省堂，1950 年。

② ［日］桥本万太郎、铃木孝夫、山田尚勇：《汉字民族的决断——面向汉字的未来》，东京：大修馆书店，1987 年。

本万太郎在“序言”中说得很清楚：“我们迎来了新的技术革命，即进入情报化的新时代，以汉字为书写主体的东亚各国各民族面临着严峻的挑战，因此有一种急迫的危机感，何去何从，需要进行一个意识上的极速转变，要思考与之相关的许多问题。”《汉字民族的决断》是1986年在东京召开的、以“汉字文化的历史与将来”为主题的国际会议成果。参加此次会议的学者都是中国、日本、韩国、越南的顶级学者，中国学者李荣、周有光的参与也颇引人注目。桥本万太郎说，这个讨论，不是限于“常套手段”的汉字来源解说，或站在汉字发达史立场来认识现状，而是站在“汉字文化圈”东亚各民族的新联合的视角来讨论新的问题。

论文集内容分为两部分：第一部，日本语与汉字。作者是桥本万太郎、铃木孝夫、山田尚勇。其具体论题是：文字与语言的问题；丰富的日语源泉——汉字汉语；蝴蝶兰与法雷诺普西斯（重新认识汉字的优点，各种语言潜在的能力相同）；文字与人类的缘分——作为交流工具的日语（简单的美国技术用语，派维奥的实验，汉字成长与阿尔法狗的成长，汉字是表意文字吗，汉字给人以杂念，汉字文化圈不可缺少的黑板等）；昭和之训、提倡“昭训”（亚非的通用语言，英语，汉字的同音补救等）；抛弃古板的鲨鱼，第一个阻挡西欧文明的国家——日本（恢复希伯来语的以色列，环境的简单化很危险，不引进讨厌东西的日本，古板的鲨鱼型文明，自立吧，日本）；进入日语的汉字（表音文字与表语文字，合理的标记法，文字不可能是一元的，中文汉字八成以上以发音为主）；汉字是世界的记号（忠实表现概念的文字，主观争议较多的文字问题，韩文与汉字，大脑的右半球与左半球，汉字的优点、模式识别，中间知识阶层较多的日本人，追赶的汉字文化圈，从功能上考虑汉字世界的共同符号，汉字）；日语标记法的将来（表音化的方向？做世界做不到的事情的日本民族，文字是什么？历史上两次接触音标文字的汉民族，绵延不断的英语拼写改革，将来的日语标记法是什么）；面向汉字的未来（文字应该是什么样子的，今后将持续几个世纪的汉字假名混杂文，汉字是人类的共同视觉符号）。第二部，汉字文化的历史与将来——国际研讨会讲演全收录。日英高级语汇的意义论的比较——风力计与anemometer（铃木孝夫）；作为国际语的汉语与汉字——汉字语根与假名音译语的将来（桥本万太郎）；技术革新与日本语的走向——什么是语言创造（山田尚勇）；汉字的变迁与汉字的将来（李荣）；中国的汉字改革与汉字教育——小、中学校教育的汉字问题（周有光）；韩国的文字政策和汉字教育（姜信沆）；汉字文化与越南语——现代越南语的汉字起源要素（阮才谨）、越南人的决断（川本邦卫）。

《汉字民族的决断》虽然是40年前思考汉字文化圈内汉字未来走向理论问题的论文集，但今天人看来，许多研究内容仍然具有强烈的现实意义，亦可见其所明确的前瞻性。

（三）汉字语言职能及性质、语源认知

1. 河野六郎《文字论》：汉字是表语文字

河野六郎《文字论》[①] 第二章“关于六书”、第七章“邻接诸民族语适应汉字与其发展”之外，基本上都是作者在各个历史时期发表的论文汇编。

《文字论》目录为：第一章，“文字的本质”（1977年）；第二章，“关于六书”；第三章，“谐声文字论”（1953年）；第四章，“转注考”（1978年）；第五章，“假借论”（1980年）；第六章，“汉字论杂考”（1984年）；第七章，“邻接诸民族语适应汉字与其发展”；第八章，“拉丁字母的诞生”（1968年）；第九章，“谚文的起源”（1989年）。

1.1 文字的本质。河野六郎说，由语言学概说类图书而见，大多无视文字内容，可是，文字作为语言符号发挥着现实的、历史的重要作用。如果不使用文字，记述语言就不可能，更何况文字是语言史的史料。文字的研究，尤其属于文字语言机能领域的文字论，当然应该是语言学领域问题。具体来看，需要弄清楚的问题有：其一，文字与音声（区别音声语言与文字语言）；其二，文字与文化；其三，表语文字与表音文字；其四，表语与表音；其五，表音文字表语；其六，文字表音；其七，语言之发生。

1.2 关于“六书”。河野六郎说，许慎《说文解字·叙》所述“六书”定义，不是许慎个人的观点，而似乎是自古以来教授“六书”之人口头传达的定义。由四言二句而成，并蹈韵。其所蹈之韵，不是新韵，而是上古音的押韵。[②] 理解“六书”定义很难，就是其所举字例，也需要进一步分析：指事之“上、下”，象形之“日、月”，形声之“江、河”，没有问题，但对会意字“武、信”二字之解释就存在着疑问。另外，转注之“考、老”，假借之“令、长”之例也存在一些问题。

1.3 谐声文字论。汉字是表意文字的观点不正确，应该称之为表语文字，即汉字具有表意与表音两个功能。如此，指事、象形、会意之文字，属于表意之表语文字，而谐声文字是表音之表语文字。表意之表语文字与表音之表语文字，各自来源不同。考察文字之语言机能时，汉字中的谐声文字原理就是有趣的问题之一。其一，义符的机能；其二，声符的机能；其三，谐声文字形成的过程。其路径有两个：一个是一语之意义分化，而加上义符；一个是以义符为基础而加上了声符，这个声符属于音韵规定字，以避免两个字音混乱的情况发生。由此，构成了意义范畴规定之义符与暗示声音之声符的结合。这个构造原型为任意创造文字提供了可能。“同音异义语并存”，在文字上成为识别标志之一，呈现了古典文语的特异性，即其显示了语言机能一面，与论及文字之字形的文字学研究相区别。

1.4 转注考。河野六郎回顾转注学术史，提出自己的看法。“建类一首”，如段玉裁所

① ［日］河野六郎：《文字论》，东京：三省堂，1994年。

② ［日］河野六郎：《文字论》，第27页。

说的“分立其义之类”，即为“分立其词之类”之解释。“同意相受”，即为假借之“依声托事”，强调“声”之系联作用，达到区别“同字异语”“假借形式”的目的。

1.5 假借论。河野六郎从假借的本质、造字的假借与用字的假借、假借的表音范围、高本汉博士的假借说、关于“令、长”等几方面加以论述。河野六郎认为，假借的表音范围受限于形声声符的表音范围；确立形声文字之原理，假借作为表语手段而在一定范围内被使用着；对许慎所举假借之“令、长”二字，认为取意不清楚，对段玉裁基于汉代制度的观点并不认同。河野六郎认为，发号之“令”与县令之“令”，久远之“长”与县长之“长”同音，意义相关，其引申、假借方式，具有派生义关系。汉字是表语文字，在其体系化过程中，运用个别表音手段向表音文字靠拢，显示了表语的趋向，这是假借方式潜在的语言机能。

1.6 汉字论杂考。河野六郎认为，从甲骨文到现今文字的变迁，就是一个艺术创造的过程，也是古代文明的产物，吸引着越来越多的人进行探究。作为文字的学术有两个类别：一个是文字学，另一个是文字论。文字学研究成绩斐然，比如《说文解字》以来的传统，称之为“中国文字学”。一般来说，文字学所论，不外乎字形变迁、文字系统、文字传播，都是属于文字的外形问题。特别是中国文字学，汉字之一字，相当于中国语之一语，字之论代替了语之论。与文字学相对的是文字论，是一种难以获得市民权的学术领域。文字是语言符号之一种，此种学术当然是语言学中的一个领域。但一直以来，语言学领域之学者无视或轻视其存在，如此，应该有必要确立其在语言学中一个学术领域的地位。从构筑其理论出发，追究文字的语言机能是必须做的。一切的文字究极其语言机能既不是表音，也不是表意，而是表语。文字表语机能在于一个字一语，其“语”的视觉单位就是一个字一个字，所以它是真正的表语文字。汉字是表语文字，以第一分节为标志（一字一语），而不是像拉丁语那样是第二分节的文字（音素分节）。汉字大部分为形声文字，确立形声文字的原理，就可以认定汉字是表语文字的性质。诉诸视觉的语言符号是文字，文字成为表语视觉的单位。文字构成的口语与文语体式，处于语言之内场与语言之外场，其传递信息，具有“超历史的性格”。

1.7 邻接之诸民族语适应汉字与其发展问题。河野六郎说，属于汉字文化圈之各民族，接受汉字之时，是如何适应汉字，以汉字为基础制作自己文字的？以此思考为基点，需要探讨一些问题。他探讨的是：汉字及其使用的历史阶段问题、制作新文字的历史阶段问题。

1.8 拉丁字母的诞生。从“拉丁字母的诞生”写起，去寻求世界文字产生的共同规律，也在思考汉字发展问题。河野六郎说，汉字影响下的日本假名，贯彻着单音原理，它表明，使用表语文字的语言，却又以别的语言为参照系，但难以脱离汉字的束缚。汉字简体化，也是受其他语言影响的结果。汉字适应自己的语言需要，制造独立的表音文字，往往废弃表意部分，采用了纯粹的表音原理。从表语文字派生出表音文字，实际上还是音节文字。汉字不是音节文字，却有着音节文字的要素存在。

1.9 谚文的起源。河野六郎认为，讨论谚文文字论的性格，就要从文字的语言机能出发来认识。文字有表语文字与表音文字之别。表语文字，其文字的单位是“表语”的，汉字就是其典型。表音文字有音节文字与单音文字之别。以音节为单位，即为音节文字，日本的假名就是其典型。单音文字之基本单位，即为音素，拉丁文字就是其典型。谚文属于“型之文字”，是表音文字之一种，从本质上说，还是属于单音文字，以音节为单位要素，所以是单音文字。河野六郎还讨论了谚文之前的文字，以及谚文发明问题。从谚文制作的过程来看，朝鲜学者还是认识到了“国之语音，异乎中国”问题。谚文字形，完全是朝鲜学者自己独创的。其制字的原理，符合音节单位的单音文字个性特征，与拉丁文字创制原理是相同的。

与其汉语音韵学、朝鲜汉字音学研究成果一样，河野六郎《文字论》具有独立思考的个性特征，新见不少。其汉字是表语文字的观点，是建立在文字语言职能认识的基础之上，极具理论意识，独树一帜。

2. 加藤常贤《汉字的起源》与藤堂明保《汉字语源研究》

2.1 加藤常贤编写《汉字的起源》（《汉字の起源》）[①] 系列丛书 12 册，影响力很大。《汉字的起源》系列酝酿于 1945 年前后，也是属于现代日本时期的中国文字学重要著作之一。加藤常贤《汉字的发掘》（《汉字の发掘》）[②] 序言中说，其《汉字的起源》是严格运用形音义三者互证的方法而进行汉字研究的专著，[③] 汉字字形变迁，比如甲骨文、金文、篆文、古文、籀文例证比比皆是。字义研究，从原始义开始，其后对借用义、延伸义等也进行梳理，还结合中国古代社会的习俗、宗教、观念研究文字，构成具有完整体系的文字研究著作。

《汉字的发掘》（《汉字の发掘》）是《汉字的起源》的姊妹篇，进一步发掘潜藏于文字之中的古代人智慧、思想、风俗，与古文字学、考古学、人类学、历史学等学科紧密相关。

2.2 藤堂明保《汉字语源研究：上古汉语之单语家族之研究》[④] 是其博士学位论文，包括序说和本编两部分。序说：第一章，“汉字的本质”；第二章，“单语家族之研究”；第三章，“与音韵论相关诸问题”（包括活用音韵论之成果；上古韵母之三类三十部系统［韵文与谐声系列］；上古声母之四类三十四部系统［谐声系列，并采用陆志韦《说文广韵中间声类转变之大势》[⑤] 说法］；上古声母之再构二三之特殊问题）；第四章，“与字形相关诸问题”（包括有发现字形之心；表现特定场所记号；表现并列之记号；重复之记号等）；

① ［日］加藤常贤：《汉字的起源》，东京：角川书店，1970 年。

② ［日］加藤常贤：《汉字的发掘》，东京：角川书店，1971 年。

③ ［日］加藤常贤：《汉字的发掘》，第 3 页。

④ ［日］藤堂明保：《汉字语源研究：上古汉语之单语家族之研究》，东京：学灯社，1963 年。

⑤ 陆志韦：《说文广韵中间声类转变之大势》，《燕京学报》1932 年第 28 辑。

第五章，“本书研究方式”。本编：“第一章，“之部、蒸部”；第二章，“幽部、中部”；第三章，“宵部”；第四章，“侯部、东部”；第五章，“鱼部、阳部”；第六章，“支部、耕部”；第七章，“歌部、祭月部、元部”；第八章，“微部、队术部、文部”；第九章，“脂部、至质部、真部”等。

藤堂明保“写在前面的话”① 称，单语家族（群），互相之间具有近似之语形与拥有共同基本意义之形态素之集合，简单地说，就是“具有亲类关系之单语集团”。实际上，汉字之间存在着非常亲近之亲戚关系，清朝学者也已经注意到了。比如用“音通”“一声之转”之说法解说古典字义，就是其表现。清朝考证学到达了顶峰，如此说法，并不为过。可遗憾的是，对其成果的整理，以及科学性论证还没有锐利之武器，即没有归纳出科学之语言学方法。另一方面，欧洲之语言学者，例如高本汉，注意到此问题之重要性并进行初步之整理，利用文献之研究方法与字义解说之方法也很成熟，但还难以与古典素养深刻之东洋学者比肩。综合两者，特别是吸收甲骨文与金石文等新的研究成果，第一次生发出学理性的批判性研究。

藤堂明保写作此书，力图做到：第一，尽量采用中国之考证学之成果；第二，依据语言学而导入，以汉语音韵论作为武器；第三，尽量关注甲骨、金文之研究，依据三个方法，整理 200 项约 3100 字以及语汇。其书把清代朱骏声《说文通训定声》，中国孙海波、商承祚《甲骨文编》，容庚《金文编》，瑞典高本汉 *Grammata Serica* 以及日本加藤常贤《汉字之起源》整合起来。藤堂明保期待着读者利用这个成果，抱有几个目的：固守汉藏语族诸语言比较研究之地，并寄予将来耕耘普通语言学之田；究明汉语之语汇体系，尤其是其构造语法最大面貌之实相，获取汉语之特色；究明古典语之基本之意义，纠正古典解读之误；究明汉字之作为文字之机能。

藤堂明保“因声求字”与“因声求义”结合，与中国学者沈兼士“字族”理论与王力同源字理论颇为相似。他们之间到底有何理论意识关系，以及研究的思维模式“异同”，都是需要进一步研究的。

（四）国语运动中的汉字命运及日本国语国字论争史

1. 仓石武四郎《汉字的命运》

仓石武四郎所著《汉字的命运》② 一书，虽然讨论的是汉语文字学的重要理论问题，但也力图兼及日本汉字理论的一些问题。《汉字的命运》所涉及的内容是：汉字的性格、音标文字的创作、国语运动三十年、拉丁化新文字、汉字的命运。其中，由日本汉字论争问题说起，日本较早倡导废止汉字的是幕末的前岛密，他认识到，汉字的复杂性特征决定

① ［日］藤堂明保：《汉字语源研究：上古汉语之单语家族之研究》，第 1—2 页。

② ［日］仓石武四郎：《汉字的命运》，东京：岩波书店，1952 年。

了日本普及汉字教育的难度。南部义筹主张日本应该废止汉字，而采用罗马字；福泽谕吉则主张限制汉字数量，但也用罗马字标记读音，二者结合，兼而存续。日本较早地进行了汉字近现代化问题的深入讨论与研究，由此，日本人讨论汉字的“存亡”命运所涉及的问题较为广泛，与此相应，中国也肯定会面临这样一个理论与现实结合研究问题。中国是不是也存在着一个如何写“国语汉字问题论争史”问题？仓石武四郎认为，中国延安解放区开展的“识字教育”运动，民众和知识阶层都凸显出“阶层差异”，遇到的问题也很多，需要进一步思考。仓石武四郎所涉及面对不同阶层的汉字教学的问题，也是许多中国文字学者应该关心的问题，有的方面还超出了许多学者的认知范围。

2. 福田恒存《国语问题论争史》

国语调查委员会《国字国语改良论说年表》（1904）说，从庆应二年（1866）开始，前岛密将《国字国文改良之议》上报给将军德川庆喜，由此拉开了日本国字国语改良的大序幕。

福田恒存《国语问题论争史》[①] 与日本汉字“存亡”命运问题讨论息息相关。这可从其目录中看出：第一章，“明治以前之国字与假名遣问题”；第二章，“明治前期之国语国字问题”；第三章，“国语国字改革运动之展开”；第四章，“明治后期之国语国字问题”；第五章，“大正时代之国语国字问题”；第六章，“昭和前期之国语国字问题”；第七章，“战后之国语国字问题”。

福田恒存在《国语问题论争史》之“后书”[②] 中说：“国语国字是全体国民关心的事务。无论是谁都有平等的资格去讨论国语问题。国语国字的习得是需要相当的练习功夫的，关于其是非功过与改良问题已经有人出口言及，并要以专门的知识、一定的常识为讨论的前提。第一，国语国字之本质与成立相关问题是国语学的常识；第二，国语国字问题之背景与历史相关问题也是常识。关于第一个问题，我已经在《我的国语教室》中尝试说明。第二个问题，仅仅触及其中的一些‘末节’问题，并没有深入研究，也可能有一些误解。在这里，我得到了国语问题协议会主事土屋道雄君之协力，是不是能够‘补缺’？从其某种意义上讲，称之为最初或者第一部之国语问题全史，也有一些自负的情绪写在里面。感谢土屋道雄君之协力与修订。”

福田恒存进一步强调，他之所以将书名称之为“论争史”，目的是通过他对国语国字问题处理与批判方式而明确“两者”，即观点对立之双方的主张，并提供“事主”资料。这也得“依傍”温柔笃实之土屋道雄君。很显然，《国语问题论争史》是福田恒存与土屋道雄合作研究的结果，但最终署名为福田恒存。这也留下了后面土屋道雄补订福田恒存《国语问题论争史》而出版同名书，却单独署名的问题。

---

① ［日］福田恒存：《国语问题论争史》，东京：新潮社，1962年。

② ［日］福田恒存：《国语问题论争史》，第359—362页。

3. 土屋道雄《国语问题论争史》

土屋道雄《国语问题论争史》① 一书目录为：第一章，“明治以前之国字与假名遣问题”；第二章，“明治前期之国语国字问题”；第三章，“国语国字改革运动之展开”；第四章，“明治后期之国语国字问题”；第五章，“大正时代之国语国字问题”；第六章，“昭和前期之国语国字问题”；第七章，“战后之国语国字问题”；第八章，“昭和后期之国语国字问题”；第九章，“平成之国语国字问题”。与福田恒存《国语问题论争史》(1963) 对比可知，土屋道雄《国语问题论争史》(2005) 增补了第八章“昭和后期之国语国字问题”、第九章“平成之国语国字问题”两章内容，其他章主要内容与框架形式有了一些改动。

福田恒存与土屋道雄论述日本国语国字问题，以人物著作带动日本国语国字论争历史研究的线索，比如“明治前期之国语国字问题”目录：前岛密《汉字御废止之议》，柳川春三之建议书，南部义筹《修国语论》，田野御民《国语可学论》，南部之《改换文字之议》，森有礼之采用英语论，前岛密之《内申书》、学制发布，福泽谕吉之主张，各种教科书之编纂，明治初期之翻译语，西周罗马字论与西村茂树之反论，清水《平假名之说》与阪谷素之《质疑一则》，黑川真赖、渡边修次郎、海内果之主张，南部义筹假名与罗马字之比较论，西欧语言学之借入，矢田部良吉之罗马字论。

土屋道雄《国语问题论争史》“后书”对自己将福田恒存《国语问题论争史》拿过来，增补两章后单独署名的问题有所说明。土屋道雄称，正值国语问题协议会发行会报《国语国字》之际，他担任福田恒存的编辑。当时，他按照福田恒存的指示，抄写与《国语问题文献》相关的森鸥外、山田孝雄、芥川龙之介、与谢野晶子等所论资料，越收集越多，便对国语问题历史进行了彻底的调查。这些资料收录在《国语国字教育——史料总览》(1969) 中。福田恒存写作《国语问题论争史》过程中，借用了土屋道雄大量资料，但根据新潮社的要求，只用了其资料的三分之一，这些资料就构成了《国语问题论争史》(1962)。40年后，土屋道雄对旧版进行了修订：像对旧版省略的项目，比如明治前期之“假名文与口语文之试行”和昭和前期之“大岩、佐伯之缀字论争”之“今后问题”有所缩写；而其新设计的项目，比如战后之“读书报知新闻社说”“‘新闻活字用’《标准汉字之研究》”“当今之敬语”“国民文化研究会”等有所补充。旧版与新版《国语问题论争史》既存在着继承关系，又存在着发展关系，二者互为一体，都是研究日本国语国字问题论争历史的重要参考文献之一。

从我们所见，福田恒存与土屋道雄是旧版与新版《国语问题论争史》的共同作者。二人的学术贡献都是显而易见的。

---

① [日] 土屋道雄：《国语问题论争史》，东京：玉川大学出版部，2005年。

4. 盐田纪和《日本语言政策之研究》之汉字标记问题

盐田纪和《日本语言政策之研究》[①] 涉及汉字的一些问题。比如第一章“语言政策论”就谈到了中国的汉字研究[②]，第二章“标准语论”涉及“言文一致运动”“公用文之文体”问题[③]，第三章“标准标记论”把汉字标记作为主要研究对象[④]。其中“标准标记论”目录为：第一，汉字的问题。1. 汉字问题的推移。明治汉字问题；大正、昭和期的汉字限制运动；战时之下的汉字问题。2. 战后汉字问题。《常用汉字表方案》的选定；《当用汉字表》的选定；教育汉字的选定；汉字表之文字的取舍；战后的汉字教育；儿童学生的汉字的习得状况。3. 汉字的用法与字体的问题。音训的限制；《改定音训表方案》；送假名的确定；修改送假名的添加方案；汉字字体的整理；《当用汉字字体表》。第二，假名与罗马字的问题。第三，地名、人名的书写方式的问题。盐田纪和对近现代日本汉字研究历史进行了概括梳理。

5. 日本文部省文化厅《国语施策百年史》[⑤]

河合隼雄《国语施策百年史·序》称，1902 年，日本设置最初的国家语言调查机关是国语调查委员会。自此以来，临时国语调查委员会、国语审议会，延续到现在的文化审议会国语分科会，已经走过了 100 多年了。这期间，以汉字与假名标记等标记问题为中心，提出各种各样的建议与讨论的问题，给予一般社会和学校教育之涉及国语问题予以一定的指针。另外，是与国语教育、国语施策有关的问题。2004 年 2 月，就“追求现时代国语力”召开文化审议会予以答复。刊行《国语施策百年史》，回顾过去国语施策所走过的路，也为今后推进国语施策提供经验，具有积极意义。

《国语施策百年史》目录：本文编。序章，总说。第一章，“国语施策前史：近代日本之出发与国语问题”。第二章，“国语调查之开始与初期之成果：从国语调查委员会到国语审议会”。第三章，“面向国语改革之诸种提案”。第四章，“国语改革之实行”。第五章，“国语改革之重新研究：从当用汉字到常用汉字”。第六章，“回应新时代之国语施策：从国语审议会到文化审议会国语分科会”。附录：国语之改善，与普及相关事业等之脚步。资料编。战后国语施策之流变；与国语施策相关审议会等一览；与国语施策相关审议会等名簿；国语审议会、文化审议会答申、建议、报告等一览；国语行政担当局课一览；国语施策关系法律一览；国立国语研究所刊行物一览；国语施策年表；和历西历对照表。

《国语施策百年史》提供了一个认识日本国语政策制定历史研究的翔实文献，为我们研究东亚各国之间语言政策关系及其发展历史，提供了一个需要认真对待的思路。

---

① ［日］盐田纪和：《日本语言政策之研究》，东京：くろしお出版，1973 年。

② ［日］盐田纪和：《日本语言政策之研究》，第 41 页。

③ ［日］盐田纪和：《日本语言政策之研究》，第 113—118 页。

④ ［日］盐田纪和：《日本语言政策之研究》，第 149—265 页。

⑤ ［日］日本文部省文化厅：《国语施策百年史》，东京：株式会社行政，2006 年。

与此类似，野村敏夫《国语政策之战后史》[①]、松冈荣志《汉字七个故事——中国之文字改革 100 年》[②] 等书也涉及日本汉字政策的一些需要进一步思考的问题。

（五）中国语言政策及汉字改革运动

丰田国夫《民族与语言之问题——语言政策之课题及其考察》[③] 第二部“各论之一”，即为“日本异民族统治之国语政策”，谈到了日本殖民台湾时期的“台湾的国语政策”，第三部“各论之二”，即为“汉民族接触北族诸王朝之语言政策”；第四部“各论之三”，即为“中国之国语政策”。这一部分论及“国语改革运动之史的考察”“中华民国之国语政策”“中华人民共和国之国语政策”“中国少数民族语言政策”等问题。其中，与汉字相关的“识字运动”“简字运动”“汉字简略化”[④] 部分值得注意。

樋口隆康等《展望亚洲的考古学——樋口隆康教授退官纪念文集》[⑤] 收录了与中国文字及相关文献研究的论文。

大原信一在《中国的识字运动》[⑥] 中认为，中国的识字问题，是中国汉字问题研究的一个侧面，又是中国顺应联合国倡导的“国际识字”教育国际潮流而积极开展的“扫除文盲”的重点工作，因此引起作者的极大兴趣。作者对中国识字问题的考察，以中国从 20 世纪 20 年代开始出现的识字运动，经历过三个时代的识字运动为中心，就相关问题进行缕析，呈现了一个清晰的时间顺序与问题意识结合的识字运动历史脉络。这可从其目录中看出：绪言。序章，识字概况。第一部分，晏阳初平民教育与识字运动。第一章，“晏阳初的成长过程”；第二章，“晏阳初在香港、美国的大学生活”；第三章，“晏阳初开展平民教育”；第四章，“乡村建设与晏阳初在定县的实验”；第五章，“晏阳初在定县取得的成果及国内外的评价”。第二部分，瑞金、延安时代的识字运动。第一章，“瑞金时代的识字运动”；第二章，“延安时代的识字运动；华北抗日根据地的识字运动”；第三章，“河北王三庄的识字状况”。第三部分，中华人民共和国成立后的识字运动。第一章，“中国解放不久后的识字状况”；第二章，“中国五零年代的识字状况”；第三章，“开发注音识字法”；第四章，“国际识字年和中国的识字运动”。附录有《平民千字课》的《汉字一览表》、《常用字表》（1500 字）、《扫除文盲工作条例》。

---

① ［日］野村敏夫：《国语政策之战后史》，东京：大修馆书店，2006 年。

② ［日］松冈荣志：《汉字七个故事——中国之文字改革 100 年》，东京：三省堂，2010 年。

③ ［日］丰田国夫：《民族与语言之问题——语言政策之课题及其考察》，东京：锦正社，1964 年。

④ ［日］丰田国夫：《民族与语言之问题——语言政策之课题及其考察》，第 334—335 页、第 350—381 页、第 376—381 页。

⑤ ［日］樋口隆康：《展望亚洲的考古学——樋口隆康教授退官纪念文集》，东京：新潮社，1983 年。

⑥ ［日］大原信一：《中国的识字运动》，东京：东方书店，1997 年。

宫西久美子《近现代中国语言政策：以文字改革为中心》[1]，后改名为藤井（宫西）久美子《近代中国的言语政策：以文字改革为中心》出版[2]，对中国语言政策，尤其是文字改革演进的历史进行了全面的回顾，从日本学者的角度提出了一些个人观点。

（六）日本汉字史体系研究的整体性构想

中田祝夫主编《讲座国语史》（全 7 卷）其中第 2 卷是《音韵史、文字史》[3]。其文字史构成为：其一是古代之文字（筑岛裕执笔）；其二是近代现代之文字（山田俊雄执笔）；其三是与假名关联的历史（山内育男执笔）。无论如何，他们谈日本文字史，都强调了汉字所发挥的历史性作用。但汉字与假名并用，构成了日本国语文字史的特有景观。

对汉字体系之思考，桦岛忠夫进行得很深入，他出版了《文字之体系和构造》（《岩波讲座日本语 8 文字》）[4] 与《日本之文字——思考表记体系》[5] 二书。其他学者的思考也应该关注，比如杉本孜。

杉本孜《文字史的构想》[6] 是一本很有代表性的日文汉字论著。杉本在“绪言”中说：此书是他对日本文字体系的整体性构想。构想从两个方面入手：其一，汉字、假字本质的思考；其二，研究汉字的思路与方法。

他对汉字的基本态度是：汉字是表意文字，这是研究的前提。涉及具体的研究对象，他以汉字字形要素理论研究异体字为例，说明自己的看法。研究万叶假名，更多考虑的是它所具有的表音化汉字的性质。他认为，作为表意文字的汉字扎根于日本，日本语言必然以汉字的形式呈现，这也是必须重视中国汉字的原因之一。他说，自己关心汉字，一个重要的契机就是异体字。不用说，按照正体之法而实际应用的结果，不足为奇。从汉字的社会功用角度上看，必须以之为研究对象。由此，异体字成为汉字研究的“原点”。但日本的异体字是什么，与中国汉字有哪些区别，还需要进一步思考。

《文字史的构想》基本框架模式是：第一篇，汉字、假字本质的思考。第一章，“文字史的构想”；第二章，“日本的汉字及其本质”；第三章，“异体字研究与字形素论”；第四章，“异体字和正体字之论”；第五章，“作为汉字周边文字的‘假名’”；第六章，“片假名的本质和位置”；第七章，“‘宛字’之论”。第二篇，研究汉字的思路与方法。第一章，“新井白石《同文通考》的考察”；第二章，“山本格安《和字正俗通》的考察”；第三章，“太宰春台的汉字汉文研究”；第四章，“狩谷棭斋和松崎慊堂”；第五章，“莱顿大学藏本

---

① ［日］宫西久美子：《近现代中国语言政策：以文字改革为中心》，大阪大学 1999 年博士论文。

② ［日］藤井（宫西）久美子：《近代中国的言语政策：以文字改革为中心》，东京：三元社，2003 年。

③ ［日］中田祝夫主编：《讲座国语史》（全 7 卷），东京：大修馆，1972 年。

④ ［日］桦岛忠夫：《文字之体系和构造》，东京：岩波书店，1977 年。

⑤ ［日］桦岛忠夫：《日本之文字——思考表记体系》，东京：岩波书店，1979 年。

⑥ ［日］杉本孜：《文字史的构想》，东京：萱原书房，1992 年。

《落叶集》的考察"；第六章，"《干禄字书》的研究"。

很显然，《文字史的构想》探讨异体、正体、俗体以及表音化文字标记之间的关系，错综复杂。以中国汉字为基础，是确定无疑的。日本汉字研究文献，诸如新井白石《同文通考》、山本格安《和字正俗通》、太宰春台《倭读正讹》等，其"倭俗楷体"及讹读，都有其存在的历史背景及意义，是建立日本汉字学体系的基础。太宰春台《倭读正讹》在中国也有人研究，比如周晨晔《〈倭读正讹〉研究》[①] 通过对所收录的讹俗文字的分析与研究，探讨了唐五代以后，流入中国的石刻、佛经抄本中出现的俗字对日本的影响，力图勾勒《倭读正讹》字形讹变过程及中日简体字、俗体字流变情况。

"倭俗楷体"对应于中国今文字体系，与中国今文字有着千丝万缕的联系是可以肯定的。《文字史的构想》第六章"《干禄字书》的研究"也正是与此相对应的一个明显标志。杉本教授列了一个"《干禄字书》传本系统"，以唐代大历九年（774）石刻为祖本，按照谱系关系，有序排列。可以看出，中国《干禄字书》传到日本的时间及和刻和刊（比如和泉屋本、出云寺本、须原屋本等）的具体时间，对研究《干禄字书》文字与日本汉字之间的关系提供了一条重要线索。

（七）日本人之汉字思想研究

1. 藤堂明保对汉字思想之检讨

藤堂明保《汉字之思想》[②] 目录：前言。第一章，"语言的起源"。中国文化的诞生；汉字之曙光。第二章，"汉字的诞生"。太古之东亚；汉字之诞生；汉字之种类。第三章，"汉字之本质"。文字相异，语言相同；字体相似语言有别；字不过是漫画；字音通转之形式。第四章，"祖与社语言——语源研究之方法"。字词、家族；祖之语源；社之语源；语音通转方式。第五章，"副词之起源"。何谓副词；又与亦；即与则；曾与尝；甚与很；几与必；各与每。第六章，"指示语言的作用"。何谓指示词；指示词的分类；作为韵律成分之指示词；作为想起词之指示词；作为单词之间接续词的指示词；作为短句间之接续词（包括系词）之指示词；作为区别之语言的指示词；作为应诺词的指示词；作为限定词之指示词；作为假定词之指示词。第七章，"计量方法的变迁"。计量方法之起源；长度之计量方法；容量之计量方法；重量之单位；度量衡之变迁。第八章，"'无'思想之本质"。意义派生之模型；拥有m型声母语言；空虚之穴——"无"之意义（一）；"雌"之穴——"无"之意义（二）；有之语言——存在与所有；第九章，"具有'二'之意义语言"。"二"之语言；具有"二人称"之意义；依存与相克；怎样思考"依存"。第十章，"混沌与馄炖——chaos思想之原型"。不才之子；馄炖；抽象化之混沌；发生洪水之张本人；壮族之民话。第十一章，"古典的解

① 周晨晔：《〈倭读正讹〉研究》，上海师范大学2012年硕士论文。

② ［日］藤堂明保：《汉字之思想》，东京：德间书店，1968年。

读”。变化之语义——投；理解古典之方法——洗与濯；古典解读之再检讨。

2. 知识考古学与个人思想中的“汉字问题”

子安宣邦《汉字论——不可回避的他者》（简称《汉字论》）① 以知识考古式的分析，解读了日本人思想中的“汉字问题”。他认为，汉字既不是排他的，也不是接受者自身语言认识必须承受的，汉字是日本人不可回避的他者，也是其自身文化向外拓展的一个语言契机。长期以来，日本人并未觉得汉字是外来的，而是他们文化中的一个不可或缺的要素，但随着国家意识的强化，以及对自身民族文化意识的警醒，对汉字的认识，有了很大的变化。日语中拥有了汉字，是幸与不幸？有的语言学家，受西化语言学观念的影响，对汉字的历史文化传承作用持有否定的态度，并且把许多不幸都归结到汉字上，比如上田万年《国语学十讲》② 就是如此。

《汉字论》思考一系列汉字问题，构成了一个值得关注的日本汉字理论体系。我们从其目录就可以体会这一点。《汉字论》目录为：中文版序：汉字作为“不可回避的他者”。第一章，“何为汉语”。一、“汉语”概念的成立；二、国语的侵入者；三、国语与国籍的隐喻；四、“汉语”输入论；五、日语之不幸；六、汉字不适合论；七、汉字衣裳论；八、假设游戏与预言游戏；九、汉字书面语言的成立。第二章，“《古事记》——一个汉字书写的文本”。一、《古事记》可读否？二、理解文本的两条曲线；三、汉字文本的存在；四、《古事记》文本的神圣性；五、汉字文本的透明化；六、创造“古语之貌”；七、此乃“新训《古事记》”；八、“变体汉文”文本；九、“汉文训读体”：作为语言的事后性；十、日语书面语（和文）的形成。第三章，“对他者的吸收及自我内部的融会——汉文训读的意识形态”。一、何为“训读”；二、训读实乃一种翻译；三、汉文训读的意识形态；四、古学的逆说；五、以外部创造内部的能力；六、诚与“真言”；七、武内义雄与“诚的言说”；八、儒教的日本化（一）；九、儒教的日本化（二）。第四章，“作为译词的现代汉语——‘伦理’概念的确立及其演变”。一、“伦理”概念的提出；二、青年明治哲学学者的课题；三、“伦理学问题”的出现；四、“伦理学”话语结构；五、“日本道德论”的提倡；六、“伦理学”与“国民道德论”；七、“伦理”概念的儒教再建；八、对“伦理”概念的再次发问；九、“伦理”（ethic）概念在解释学上的重构。第五章，“汉字与‘国语的事实’——时枝诚记‘语言过程说’的成立”。一、新归朝者的感想；二、国语的事实；三、新国语的抱负与挫折；四、“语言过程说”的成立；五、索绪尔与否定性的语言现象；六、从“结构”到“过程”的转变；七、主体——语言的存在条件；八、新国语学的成立；九、汉字问题何去何从；十、汉字绝非借来之物；十一、汉字与国语的规则。第六

① ［日］子安宣邦：《汉字论——不可回避的他者》，顾春译，北京：生活·读书·新知三联书店，2021 年。

② ［日］上田万年：《国语学十讲》，东京：通俗大学会，1916 年。

章，“汉字及国有语言的认同——国语与日语”。一、汉字与国语的意识；二、国语意识与汉字记录法；三、汉字的输入与国语的主体；四、汉字与国语的事实；五、汉字并非借来之物；六、语言主体概念的转换；七、具有日语特性的语言；八、通向时枝诚记国语学之路；九、时枝诚记国语学的成立。代后记：汉字的视角。

很明显，《汉字论》把时枝诚记认知语言学理论作为指导日本汉字研究的新路，提出了与一般日本汉字学者想法有所不同的新见解，其所提出的问题，也是值得东亚汉字学者仔细回味的。

（八）汉字之字形与文化

平冈武夫《汉字之字形与文化》[①] 是一本颇具特色之作。其目录为：第一章，“字形问题”。简体字之出现：小篆；汉字观之变革：从史官之文字到书记之文字；简体文字之强化：隶书；简体文字与传统文字；简体文字之流行；反省古体文字。第二章，“表意文字 Ideography 与部首法”。《说文解字》之制作；许慎之汉字观；许慎之汉字资料；字形之观察：文与字；六书说；汉字之本义；部首法；部首之立方式；部首之数；部首之配列；部首内之文字之配列；《说文解字》之命运；《说文解字》之典型性；《字林》《古今文字》《玉篇》《汗简》《类篇》；《说文解字》之典型性根据。第三章，“书法 Calligraphy 与笔画法”。从部首法到笔画法；试看部首法之字书；《篇海》《字汇》《正字通》《康熙字典》；笔画法成立之依据；数数之事；书法：从隶书到楷书之转身；楷书与文化；所见字形；《颜氏字样》《干禄字书》《五经文字》；从《五经文字》到《康熙字典》；和西洋文化之接触。

（九）从日本文字略字体学史出发，深入研究日本汉字构形“变异”史

菊地惠太《日本略字体史论考》[②] 论述日本文字学史，提到日本汉字字体史是其学科的十分重要的一个分支领域。日本汉字字体史又可以称之为日本汉字字形史，[③] 我们以中国学者的观点，可以称之为日本汉字构形史。日本汉字构形史与以符号标记史研究有着不同的学术意趣。比如研究“假名运用方法”，重视的文字符号的机能，侧重于实际运用的一面。

菊地惠太认为，文字史的研究应该回到狭义的文字史上来。菊地惠太引述山田俊雄《文字史的可能性》[④] 观点来说明问题：狭义的文字史，一直以来把汉字字形记述作为核

---

① ［日］平冈武夫：《汉字之字形与文化》，东京：ハーバード燕京同志社东方文化讲座委员会，1959 年。

② ［日］菊地惠太：《日本略字体史论考》，东京：武藏野书院，2022 年。

③ ［日］菊地惠太：《日本略字体史论考》，第 8—9 页。

④ ［日］山田俊雄：《文字史的可能性》，《国语和国文学》37 号第 10 集，1960 年，第 74 页。

心根干，但在研究上还存在着明显不足。因此，不仅是中国，就是日本，也一定要进行实际使用的汉字字形结构及体系性考察。那种认为，固定的字形已经有所辨明的观点是偏颇的。字音性质、字相互间示差机能、字联结之型式、字形转移类型等，所谓由文献学领域所见之问题，一定将各个时代之区别特征整理出来。站在这个角度看问题，汉字之形（字体）变化，才是“汉字字体史”研究的核心问题。菊地惠太说，在日本文字学史中，与日本汉字字体史具有同等地位的是日本略字字体史，[①] 而且“略字”代表了中国汉字在日本“变异”的特征，就中日两国今文字学史研究来说，应该成为一个研究的焦点问题。这个看法，非常有针对性。

理解日本略字字体史，首先要注意明晰“略字”概念。与中国主流规范汉字相对的是实用的汉字字体，比如“略字”。菊地惠太说，所谓“略字”，又称之为“略字体”。使用略字，需要习得存在的复数异体，因此，要求具备比较高度的汉字异体知识。从使用略字历史的角度观察，在实用的场面上，把窥知文字使用者的字体意识和知识的变化作为一个重要指标。其原理构成，就是出于省去“笔记劳动力”目的而发生的字体变化现象。[②]

菊地惠太所述“略字”，很类似于中国的“简化字”，中国的简化字产生也有省去“笔记劳动力”目的因素在里面。因此，菊地惠太所论日本略字字体史，就是日本版的日本简化字字体史。

对日本略字字体史研究需要建构文字学上的略字理论，依据文献研究，很自然，与中国的规范汉字史、汉语俗字史、中国字书史、中国辞书史关联密切，所以日本略字字体史研究也就成为日本的中国今字学史的一个组成部分内容。这也可以从其第三章“汉字字体史的资料”中看出来。[③] 比如研究日本略字字体史，其资料范畴为：中国字书、字样书；日本字书（汉字字书）；语言辞书；字书、辞书之外的记录典籍，还有异体字资料。

（十）日本国字“位相”与方言汉字理论意识

1. 日本国字“位相”理论意识

笹原宏之《国字的位相与展开》[④] 是日本汉字学领域比较重要的一部著作。笹原宏之力图建立日本国字“位相”新理论，与以往日本国字理论有所不同。其目录主要是：野村雅昭“序文”。序章，研究的目的与方针。国字研究的意义；本书的构成；标记的方针。第一部，所谓国字是什么？第一章，“国字的定义与分类”。第一节，国字的定义与其周边。序语、江户时代使用的用语、术语之概观（“作”字类、“倭字”“和字”、“倭俗之制字”“本邦所制之字”“国字”“新在家文字”、江户时代使用的用语术语之分类）、国字之

---

① ［日］菊地惠太：《日本略字体史论考》，第 8 页。

② ［日］菊地惠太：《日本略字体史论考》，第 9—10 页。

③ ［日］菊地惠太：《日本略字体史论考》，第 49—76 页。

④ ［日］笹原宏之：《国字的位相与展开》，东京：三省堂，2007 年。

内容、新井白石术语“国字”之验证、结语。第二节，国字之研究史上的问题。序语、《国字考》之传本、构成上之问题点、揭出字的范围、揭出字的典据、揭出字种类的检讨与分析、编纂的意图与结果、结语。第三节，国字与汉字之境界。关于“佚存文字”的考察；“暗合”与“冲突”的考察。第四节，国字与异体字的关系。序语、现代之前的中国状况、日本之沿革（前史、汉字之变容与原形之出现、汉字与其异体字之分化、“螨”字形之出现与其背景）、向中国回还、结语。第二章，“国字的发生”。第一节，国字发生之前史。序语、国字之范围、国字发生之背景（汉字固有之性格，内在要因，外在要因）、结语。第二节，国字之发生。序语、日本制字体（变形）之出现、日本制字义（派生转用）之出现、日本之偏旁附加置换现象之出现、日本制会意汉字之出现、日本之合字之出现、结语。第三章，“按照国字使用范围而分类”。国字之使用范围、国字之分类。第二部，国字之位相。第一章，“个人文字”。第一节，个人文字之位相与诸相；第二节，安藤昌益之个人文字。序语、安藤昌益之国字之分析（个人文字［造字］：构成要素之文字化、指事文字、象形文字、会意文字、形声文字、偏旁附加置换、合字、其他未详）、既存之国字及其关联文字、结语。第二章，“地域文字”。第一节，地域文字之位置与诸相；第二节，“地名中的汉字与国字”；第三节，“从字体用法而见地域文字”；第四节，“从标记而见地域文字”。第三章，“位相文字”。第一节，位相文字的位置与诸相；第二节，诸分野之位相文字之性格与实态；第三节，电脑之位相文字。第三部，国字之展开。第一章，“从个人文字到位相文字、从位相文字到一般之国字”。第一节，从个人文字到位相文字、一般的国字；第二节，从位相文字到一般的国字；第三节，从一般的国字到位相文字、死字。第二章，“与电脑相关文字之展开”。第一节，地域文字等之位相文字化；第二节，典据不详等之位相文字化。终章，国字研究之展望。

野村雅昭“序文”对笹原宏书之阐释则可以帮助我们理解国字“位相”理论内涵。野村雅昭认为本书的的特征有三个方面：其一，作者对“类缘关系”验证之分析比较彻底。比如设计“佚存文字”“暗合”与“冲突”等概念，进行严密的判定，还对“异体字”用法尝试检讨。其二，从时间、空间、使用主体之三个方面研究文字使用的范围。导入“广义位相”之概念，综合把握文字使用时代之动态变迁、地域之分布、社会集团使用动向，其结果为，证明个人文字、地域文字、位相文字、一般之文字之分类的可能性，集合所有汉字，确认国字之位置，把使用的主体作为研究基础，立足于人类存在之意识。其三，作者并非对国字作一个字一个字的静态描述，而是把国字放置到人类社会汉字集合中动态把握文字推移形态。作为个人文字与位相文字而发生文字转换成一般的文字“样相”详加描述。特别记述中国、朝鲜之一些汉字衰退，即从位相文字到死字之过程，呈现了从汉字文化圈整体性视野去看日本之国字位置的态势。还有，以情报技术社会电脑为依据，去观察文字使用过程中日本国字之接受实态，由此，《国字的位相与展开》成为划时代的一项研究成果。

2. 日本异体字与汉字环境学

《现代日本之异体字——汉字环境学序说》① 虽然与《国字的位相与展开》“国字位相”认识相关，但明显有所不同，它立足于认知科学，落实于日本之异体字构成外在环境要素，具有明确的汉字环境学意识。其目录主要是：序论，所谓的汉字环境学是什么？第一章，“异体字是什么？”从国语学的角度进行分析。第二章，“异体字之使用状况与其背景”。对报纸之异体字作计量分析，明确异体字之社会使用频度。第三章，“异体字之认知科学”。用认知科学的方法研究异体字，涉及异体字认知的发生源、字体接触意识与使用频度问题。第四章，“汉字各种类型集合与其字体”。探讨常用汉字、学习汉字；表外汉字字体表；人名用汉字、JIS 汉字问题。汉字心理对汉字使用的影响，也成为作者关注的焦点。

3. 日本方言汉字理论意识

笹原宏之在《国字的位相与展开》② 与《方言汉字》③ 已经提出了有关日本方言汉字研究理论问题。比如《国字的位相与展开》第二部“国字的位相”第五章“地域文字”，就谈到了“地域文字之位置与诸相”“地名中的汉字与国字”“从字体用法而见地域文字”“从标记而见地域文字”问题。《方言汉字》则从理论上进一步强化研究系统性与自主性。笹原宏之将自己构建的理论名称由“地域文字”而转称之为“方言汉字”，更为具体化。《方言汉字》目录是：第一章，“汉字与风土——汉字的使用地域与在那里生活的人们”；第二章，“从北海道、东北之汉字说起”；第三章，“从关东汉字说起”；第四章，“从中部汉字说起”；第五章，“从近畿的汉字说起”；第六章，“从中国、四国的汉字说起”；第七章，“从九州、冲绳的汉字说起”；第八章，“现在的方言汉字”。笹原宏之已经初步建立起自己的“日本方言汉字”理论构架。

《方言汉字事典》④ 则更为突出。在“序言”中，笹原宏之解释说，这个《方言汉字事典》是记述 120 个日本汉字具有浓郁地域性字体、读法、地理分布、各地域之社会、文化背景与历史的事典。从北海道到冲绳，每一个都道府县，选出其代表性的方言汉字，并以之为依据进行研究。作者也指出，柳田国男《地名之研究》⑤ 是其重点参考的文献之一。很明显，柳田国男方言地理语言学意识对笹原宏之等编写《方言汉字事典》是很有影响的。

笹原宏之在“方言汉字是什么”一节中，比较详细阐述了方言汉字内涵，涉及许多理论问题。比如汉字具有地域性，这是方言汉字的突出要素。理解方言汉字，要注意不应该

① ［日］笹原宏之、横山诏一等：《现代日本之异体字——汉字环境学序说》，东京：三省堂，2003 年。

② ［日］笹原宏之：《国字的位相与展开》，东京：三省堂，2007 年。

③ ［日］笹原宏之：《方言汉字》，东京：角川学艺出版，2013 年；2020 年。

④ ［日］笹原宏之：《方言汉字事典》，东京：研究社，2023 年。

⑤ ［日］柳田国男：《地名之研究》，东京：古今书院，1936 年。

静态地理解方言汉字，而是动态地理解方言汉字，有方言字、方字、土字、土俗字、地域汉字等名称。方言文字是指汉字之外还包含了假名的意思在里面。这里指的是用汉字与汉字所造之文字，即“地域使用的汉字”之义。换言之，不论是中国制汉字或者是日本制汉字。在此基础上，他还讨论了与之相关的标准文字、地域文字、集团文字、个人文字问题。汉字在中国也有因为历史、地理、社会、文化的原因而产生的方言差异。日本也是一样，奈良时代之前，金石文、木简、文书和书籍使用的汉字因地域不同而发生变异，其后，方言汉字持续产生“新作”，特别是近代，文艺与固有名词的标记等出现了很多，而且，各个时代新的汉字创作不断涌现。汉字还有使用长短之差别。日本方言汉字的使用，既有地域性分布，也有造字与异体字之关系，以及使用、传播、政策等认识问题。

笹原宏之《方言汉字事典》的研究，具体举例为主，兼而配图说明，其解释方言汉字也很灵活：

比如“圷”字[①]，认定它是茨城县、枥木县、福岛县等方言所见地域文字，主要用于姓氏，而且从多个角度论述。见下图：

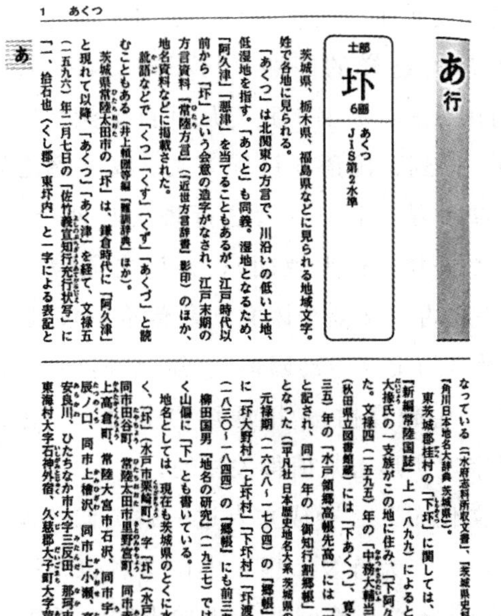

图 1 《方言汉字事典》之“圷”的释义

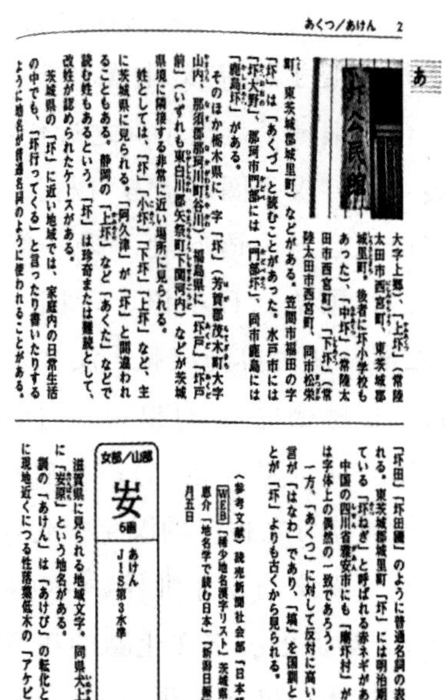

图 2 《方言汉字事典》之“岦”的释义

笹原宏之对“岦”字的解释也颇具启发性。它见之于滋贺县的“岦原”地名，后来有的文献改为“山女原”，将一个字拆成了两个字。而且，“岦”字也有文献依据。在日本室

① ［日］笹原宏之：《方言汉字事典》，第 1 页。

町初期的辞书《顿要集》与室町后期的辞书《温故知新书》、江户后期辞书《古名录》（引用《参寄集》）中可以见到此字。笹原宏之也提到，中国学者罗振鋆著《碑别字》、罗振玉《碑别字补》以及《中华字海》、陆明君《魏晋南北朝碑别字研究》收此字，但把它作为“安”字的异体字也一并提出来讨论。笹原宏之举例说，《唐五代韵书集存》“娤”字的异体字则是“㛟”。笹原宏之这个说法，是不是有说服力还需要证明。因为，我们在《集韵》之韵与《类篇》女部中看到，“㛟”字与“娤”同列，都是“充之切”。由此，使人生疑，“㛟”与“娤”字关系是不是成立？《唐五代韵书集存》“娤”字是不是“娤”的误添一笔之字？如果是误写之字，《唐五代韵书集存》之“娤”字与笹原宏之所研究的“娤”字就没有必然的联系。

在《方言汉字事典》中，还列有《方言汉字地图》①，体现了笹原宏之等学者的方言汉字的地理分布意识。

（十一）语言与国家：近代以来的汉字文化圈

近代以来，汉字文化圈各国语言与文字关系发生了很大的变化，如何认识这一变化过程，是不是改变了汉字文化圈的基本形态？带着这样的问题，村田雄二郎、Christine Lamarre 合作编辑了《汉字圈之近代：语言与国家》② 一书。我们从其目录就可以看到其基本内容：序，汉字圈之语言（村田雄二郎），谈到了国语与民族主义、汉字圈之解体与文字、多语社会与国语问题。第一部，语言与权力。中国台湾之近现代与两个“国语”（若林正丈）；国语、日本语、帝国——语言之暴力（安田敏朗）；言说之危险（平田昌司）。第二部，从古典到离脱。汉文之命脉——从古典文到今体文（斋藤希史）；近代中国文学语言（伊藤德也）；打鬼——白话，古文及其历史（中岛隆博）。第三部，在不同文字体系之狭窄空间（岩月纯一）；朝鲜语与汉字（生越直树）；用地域语书写——客家语之（C. Lamarre）。与之相应的汉字文化圈新的汉字现实形态是值得关注的。

金文京《汉文与东亚世界》③ 也对“汉字文化圈”是否成立有过一番类似的议论。河野六郎 1963 年提出汉字文化圈的概念后，在日本广为普及，很多中国学者也接受这一说法。金文京认为，汉字文化圈这一说法，存在着这样一些问题，比如中国之外的朝鲜半岛、日本、越南都从不同时代以后，在用汉字的同时，兼用自己的文字；现在朝鲜半岛、越南都废弃汉字不用；日本学者围绕汉字文化圈也有不同于中国学者的解释；汉字是表意文字，在汉字文化圈各国之间，书写的文字一样，读音也不一样。但他还是找不出比汉字

① ［日］笹原宏之：《方言汉字事典》，第 233 页。

② ［日］村田雄二郎、［法］Lamarre Christine：《汉字圈之近代：语言与国家》，东京：东京大学出版会，2005 年。

③ ［韩］金文京：《汉文与东亚世界》，上海：三联书店，2022 年。

文化圈更为恰当的称谓，觉得还是用汉字文化圈比较好。其实，在金文京之前，大阪大学冈岛昭浩《所谓“汉字文化圈”》① 一文对“汉字文化圈”一词的来龙去脉已经有所考订。

我们对汉字文化圈解体的看法持有不同的意见。深入东亚汉字文明的基本形态上去看，汉字文化圈的文明形态基本上还是没有改变，有的国家力图人为地改变汉字文化生态，但深入汉字文化深层中去，汉字维系东亚文明的基本生态还是有力地持续着，只不过在标记表现形式上与以往有所不同而已。

（十二）跨学科研究汉字

跨学科研究汉字，是一个必须关注的发展新趋势。日本学者也有一些成果，比如九州大学教授鹿岛英一博士论文《文字之统计学的处理》② 主要谈了文字集合之构造、文字集合之统计的指标、汉字集合、拉丁系文字之类似关系与型分类、外来语用文字拉丁系文字诸语言之文字集合等问题。

后来，鹿岛英一又发表了《文字之情报理论叙说》③ 与《东亚文字之情报理论》④ 两部代表性著作。《东亚文字之情报理论》注意从情报符号定量与定性两个角度研究认识汉字文化圈文字问题。他提出了一些概念，比如序说，就用了“旧汉字圈”概念概括；第一部分，就用了“模拟汉字”之概念概括；第二部分，用了“云贵高原之绘文字群”之概念概括；第三部分，是用了“世界的文字”之概念概括“音标文字”。其序说“旧汉字圈”。第一章“汉字集合与字数”，研究对象选择是中国台湾坤区“当用汉字”与“韩国常用汉字”。把日本汉字与中国大陆汉字排除在汉字文化圈文字集合研究部之外，这是很不合理的。第二章，则称之为“变形汉字”，指的是越南字喃与中国方块壮字。其第一部“模拟汉字”，以西夏文字、契丹小字、女真文字为例，谈其集合论。第二部“云贵高原之绘文字群”，谈到了规范彝文、纳西东巴文、水书文字、傈僳音节文字的集合论。第三部分“世界的文字”，谈到了世界音标文字单位集合之类型分布问题。

重田和弘《关于文字情报的立体提示效果研究》⑤ 目录：第一章，“绪论”；第二章，“装置构成与基本特性”；第三章，“易读文字的提示条件”；第四章，“立体提示装置提示文字的效果”；第五章，“图形和文字的提示位置与认识时间的关系”。第六章，“动画提示

① ［日］冈岛昭浩：《「漢字文化圏」とは》，《2004—2005 年度大阪大学大学院文学研究科共同研究报告书：台湾之日本文学、国语学新的可能性》，大阪大学，2005 年，第 1—8 页。

② ［日］鹿岛英一：《文字之统计学的处理》，东北大学 1993 年博士论文。

③ ［日］鹿岛英一：《文字之情报理论叙说》，东京：风间书房，1996 年。

④ ［日］鹿岛英一：《东亚文字之情报理论》，东京：风间书房，2021 年。

⑤ ［日］重田和弘：《关于文字情报的立体提示效果研究》，东京工业大学 2001 年博士论文。

位置检讨”。重田和弘的研究还是离不开东亚现实中的汉字使用问题。横山诏《文字处理之认知科学》① 汉字认知科学理论也很有启发性。

中国学者利用人工智能技术研究古文字，也有一些探索。比如李春桃等《基于深度学习技术的青铜鼎分期断代研究》② 等。人工智能开启甲骨文整理范式，比如甲骨缀合，清华大学、首都师范大学、河南大学一些学者研究以人工智能驱动甲骨缀合方式带动新的研究范式取得了可喜的成果，代表了新的汉字研究趋势与发展方向。

三、结　语

通过对当代日本汉字学理论著述的介绍，可以了解到日本学者思考汉字学理论的路向及意识。与近现代日本汉字学理论著述的意识明显有所不同。近现代日本汉字学学者们关注的主要是引进西方文字学理论，站在世界文字学视野看待汉字，并具有东亚汉字文化圈意识，建构汉语文字学理论结构形式，突出日本国语国字意识；与中国汉字学界互动，而深入研究中国出土文献汉字等问题。日本当代汉字学则深入研究汉字字源、文字与语言关系、汉字性质之表语文字判定、国语国字论争史、日本文字史体系研究的整体性构想、面向汉字历史与未来、日本汉字构形“变异”史、国字“位相”意识、方言汉字理论、跨学科研究汉字等方面上来，角度不同，思考问题的方式不同，体现了当代日本汉字学理论学术取向性特点。这是需要我们感知的情况，也是需要我们加以借鉴，并结合中国自己的汉字学研究理论与实践而进一步研究的基本问题。

Summary of Contemporary Japanese Kanji Theory Writings

LI Wuwei
（Department of Chinese Literature，Xiamen，University，Xiamen，Fujian，361005）

Abstract：Through the introduction of contemporary Japanese Kanji theory writings，we can understand the direction and consciousness of contemporary Japanese scholars in thinking about Kanji theory：in-depth research on the origin of Chinese characters，the relationship between characters and language，the determination of the linguistic properties of Chinese characters，the history of debates over national characters，the

① ［日］横山诏：《文字处理之认知科学》，松浦友久：《月刊言语》第 33 卷第 8 号，大修馆书店，2004 年。

② 李春桃等：《基于深度学习技术的青铜鼎分期断代研究》，中国考古网，W020231013491437479647.pdf（cssn.cn）．最后访问时间：2024 年 7 月 9 日。

overall concept of the study of the history of Japanese characters, the history and future of Chinese characters, the "variation" history of Japanese character structures, the "phase" consciousness of national characters, the theory of dialectal Chinese characters, interdisciplinary research on Chinese characters, etc. From different perspectives and ways of thinking, it reflects the academic orientation of contemporary Japanese scholars in Kanji theory.

Keywords: contemporary; Japan; theory of Chinese Kanji studies

作者简介：李无未，厦门大学中文系教授、博士生导师，著有《日本汉语音韵学史》等。

句法限制、语义空间与《庄子》“帛”的训释*

史文磊

（浙江大学汉语史研究中心，浙江杭州 310058）

摘　要：《庄子·内篇·应帝王》“汝又何帛以治天下感予之心为”一句，关于其中“帛”字的训释，历来歧见颇多。本文结合“何×为”结构的句法语义和“暇”的多功能系统提出，“帛”是“叚”在隶变传写过程中的讹字；但是，“叚”所记之词并非“假藉”之“假”，而是表示道义许可情态的“暇”，句意是“你不能用治理天下扰乱我的心”。历代注家在解读“帛”时，大多采取了传统语言文字学以汉字为中心的解决方案。本文运用句法学和语义学分析，将“何帛”揆之本文（语篇），验之他卷（句式），结合句法和语义两方面加以论证，这对于经典文本疑难字词的训释具有方法论的意义。

关键词：《庄子·应帝王》“帛”；“何×为”；“暇”；认知偏义；情态；新语文学

一、引　　言

本文结合句法学和语义学的分析，对《庄子·内篇·应帝王》中的“帛”字作出进一步的训释。《庄子·内篇·应帝王》中有一段话：

（1）天根游于殷阳，至蓼水之上，适遭无名人而问焉，曰：“请问为天下。”无名人曰：“去！汝鄙人也，何问之不豫也！予方将与造物者为人，厌则又乘夫莽眇之鸟，以出六极之外，而游无何有之乡，以处圹埌之野。汝又何帛以治天下感予之心为？”又复问。无名人曰：“汝游心于淡，合气于漠，顺物自然，而无容私焉，而天下治矣。”（《庄子·内篇·应帝王》）

这段话整体上的理解问题不大。但其中“帛”字该怎么训释，自魏晋以来，歧见颇多。陈鼓应汇总历代诠释说：“‘帛’字字书所无，疑当为‘叚’（孙诒让说）。‘何叚’犹‘何假’‘何暇’（朱桂曜说）。‘叚’即‘暇’之借（王叔岷说）。另一说：‘帛’乃‘臬’字之误，‘臬’当读为‘寱’。《一切经音义》引《通俗文》曰：梦语谓之‘寱’。无名人盖

* 本文为国家社科基金一般项目“汉语分析性词汇语法特征的历时演变研究”（21BYY032）的阶段性成果。赵治宇同学提了重要修改意见。

谓天根所问皆梦语（俞樾说）。按两说都可解。崔譔本‘帛’作‘为’，亦可通。”[①] 由此可以窥知，历代注家关于“帛”字的理解众说纷纭，异见迭出，实在令人难以取舍。

本文结合句法语义分析，检讨既有观点，提出“帛”是“叚”字讹写，用为“暇”，“何帛”就是“何暇”，表示道义许可情态。

二、从“何×为”结构的句法和语义看既有观点的适当性

本节分析“何×为”结构的句法和语义，以此为参照，就既有观点的适当性加以评析。

（一）“何×为”的句法和语义

上古汉语“何×为”结构（《论语·颜渊》：“君子质而已矣，何以文为？”）表反问或反诘语气，其语义构成可以解析为三部分，即否定义、认知偏义、情态义。“何”在文中有时写作“奚”“恶”等，应是同一个疑问代词的地域变体。史文磊对此已经作了论述[②]，现在可以补充两点。

第一，就语义而言，上古汉语这一结构的核心语义是体现说话人的强主观认知偏义(epistemic bias)，即在问题的所有可能答案中，说话人相信其中的某一项为真。一般而言，说话人相信其中的否定项为真。同时，说话人相信听话人也认为这一候选项为问题的答案。我们对于这一结构语感可及的主观性解读，正是来自其作为反问结构的强主观偏义。

第二，就句法而言，该结构中“为”是动词，疑问代词“何”是“为”的宾语，提到×之前，用以实现认知偏义这一语法范畴。即是说，凡是“何×为”，一定表达认知偏义这一范畴义。《庄子》文本中的例子如：

（2）蜩与学鸠笑之曰：“我决起而飞，抢榆枋，时则不至，而控于地而已矣，奚以之九万里而南为？”（《庄子·内篇·逍遥游》）

（3）舜以天下让善卷，善卷曰：“余立于宇宙之中，冬日衣皮毛，夏日衣葛絺；春耕种，形足以劳动；秋收敛，身足以休食；日出而作，日入而息，逍遥于天地之间而心意自得。吾何以天下为哉！”（《庄子·杂篇·让王》）

（4）颜渊问于仲尼曰：“文王其犹未邪？又何以梦为乎？”（《庄子·外篇·田子方》）

（5）无趾语老聃曰：“孔丘之于至人，其未邪？彼何宾宾以学子为？彼且蕲以諔诡幻怪之名闻，不知至人之以是为己桎梏邪？”（《庄子·内篇·德充符》）

---

① 陈鼓应：《庄子今注今译》（最新修订版），北京：商务印书馆，2007年，第252页。

② 史文磊：《汉语历史语法》，上海：中西书局，2021年，第98—107页。

（6）夫以鸟养养鸟者，宜栖之深林，游之坛陆，浮之江湖，食之鳅鲦，随行列而止，委蛇而处。彼唯人言之恶闻，奚以夫譊譊为乎！（《庄子·外篇·至乐》）

“奚以之九万里而南为”即“以之九万里而南为奚”，蜩认为不必“之九万里而南”。“何以天下为”即“以天下为何”，善卷认为天下对他而言没有必要。余可类推。

有学者认为，“彼何宾宾以学子为”等句中的“为”字是语助词，实则非也。这里的“为”还是动词。证据至少有两条。第一，“为”删去句子不成立。如果“为”是句末语助词，那么删去之后句子仍可成立。但事实是，没有“为”存在的话，“何宾宾以学子”不能独立成句。同理，“奚以之九万里而南为”不能删去“为”而说成“奚以之九万里而南”，“吾何以天下为”不能删去“为”而说成“吾何以天下”。先秦汉语几无例外。原因在于，句中的“以O”，或者是介词短语，或者已经语法化为连动结构的前一VP而必须以连动结构的身份出现，必须依附后一VP（即“为”）才能站得住。第二，我们还可以找到类比的例子。“以O为”可用于否定句中，宾语悬空，回指前文。这可以支持此类结构中“为”仍是动词。例如：

（7）许由曰：“子治天下，天下既已治也。而我犹代子，吾将为名乎？名者，实之宾也，吾将为宾乎？鹪鹩巢于深林，不过一枝；偃鼠饮河，不过满腹。归休乎君！予无所用天下为。庖人虽不治庖，尸祝不越樽俎而代之矣。”（《庄子·内篇·逍遥游》）

（8）夫天下至重也，而不以害其生，又况他物乎！唯无以天下为者，可以托天下也。（《庄子·杂篇·让王》）

“何×为”中的×，除了可以是“以O”之外，还可以是一般VP，例如：

（9）阖不亦问是已，奚惑然为！（《庄子·外篇·徐无鬼》）

（10）小儒曰：“未解裙襦，口中有珠。《诗》固有之曰：‘青青之麦，生于陵陂。生不布施，死何含珠为？’接其鬓，压其顪，儒以金椎控其颐，徐别其颊，无伤口中珠！”（《庄子·外篇·外物》）

（11）则仁义又奚连连如胶漆纆索而游乎道德之间为哉？使天下惑也！（《庄子·外篇·骈拇》）

例中“惑然”“含珠”“连连如胶漆纆索而游乎道德之间”都是一般VP。不过，这类“何VP为”在句法和语义上跟上文诸例“何以O为”没有实质区别。

以上诸例，“何”都是“为”的宾语。有一些例子，“为”容易被误解为语气助词。例如：

（12）门无鬼与赤张满稽观于武王之师。赤张满稽曰：“不及有虞氏乎！故离此患也！”门无鬼曰：“天下均治而有虞氏治之邪？其乱而后治之与？”赤张满稽曰：“天下均治之为愿，而何计以有虞氏为？”（《庄子·外篇·天地》）

（13）子墨子谓公尚过曰：“子观越王之志何若？意越王将听吾言，用我道，则翟

将往，量腹而食，度身而衣，自比于群臣，奚能以封为哉?”（《墨子·鲁问》）

例中“何”与“以有虞氏为”之间插入“计”，形式上，“何计”结合似更紧密，如此则“为”就没了宾语，容易解读为语气助词。但实际上，这里“计”是动词，表示“计虑，谋划”，跟后面的“以有虞氏为”组成连动结构。因此，“何”仍是“为”的宾语。“奚能以封为”句中，“能”尽管形式上与“奚”凑成双音节，似乎结合紧密，但它作为情态词，是跟后面的VP组合的。因此，“奚”仍是“为”的宾语。

上古汉语传世文献中，我们只找到一个例子，“何”已不再是“为”的宾语，如下：

（14）渔父曰：“圣人不凝滞于物，而能与世推移。世人皆浊，何不淈其泥而扬其波？众人皆醉，何不哺其糟而歠其酾？何故深思高举，自令放为？”（《楚辞·渔父》）

例中“何故深思高举，自令放为?”这个句子在语义上跟“何×为”是一致的，但是句中“何故”组成一个短语或复合词，即是说，“何”已经作为限定成分用来修饰“故”，表示“什么原因”，无法再与“为”构成动宾关系。如此一来，“为”就悬置在句尾，朝着语气助词发展。但是《楚辞·渔父》篇的成书年代很晚，恐怕不能算作是上古汉语的典型语例，至少不能算作跟《庄子·内篇·应帝王》同时代的例子。《楚辞·渔父》中“为”的这种用法，跟汉代“为”发展为语气助词的用法是一脉相承的。例如：

（15）帝曰：“今故告之，反怒为？殊不可晓也。”（《汉书·孝成赵皇后传》）

以上“何×为”的认知偏义，一般都能形成反预期的解读。当现状与认知偏义不符时，就会产生反预期的解读。除此之外，“何×为”偶见没有反预期解读的例子，主要出现在设问或者修辞性问句中。尽管没有反预期的解读，但仍然表达认知偏义。例如：

（16）倚其户与之语曰：“伟哉造物！又将奚以汝为？将奚以汝适？以汝为鼠肝乎？以汝为虫臂乎?”（《庄子·内篇·大宗师》）

（17）不止此而已，书于竹帛，镂之金石，琢之盘盂，传遗后世子孙。曰：“将何以为？将以识夫爱人利人，顺天之意，得天之赏者也。”（《墨子·天志上》）

以上两例都是自问自答。说话人说出“奚以汝为？将奚以汝适?”之后，紧接着给出了“以汝为鼠肝乎？以汝为虫臂乎?”的答案。尽管这个答案本身是选择问句，但实际上是通过给出两个倾向性的选择，透露出说话人的认知偏向，即鼠肝或虫臂之类的物体。“将何以为”，“以”后蒙前省略了“书于竹帛，镂之金石，琢之盘盂，传遗后世子孙”。说话人发问之后随即所作解答，是其认知偏向所指。

本文所论《庄子·应帝王》“汝又何帠以治天下感予之心为”一句，正是“何×为”句式的一例。句法上“何”是“为”的前置宾语。从语篇和语义来看，《庄子·应帝王》篇主张为政应“无心而任乎自化”（郭象注），“放而任之，则物皆自化”（成玄英疏）。因此，当天根问无名人为天下之道时，无名人对此感到恼火，于是说：“鄙俗之人快走开，我正要跟造物主为人，行游旷达超脱，实在不屑于谈论为天下这种俗事，你又‘何帠’用治天下来扰动我的心呢?”天根反复追问，无名人便说了“顺物自然，而无容私”之类的话。由此可知，天根所问违背无名人的理念，无名人认为天根不能或不应“以治天下感予之心”，产生带有反预期解读的主观认知偏义。“帠”应当对应某个可以表达情态“能，应”的词。

（二）既有观点综述

在以往关于“帠”字的看法中，影响较大的有如下五种：“臬”字说、“寱”字说、“为”字说、“假”字说和“暇”字说。下面依次介绍。

1.“臬”字说

这种观点认为，“帠”是“臬”的讹字或古文奇字，义为“法”。陆德明《经典释文·庄子音义》曰：

> 帠，徐（邈）音艺。又鱼例反。司马（彪）云：法也。一本作寱。牛世反。[①]

据此可知，西晋时期的司马彪即已训“帠”为“法”。唐成玄英疏曰：“夫放而任之，则物皆自化。有何帠术[②]，辄欲治之？感动我心，何为如此？”“有何帠术”就是“有何法术”。这个说法影响深远，后世辞书多据此释义。《集韵·霁韵》：“帠，法也。”《汉语大字典》：“同‘臬’。法。”《汉语大词典》：“办法，方法。”“帠”何以有“法”义？段玉裁云：“帠乃臬之变。”[③] 俞樾《庄子平议》曰：“帠，未详何字。……以诸说参考之，疑帠乃臬字之误，故有鱼例反之音；而司马训法，亦即臬之义也。”[④]《说文·木部》：“臬，射准的也。”《广雅·释诂》：“臬，法也。”照此，则“帠”是“臬”的讹字，故有“法”义。何树环提出，“以‘帠’为‘臬’，恐非仅是隶定所造成的讹误，……‘帠’实为‘臬’字的或体或古文奇字。”[⑤] 其证据是，战国中晚期至秦汉之际，“帠”和“臬”各自的上下两部分对应字形（“巾”与“木”，“臼”与“自”）有近似和相混的情况，这与《庄子》成书的时代大致相合。

2.“寱”字说

这种观点认为，尽管从字形上说“帠”是“臬”的讹混字，但其所记之词并非“臬”，而是“寱”，义为“梦语”。司马彪云，“帠，一本作寱。”俞樾《诸子平议·庄子平议》[⑥]阐述曰：

---

① 陆德明：《经典释文·庄子音义》，北京：中华书局，1983 年，第 372 页上。

② 曹础基、黄发兰整理《庄子注疏》误把“帠”写成了“帛”。见曹础基、黄发兰整理：《庄子注疏》，北京：中华书局，2011 年，第 160 页。

③ 黄焯：《经典释文汇校》，北京：中华书局，1980 年，第 231 页。

④ 俞樾：《诸子平议·庄子平议》，北京：中华书局，1954 年，第 341 页。

⑤ 何树环：《释〈庄子·应帝王〉中的“帠”》，中国文字学会主编：《文字论丛》第三辑，台北：文史哲出版社，2007 年，第 345 页。

⑥ 俞樾：《诸子平议·庄子平议》，第 341 页。

疑帠乃臬字之误，……然字虽是臬，而义则非臬，当读为寱。寱，本从臬声，古文以声为主，故或止作臬也。一本作寱者，破假字而为正字耳。《一切经音义》引《通俗文》曰：梦语谓之寱。无名人盖谓天根所问皆梦语也，故曰：“汝又何寱以治天下感予之心为?”

郭庆藩《庄子集释》案：

《一切经音义·四分律》卷三十二引《三苍》云：寱，（于）〔牛〕岁反，谎言也。谎言即与梦语无异。[①]

何树环说：“从意义上看，将帠（臬）读为‘一本作寱’的寱是有其合理成分，但此字在反诘疑问语气词‘何’之下，‘帠’（臬）字在此应为动词，意谓‘治天下’犹如说梦话。整句可加上一个标点，读为：‘汝又何帠，以治天下感予之心为?’其意为：你又何必说梦话，拿治天下（这种事）来扰乱我的心呢?”[②] 陈鼓应将这句话译为：“你又为什么拿治理天下的梦话来扰乱我的心呢?”[③]

3. “为”字说

这种观点认为，“帠”是“为”的讹字，“何帠”即“何为”。陆德明《经典释文·庄子音义》曰：“帠，……崔本作为。”[④] 王筠《说文句读》据崔譔本认为，“帠”当是“为”之古文“𦥮”的讹写。孙诒让《札迻·卷五》引王筠说。黄丕烈云：

帠盖为“爲”古文，今《说文》为下载古文[illegible]，《玉篇》作[illegible]，又钟鼎为字或作[illegible]、[illegible]等形，亦与帠字类，崔譔独识之尔。又云：一本作寱，则假借为臬，故司马彪、徐邈由此作音，非谛知帠字之有是音也。[⑤]

据此，“何帠”这句话可以译为：“你又为何用治理天下来扰乱我的心呢?”

4. “假”字说

这种观点认为，“帠”是“叚”的讹字，所记之词为“假藉”之“假”。孙诒让《札迻·卷五》曰：

帠字字书所无，疑当为叚。《说文·又部》叚，或作[illegible]。古金文叚字或为[illegible]，（见《钟鼎款识》晋姜鼎，详余所著《古籀拾遗》）。故隶变作帠，（[illegible]变为白，[illegible]变为巾。）此亦古字之仅存者。何叚，犹言何藉也。崔譔本作为，于文复赘。非也。（王筠《说文句读》据崔本谓帠是为古文作𦥮之讹，俞氏《平议》又谓帠当为臬，而读为寱。并未得其义。）[⑥]

---

① 郭庆藩：《庄子集释》，北京：中华书局，2004年，第293—294页。

② 何树环：《释〈庄子·应帝王〉中的“帠”》，《文字论丛》第三辑，第346页。

③ 陈鼓应：《庄子今注今译》（最新修订版），第253页。

④ 陆德明：《经典释文·庄子音义》，第372页上。

⑤ 黄焯：《经典释文汇校》，第231页。

⑥ 孙诒让：《札迻·卷五》，《续修四库全书》影印清光绪二十年刊本，第57页上。

孙诒让发现“帛”与金文中的“叚”字形近易混，认为“帛”实为“叚”在隶变传写过程中的讹字，且是“古字之仅存者”；“叚”所记之词是“假藉”之“假”。根据字面意思来理解的话，这句话可以译为：“你又如何假藉治理天下来扰乱我的心呢?”黄焯《经典释文汇校》案曰：“孙（诒让）说近之。然自司马彪以讫徐邈并读为臬，何臬犹言何所埻的，于义亦通。”①

5. “暇”字说

这种观点赞同“帛”是“叚”的讹字，但认为所记之词并非“假藉”之“假”，而是“闲暇”之“暇”。比较详细地论证这种观点的，首推朱桂曜。“何帛以治天下感予之心为”朱桂曜注曰：

> 孙诒让以“帛”为“叚”字之误字，甚是，但以“何叚”为“何藉”则非，“何叚”犹“何假”“何暇”也。②

《庄子·内篇·德充符》“奚假鲁国，丘将引天下而与从之”，朱桂曜注：

> 《集解》：“何但假借鲁之一邦。”曜案，《集解》谬，“奚假”即“奚暇”。③

《汉语大字典》“假”条第15个义项“副词。只；但”，只列了这一条例证，并引郭象注。

《庄子·内篇·人间世》“何暇至于暴人之所行”，朱桂曜进一步论述曰：

> “何暇”盖古时通语，《吕氏春秋·不侵》篇“君恐不得为臣，何暇从而难之”；《韩诗外传》十“吾则死矣，何暇老哉”；又“吾君方今将被蓑笠而立畎亩之中，惟事之恤，何暇念死乎”；本篇下文“行事之情而忘其身，何暇至于悦生而恶死”……并用“何暇”字。《让王》篇“予适有幽忧之病，方且治之，未暇治天下也”，“未暇”与“何暇”义亦通。字亦作“叚”，《德充符》篇“奚假鲁国，丘将引天下而与从之”，亦作“叚”，《应帝王》篇“何帛以治天下感予之心为”，孙诒让谓“帛”乃“叚”之讹，“何帛”即“何叚”也。④

王叔岷《庄子校诠》曰：“案‘帛’为‘叚’之误，孙说是。‘何叚’犹‘何暇’，朱说是。《在宥》篇……皆本书用‘何暇’一词之证。句末‘为’字，犹乎也。”⑤

还有一些说法，对“帛”的词义解释比较模糊，影响也不是很大，如北宋吕惠卿《庄子全解》说：“而汝又何帛以治天下而感其心为哉？盖以为天下而感其心者，是乃所谓帛，而非道也。夫唯如此，则无事之可以取天下也。游心于淡，合气于漠，顺物之自然而无容私焉，而天下治。是乃无事而取天下之道也。”⑥ 这段话将“帛”理解为“天下而感其心

---

① 黄焯：《经典释文汇校》，第231页。
② 朱桂曜：《庄子内篇证补》，北京：商务印书馆，1935年，第197—198页。
③ 朱桂曜：《庄子内篇证补》，第135页。
④ 朱桂曜：《庄子内篇证补》，第102页。
⑤ 王叔岷：《庄子校诠》，“中研院”历史语言研究所专刊之八十，1988年，第283页。
⑥ 吕惠卿：《庄子全解》，北京：国家图书馆出版社，2017年，第113页。

者”，“非道也”，但在词义上并未给出一个比较确定的训释。诸如此类，我们不再一一介绍。

以上所综述的五种观点，从文字层面说可以进一步系联为三种，一是“帛”“臬”混讹，包括“臬”字说和“寱”字说；二是“帛”“为”混讹；三是“帛”“叚”混讹，包括“假”字和“暇”字说。

（三）既有观点检讨

基于前文对“何×为”的句法语义刻画，我们对以上五种观点的适当性试作评价。

按照“臬”字说，如果“臬”是名词，“何臬”就是“有何臬术”，如果是动词，“何臬”就是“何所埻的”。按照“寱”字，则“帛”释为“梦语”，“何帛”就是“有何梦语”。按照“为”字说，“何帛”就是“何为”。结合前文的分析，我们会意识到，以上这几种解读放在文中都不符合春秋战国时代“何以O为”句式的句法和语义。这几种解读有一个非常关键的问题是，“何”与“帛”组合之后，“何”就无法再充当“为”的宾语，导致“为”悬置在后面，只能界定为语气助词。这种用法是到汉代以后才出现的。在庄子的时代（一般认为《庄子·内篇》是庄子本人所著），还没有这种用法。

按照“假”字说，“何帛”就是“假藉”。按照“暇”字说，“何帛”就是“何暇”。从句法上说，这两种观点都可以允许“何”充当“为”的宾语。但问题是，无论是释为“假”还是释为“暇”，都需要解答该词在句中的语义和功能是什么。然而，既有的研究都没有给出详细的论证。这样导致的结果是，我们仍然无法确知“帛”记录的是哪一个词哪一个意思。

“帛”这个字，在中古以前的字书中见不到，后世字书所举例证以及传世文献所载，也只有《庄子·应帝王》这一例。因此，“帛”非本字，所记当为另一词，这已是共识。那么，如何确定“帛”所对应的字和词呢？历代注家在面对这种情况时，不约而同地选择了从字形讹混入手寻找训释的突破口，即第一步先找到可能的形近字，进而寻找可能的对应词。这是典型的传统语言文字学以汉字为中心的解决方案。但是，我们知道词是携带着语法和语用信息进入实际的语言使用中的，以文字为中心的方案所找到的对应词，是否能够从语篇和句式上做到“揆之本文而协，验之他卷而通”（王引之《经传释词·自序》），还需要详细的论证。尽管朱桂曜搜罗大量“何暇”的例子加以排比，但实际上仍未详细展示“暇/帛”句法和语义。

三、从上古汉语“暇”的多功能系统看“帛”的功能定位

本节论述上古汉语“暇”的多功能系统，并在此基础上看“帛”的功能定位。

（一）《庄子》中的情态词

前文已经指出，“帛”应该对应上古汉语中表达“能，应”的某个情态词。在《庄子》

全书中，可以用于“帛”这个句法位置且语义适宜的情态词，有“可”“能”“敢”这三个，如下诸例所示：

（18）蛇曰：“夫天机之所动，何可易邪？吾安用足哉！”（《庄子·外篇·秋水》）

（19）庄子曰：“不然。是其始死也，我独何能无概然！”（《庄子·外篇·至乐》）

（20）太子曰：“闻夫子明圣，谨奉千金以币从者。夫子弗受，悝尚何敢言！”（《庄子·杂篇·说剑》）

但是，这三个情态词在字形上跟“帛”差别太大，而且没有“何×为”这一类平行语例。因此，我们找不出“帛”记作这三个词的任何线索。

（二）上古汉语“暇”的功能及其在《庄子》中的体现

诸家对《庄子》“何帛”的误释，很大程度上源自对上古汉语“暇”的多功能的陌生。下面对上古汉语传世文献中“暇”的四种功能加以辨析①。

1. 空暇动词

“暇”作动词表示“有空暇时间”，应该是其本义，记作“$暇_1$”。《说文·日部》曰：“暇，闲也。”从传世文献看，该用法出现很早，《诗经》和《今文尚书》即已见用例，如：

（21）坎坎鼓我，蹲蹲舞我。迨我暇矣，饮此湑矣。（《诗经·小雅·鹿鸣之什·伐木》）

（22）成王畏相惟御事，厥棐有恭，不敢自暇自逸，矧曰其敢崇饮？（《尚书·周书·酒诰》）

以往不少研究文献认为，上古汉语表示时间空暇的“$暇_1$”是名词，这与事实不符。先秦汉语中的“$暇_1$”都是动词，在句中作谓语。“暇”用作名词是进入中古汉语以后的事。

2. 条件可能

条件可能是指客观条件上是否能够促成事情的开展。“暇”选择 VP 作为其补足语，表示时间上有空暇能够促成 VP 所指行为的开展。这时，“暇”仍然具有独立作动词时的［时间］语义特征，记作“$暇_2$”。只见于否定句和反问句。用于否定句的如：

（23）惟不役志于享，凡民惟曰不享，惟事其爽侮。乃惟孺子颁，朕不暇听。（《尚书·周书·洛诰》）

（24）子州支伯曰：“予适有幽忧之病，方且治之，未暇治天下也。”（《庄子·杂篇·让王》）

用于反问句，表达强烈的主观态度。可以分成两种格式，第一种格式是“暇”前有疑问代词，如“何暇”“奚暇”“孰暇”“安暇”“谁暇”等。例如：

① 关于“暇”的功能演变更为详细的考察，参看史文磊《从时间到情态——“暇”的语义演变及相关问题辨析》，未刊稿。

（25）若未尝登车射御，则败绩厌覆是惧，何暇思获？（《左传·襄公三十一年》）

（26）此惟救死而恐不赡，奚暇治礼义哉？（《孟子·梁惠王上》）

（27）君将戴笠衣褐，执铫耨以蹲行畎亩之中，孰暇患死！（《晏子春秋·内篇·谏上》）

（28）郑县人卖豚，人问其价，曰："道日暮，安暇语汝？"（《韩非子·外储说左下》）

（29）百濮离居，将各走其邑，谁暇谋人？（《左传·文公十六年》）

（30）自三代以下者，匈匈焉终以赏罚为事，彼何暇安其性命之情哉！（《庄子·外篇·在宥》）

（31）方将踌躇，方将四顾，何暇至乎人贵人贱哉！（《庄子·外篇·田子方》）

（32）而身之不能治，而何暇治天下乎？（《庄子·外篇·天地》）

第二种格式，“暇”前没有疑问代词，单独用于反问句。例如：

（33）夫齐侯将施惠如出责，是以不果奉，而暇晋是皇？（《国语·晋语二》）

（34）圣人之忧民如此，而暇耕乎？（《孟子·滕文公上》）

“暇$_2$”行用的典型语境是，主体S的时间正被执行命题p占用，致其不得空暇，不能再开展命题q。因此，“暇$_2$”不是叙述主体空暇与否的状态，而是说时间条件是能够促成主体开展另一件事。

下面这个例子很有意思，同时用了“不暇$_1$”和“何暇$_2$”：

（35）子产曰："晋政多门，贰偷之不暇，何暇讨？"（《左传·昭公十三年》）

例中“贰偷之不暇”用“暇$_1$”，表示不暇于贰偷，“何暇讨”用“暇$_2$”，表示不暇讨伐。

时间条件可能与典型的动力情态不同。前者是指S不具备开展VP的客观时间条件，而后者则是指S不具备开展VP的自身能力。

3. 认识可能

认识可能是指，言者对事情的发生是否具备足够的条件，作出逻辑和情理上的判断和认识。“暇”可以表示认识可能，记作“暇$_3$”，这时已无［时间］的语义特征，而仅存事理逻辑上的条件关系。只见于反问句。例如：

（36）虎曰："鲁人闻余出，喜于徵死，何暇追余？"（《左传·定公八年》）

（37）晏子对曰："臣闻之，维翟人与龙蛇比，今君横木龙蛇，立木鸟兽，亦室一就矣，何暇在霸哉！"（《晏子·内篇·谏下》）

（38）君之所尊举而富贵，入所以与图身，出所与图国，及左右逼迩，皆同于君之心者也。犒鲁国化而为一心，曾无与二，其何暇有三？（《晏子·内篇·问下》）

（39）彼信贤，境内将服，敌国且畏，夫谁暇笑哉？（《吕氏春秋·孝行览》）

“何暇追余”，孔颖达正义曰："阳虎召季孙欲杀之，今既得脱，鲁人欢喜季孙免于召死之事，何暇追我？"这里说的不是鲁人没有客观的时间条件追余（阳虎），而是阳虎根据前面的情况，对“追余”发生的可能性，作出的判断和认识。这种用法的“暇”可以用

“会”来替换，“何暇追余”可以说成“哪会追我”。“何暇在霸”例，晏子在此是说，齐景公无非就是建造了一座雕梁画栋的房子，哪里能用来跟管仲建立的霸业相提并论呢？换言之，晏子认为齐景公做的事不具备称为霸主的条件。余例可以类推。

汉代“暇”也有不少表示认识可能的例子。例如：

（40）夫水向冬则凝而为冰，冰迎春则泮而为水。冰水移易于前后，若周员而趋，孰暇知其所苦乐乎？（《淮南子·俶真训》）

（41）张禄曰：“君将掘君之偶钱，发君之庾粟以补士，则衣弊履穿而不赡耳。何暇衣新而不旧，仓庾盈而不虚乎？”（《说苑·善说》）

（42）太史公曰：……若夫穰苴，区区为小国行师，何暇及司马兵法之揖让乎？（《史记·司马穰苴列传》）

4. 道义许可

道义许可是指根据社会规约或言者的信念，对事情的应当与否作出的判断。“暇”可以表道义许可，记作“暇$_4$”。只见于反问句，一般用于对话互动中言者对听者的评判。例如：

（43）为人臣子者，固有所不得已，行事之情而忘其身，何暇至于悦生而恶死！夫子其行可矣！（《庄子·内篇·人间世》）

（44）古之至人，先存诸己而后存诸人。所存于己者未定，何暇至于暴人之所行？（《庄子·内篇·人间世》）

（45）今汝饰知以惊愚，修身以明污，昭昭乎若揭日月而行也。汝得全而形躯，具而九窍，无中道夭于聋盲跛蹇而比于人数，亦幸矣，又何暇乎天之怨哉！子往矣！”（《庄子·外篇·达生》）

（46）故君子不得已而临莅天下，莫若无为。……故君子苟能无解其五藏，无擢其聪明，尸居而龙见，渊默而雷声，神动而天随，从容无为而万物炊累焉。吾又何暇治天下哉！（《庄子·外篇·在宥》）

“何暇至于悦生而恶死”，晋郭象注：“理无不通，故当任所遇而直前耳。”成玄英疏：“既曰行人，无容悦恶，奉事君命，但当适齐，有何闲暇谋生虑死也！”将“暇”释为“闲暇”，文意很不通顺。“何暇”直接翻译为“哪能”，更加通顺。“又何暇乎天之怨哉”，成玄英疏：“庆幸（矣）莫甚于斯，有何容暇怨于天道！子宜速往，无劳辞费。”“吾又何暇治天下哉”，成玄英疏：“物我齐混，俱合自然，何劳功暇，更为治法也？”将“暇”释为“功暇”。陈鼓应译为：“我又何必需要治理天下呢！”① 把“何暇”译为“何必需要”。这两种解读都是不准确的。句中“暇”的准确理解应该是表达道义许可，“何暇”相当于“哪能，不应”。该篇主旨是反对他治和干涉，排斥“治天下”。所以开篇就说“闻在宥天下，不闻治天下也”。“何暇”这一句上承“故君子不得已而临莅天下，莫若无为”，因此，

① 陈鼓应：《庄子今注今译》（最新修订版），第322页。

准确的解读应该是"我又哪能治天下呢!"

汉代"暇"表道义许可的例子如:

(47) 无知曰:"臣所言者,能也;陛下所问者,行也。今有尾生、孝己之行而无益处于胜负之数,陛下何暇用之乎?楚汉相距,臣进奇谋之士,顾其计诚足以利国家不耳。且盗嫂受金又何足疑乎?"(《史记·陈丞相世家》)

(48) 大将军王凤以育名父子,著材能,除为功曹,迁谒者,使匈奴副校尉。后为茂陵令,会课,育第六。而漆令郭舜殿,见责问,育为之请,扶风怒曰:"君课第六,裁自脱,何暇欲为左右言?"(《汉书·萧望之传》)

综上所述,上古汉语"暇"可出四种功能,即表示有空暇时间、条件可能、认识可能和道义许可。我们认为,这四种功能具有以下衍生关系:空暇动词＞条件可能＞认识可能＞道义许可。

(三)"何帛"的功能

在分析了"何×为"的句法和语义、"暇"的多功能系统之后,《庄子》"何帛"之"帛"的"庐山真面目"就呼之欲出了。为了方便讨论和理解,我们不妨再将"帛"所在的语篇列在下面:

(49) 天根游于殷阳,至蓼水之上,适遭无名人而问焉,曰:"请问为天下。"无名人曰:"去!汝鄙人也,何问之不豫也!予方将与造物者为人,厌则又乘夫莽眇之鸟,以出六极之外,而游无何有之乡,以处圹埌之野。汝又何帛以治天下感予之心为?"又复问。无名人曰:"汝游心于淡,合气于漠,顺物自然,而无容私焉,而天下治矣。"(《庄子·内篇·应帝王》)

我们赞同孙诒让关于字形的观点,"帛"是"叚"在隶变传写过程中的讹字。但是,"叚"所记之词并非"假藉"之"假",而是"暇",在此表示道义许可情态。从语义上说,"何帛"句与(43—48)"何暇"句都表反诘语气,其语义构成都可以解析为否定义、认知偏义和道义许可情态三部分。但从句法上说,二者有显著的差异。(43—48)"何暇"句中的疑问代词"何"应该是原位生成的,用以实现反诘的语义;而"何帛"句末多了"为"字,根据前文的考察,疑问代词"何"应该是从"为"的宾语位置提上去的。"汝又何暇以治天下感予之心为"的字面意思大致相当于"你又能用治理天下来扰乱我的心做什么",实际要表达的意思是"你不能用治理天下来扰乱我的心"。

(四)"暇"与"假"的区别

前文提到,孙诒让训"帛"为"假藉"之"假"。朱桂曜《庄子内篇证补》则认为,"'何叚'犹'何假''何暇'也",《庄子·内篇·德充符》"奚假鲁国"之"'奚假'即'奚暇'"。据此可知,朱桂曜认为"叚""假""暇"所记录的词都是"暇"。

实际上，汉语史上“假”和“暇”记录了两个不同的情态词，各有其来源，不宜混淆。“暇”的情态义是从“有空暇时间”发展而来的，句法上选择 VP 作为它的补足语，语义核心是具不具备某种条件开展 VP，或是应不应该具备某种条件开展 VP。而“假”的情态义则是从“假藉”义发展而来的。句法上，作动词时选择 NP 作补足语，作情态词时选择 VP 作补足语；语义上，是吸收了“何必假借”“不必假藉”之“必”发展来的。即是说，“何暇”对应“何能”，而“何假”对应“何必”①。

下面看“奚假鲁国”的例子：

（50）仲尼曰：“夫子，圣人也。丘也直后而未往耳。丘将以为师，而况不如丘者乎！奚假鲁国！丘将引天下而与从之。”（《庄子·内篇·德充符》）

“奚假鲁国”，郭象注：“与物冥者，天下之所不能远，奚但一国而已哉。”成玄英疏：“奚，何也。何但假藉鲁之一邦耶？丘将诱引宇内，禀承盛德，犹恐未尽其道也。”都将“假”解释为“但”。“假”之“但”义从何而来？吴汝纶《庄子点勘》曰：“《尔雅》曰：‘假，已也。’已，止也。”这是在偷换概念。《尔雅·释诂》：“卒、猷、假、辍，已也。”指的是“假”有“停止”的意思，但是“假”并没有“但，只”的意思。句中“奚假鲁国”是说“何必假藉鲁国论说”的意思，“必”是语境赋予的一种隐性情态义。“必”和“但，只”都有排他的语义，所以读者会解读为“何但”。从句法上说，“奚假鲁国”的“假”选择 NP 作补足语，但是“暇”句法上必须选择 VP 作补足语。

前文提到（例 46），《庄子·外篇·在宥》“吾又何暇治天下哉”，陈鼓应译为：“我又何必需要治理天下呢！”② 把“何暇”译为“何必需要”。这是将“暇”解释为“必要”情态的例子。但根据我们的考察，上古汉语的“暇”并无此功能，句中“暇”的准确理解应该是表达道义许可，“何暇”相当于“哪能，不应”。

四、“帛”“叚”形近举证

从字形上来看，“帛”与“叚”形体近似，这可以得到很多先秦出土资料的支持。以下是搜集到的一些“叚”的写法：（《寰簋》）、（《师寰簋》）、（《克钟》）、（《师寰簋》）、（《禹鼎》）、（《曾伯陭壶》）、（清华简二《系年》简 058）、（叚）（《盠尊》）、（《盠方彝》）。以上这些“叚”字，记录的不都是同一个词，但其古文字的写法显而易见，跟“帛”非常相近，二字形误而讹的可能性很大。

《睡虎地秦简文字编》列有战国秦简文字中“叚”字的几种写法：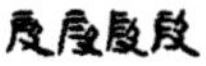，跟“帛”字在形体上也很相近。

① 参看董志翘、蔡镜浩：《中古虚词语法例释》，长春：吉林教育出版社，1994 年，第 215—216 页；王锳《诗词曲语辞例释》（第二次增订本），北京：中华书局，2005 年，第 153—154 页；《汉语大字典》“假”条。

② 陈鼓应：《庄子今注今译》（最新修订版），第 322 页。

《汗简·林罕集》列有“叚”的写法“[illegible]”。这个写法，跟《说文》列出的古文叚“[illegible]”基本一致，而这个形体跟“寱”字轮廓上近似。所以，陆德明说的“一本作寱”之“寱”，其实正是转写了“叚”的一种古文写法。

五、“叚”“暇”通假举证

查找传世文献通假字典，只见“叚”通“假、遐、瑕、霞”等字，却未见记载“叚”通“暇”的用例。但是出土文献中有不少“叚”用作“暇”的例子。“暇”字金文未见，但有假“叚”为之的。金文中的用例，如下：

（51）今敢博厥众叚（暇），反厥工吏。（师寰簋）①

（52）余不叚（暇）妄（荒）宁，坙（经）雝明德，宣我猷，用（召）匹辞辟。（晋姜鼎，春秋早期）

（53）肆武公亦弗叚（暇）望（忘）。（禹鼎）②

汉代出土文献中的例子如：

（54）所胃（谓）为利者，见□□□饥，国家不叚（暇），上下不当。（《马王堆汉墓帛书（一）·十六经·本伐》）③

（55）寡人已宗庙之祠，不叚（暇）其听，欲闻道之要者，二、三言而止。（《马王堆汉墓帛书（四）·十问·文挚》）④

（56）应对□□，出辞禾（和）叚（暇）。（《妄稽》）⑤

（57）君来适遬（速），被（彼）未给叚（暇）。（《妄稽》）⑥

“叚”字古音属见母鱼部，“假”“椵”“叚”同音，“遐”“瑕”“暇”三字古音在匣母鱼部，诸字古音应该相同或非常相近。“遐”“暇”同声同韵，二者皆从“叚”得声，“叚”既可用作“遐”，自然也可用作“暇”。

六、总结与讨论

《庄子·内篇·应帝王》“帠”一字，历代传世文献仅此一见，中古之前的字书均不见记载。自晋代的司马彪开始，时人在见到《庄子》的文本时，很有可能不认识这个“古字之仅存者”的“帠”字，根据自己的知识储备和理解，把它认作了一个自认为是的字。历

---

① 郭沫若：《两周金文辞大系》，1932年，第146、229页；高田忠周：《古籀篇》，古籀篇刊行会，1925年，第56页。

② 冯其庸、邓安生：《通假字汇释》，北京：北京大学出版社，2006年，第154页。

③ 白于蓝：《简帛古书通假字大系》，福州：福建人民出版社，2017年，第351页。

④ 白于蓝：《简帛古书通假字大系》，第351页。

⑤ 白于蓝：《简帛古书通假字大系》，第351页。

⑥ 白于蓝：《简帛古书通假字大系》，第351页。

代学者给出了多个可能的答案，但均未得其确诂。本文在结合句法、语义和字形、语音进行通盘考察，认为“帠”是“叚”在隶变传写过程中的讹字；“叚”所记之词并非“假藉”之“假”，而是表示道义许可情态的“暇”。“汝又何暇以治天下感予之心为”表达的意思是，“你怎么可以用治理天下来扰乱我的心”。

通过前文综述可以看出，历代注家在解读“帠”时，大多采取了传统语言文字学以汉字为中心的解决方案。本文运用句法学和语义学分析，将“何帠”揆之本文（语篇），验之他卷（句式），结合句法和语义两方面加以论证，这对于经典文本疑难字词的训释具有方法论的意义。

Syntactic Constraints, Semantic Space, and the Interpretation of Yi（帠）in *Zhuangzi*

SHI Wenlei
（ChineseLanguage History Research Center,
Zhejiang University, Hangzhou, Zhejiang 310058）

Abstract: The interpretation of the character yi（帠）in the sentence 汝又何帠以治天下感予之心为 from *Zhuangzi Ying Diwang* has long been a subject of diverse scholarly opinions. This paper proposes, based on the syntactic and semantic analysis of the “he X wei”（何×为）structure and the multifunctional system of xia（暇）, that yi（帠）is a mistaken character resulting from the transcription process during the evolution of clerical script. However, the word represented by yi（帠）is not jia（假）as in jiajie “to borrow”（假藉）, but rather xia（暇）, which expresses deontic modality. Historically, most commentators have approached the interpretation of yi（帠）using traditional philological methods centered on Chinese characters. This study employs syntactic and semantic analysis to examine he yi（何帠）within its textual context and in comparison with similar constructions in other works. By combining syntactic and semantic evidence, this paper demonstrates a methodological approach that has significant implications for the interpretation of problematic characters and words in classical texts.

Keywords: yi（帠）; he × wei（何×为）; xia（暇）; semantic bias; modality; new philology

作者简介：史文磊，浙江大学汉语史研究中心教授、博士生导师，著有《汉语运动事件词化类型的历时考察》等。

“桂”的词汇构式与语素化*

陈练军

（闽南师范大学文学院，福建漳州　363000）

摘　要：历时演变中“桂”发生了语素化，由古汉语中的多义单音词变成了现代汉语中的不成词语素，“桂”的语素化是在相关词汇构式的演变中实现的。通过考察不同义位的“桂”所构成的词汇构式，描写和分析它们的形义匹配关系，并从构式化视角解释“桂”从单音词到构词语素的变化。

关键词：桂；词汇构式；语素化；构式化

一、引　言

《汉语大词典》（下文简称“《大词典》”）共收录了“桂”的11个义项：1. 木名。肉桂，樟科，常绿乔木。2. 木名。通称桂花，亦称金桂、丹桂，为珍贵的观赏树。木犀科，常绿灌木或小乔木。3. 木名。月桂，樟科，常绿小乔木。叶清香。原产地中海一带。古代希腊人用月桂树叶编的帽子授予杰出的诗人或竞技的优胜者。4. 桂皮树，亦称锡兰肉桂。常绿乔木，叶呈卵形，花黄色，果实黑色。树皮可供药用或做香料。5. 竹名。《文选·左思〈吴都赋〉》：“其竹则篔筜箖箊，桂箭射筒。”李善注：“皆竹名也。”6. 谓桂籍，科第名籍。指科举登第。杜甫《哭长孙侍御》诗：“礼闱曾擢桂，宪府屡乘骢。”7. 传说月中有树曰桂，因以桂代指月亮。骆宾王《久戍边城有怀京邑》诗：“葭繁秋引急，桂满夕轮孤。”8. 指昂贵的薪柴。王定保《唐摭言·争解元》：“复大会以饯之，筐篚之外，率皆资以桂玉。”9. 唐州名。即今广西桂林。10. 广西壮族自治区的简称。11. 姓。秦有桂贞。

《现代汉语词典》（下文简称“《现汉》”）只收录了“桂”的4个不成词义项，且与《大词典》的前4个义项基本对应，即：1. 肉桂：～皮。2. 桂花：金～｜～花。3. 月桂树：～冠。4. 桂皮树。两相比较后，发现《大词典》中的义项5至11《现汉》未收，现

---

* 本文为国家社科基金一般项目“汉语图式性词汇构式与相关句法构式的互动演化研究”（23BYY029）的阶段性成果。

代汉语中“桂”为不成词语素，已经完全语素化[①]，且构词不多，《现汉》仅收录10个“桂”所构复音词。历时考察表明，“桂”的语素化是在其各类词汇构式的历时演变中实现的。从中古开始，“桂”形成了不同的词汇构式；唐代以后，各类构式的语义透明度降低，组构性减弱，“桂”逐渐成为黏着性构成成分，即发生了语素化。

本文基于构式词法学理论，[②] 结合汉语构式研究的已有成果，[③] 采纳施春宏的观点，[④] 将构式界定为“具体语言系统中的规约化的形式—意义对”。本文将包含“桂”的各类复音词都称作词汇构式，下文重点分析“桂”相关词汇构式的形式与意义的匹配关系，在此基础上从构式化（constructionalization）视角来阐释“桂”的语素化问题。

《大词典》义项1至4均为木名，尽管从植物学分类的角度讲它们是不同的植物，但由于都用同一“桂”字记录，所以我们讨论“桂”的词汇构式时不作过细分类，将义项1至4归并为“$桂_1$”。义项6（桂籍，科第名籍）记作“$桂_2$”，义项7（代指月亮）记作“$桂_3$”，义项8（指昂贵的薪柴）记作“$桂_4$”。其他义项的词汇构式量少或不常见，不予讨论。

从战国时期起，“桂”与其他成分组合成各类双音词汇构式。中古时期，“桂”的词汇构式使用频率大幅上升，逐步发生构式化，产生出组构成分之外的构式义，形成了各类词法模式，如［桂｜X_N］、［$X_{N/A}$｜桂］和［X_V｜桂］，其中［桂｜X_N］最多见，［X_V｜桂］主要见于“$桂_2$”，下文逐一讨论。

二、“$桂_1$”的词汇构式

（一）词汇构式［$桂_1$｜X_N］

［$桂_1$｜X_N］中，“$桂_1$”与X_N为修饰性主从关系，X_N是语义核心。［$桂_1$｜X_N］表示具有“$桂_1$”属性的X_N。词义的形成与理解都是基于语用，“$桂_1$”在［$桂_1$｜X_N］中依语境显现不同的具体语义，主要有：a. 以“桂”的木材为质料；b. 以“桂”的果实、花朵、浆汁等为原料；c. 以“桂（树）”为特征。从历时角度看，“桂”在词汇构式中凸显桂花、

---

① 陈练军：《汉语单音词的语素化研究》，北京：社会科学文献出版社，2019年，第12—14页。

② 安丰存、程工：《构式形态学及其对汉语词汇研究的启示》，《外国语》2017年第4期；Elizabeth Closs Traugott and Graeme Trousdale. *Constructionalization and Constructional Changes*. Oxford：Oxford University Press，2013：1.

③ 孟凯：《汉语致使性动宾复合词构式研究》，北京：北京大学出版社，2016年，第56—58页；陈练军：《汉语复合构词的能产性变化——以［X＋衣］$_N$构词式为例》，《当代语言学》2021年第2期；宋作艳：《构式词法的特点及其对汉语词法研究的启示》，《语言教学与研究》2022年第2期；宋作艳：《汉语N_1VN_2型复合词的构式解读》，《中国语文》2023年第5期。

④ 施春宏：《构式三观：构式语法的基本理念》，《东北师大学报》（哲学社会科学版）2021年第4期。

桂果（肉）、桂皮等语素义的用例多出现在魏晋南北朝时期，唐宋时期仅有少量用例。

1. 木材义词汇构式：[桂$_{1a}$ | X_N]

木材义词汇构式 [桂$_{1a}$ | X_N] 的语义可描述为：

[[桂$_{1ai}$ | X_{Nj}]$_{Nk}$ ↔ [‘用桂$_1$ 的木材为质料制造成的 X_j’]$_k$]①

以“木材”义“桂”构成的 [桂$_{1a}$ | X_N] 西汉前后已见，X_N是表示房舍及其构件、器具等名词，如桂栋、桂舟、桂枻等。中古时期 [桂$_{1a}$ | X_N] 的用例增多，如桂户、桂策等。

（1）桂栋兮兰橑，辛夷楣兮药房。（《楚辞·九歌·湘夫人》）

（2）美要眇兮宜修，沛吾乘兮桂舟。（《楚辞·九歌·湘君》）王逸注：“犹乘桂木之船，沛然而行。”

（3）浮文鹢，扬桂枻，张翠帷，建羽盖。（《史记·司马相如列传》）

（4）珠帘影空卷，桂户向池开。（简文帝《晚景纳凉》）

（5）鼓兰枻以水宿，杖桂策以山游。（谢灵运《罗浮山赋》）

（6）今便灭影桂庭，神交松友。（陶弘景《解官表》）

（7）天香下桂殿，仙梵入伊笙。（庾信《奉和同泰寺浮屠》）

（8）复获执羁兰陈，迎笏桂序。（江淹《到功曹参军诣竟陵公子良笺》）

（9）文轩华剑，既荣既峻；侯封桂食，又盈又满；禄高诮厚，任重责深。（江淹《萧骠骑让太尉增封表》）

“桂栋、桂舟、桂枻、桂户、桂策”分别是指用桂木制作的梁栋、船、船桨、门、手杖。“桂”在 [桂$_{1a}$ | X_N] 中的组构性明显，语义的透明度高，但已形成组构成分之外的语义，即对所涉物体的正面评价义，多带有华丽、华贵等语义内容，如桂栋（多形容华丽的房屋）、桂户（言其华贵）、桂舟（用作对舟船的美称）、桂枻（舟楫的美称）等。这说明 [桂$_{1a}$ | X_N] 在中古已经构式化，形成了词汇构式。有的 [桂$_{1a}$ | X_N] 出现抽象的转指义，“桂”与植物有关的意义在该构式中已不显现，部分构式中“桂”根本不可能理解为“木材”义，“富贵、华丽”是唯一的解释，如例（6）“桂庭”指官场，例（7）“桂殿”是对寺观殿宇的美称，例（8）例“桂序”指宫殿，例（9）“桂食”指厚禄。不过，这类用

① 讨论时为方便描写，用竖线“|”区分词汇构式的可分离成分，如 black | bird；木 | 板。双向箭头“↔”规定了形式与意义的联接，左边部分是“形式”（F），右边部分是“意义”（M），外面的方括号表示形—义匹配体是个规约化了的单位。变项 X 表示主要的词汇范畴（N，V，A，P），a、b 用于区分同一词的不同义项，小写的变项 i、j、k 是词标（lexical index）。词汇构式的描写参考了以下文献：Elizabeth Closs Traugott and Graeme Trousdale. *Constructionalization and Constructional Changes*. Oxford：Oxford University Press，2013：154. Matthias Hüning and Geert Booij. “From Compounding to Derivation—The Emergence of Derivational Affixes Through ‘Constructionalization’,” *Folia Linguistica*，2014，42（2）：579—604. Geert Booij. *Construction Morphology*. Oxford：Oxford University Press，2010：89.

例数不多。

至唐代，[桂$_{1a}$ | X_N] 的构式化程度加深，表现有二：一是 [桂$_{1a}$ | X_N] 的能产性高，基于此构式生成的新构式数量非常多。从构式的形成过程来看，[桂$_{1a}$ | X_N] 构式未经过"桂$_{1a}$"与"X_N"组合并凝固成型的过程，而是直接将"桂$_{1a}$"与另一名词性成分组合成型，作为一个瞬间（instant）构建的语言单位来使用，如桂堂（桂木造的厅堂，亦泛指华美的堂屋）、桂庑（桂木造的殿庑，形容屋宇华贵）、桂宇（形容幽雅的屋宇）、桂阈（桂木造的门槛，指显贵的门第）、桂轺（桂木造的车，亦泛指装饰华丽的车辆）、桂轸（桂木作的琴弦轴，亦借指琴瑟等弦乐器）、桂柁（桂木做的船柁，亦指船）、桂琴（桂木制作的琴）、桂燎（桂木做成的火炬，用于庭中照明）等。随着使用频次增多，基于 [桂$_{1a}$ | X_N] 形成的构式进一步规约化，在言语社团中慢慢传播开来。二是 [桂$_{1a}$ | X_N] 构式的组构性下降，"桂"的本义在构式中渐趋消隐，[桂 1_a | X_N] 更为凸显的是"华丽、华贵"之类的构式义，这构式义不是直接由其中的组构成分所负载，而是依附在整个构式之上。如例（11）"桂庑"、例（12）"桂轺"在具体语境中最为凸显的是"华贵、华丽"义，而非其材质"桂木"义。有的构式中的"桂"甚至不能用"桂木"来理解，如例（13）"桂闱"是对女子居室的美称，例（14）"桂寝"指墓室等。后代文人依然有人因袭这类词汇构式，造出桂车、桂葆、桂府等。

（10）昨夜星辰昨夜风，画楼西畔桂堂东。（李商隐《无题》之一）

（11）芝房迭翠，桂庑流丹。（王勃《乾元殿颂》）

（12）桂轺虽不驻，兰筵幸未开。林塘风月赏，还待故人来。（王勃《别人》之三）

（13）凭紫都而受历，按玄丘而命纪；凤毛钟桂闱之祥，麟角灿椒庭之祉。（王勃《七夕赋》）

（14）桂寝青云断，松扉白露新。（李商隐《昭肃皇帝挽歌辞》之三）

（15）受训椒殿，承辉桂阈。（王勃《平台秘略赞·孝行》）

（16）桂车兰轩，服麒麟兮；登高临深，送远人兮。（陆深《南征赋》）

（17）风马云车历历，见桂葆乍迎娇如雪……素衣二八，舞罢老蟾泣。（龚自珍《霓裳中序第一》）

（18）王忽左右顾曰："朕一言，烦卿等属对：才人登桂府。"四座方思，生即应云："君子爱莲花。"（蒲松龄《聊斋志异·莲花公主》。"桂府"犹礼闱，指礼部试进士的场所。）

[桂$_{1a}$ | X_N] 中的 X 后来有所扩展，可出现指人名词，如桂偶、桂子兰孙等，用作敬称，带有"富贵、尊荣"等语义。

（19）作夫妻天长地远，还愿取桂子兰孙满玉田。（汤显祖《紫箫记·就婚》。"桂子兰孙"是对他人子孙的美称）

（20）春和淑丽，同携手于花前；夏气炎蒸，共纳凉于花下。秋光皎洁，银蟾与桂偶同圆；冬景严凝，玉体与香肩共暖。(《醒世恒言·郑节使立功神臂弓》。“桂偶”谓美满的婚姻。)

2. 原料义词汇构式：[桂$_{1b}$ | X_N]

原料义词汇构式 [桂$_{1b}$ | X_N] 的语义表达式为：

[[桂$_{1bi}$ | X_{Nj}]$_{Nk}$↔ [‘用桂$_1$ 的果实、花朵、浆汁等为原料制造成的 X_j’]$_k$]

[桂$_{1b}$ | X_N] 组构成分之间的关系比较复杂，最普遍的情况是“桂$_{1b}$”修饰 X_N，“桂$_1$”显示的意义为果实、花朵、浆汁等，用来给以桂$_1$ 的果实、花朵、浆汁等为原料制造成的事物命名。这类 [桂$_{1b}$ | X_N] 汉代以来开始出现，构式的语义结构比较透明，如桂酒（指用玉桂浸制的美酒）、桂饵（指肉桂做的钓饵）、桂醑（桂花酒）、桂烛（用桂膏制的烛），类似的还有桂饵、桂冠、桂髓椒浆等。

（21）牲茧栗，粢盛香，尊桂酒，宾八乡。(《汉书·礼乐志》。颜师古注引应劭曰：“桂酒，切桂置酒中也。”)

（22）操余弧兮反沦降，援北斗兮酌桂浆。(《楚辞·九歌·东君》)

（23）席布骍驹，堂流桂醑。(沈约《郊居赋》)

与 [桂$_{1a}$ | X_N] 一样，大多 [桂$_{1b}$ | X_N] 也衍生出正面评价义，多包含味美、质优等涵义。有的 [桂$_{1b}$ | X_N] 并不凸显“桂”的原料义，如桂酒、桂醑、桂浆多用来泛指美酒，桂膏泛指烛，桂饵则比喻侈而不当。

[桂$_{1b}$ | X_N] 组构成分之间还存在少量隶属性主从关系，表示 X 是桂$_1$ 的一部分，如桂心、桂子。

（24）略知甘草为甜，桂心为辣。(梁简文帝《劝医论》)

（25）锵锵燗铎，声传桂叶之风；焰焰山炉，气结松阴之蔼。(王勃《白鹤寺碑》)

（26）有三秋桂子，十里荷花。(柳永《望海潮》)

后世出现的“桂糖”与上文的“桂醑”不一样。“桂醑”是“桂（桂花）”与“酒”直接组合用于事物命名的，而“桂糖”是桂花糖的简称，如《红楼梦》第四一回：“揭开看时，每个盒内两样：这盒内一样是藕粉桂糖糕，一样是松穰鹅油卷。”又第三七回：“袭人听说，便端过两个小掐丝盒子来。先揭开一个，里面装的是红菱和鸡头两样鲜果；又那一个，是一碟子桂花糖蒸新栗粉糕。”类似用例还有桂花饼、桂花酒等。

也有部分 [桂$_{1b}$ | X_N] 的组构成分之间表示并列关系的情况，如桂石（桂浆与石脑，指古代养生修仙者服食之物）、桂姜（肉桂与生姜）、椒桂（椒实与桂皮），例少且组合程度不高，不予讨论。

有些 [桂$_{1b}$ | X_N] 组构成分之间的关系略显特殊。如桂露，指秋露，因秋季桂花开时，夜凉生露，故称。又桂秋，指仲秋，农历八月，桂花飘香，故名。又桂荏，即紫苏。明李时珍《本草纲目·草三·苏》：“曰紫苏者，以别白苏也。苏乃荏类，而味更辛如桂，故《尔雅》谓之桂荏。”这说明桂露、桂秋中的“桂”当作桂花解，但语义关系不同于上

文的桂酒等；桂荏的命名理据是这种荏具有肉桂般的辛味。桂圆这类理据不甚明了的用例不予讨论。

3. 属性义词汇构式：[桂$_{1c}$ | X_N]

属性义词汇构式 [桂$_{1c}$ | X_N] 的语义表达式为：

[[桂$_{1ci}$ | X_{Nj}]$_{Nk}$ ↔ [‘属性与桂$_{1有关}$的 X_j’]$_k$]

[桂$_{1c}$ | X_N] 中的“桂”指桂树，[桂$_{1c}$ | X_N] 表示 X 的属性与桂树有关，此构式用于给事物命名，“桂”修饰 X。

(27) 谨北面因使者献白璧一双，翠鸟千，犀角十，紫贝五百，桂蠹一器，生翠四十双，孔雀二双。(《汉书·南粤传》。颜师古注：“应劭曰：‘桂树中蝎虫也。’苏林曰：‘汉旧常以献陵庙，载以赤轂小车。’此虫食桂，故味辛，而渍之以蜜食之也。”)

(28) 乃清兰路，肃桂苑。《文选·谢庄〈月赋〉》李善注：“桂苑，有桂之苑。”

(29) 兰场偃芝驾，桂圃芳瑶席。(张正见《从籍田应衡阳王教作》)

(30) 惊雷鸣桂渚，回涓流玉堂。(鲍照《喜雨》)

(31) 公孙卿曰：“仙人可见，上往常遽，以故不见。今陛下可为馆如缑氏城，置脯枣，神人宜可致。且仙人好楼居。”于是上令长安则作飞廉、桂馆，甘泉则作益寿、延寿馆，使卿持节设具而候神人。(《汉书·郊祀志》)

(二) [X | 桂$_1$] 词汇构式

[X | 桂$_1$] 词汇构式仅有类名词汇构式 [$X_{N/A}$ | 桂$_1$]，其语义表达式为：

[[$X_{Ni/Ai}$桂$_{1j}$]$_{NK}$ ↔ [‘具有属性 N_i/A_i的桂树$_j$’]$_k$]

把“桂”作为桂树的简称，并以此形成词汇构式，用以给桂树的下属物种命名，“桂”逐渐变成了类名。该构式中古已存在，但自唐代以来，此构式的能产性大增，以类推造词的方式生成了大量新构式，明李时珍《本草纲目》记录了大量桂树名词。这类词汇构式如：箘桂、贞桂、朱桂、丹桂、牡桂、菌桂、月桂、青桂、桂枝、山桂、岩桂、春桂、雪桂、红桂、绿桂、椿桂、柳桂、肉桂、石桂、筒桂、金桂、香桂等。

现代汉语中，“桂$_1$”的这些语素义都单列为义项：(1) 肉桂：～皮。(2) 桂花：金～|～花。(3) 月桂树：～冠。(4) 桂皮树。《现汉》这样处理，是将“桂”在词汇构式中显现的桂树、桂花、肉桂、桂皮等义看作是独立的义项。我们上文列举的“桂$_1$”历时所构词汇构式中，“桂$_{1a}$”被理解为桂木，“桂$_{1b}$”被理解为果实、花朵、浆汁等，“桂$_{1c}$”被理解为桂树，三种情况没有单列义项，而是依符淮青①、苏宝荣②的看法，把这些用法视作“桂$_1$”入词后的语义变异。

① 符淮青：《组合中语素和词义范畴的变化》，《江苏大学学报》2007 年第 1 期。

② 苏宝荣：《汉语复合词结构义对构词语素意义的影响》，《语文研究》2013 年第 1 期。

三、“桂”的隐喻构式

“$桂_2$”（桂籍）、“$桂_4$”（指昂贵的薪柴）的隐喻用法均出自典故，随着相关典故的广泛传播，由“$桂_2$”“$桂_4$”构成的词汇构式不断涌现，形成“桂籍”义词汇构式和“昂贵”义词汇构式。

（一）桂籍义词汇构式

“$桂_2$”的“桂籍，科第名籍”义源自典故“桂林之一枝”。①《晋书·郄诜传》：“（诜）累迁雍州刺史。武帝于东堂会送，问诜曰：‘卿自以为何如?’诜对曰：‘臣举贤良对策，为天下第一，犹桂林之一枝，昆山之片玉。’”“桂林之一枝”原为自谦之词，谓己只是群才之一，后用来比喻科举考试中出类拔萃的人。

（32）父知，皇朝颍川郡襄城县令上柱国。桂林一枝，凤毛五色，龙泉出匣，彩发珠星，鹊绕临台，精含满月。（李纲《清德颂碑》）

（33）仆射之生，负材而起。策于万乘，擢为御史。同时条对，千目仰视。桂林一枝，拾芥相似。（刘禹锡《唐故监察御史赠尚书右仆射王公神道碑》）

“桂林一枝”的典故在传播过程中出现各种变体，如“郄诜之桂”“郄桂”“桂枝”等，均用于比喻科举考试中出类拔萃的人。

（34）既而及其子蔚冠，太夫人勉之曰：“付蔚于潘岳之筵，俟尔于郄诜之桂。”（黄滔《颍川陈先生集序》）

（35）有尉卢君，其若生知。黄陂万顷，郄桂一枝。行仁火速，为国星驰。（阙名《大唐卫州新乡县临清驿造弥勒像碑》）

（36）滔京关进退，砚席参差。幸忝先鸣，弥欣继捷。未贺桂枝之入手，忽从薤露以伤心。修短有兹，吁嗟何极。（黄滔《祭林先辈》）

“桂林一枝”的表达形式不断省缩，并将其所指称的隐喻义压制（coercion）入单语素“$桂_2$”，“$桂_2$”由此有了“桂籍，科第名籍”义，与另一成分组成双音词汇构式表达相关语义。“$桂_2$”的“桂籍”义脱离词汇构式语境就不存在，说明“$桂_2$”在词汇构式中的意义是黏着性的。“$桂_2$”的“桂籍”义只能依附于以下三种词汇构式。

甲、[V | $桂_2$]：折桂、擢桂、攀桂、掇桂、得桂、失桂，其语义表达式为：

$[[V_i \mid 桂_{2j}]_{Vk} \leftrightarrow [‘V_i桂籍（科第名籍）_j’]_k]$

（37）礼闱曾擢桂，宪府旧乘骢。（杜甫《哭长孙侍御》）

---

① 王虎：《试析表示“科举及第”意义的典故词》，《西华大学学报》2014 年第 3 期；张维伟：《“折桂”的典源与用典形式》，《四川教育学院学报》2011 年第 10 期；张维伟：《“折桂”典故用例考察》，《语文知识》2011 年第 4 期。

（38）献地非更宅，遗忠永奉恩。又期攀桂后，来赏百花繁。（畅当《春日过奉诚园》）

（39）试才初得桂，泊渚肯伤芊。（李端《送杨皋擢第归江东》）

（40）独归初失桂，共醉忽停杯。（卢纶《送魏广下第归扬州》）

“折桂”是［V｜桂$_2$］构式的主导词（leader word），擢桂、掇桂、攀桂、得桂、失桂等都是根据这一词汇构式类推而来。唐宋时期以来，该构式中的 V 仅限于某类动词，其中的 V 都包含［±拥有］义。“桂$_2$”在［V｜桂$_2$］中凸显的是“桂籍”义，已与“桂”的字面义（“桂枝”）无多少联系，但 V 的语义都与“桂”的字面义直接相关，这让我们认识到“桂”的本源意义是有益于词汇构式的构建。更重要的是，该词汇构式只是当表示科举得中时才具有能产性，所以［V｜桂$_2$］的“桂$_2$”是通过构式产生新构式义的例证。

乙、［桂$_2$｜N］：桂籍、桂科、桂客、桂窟、桂渊、桂苑、桂枝等。该词汇构式的能产性较高，很多与科举相关的事物均可嵌入该构式的 N 位置，其语义表达式为：

［［桂$_{2i}$｜N$_j$］$_{Nk}$↔［‘与桂籍（科第名籍）$_i$有关的 N$_j$’］$_k$］

（41）未贺桂枝之入手，忽从薤露以伤心。（黄滔《祭林先辈》）

（42）仰观莲幕，俯度桂科，卯翼不自他门，顶踵实非己物。（李商隐《为东川崔从事福谢辟并聘钱启》）

（43）桂客攀荣，松宾改律。（王勃《乾元殿颂》）

（44）恩衔枫陛渥，策向桂渊弘。（陈元光《示珦》）

（45）桂苑五更听榜后，蓬山二月看花开。（黄滔《二月二日宴中贻同年封先辈渭》）

在唐代以来设置有科举制度的时代，［V｜桂$_2$］和［桂$_2$｜N］都是较为能产的词汇构式，是汉语使用者（尤其是文人）的语言知识，可作为词库的一部分。在废除科举制度的当代，［V｜桂$_2$］和［桂$_2$｜N］不再具有能产性，相应的词汇构式从语言中消亡。

丙、［A/N 桂$_2$］：月桂、丹桂、仙桂、芳桂、绿桂等，其语义表达式为：

［［A$_i$｜/N$_i$桂$_{2j}$］$_{Nk}$↔［‘与桂籍（科第名籍）$_i$相关的（A 桂$_2$）$_j$或（N 桂$_2$）$_j$’］$_k$］

（46）才华拔萃，早宜仙桂高折。（无名氏《百字歌·寿张簿》）

（47）恩波旧是仙舟客，德宇新添月桂名。（李潜《和主司王起》）

（48）损生莫若攀丹桂，免俗无过咏紫芝。（黄滔《寓题》）

“月桂”“丹桂”等的字面义本指桂树的不同种类，但在（47）（48）中，“月桂”“丹桂”均为隐喻义。［A/N｜桂$_2$］的隐喻用法与其字面义容易相混淆，但由于这类用法多出现在诗歌中，语义的模糊性和歧义性，反而使得“月桂”“丹桂”等词的使用显得甚为精妙。

“桂$_2$”只有嵌入上述三类构式后，才可能产生“桂籍（科第名籍）”义，整个词汇构式的意义集中在“桂$_2$”上，这类现象被看作是语义集中（semantic concentration）。

词汇构式的黏着性构词成分"桂$_2$"可通过构式在词库中直接被理解。上文[V｜桂$_2$]、[桂$_2$｜N]、[A/N桂$_2$]表示对相关词汇构式子类的概括，词汇构式内都包含同一成分"桂$_2$"，"桂$_2$"的黏着性质表现为不可与词库中的独立词项同标。

"桂$_2$"还有其他隐喻义，不便归纳，暂收录于此：诜桂（喻练达能干的官吏）、桂绿（喻才能杰出者）、兰桂齐芳（喻子孙兴旺发达）、玉山桂（喻众美之特出者）、桂折（喻品德高尚的人亡故）、椒焚桂折（比喻仁人志士被残害）等。

（二）昂贵义词汇构式

昂贵的薪柴义词汇构式[V｜桂$_4$]的语义表达式为：

[[V$_i$｜桂$_{4j}$]$_{Vk}$↔['V$_i$昂贵之物$_j$']$_k$]

"桂$_4$"的"昂贵"义出自典故《战国策·楚策三》："苏秦之楚，三日乃得见乎王。谈卒，辞而行。楚王曰：'寡人闻先生，若闻古人。今先生乃不远千里而临寡人，曾不肯留，愿闻其说。'对曰：'楚国之食贵于玉，薪贵于桂，谒者难得见如鬼，王难得见如天帝。今令臣食玉炊桂，因鬼见帝。'"后以"桂薪玉粒"指柴米昂贵。"桂$_4$"由于用典被重新分析为"昂贵的薪柴"义，如然桂、买桂、炊桂、束桂、攀桂、食玉炊桂、炊琼爇桂、爨桂炊玉等。

(49) 但空劳宵梦，屡勤史卜，五就莫来，〈八〉能不至。是用〈申〉旦凝虑，景夜损怀。岂以<u>食玉炊桂</u>，无因自达？（《陈书·后主纪》）

(50) 黄金<u>然桂</u>尽，壮志逐年衰。（孟浩然《秦中感秋寄远上人》）

(51) 文人古来例寒饿，安得野蚕成茧天雨粟，王家圭田登几斛，于家<u>买桂</u>炊白玉。（黄庭坚《戏和于寺丞乞王醇老米》）

(52) <u>饭玉炊桂</u>，犹尚优泰。（应璩《与尚书诸郎书》）

(53) 贫穷辈，太无知。买柴如<u>束桂</u>，有朝餐，没夜食。（范受益、王錂《寻亲记·剖面》）

与"桂$_2$"一样，"桂$_4$"的"昂贵的薪柴"义是黏着的，只出现在特定的词汇构式中。

四、"桂"的转喻构式

"桂"的转喻构式是月亮义词汇构式[桂$_3$｜X$_N$]，其语义表达式为：

[桂$_{3i}$｜X$_{Nj}$]$_{Nk}$↔['与月亮有关的X$_j$']$_k$]

因中国古代传说月亮上有桂树，所以诗歌中可用"桂"代称月亮。唐骆宾王《久戍边城有怀京邑》："葭繁秋引急，桂满夕轮孤。"唐元稹《赋得数蓂》："桂满丛初合，蟾亏影渐零。"总体来说，"桂$_3$"单独表示"月亮"除诗文之外，其他语境不见其例。绝大多数情况是"桂$_3$"作为组构成分，出现在[桂$_3$｜X$_N$]中，表示与月亮有关的事物，"桂$_3$"也应看作是黏着性意义，嵌入[桂$_3$｜X$_N$]时"月亮"义才最为凸显。此类构式有桂影、桂月、桂蟾、桂魄、桂丛、桂娥、桂窟、桂轮、桂阙、桂兔、桂晖、桂枝、桂华等。

（54）虫声促促催乡梦，桂影高高挂旅情。（李咸用《山中夜坐寄故里友生》）

（55）花枝似雪春虽半，桂魄如眉日始三。（徐铉《宿蒋帝庙明日游山南诸寺》）

（56）朝看桂蟾晚，夜闻鸿雁度。鸿度何时还，桂晚不同攀。（卢照邻《赠益府裴录事》）

（57）殷勤莫使清香透，牢合金鱼锁桂丛。（李商隐《和友人戏赠》之一。冯浩注："桂丛，指月殿。"）

（58）天仙谪自广寒宫，定与桂娥新作别。（王铚《明觉山中始见梅花戏呈妙明老》）

（59）桂兔韬光云叶重，烛龙衔耀月轮明。（韩偓《元夜即席》）

（60）横桂枝于西第，绕菱花于北堂。（卢照邻《明月引》）

（61）露华涨冷濯桂窟，氛露洗尽豁四旁。（郝经《三汉北城月榭玩月醉歌》）

（62）堪恨桂阙姮娥，乘云骖雾，便踏龙尾先去。（刘基《霜叶飞·七夕》）

少量"桂$_3$"也可形成［$X_{A/N}$｜桂$_3$］，同样是指月亮，如月桂、月中桂、新桂、蟾桂、玉桂等。

（63）新桂如蛾眉，秋风吹小绿。（李贺《房中思》）

（64）遥遥望丹桂，心绪更纷纷。（曹松《中秋月》）

（65）出门聊一望，蟾桂向人斜。（罗隐《旅梦》）

唐宋以来，在书面文言系统中，［桂$_3$｜X_N］是个较为能产的词汇构式，文人可据此类推出很多词汇构式。不过，这一词汇构式现在已经丧失构造新构式的能力。

五、"桂"的语素化：基于词汇构式演变的解释

对于复合词成词过程的研究，以往多从词汇化视角入手，考察多个组合成分如何凝固为单个的词汇单位，涉及消除组合之间的边界、词内成分与整词之间的语义关系的变化等问题。① 这是基于语素的词法学研究思路，认为复合词是组合式构词规则的产物。但上文研究表明，"桂$_2$""桂$_4$"不是独立的词项，其语义是黏着性的，相关词汇构式显然不是据构词规则组合成词的，"桂$_2$""桂$_4$"在历时演变中的形义匹配关系变化在词汇化研究中显示不出来。本文尝试采纳基于词的词法学研究思路，从构式的角度考察由"桂"构成的词汇构式。这样做并不只是换了一个标签，而是因为构式理论可提供更好的观察视角，在描写和分析词汇构式产生和发展的同时，揭示构式内部组构成分的形义匹配关系发生了什么变化。

首先，我们可用构式化和构式演变来解释"桂"相关词汇构式的演变。在构式词法学

① 董秀芳：《词汇化：汉语双音词的衍生和发展》，北京：商务印书馆，2011年，第24—35页。

中，新词法模式和新词汇构式的产生被看作是“构式化”（constructionalization）现象，词法变化可视作“构式演变”（constructional change）。以“$桂_{1a}$”为例，起初“$桂_{1a}$”与N的组合渐次增多，语用中显露出“华丽、华贵”等义，这些意义不能直接对应于“$桂_{1a}$”或N，是附着在“$桂_{1a}$”与N组合之上的整体义，形成了词汇构式［$桂_{1a}$｜X_N］。这是个新的形义匹配体，它的产生可看作是构式化，根据这一构式类推产生的新构式，如桂栋、桂舟、桂府、桂葆、桂车、桂策等，也被看作是构式化的结果。

构式化背后的机制就是类推。语言使用者认识到据形式和意义特点聚集在一起的词汇聚合，也认识到共有第一或第二成分的词汇构式是共属关系（belong together），具有“语义槽”（semantic niches）。他们会把所理解到的类推关系概括起来，并能产性地使用该模式，或者把这类推关系应用到新的模式中去。

其次，可通过词汇构式观察“桂”形义匹配关系的历时变化。我们将“桂”从单音词到构词语素的变化看作是构式化。以“$桂_2$”为例，［V｜$桂_2$］构式与基于该构式产生的新构式都是构式化的结果，如“折桂”，原来的字面意义是“折桂枝”，形成［V｜$桂_2$］构式后，“折桂”表示科举及第，形成了有别于字面义的新形义匹配体，可以认为“折桂”发生了构式化。“折桂”构式化的同时，其中的组构成分“桂”的形义匹配关系也在发生变化。“$桂_2$”作为黏着性成分只在［V｜$桂_2$］这类特定的词汇构式中才可理解为“桂籍”义。从演变的源头来看，“$桂_2$”本指桂枝，是个独立的词项；在“折桂”发生构式化之后，“$桂_2$”是个黏着语素，经过新分析（neoanalysis）获得“桂籍”这一隐喻义，这一过程可称之为“$桂_2$”的构式化。因为演变前“$桂_2$”指桂枝，是个可单用的名词；演变后“$桂_2$”表示“桂籍”义，是个黏着的构词语素。演变前后，“$桂_2$”的词形未变，但语法属性和语义都发生了变化，形成了新的形义匹配体，所以我们把“$桂_2$”从单音词到构词语素的变化看作是构式化。“$桂_2$”作为构式的组成部分进入词库，成为语言知识，被语言使用者作为完整模架，根据交际需要在X位置嵌入合乎语义要求的成分，可瞬间构造出新构式。

通过对“桂”相关构式的历时考察，我们观察到了词汇构式的产生、发展与衰亡。词汇构式在语言使用中经常变化，新构式的产生和旧构式的变化不仅与形式和意义的特点有关，还与社会文化密切相关。“桂”相关构式的能产性变化是：唐宋以来，因科举制度的设置对社会生活产生了重大影响，科举夺魁享有非同一般的荣耀与尊荣，故成为社会多数人追求和向往的目标，于是“桂”与科举相关的词汇构式为社会群体广泛接纳，基于此构式构造的大量新构式在社会上广泛传播。明清之后，科举是沿袭前代的一种制度，与科举相关的词语也多承袭前代用法，“桂”与科举相关的词法模式逐渐失去了能产性，基本不再以此构成新构式。到了近现代，已废除科举制度，“桂”与科举相关的词汇构式早已消亡，相关词语业已成为历史词。

The Lexical Construction and Morphemization of Gui（桂）

CHEN Lianjun
（School of Liberal Arts，Minnan Normal University，
Zhangzhou，Fujian 363000）

Abstract：During the historical evolution，"gui" underwent morphemization，transforming from a polysemous monosyllabic word in ancient Chinese to a bound morpheme in modern Chinese. The morphemeization of "gui" was achieved through the evolution of various vocabulary structures. By examining the lexical constructions composed of different semantic positions of "gui"，this paper describes and analyzes the matching relationship between the form and meaning of each lexical constructions，and regards the change of "gui" from a monosyllabic word to a morpheme in word formation as constructionalization.

Keywords：gui（桂）；lexical construction；morphemization；constructionalization

作者简介：陈练军，闽南师范大学文学院教授、博士生导师，著有《汉语单音词的语素化研究》等。

清末民国初广府南音文献俗字例释*

张荣荣

（闽南师范大学文学院，福建漳州　363000）

摘　要： 清末民国初广府南音文献含有大量俗字，释读不易。文章对“**吴**”“**二**”“**汸**”“**仿**”“**次**”“**⿰火彐**”“**⿰忄巴/⿰忄也**”“**⿰矢巳**”进行考释，认为分别是“贤”“书”“满”“传”“欢”“归”“忙”“矩”的俗写，并分析其俗写的原因及变化过程，理清字际关系。

关键词： 广府南音文献；俗字；考释

引　　言

随着《俗文学丛刊》① 《广州大典》等资料影印出版，清末民国初广府南音文献的整理和研究工作陆续展开。南音文献含有大量疑难字形，字书未载，其他文献罕见，给进一步研究和利用南音文献造成了障碍。运用字形共时写法的相关性和迁移性，将相关文字的各种书写形式串联起来，可以考释出一批广府南音文献中的疑难字形，同时还可以探寻文字形体结构变化的特征、规律及过程，揭示近代汉语的书写特点，为汉语俗字、方言字等相关研究提供实证材料，为大型字书编纂提供参考，同时也可以还原文献本来面貌，为通俗文学，特别是粤语文献的点校整理提供借鉴。笔者不揣谫陋，选取其中八则进行讨论。

一、“吴”字

“何幸今朝吴媳转，想必令公教你到寻亲。”（452/187，《金刀记十三集四卷》）

按：“吴”即“贤”字，他例有：“廉夫人听回言道：‘本应陪奉共行身，确实现今唔爽色，抽身不暇共登临，宁可尔同吴妹琪花往，有群有伴共行身。’”（452/313，《金刀记十四集四卷》）南音中常在称谓词前加“贤”，如“贤媳”“贤妹”“贤弟”“贤嫂”等。

---

* 本文为国家社科基金重大项目“宋元明清文献字用研究”（19ZDA315）的阶段性成果。

① 《俗文学丛刊》编辑小组编：《俗文学丛刊》（一至六辑），台北：新文丰出版股份有限公司，2001—2016年。《俗文学丛刊》目前出版六辑共620册，其中420—479册为南音类文献。本书引例均来自《俗文学丛刊》，引文后括号内斜线前的数字表示册数，斜线后数字表示页码，书名号内为南音的篇名。

“贤”俗写可作“⿱上夫”，会意字，上夫为贤，近代文献常见，《明清小说俗字典》及“‘教育部’异体字字典”已收录，例不赘举。[①] 广府南音文献“上”“土”形近，常常混用。“上”写为“土”，如：“殷奇次早返朝土，相见国王李穆身。”（452/186，《金刀记十三集四卷》）。“土”写为“上”，如：“皇天后上尽听闻。”（452/365，《金刀记十四集四卷》）“孟良能说番邦话，土前拱手礼纷纷。”（452/419，《金刀记十四集四卷》）“如此这般前去比武，显个高低土下分。”（453/632，《大破天门阵四集六卷》）“土”“工”形近，区别仅在于中间竖笔在第一横笔中有没有出头。“土”“上”“口”“匕”都可用为重文符号。“口”用为重文符号，如：“不言王府重口喜，且谈朝内一公臣。”（465/282，《荆钗记》）“奴口为佢青春丧。”（467/069，《新刻西番棋子》）“重口喜”即“重重喜”，“奴口”即“奴奴”。“上”用为重文符号，如：“臣本欲君虔事敬，娘上千万勿枉捏微臣。”（465/346，《天赐花裙》）“国舅恼，气嘈上。”（467/201，《后续西番棋子全本》）“娘上”即“娘娘”，“气嘈上”即“气嘈嘈”。“土”为重文符号，如：“忽闻外面鼓传声，料想无人如此胆大，必然黑子咁纵横，便将花鼓擂纷土。”（453/622，《大破天门阵四集六卷》）“班山催马朝前撞，陈豹猖狂急走奔，忽然闯入阴兵阵，抬头观看好心惊，行见青天明亮土，片时云雾黑沉沉。”（455/307，《四续十二寡妇征西六卷》）“纷土”即“纷纷”，“明亮土”即“明亮亮”。“匕”用为重文符号例多不赘举。“土”“口”“上”“匕”等重文符号使用时可以互换，文献中具体使用哪个重文符号是随意的。重文符号使用的任意互换性也迁移到汉字的形体结构上，汉字含有的构件和重文符号同形时，也可用其他重文符号替代。曾良认为，“重文符号的互换产生不同俗字形体”，龚元华也提到此现象。[②] 二位先生举例“爹”写为“⿱父匕”，是原偏旁“多”符号化为“匕”，“多”存在重叠构件因而用重文符号代替，重文符号“匕”用重文符号“〻”替换，该字又写为“⿱父〻”。同理，“⿱上夫”的部件“上”可用“土”“口”“匕”等来替换。

又“夫”可写为“天”，如：“却说飞龙宫主女，为报天仇到此临，混入汴京之内地，女扮男装掩众身。”（458/011，《五虎平西三集二卷》）“按下太天人不表，再言这位狄王亲。”（458/156，《五虎平西四集四卷》）“矢”也写为“夫”，如：“古道英雄出少年，理应报国夫忠心。”（458/007，《五虎平西三集二卷》）同理，“⿱上夫”的部件“夫”可以用“天”“矢”替换。

因此“贤”形成会意字“⿱上夫”后，“⿱上夫”的部件“上”“夫”经过形体讹变、符号替代，写为“⿱土天”“⿱匕夫”“⿱⺌夫”“⿱上天”“⿱土夫”“⿱上夫”“⿱六天”“⿱口天”等形体。

---

① 分别见于曾良、陈敏：《明清小说俗字典》，扬州：广陵书社，2018 年，第 666 页；“‘教育部’异体字字典”https://dict.variants.moe.edu.tw“賢”字条。

② 二位先生说法详见曾良：《明清小说俗字研究》，北京：商务印书馆，2017 年，第 177 页；龚元华：《〈清车王府藏曲本〉疑难字形探略》，《励耘语言学刊》2019 年第 1 辑，第 64 页。

二、"二"字

"此兄叫我搬书走，不好此窗习业二。"（470/353，《五色荷花》）

按："二"为"书"字。张涌泉指出："后来很多简体俗字的产生便与草书楷化、隶定有关。"① 何华珍、黄莹指出："草书书写具有省、简、连的特点。"② "书"字草书写为"书"，如："桌上图书兼色盒，算来里内有名香。"（472/245，《柳陆烟容》）"书"省略右上角的一点后变为"平"，粤调南音多见，如："敬请两娇今暂息，待我挥平回一篇。"（472/213，《柳陆烟容》）"书"字也可省略两横笔间的连笔变为"丰"，如："若然十大朝官到，我就起兵围住佢身旁，然后修丰回宋国，话明宋帝此言章。"（452/066，《金刀记十二集四卷》）"现有文书同一纸，着臣亲自带回身，就将回丰忙取出，呈上真宗看一匀。"（452/071，《金刀记十二集四卷》）"丰"省略右上角的一点或"平"省略两横之间的撇笔就变为"干"，如："妹你叫来知有意，定然闺阁把干传。"（472/213，《柳陆烟容》）"文具重重都搜过，共同衣枕及干箱。"（472/246，《柳陆烟容》）"干"字的竖笔不穿过第二横笔，就讹变为"土"，如："外有一人单匹马，奉使投土到此方。"（458/623，《五虎平南二集四卷》）"重阳参见就开言：'微臣庄令公孙女，重阳女是我身边，奉我河东刘国主，带兵今日特来前。'""将土取出忙呈上，太后当堂就拆看。"（452/165，《金刀记十三集四卷》）"土""干"省略竖笔就变为"二"。

三、"⿰リ方"字

"元帅曰：'关中亦有文书到来，云狄王亲押送征衣，限十四日⿰リ方足一月零五日，如今已是十五了，立该体恤众兵寒苦，早些到关交卸才是。为何至限外而来。'"（456/469，《万花楼三集五卷》）

按："⿰リ方"当为"满"字。周志锋指出由于草书书写，"女""弓""纟""乡""矣""镸""艮""片""贝""耶"等偏旁可用"リ"替代。黄莹、何华珍指出越南写本文献中"リ"还可替代"金""食""王""仓""君""祭"等部件。曾良指出"马"旁及"肆""疑"字的左旁也可用"リ"符号代替，"驚"字左上角的部件也可以用"リ"代替，龚元华指出"リ"能替代"足"旁。③ 粤调南音文献中由于草书书写，"氵""火""忄""扌"也可用"リ"替代。"リ"替代"氵"，"满"写为"⿰リ㒼"，如："轻举步，过轩东，自觉含羞

---

① 见于张涌泉：《汉语俗字研究》（增订本），北京：商务印书馆，2010年，第23页。

② 见于何华珍、黄莹：《草书符号"い"与东亚俗字传播》，《古汉语研究》2022年第2期，第110页。

③ 以上简化符号在近代汉字中替代其他部件的观点分别详见于周志锋：《说简化符号"リ"》，《汉语史学报》2003年第3辑；曾良：《明清小说俗字研究》，第184—186页；黄莹、何华珍：《越南写本文献研究的文字学意义》，《汉语史研究辑刊》第三十一辑，2021年，第286页；龚元华：《〈清车王府藏曲本〉疑难字形探略》，《励耘语言学刊》2019年第1辑，第60页。

满面红。”（460/581，《生祭李彦贵》）“一路行时偷自怨，满腹忧愁暗诉天。”（460/581，《生祭李彦贵》）“白头兵卒放起烟硝铳，松坡营寨满天红。”（464/166，《天台三宝骊珠记》）又“海”写为“海”，如：“谁知个个潘阿净，通埋海贼劫人钱。又做富豪绑米饭，海洋大盗有名传。”（464/136，《天台三宝骊珠记》）“东美答言：‘臣领命，蒙皇恩宠海般深。’”（464/136，《天台三宝骊珠记》）“泪”写为“泪”，如：“举步无心神气散，眼中难阻泪偷弹。”（464/211，《天台三宝骊珠记》）“消”写为“消”，如：“十八年前逃出外，身受含冤抱屈深，及至我王登九五，也应归国把冤伸，为何咁久无消息，直待今时且告陈。”（457/089，《万花楼四集五卷》）“济”写为“瘠”，如：“老祖玉禅心大怒，一连三次打佢身，皆被花山将剑拔，用来无瘠枉闲文。”（458/342，《五虎平西五集四卷》）“落”写为“落”，如：“刀响一声头落地，可怜满地血淋淋。”（456/519，《万花楼三集五卷》）“薄”可写为“茖”，如：“姐呀，须系金生家淡茖，你有金银数万千，雪中送炭何妨事。”（472/012，《金生挑盒》）“茖”字写为“茖”，如：“宫娥得令通传去，兰英宫主理乌云，茖涂脂粉芙蓉面，胭脂淡淡点朱唇。”（458/600，《五虎平南二集四卷》）

“满”草书书写为“泃”，《明清小说俗字典》已收，[①] 又讹变为“泃”“汥”“汤”“汸”。写为“汥”，如：“儿子娶亲汥月过，婚事周完可放心。”（472/241，《柳陆烟容》）“玉人近桌来观看，抬头汥架圣贤章。”（472/245，《柳陆烟容》）“岂知不见盟单纸，汥胸愁闷更悲伤。”（472/246，《柳陆烟容》）写为“汤”，如：“仁宗故意垂龙颈，半晌开言叫：‘爱卿，孤家挂榜招贤士，汤心指望有能人，汴梁壮士知唔少，往常老少真英能，如今要选两个英雄将，好同来使把强争。免用朝中文共武，怕人说朕欺压小邦臣，纵然赢了无光彩，必言我朕少仁心。’”（454/028，《新续十二寡妇西征六卷》）写为“泃”，如：“又谈英雄狄王亲，密密刀枪围困住，左冲右踊走唔能，鲜红血染征袍上，人头泃地乱纷纷。”（456/435，《万花楼三集五卷》）也可写为“汸”，如：“胡府家丁人七个，见着丢体公子下楼临，跑走下楼来去救，见得公子天灵盖已崩，红血飘飘流汸地，四肢僵仆地中临。”（456/140，《万花楼初集五卷》）“学法七年期已汸，蒙师指示下山行。”（456/266，《万花楼二集五卷》）“等我送尔西番见国王，待至他朝阳寿汸，佩环再整转仙乡。”（452/174，《金刀记十三集四卷》）“妾身已自归阴府，再无还望出生天。惟有丈夫唔改性，九泉做鬼不心欢，已向阎君前哭诉，阎爱怜悯妾含冤，又查阳寿唔曾汸，故差鬼役送回旋。”（457/034，《万花楼四集五卷》）

含有相同部件的“瞒”字发生了同样变化，写为“眆”，如：“夫人所说欠思寻，宗保三关来镇守，兵权独掌统三军，眆了朝廷之耳目，弊端所作计唔匀。”（456/532，《万花楼三集五卷》）“话说宋仁宗骂道：‘胆大的佞臣，寡人待你并无差错，为何全不见念君恩，欺眆昧法，朕也曾再三叮嘱，托你代办，如断明此事，自然朕也知你之劳，见你之

① 曾良、陈敏：《明清小说俗字典》，第404页。

情。”（457/119，《万花楼四集五卷》）“明系尔把胡公子打死，再敢多言辩驳强遮眆，况属皇城之法地，岂任横行在此边。”（456/148，《万花楼初集五卷》）“日”“目”二旁相混，“眆”又写为“昉”，如：“佢月二妃俱怀龙娃，总同时候共临盆，闻李宸妃生太子，佢们公主降身时，因叫相形怀妒思，当时好胜把君昉，人话仔时佢话仔，恨生太子在金銮。”（456/067，《万花楼初卷五集》）“佢就藏了狄广辞官折，只把左都御史本章陈，当时天子来批准，孙秀庞洪暗酌斟，昉了皇帝传圣旨，准陂狄广转归林。”（456/065，《万花楼初集五卷》）“满”字左右部件受草书书写、形近讹变等影响，最终写为“㤃”。

四、“仿”字

“仁宗这一番喜爱无比，不住的叫小姐拣样儿吃，小姐吃着果子，复又仿旨宣那贫婆上来。”（454/035，《新续十二寡妇征西六卷》）

按：“仿”为“传”字，如：“仁宗听得心生怒，龙面含嗔把话云，忙喝骂：‘贼猖狂，说出言词太不当，历代相仿谁不晓，唐诗晋字汉文章，中原尚且称奇异，何况苗蛮一小邦。’”（454/054，《新续十二寡妇征西六卷》）“历代相仿”即“历代相传”。与“传”含有相同部件的“转”字也可写为“⿰车方”，如：“便叫得力家童人一双，言礼衣衾棺椁买，须臾齐备⿰车方家堂。”（456/067，《万花楼初集五卷》）“青就金刀忙接⿰車方，匆匆喜色答言章。”（456/203，《万花楼初集五卷》）“⿰車方声吩咐家人等，快些收拾勿因循。”（457/021，《万花楼四集五卷》）“小臣愿保娘娘往，生擒宋贼⿰車方朝堂。”（452/090，《金刀记十二集四卷》）“住言钦若回衙去，又云里志进中军。叩见娘娘萧太后，尽把因由一一陈。城中有个王兵部，箭上拴书射出临。小军拾起交臣手，不知内里有何因。如今带⿰扌方来呈上，伏为开阅若何云。”（453/218，《大破天门阵三集六卷》）

“专”写为“方”当是草书字形楷化后再讹变的结果，“专”草书隶定后变为“⿱一方”，如：“王怀女来至驾前，仁宗赐坐，又命内使取酒来，令院君陪小姐同饮，一面仿旨宣黄花国使臣出班。”（454/035，《新续十二寡妇征西六卷》）“仿”为“传”。“次日红日高升，方止了那个声音，天也不旋了，地也不⿰扌方了，君臣们才苏醒过来。”（455/183，《四续十二寡妇征西六卷》）“南方遇见僧和道，将他拿⿰扌方显奇功。”（455/442，《五续十二寡妇征西六卷》）“⿰扌方”“⿰扌方”为“转”字。①“⿱一方”又讹变为“方”，“转”就写为“⿰車方”，如：“待他复命回头⿰車方，乘势教佢决了老庞。”（456/203，《万花楼初集五卷》）“我恐老爷唔晓到，一时奔走⿰車方回乡。”（456/204，《万花楼初集五卷》）“转”字讹变过程为：转→⿰車方→⿰车方，“传”字变为“仿”经历了同样的讹变过程。

“专”“尃”形近讹混，“尃”字也有相近变化。“薄”字写为“⿱艹仿”，如：“解官收按把

① “转”左侧“车”旁可写为“扌”，当是字形讹变的结果，变化过程为：车→丰→丰→扌，文献用例较多。

程登，班长上退把备蒡酒，十里长亭候送行，只因旧日同朝政，酒无非表寸殷。”（454/107，《新续十二寡妇征西六卷》）“膊”字可写为“膀”“膀”“肪”，如：“古尔同春才要下摔，却被小姐往上一挺，倒把他的肐膀吸住，蛮将吃了一惊：‘哎吆，这么一点点女娃，倒有这等膂力’，顺着他的颈儿也往上起。”（454/051，《新续十二寡妇征西六卷》）“小姐着忙使个金藤缠住，摽住了蛮奴的肐膀，玩了一个顺风扯旗。小姐心下早已定了主意，有心要拧蛮贼的肐膀，只听暁叹声响，蛮奴的肐膀竟被小姐拧为两段。”（454/052，《新续十二寡妇征西六卷》）“斗了多时力不禁，肐膀被其来拧断。”（454/053，《新续十二寡妇征西六卷》）以上“膀”“膀”“肪”都为“膊”字。

了解“膊”字以上写法，可从字形上辨识以下两例也该为“膊”字，如：“怀女此时唔怠慢，扶衰杖下不容怕，对住肪肩朝下打，只听哎吆喊一声，低垂左手痛难忍。”（454/024，《新续十二寡妇征西六卷》）“花贼自知难抵挡，暗羡将军气力强。肪臂酸麻难挡敌，枪刀挥落佢身旁。”（458/435，《五虎平南初集四卷》）

五、“次”字

“洪爷听得多次喜，迎接王爷入内行。”（467/140，《新刻西番棋子》）

按：“次”字形上看为“次”，这里实为“欢”的俗写，文献用例较多，如：“英婵听罢多次喜，忙忙收拾取衣箱。”（474/404，《新刻后续琥珀凤钗柳希云全本》）“三军领令心次喜，设营放炮转京畿。”（467/288，《后续西番棋子全本》）“自系蒋娇来李府，元修夫妇待恩宽。收留养育如生女，终朝母女见安然。遂连只为亡爹妈，分明拜契见心次。”（468/543，《旷野奇逢》）“一众家童忙领命，就叫连清入府中。道姑听得次无限，就时跟住個个家童。”（460/181，《陈世美三官堂琵琶记》）“话说包老爷举目观瞧，那盘龙棍生光吐瑞，恰似一条金龙飞腾鼓舞，丞相一见满心次喜。”（454/070，《新续十二寡妇征西六卷》）“路花王此际次无限，叫声贤弟笑频生。”（457/588，《五虎平西三集二卷》）“黑风保听师尊话，私衷无限喜次忻。”（453/087，《大破天门阵二集六卷》）

曾良在谈到俗字构形的几个角度时指出符号代替可以产生俗字。① “欢”用简单符号“又”替换“雚”旁，写为“欢”。“又”为替代符号，既不表音也不表义，因此俗写时也常常可用“口”“女”“亻”等符号替代，写为“吹”“妏”“佽”。写为“吹”，如：“介灵见说心吹喜，千万开恩救难人。”（469/131，《梁天来》）“女王读罢纶音语，满心吹喜示群臣。”（465/433，《天赐花裙》）写为“妏”，如：“刘生应你亲夫主，日后同妏到百年。华岳三娘亲笔语，奉上同群此柬篇。”（460/105，《沈香太子》）“真宗听罢娇诗句，此际龙心甚喜妏。”（456/058，《万花楼初集五卷》）写为“佽”，如：“飞龙听罢佽无限，命环立即快抽身。”（458/043，《五虎平西三集二卷》）

① 详参曾良：《明清小说俗字研究》，第177页。

“欢”右侧部件“欠”讹变为形近的“尺”，还写为“⿰又尺”，如：“话说番兵退了，关上众人无不⿰又尺喜。”（458/290，《五虎平西五集四卷》）部件“欠”也可换为“力”，“欢”写为“劝”，如：“婆婆听说回言答：‘梅花洞路忒艰辛，路途遥远难将去，不若我们伴尔身，尔契我们为契女，拜为子女若何能。我们同尔到寻夫来，况且年少自己亦惊心。’林娇听罢多劝喜：‘若系安人不弃我们身，即就拜将为契女。’观音便带起程行。”（461/119，《金叶菊》）“欠”还以写为“父”，如：“提起金刀忙乱⿰石父，花山险被佢伤亲。”（458/331，《五虎平西五集四卷》）“砍”的右侧部件变为“父”，写为“⿰石父”，所以“欢”也可写为“⿰又父”，如：“狄青听罢把言陈：‘原来师父将吾救，如今比做那方行，待我出堂来拜谢。’整衣立即快抽身，忙举步，出堂前，叫声师父喜⿰又父天。”（458/333，《五虎平西五集四卷》）“⿰又父”为“欢”字。

可见正字“欢”对应“欢”“次”“吹”“⿰石父”“⿰亻欠”“劝”等多个俗体字形。“欢”“⿰石父”也为“劝”的俗写，如《金戒指全》两处标题为“杨氏欢夫”（469/380、373），“欢”为“劝”字，即杨氏劝解丈夫。“爹娘接饭泪纷纷，万望苍天来作主。孩儿长大断穷根，昭得近前欢解：‘无劳爹妈尔操心，且自安然捱岁月，待吾长大报深恩。’莫谈昭得⿰又父亲句，叫唱黄公起歹心。”（460/274，《林昭得》）“只话捱苦等儿荣归日，见奴节义世人看。题名喜得遭凶变，奴家只系丧冥幽。玉仙周姐来相欢：‘姐呀，何须苦楚恨悬悬。西洋湖广时时过，何况小涧共溪渊。两儿今日登黄甲，何怕区家作弄权。’”（461/212，《三叶菊》）“皇后西宫闻弟语，开言⿰又父弟且欢心：‘一面欢心楼上坐，等我朝王奏帝君。定然求准金批转，唔使解粮受苦辛。’”（461/214，《三叶菊》）“且听洞内这黄花，本欲投降将表下，谁知陀列乱如麻，务与宋兵同对敌，专心想夺宋中华，蛮婆⿰亻欠尽唔睬吓。”（455/508，《五续十二寡妇征西六卷》）也写为“⿰女欠”，如：“明将回曰：‘我乃应门关总镇，姓白名隆，⿰女欠你好言不听，且放马过来试试本帅的厉害。’”（467/172，《新刻西番棋子》）

“劝”左侧部件“又”换为“女”，“劝”写为“⿰女力”，如：“夫妻⿰女力女。”（467/007，《新刻西番棋子》）《金刀记十三集四卷》标题为“见⿰女力说情”。（452/186，《金刀记十三集四卷》）“今日一杯来敬奉，情长尽在酒杯中。三⿰女力酒，奉英才，望为饮尽笑颜开。”（459/437，《呼家后代》）“⿰女力孙不必多悲切，用心勤谨习书文。”（461/197，《金叶菊》）“玉英骂句：‘贱婢，有何本领，敢出此言。娘娘好意⿰女力你不遵，自寻烦恼，正系天堂有路唔思去，地狱无门闯进来’。”（462/486，《慈云太子走国三集六卷》）“且言御史怒盈腔，不听夫人言⿰女力谏，登时走出就升堂。”（457/016，《万花楼四卷五集》）

“欢”也为“砍”的俗写，如：“世英一见叉临近，巨齿飞刀急架迎。一声听得当啷响，五股刚叉两折分。打在半空之上舞，振得国柱两臂酸麻了不能。说声不好忙回马，怕他刀⿰又父命难生。”（454/240，《二续十二寡妇征西六卷》）“石”旁换为“土”旁，写为“坎”，如：“通事兵报上，池号大怒，更不答话，把马冲锋过去，把斧向士荣头上坎来。”（455/433，《五续十二寡妇征西六卷》）“欠”旁可写为“父”，因此“砍”写为“⿰石父”，

如：“提起金刀忙乱砍，花山险被佢伤亲。”（458/331，《五虎平西五集四卷》）

“欢”“劝”“砍”三字俗写具有错综复杂的关系，释读文献时应小心辨识，其正俗对应关系见表1。

表1 “欢”“劝”“砍”正俗对应关系

正字	对应的俗字
欢	欢、欤、劝、吹、次、㐽、欢、欢
劝	欢、欤、劝、劝
砍	欢、坎、砍

六、“炟”字

“状元别姐炟书院。”（466/564，《雪月梅》）

按：“炟”为“归”字，如：“小王说声无此理，你我手足之情似海深。患难相扶炟正道，非贪酒肉作良朋。”（461/596，《慈云太子走国五集三十六卷》）“现存江左王李友信洗心炟顺，臣弟命回南塘掌理国务，年年进贡，岁岁称臣。”（463/230，《慈云太子走国五集六卷》）“胡爷看罢蛮王女，心中不觉火如焚。见佢身边无甲胄，十分藐视女佳人。便把手中枪一摆，骂声：‘贱婢莫称横，你爷不杀无名将，快通名姓好炟阴。’”（454/519，《三续十二寡妇征西三卷》）

“火”旁可用简化符号“リ”代替，“烟”写为“㓥”，如：“将来教子成名器，光前裕后接香㓥。”（465/468，《亦朋种花》）“一拍九龙齐吐现，口喷云㓥不可当。”（459/213，《五虎平南四集四卷》）“君臣极目留神，先望城里，只见人㓥稀少，甚为寥寂。”（463/052，《慈云太子走国四集三卷》）“烧”写为“㒓”，如：“侍婢担梯思走脱，四围火着不能前。跌伤㒓毙皆同死，哀哉数命丧黄泉。后座兰房俱着了，床铺衣物化成烟。珍馐食物都烧尽，㒓熔银两及铜钱。”（460/437，《崔文瑞张四姐》）“只见彩楼俱着火，半园果木亦㒓连。”（460/437，《崔文瑞张四姐》）“悲哀不顾无情火，㒓着茅寮几叶蓬。”（460/443，《崔文瑞张四姐》）“烦”写为“𠛅”，如：“何娇扯住把言陈：‘看你尊容如面熟，敢𠛅玉趾会我大君。’”（459/378，《五虎平南四集四卷》）“凄然银泪双飘下，万种愁怀𠛅在寸衷。”（460/440，《崔文瑞张四姐》）“潞花王听罢佢言云，叫声：‘母后休𠛅恼，臣儿今日有区分。’”（456/247，《万花楼二集五卷》）“煌”写为“㓥”，如：“上马连烧三炮响，营门大展甚辉㓥。”（464/188，《天台三宝骊珠记》）

“火”旁用简化符号“リ”代替在广府南音较为普遍。书手书写“归”字时，联想到“リ”为“火”旁的代替，因此将“リ”字回改为“火”旁，形成了“炟”字。这种现象较为普遍，比如“リ”可代替“女”旁，书手反推将“リ”回改为“女”，“归”写为“妇”，如：“又怕粮少救兵来不及，一时粮草食清光。何处呼庚和视酒，到此终妇死路亡。”

（452/091，《金刀记十二集四卷》）“妇”即“归”。

“リ”可写为“丬”，“归”字也可写为“归”，如：“又闻太后归楼上，投珠舍命丧阴府。”（452/174，《金刀记十三集四卷》）“リ”“又”都为近代常见的减省替代符号，可以换用，所以“归”字也可写为“⺀”，如：“你为思亲情惨切，盗将骨石转归临。”（453/546，《大破天门阵四集六卷》）

七、“忙/忙”字

“驲丞应诺忙忙去，走出偏厢把语陈。”（458/172，《五虎平西四集四卷》）

“二臣奉召快抽身，果然先后俱来到，银安参见礼深深，千岁王爷忙赐坐。”（456/247，《万花楼二集五卷》）

按：“忙”“忙”为“忙”字。“忙”，赵孟頫书法作品《致中峰明本》写为“忙”，《李愿诗卷》写为“忙”①，《行草大字典》赵孟頫草书写为“忙”②，以上写法右旁“亡”最上面的点写得像横，笔势又似与第二笔相连，与“巳”“已”形似。广府南音文献中书手将“亡”直接写为“巳”，“忙”写为“忙”，如：“狄青拍马忙追起，喝声：‘番女那奔驰？’双阳宫主忙回马：‘狄青勿要把哀欺，休得猖狂夸大口，看哀法宝到来时。’”（457/354，《五虎平西初集四卷》）“夫人正欲开声答，忽然侍婢到身跟，慌忙报说称唔好，话声唔出振腾腾。”（458/120，《五虎平西四集四卷》）“众位英雄称：‘有理，我等如今就转行。’狄爷又乃忙叮嘱：‘现有龙驹要小心。’”（458/170，《五虎平西四集四卷》）“定国将军称得令，顶盔贯甲志昂昂。炮响三声忙上马，大刀手执逞威光。”（458/270，《五虎平西五集四卷》）“且言个位杨元帅，领同兵将起程行。前往三关来镇守，沿途之上受艰辛。屈指行经三五月，不惊不觉到将临。即把谕帖忙分发，巡防兵将已知因。即将帅府来收拾，齐齐披挂便相迎。”（453/458，《大破天门阵四集六卷》）

又“巳”“巴”相混，“巴”写为“巳”，如：“国丈回言呼：‘陛下，看来崔信有私循，巳不得狄青扶社稷，稳保江山万载春。’”（458/004，《五虎平西三集二卷》）“忽听轻敲龙凤鼓，天子此时把位登。”（458/259，《五虎平西五集四卷》）吴小萱指出，“而俗书中另有直接省去‘把’字右边中间那一小竖的。这是因为右旁‘巴’篆书作‘巳’，隶定后可径作‘巳’。”③ 又如“征”字，写为“征”，如：“岂知与你得会之初，已受奸臣暗害，吃尽几多苦楚，正得母子少安。这老奸贼又哄圣上妄施巧计，保你征西辽，登临险地，祸福难分。幸喜今日得胜还朝，且把交锋之事，一一说与哀家知到。”（457/583，《五虎平西三集二卷》）草书楷化后讹变为“征”，如：“杨范二人旁又启，叫言：‘元帅进关心，在外

① 赵孟頫：《致中峰明本》《李愿诗卷》，见“以观书法”App。

② 详见中国书店出版社编：《行草大字典》（上），北京：中国书店出版社，1981年，卯集三十五页。

③ 详见吴小萱：《〈古本戏曲丛刊〉俗写札记》，《汉语史学报》第22辑，2020年，第295页。

经年⿰忄巳战苦，也应下马洗风尘。’”（457/561，《五虎平西三集二卷》）又变为“⿰忄巴”，如：“只因元帅⿰忄巴西去，白鹤关前被困身。现在十分危急了，特差小将转京行。”（457/515，《五虎平西二集四卷》）。还有“妃”写为“⿰女巳”，如：“奸⿰女巳设计将奴害，毒吾目疾不能开。”（457/183，《包公审郭槐二卷》）再写为“妑”，如：“刘妑启口将言道：‘第一生条良计逐佢出宫中，免令日后多枝节。’”（457/183，《包公审郭槐二卷》）“配”同理也写为“⿰酉巴”，如：“此阵非轻容易摆，上⿰酉巴阳光下⿰酉巴阴。”（458/618，《五虎平南二集二卷》）。

哈佛大学图书馆藏成亲王书书《诒晋斋法贴》第十二卷《扬州杂咏》中“把”写为“⿰扌巳”，① 右旁“巴”与“也”形体极为相近，“巴”常写为“也”，因此“把”也写为“扡”，如：“八郎听罢心如醉，叫句：‘贤妻听事端，驸马并非吾愿做，出于无奈扡姻联，妻你不须埋怨我，如今完聚胜从前。’”（453/268，《大破天门阵三集六卷》）“一定明知我把分书写，故意前来扡我⿰目庄。”（468/033，《金丝蛱蝶》）“哩下你们已扡分书写，均唔得到共成双。”（468/035，《金丝蛱蝶》）因此“⿰忄巴”也写为“忚”。“忙”的演变过程为：忙→⿰忄巳→⿰忄巴→忚。

八、“⿰矢巳”字

“狄爷听了便喝：‘焦廷贵，你这蠢才，全没些规⿰矢巳。’焦廷贵不敢再说。”（458/168—169，《五虎平西四集四卷》）

按：“⿰矢巳”当为“矩”字，右部“巨”讹变为“巳”。这一变化在含有部件“巨”的字上也有体现，“佢”写为“⿰亻巳”，如：“再表花山这道人，看见狄青⿰亻巳已败，呵呵大笑叫声频。”（458/331，《五虎平西五集四卷》）“不若我们将众领，前往南朝闹一匀。趁⿰亻巳兵疲和马乏，干戈一举便功成。”（453/440—441，《大破天门阵四集六卷》）“拒”写为“⿰扌巳”，如：“妖道有余日月怕，利害非凡有十分。玉蝉难以将他破，大兵抗⿰扌巳甚凶横，何时正得班师转。”（458/340，《五虎平西五集四卷》）

《行草大字典》“短”字魏武帝草书写为“短”，虞礼写为“短”“短”，“矩”字欧阳询写为“矩”，虞礼写为“矩”。② 右侧部件“巨”“豆”草书形体相近，文献常常混用，因此“短”写为“矩”，如：“阵内三百八十四位将官齐涌出，长枪矩剑利如针。乱扯大弓施毒箭，果然如雨乱纷纷。”（459/233，《五虎平南三集四卷》）“范杨二位齐声答：‘两贼因何把你伤。凭据全无难取信，天花坠地说荒唐。且自去将元帅见，待其分剖矩和长。’”（456/467，《万花楼三集五卷》）“丫环一众同商议，不若呼门看一匀，大众齐齐将户托，把目抬头细看亲，大呼唔好慌忙甚，夫人自缢命归魂，岂料佢今寻矩见，快些报与老爷

① 美国哈佛大学哈佛燕京图书馆藏《诒晋斋法贴》第十二卷，见“以观书法”App。

② 详见中国书店出版社编：《行草大字典》（下），北京：中国书店出版社，1981 年，未集一页。

闻。”（457/019，《万花楼四集五卷》）“矩”写为“短”，如：“侍婢亦唔多出入，真系宦家规短甚斯文。”（474/302，《琥珀凤钗柳希云》）叶荧光也举出了“矩”写为“短”的现象，见于《施案奇闻》中，引例如下：“房山县老爷出告条贴在寺前，所有规短照旧。（第八十四回，444页）”。①

“巨”写为“豆”也见于其他含有“巨”旁的汉字。“侸”即佢，如：“潘将军乃功劳大，寡人怜悯侸忠臣。”（455/153，《四续十二寡妇征西六卷》）“次日八王忙下谕，着令该处有司臣。快将太后渠收殓，用王礼葬侸们身。”（452/180—181，《金刀记十三集四卷》）也有“拒”写为“[扌豆]”，如：“二人领了包爷命，连忙移步快抽身，片时归转游龙驲，将情一一禀知闻：‘小人奉命往天王庙，业经查问众乡民。皆言庙内多妖怪，现今千岁把棺存。几位将军同守[扌豆]，并无别事果然真。’”（458/235，《五虎平西五集四卷》）

A Case Study of the Folk Characters in Nanyin in Cantonese

ZHANG Rongrong
(School of Liberal Arts, Minnan Normal University,
Zhangzhou, Fujian 363000)

Abstract: There are lots of folk Chinese characters in Nanyin in Cantonese. This paper interprets ten characters such as “吴”“二”“怙”“仿”“次”“归”“杷/忚”“矩”, we think they are the folk characters of “贤”“书”“满”“传”“欢”“归”“忙”“矩” and analyse the reason of their production.

Keywords: Nanyin in Cantonese; folk characters; interpretation

作者简介：张荣荣，闽南师范大学文学院教授，著有《明清时期南方地区方言文献文字研究》等。

① 叶荧光：《英藏清刊本〈施案奇闻〉俗字俗语考释》，厦门：厦门大学出版社，2018年。

佛教文学研究

福建佛寺志题诗刍议

邱蔚华

（龙岩学院师范教育学院，福建龙岩　364000）

摘　要：福建佛寺志题诗是了解闽地诗歌、人文、自然的重要窗口之一，具有重要的史料价值与文学价值。其作品具有两个显著特征：一是诗题结构类型化；二是题写内容自由广泛。其作者构成亦有独特之处：一是表现为题诗作者所属时空分布不均衡；二是体现在作者构成不仅有文人，还有僧人和道士。其中，文人的身份类型多样，要言之，主要有仕宦型、学者型、复合型、诗文知名型等四类。这些作品具有丰富的审美价值与独特的文化价值。

关键词：福建；佛寺志；题诗

福建佛寺志，即福建佛寺之专志，乃是记述福建名山寺院兴衰嬗革的专门文献。易言之，福建佛寺志主要以彰显闽地佛寺庙宇之兴衰、法脉承传之演变，亦以大量诗文描绘寺宇名山风光、名士文人出入寺庙参禅访道、与方外之士交游唱和等僧俗互动生动图景，谓其有“存史、资治、教化”之功能。其中所辑录的大量诗词题咏，不仅具有丰富的史料价值，呈现出独具特色的闽地自然人文风景，更有着重要的文学价值。寓览福建佛寺志，其存诗数量丰富，① 题材广泛，② 具有较高的艺术水平。其中，题诗是较有代表性的作品。

一、作品之特点

笔者以台湾杜洁祥主编《中国佛寺史志汇刊》和白化文、张智主编《中国佛寺志丛刊》为蓝本，统计福建佛寺志共 17 种。其中，辑录题诗的福建佛寺志包括《鼓山志》《西禅长庆志》《龙华寺志》《沙京龙泉寺志》《安溪清水岩寺志》《莆田广化寺志》《南山略记》《黄檗山志》《雪峰志》《灵石寺志》《厦门南普陀寺志》《支提寺寺志》《温陵开元寺志》等

① 据笔者统计，福建佛寺志存诗共 2902 首，另有词作 8 首。

② 福建佛寺志诗歌作品的主要题材有纪游诗、佛禅诗、咏物诗、赋别诗、酬唱诗、题诗、祝祷诗等七大类。

13种，约占总数的八成。可见，题诗历来是寺志编纂者诗文收录的重要来源之一。相较于福建佛寺志收诗近三千首而言，题诗仅93首，数量并不多，然而这些题诗却有着自己显著的特点。具体如下：

（一）诗题结构类型化

题诗，即就一事一物，或一景一画，抒发感受，并由此题写成诗。其中的“题”主要有两层含义：一是指为什么而题写；二是指在哪里题写。寓览福建佛寺志题诗之“题”，其含义主要属于后者，且其诗题具有相对固定的构成方式，从而表现出诗题结构类型化倾向。福建佛寺志的93首题诗之诗题，除郑岳《南湖乔木图诗》外，所有诗题均含“题”字。其诗题构成有四：第一，如前所述，诗题结构为“题＋题写对象”或“又题/寄题/叙题＋题写对象”型。这一类型的题诗在福建佛寺志所收题诗中俯拾即是，如徐㶿《题喝水岩月公房二首》、谢肇淛《又题太平马氏〈山居〉》、吴廷琪《寄题支提寺》等。据笔者统计，此类题诗共87首，占了题诗总数的九成强。第二，诗题结构为“×××题＋题写地点/对象”，如朱彝尊《鼓山题名》、朱熹《倡学祠堂题壁》、朱世熊《初夏游光孝寺题蕉》等三首。第三，诗题结构为“×××留题”，这类诗作也仅三首，即李同《龙泉寺留题》、张缙云《黄檗留题》和释照微《过辟支灵源洞留题》。第四，诗题结构为文体套叠型，即诗题由“××＋题写地点＋文体名”组成。在福建佛寺志所收题诗中，仅释大醒《兜率陀院题壁有序》一诗的诗题属于这一类型。

（二）题材内容灵活广泛

与咏物诗、纪事诗、赋别诗等具有特定内容的诗歌题材不同，题诗有着更广泛的题写吟咏内容，可以为某物、某景、某地、某事、某画、某文、某诗等，凡可吟咏者皆可入诗，内容尤其丰富，这在福建佛寺志所收题诗中也有突出的表现。为清眉目，笔者对这些诗作的题写内容列表概述如下：

表1　福建佛寺志各志题诗辑录简明表

寺志名称	作者	诗题	题写内容
《鼓山志》	朱彝尊	《鼓山题名》	题山水
	僧善灿	《题鼓山偈》	
	郑善夫	《题临沧亭》	题亭阁
	卢遂	《题澄心亭》	
	白玉蟾	《题鼓山超凡阁》	
	林希逸	《题天风海涛亭》	
	周宣	《题白云亭》	

续表

寺志名称	作者	诗题	题写内容
	邵捷春	《题积翠庵》	题寺庙
	赵汝愚	《同林择之姚宏甫游鼓山》(又名《题福州鼓山寺》)	
	王钝	《题鼓山寺》	
	蒋奕芳	《题灵源洞》	题岩洞
	郑昭先	《题鼓山灵源洞》	
	徐锡之	《题喝水岩淳佑己酉年》	
	赵希□①	《题喝水岩》	
	徐[illegible]	《题喝水岩月公房二首》	
《西禅长庆寺志》	王逵	《题王霸上升处》	题寺庙
	黄裳	《题西禅寺》	
《龙华寺志》	柯潜	《题龙华寺》	
《沙京龙泉寺志》	李同	《龙泉寺留题》	
《安溪清水岩寺志》	曾从龙	《题清水寺》	
	庄国祯	《题清水岩六老同游》	题岩洞
	林云程		
	欧阳模		
	黄凤翔		
	詹仰庇		
	林乔相		
	唐桂生	《题清水岩步六老同游》(六首)	
	曾之传	《题清水岩》	
	佚名		
	邱观维		
	谢芳德		
	佚名	《题清水岩七言绝六首》	
	张国政	《题清水岩偶咏》	
	戴绍箕	《题清水岩步家君原韵二首》	
	张菁莪	《题清水岩大师民国乙卯年》	

① 赵希□:□为缺省的字,即赵希逄(生卒年不详),一作希蓬,宋宗室,太祖四子秦王德芳八世孙。理宗淳祐间,以从事郎为汀州司理。与华岳多有诗词酬唱,有《华赵二先生南征录》,惜佚。词见《诗渊》第25册。

续表

寺志名称	作者	诗题	题写内容
《莆田广化寺志》	朱熹	《倡学祠堂题壁》	题事诗
	方翥	《题南山》	题山水
	林文	《题广化寺用东轩韵》	题寺庙
	张令休	《题天台庵》	
	郑岳	《南湖乔木图诗》	题画诗
		《题教授黄公悦偕弟公本遐思卷是其先员外参藩墓》	题墓诗
《南山略记》	朱世熊	《初夏游光孝寺题蕉》	题花诗
《黄檗山志》	王大复	《叙题十二峰》	题山水
	赵抃	《题灵渊》	
	释清馥	《题黄檗珠帘》	
		《题黄檗瀑布》	
		《题黄檗龙井》	
	曾绍烃	《题黄檗寺》	题寺庙
	张廷范		
	张缙云	《黄檗留题》	
	释广瑞	《题〈黄檗续志〉》	题志书
	释道暹	《题庆佑之总制〈绘梅园图〉次韵》	题画诗
《雪峰志》	李弥逊	《题雪峰大梦因禅师顶相》	题梦诗
	谢肇淛	《又题太平马氏〈山居〉》	题诗文
《灵石寺志》	叶进升	《题邻仙院》	题寺庙
	吴廷炤	《题灵石寺》	
	释大醒	《兜率陀院题壁有序》	
	铁锋	《题灵石山》	题山水
	释寂影	《题那伽室赠性牧维那》	题僧居
	释照纯	《题画三首》	题画诗
		《题画四首》	
《厦门南普陀寺志》	释大醒	《兜率陀院题壁有序》	题寺庙
	梁文煊	《恭和佟法海题南普陀石壁》	
	释太虚	《南普陀题名》	

续表

寺志名称	作者	诗题	题写内容
《支提寺志》	柏云子	《题仙岩寺》	
	林尹	《题鹤林宫》	
	吴廷琪	《寄题支提寺》	
	王国平	《题雍熙寺》	
	夏宝	《题仙岩寺》	
	陈子钦	《题画寿支提柏容上人》	题画诗
	释照微	《过辟支灵源洞留题》	题岩洞
	郑昌龄	《题说法台》	题佛道名相
	叶向高	《寄题说法台》	
	林材		
	陈良驹	《题霍童》	题山水
《温陵开元寺志》	释元贤	《题开元寺》	题寺庙
《九峰志》	谢道承	《题九峰寺》	

由上表不难看出，福建佛寺志题诗题写的内容主要涉及三大类：一是山水自然风物。上表中的题写山水、岩洞、亭阁、花卉等均属此类。其中，题写山水岩洞者 43 首，① 题写亭台楼阁者 5 首，题写花木者 1 首，以上爀合计 49 首。二是佛寺宗庙等建筑，其中题写寺庙者 25 首，② 题墓者 1 首，僧之居室者 1 首，此三者合计 27 首。三是诗文书画，其中，题画诗 10 首，③ 题诗文者 2 首，合计 12 首。除了以上三大类，福建佛寺志之题诗另有题事、题梦各 1 首及题写佛道名相者 3 首。

综上，福建佛寺志题诗诗题结构的类型化和题写内容的灵活广泛性在一定程度上都反映出题诗所具有的独特性。

二、作者之构成

福建佛寺志所收题诗作者共计 72 位。这些作者分属不同的朝代，来自不同的地方，身份也复杂多元。

---

① 其中徐爀《题喝水岩月公房二首》、无名氏《题清水岩七言绝六首》和戴绍箕《题清水岩步家君原韵二首》为三组吟咏山水岩洞之诗，合计 10 首。

② 《灵石寺志》和《厦门南普陀寺志》均收录释大醒《兜率陀院题壁有序》诗，故以 1 首计。

③ 释照纯作两组题画诗，共计 7 首。

（一）时空分布不均衡

首先，福建佛寺志所收题诗之作者时间分布不均衡。具体如下：宋代诗人 17 位，他们是王逵、赵抃、李弥逊、郑昌龄、白玉蟾、黄裳、曾从龙、林希逸、徐锡之、赵希逢、赵汝愚、朱熹、郑昭先、方翥、张令休、铁锋、王国平等；元代诗人仅 1 位，即王钝；明代有林尹、柯潜、林文、周宣、郑善夫、郑岳、夏宝、庄国祯、林云程、欧阳模、黄凤翔、詹仰庇、林乔相、蒋奕芳、僧善灿、张廷范、陈良驹、叶向高、叶进升、邵捷春、林材、谢肇淛、徐𤊹、释元贤、吴廷炤、释照纯等 26 位诗人；清代则包括了朱彝尊、曾之传、梁文煊、唐桂生、邱观维、吴廷琪、陈子钦、谢道承、卢遂、张国政、戴绍箕、张菁莪、朱世熊、张缙云、释道暹、释清馥、释大醒、释寂影、释照微等 19 位诗人；近代 1 位，即释太虚。另有李同、谢芳德、王大复、曾绍烃、释广瑞、柏云子等六位朝代不详和两位姓名无从考的诗人。由此看来，福建佛寺志所收录的题诗作者主要由宋、明、清三代的诗人构成，题诗数量在此期间亦最为繁盛。郭丹曾指出：“福建的文化在两宋时期得到了极大的发展。此后，延及明清时代，以至近现代，福建的诗文创作仍然长盛不衰。”①可见，福建佛寺志所收题诗及其创作者时间分布是大体符合福建古代诗歌发展规律。

其次，从空间上看，福建佛寺志所收题诗作者的地域分布以闽为主。其地域分布如下表所示：

表 2　福建佛寺志作者籍贯分布一览表

<table>
<tr><th colspan="3">闽籍诗人/僧籍在闽诗人</th><th colspan="2">客籍诗人</th><th>籍贯/僧籍不详者</th></tr>
<tr><td rowspan="6">福州</td><td>闽县</td><td>僧善灿、郑善夫、徐𤊹、李同、谢道承、郑昭先</td><td rowspan="3">浙江</td><td rowspan="3">朱彝尊、赵抃、释太虚</td><td rowspan="7">徐锡之
赵希逢
邱观维
张国政
张令休
王大复
曾绍烃
释广瑞
铁　峰
王国平
陈良驹
佚　名
佚　名</td></tr>
<tr><td>侯官</td><td>卢遂、邵捷春</td></tr>
<tr><td>福清</td><td>林希逸、释道暹（万福寺）、叶进升、叶向高、释寂影（灵石寺）、释照纯（灵石寺）</td></tr>
<tr><td>闽清</td><td>白玉蟾</td><td>江西</td><td>朱世熊、赵汝愚</td></tr>
<tr><td>长乐</td><td>蒋奕芳、陈子钦、林材、谢肇淛</td><td rowspan="2">河北</td><td rowspan="2">张缙云</td></tr>
<tr><td>连江</td><td>李弥逊</td></tr>
<tr><td colspan="2">莆田</td><td>周宣、柯潜、方翥、林文、郑岳、释清馥、吴廷炤</td><td>安徽</td><td>梁文煊</td></tr>
</table>

① 郭丹：《福建历代诗文发展流脉及当代意义》，《福建论坛》（人文社会科学版）2018 年第 9 期。

续表

闽籍诗人/僧籍在闽诗人			客籍诗人		籍贯/僧籍不详者
南平	延平	黄裳	江苏	释大醒	
	建阳	释元贤、朱熹			
泉州	晋江	曾从龙、庄国祯、林云程、黄凤翔、林乔相			
	安溪	唐桂生、曾之传、詹仰庇	山西	张菁莪	
	南安	戴绍箕、欧阳模			
漳州	诏安	张廷范	河南	王钝、王逵	
三明	永安	谢芳德			
宁德	宁德县（今蕉城区）	林尹、释照微、郑昌龄	湖南	夏宝	
	长溪（今霞浦县）	吴廷琪	湖北	柏云子	

由上表观之，闽籍诗人 46 人，客籍诗人 13 人，籍贯不详者 13 人。可见，福建佛寺志题诗之作者空间分布广，但以闽籍诗人为主，约占总数的二分之一强，其中又以福州籍诗人最多，共 21 人，将近占闽籍诗人总数的一半。

（二）身份类型之复杂

福建佛寺志所收题诗作者除了时空分布不均衡，其作者构成的身份也并非单一。细绎作者身份不难发现，他们主要由三大群体构成，即文人、僧人和道士。其中，文人群体身份多元复杂，其构成类型多样。要之有四：

一是仕宦型。“文”与“官”的结合是仕宦型文人最本质的特征，也是中国文人最常见的类型。福建佛寺志所收题诗的作者除方外诗人和徐𤊹（1570—1642）终身布衣外，其余生平事迹可考者基本上在他们的人生履历中或多或少都任过大小不等的官职。文人普遍“官”化的现象与中国自古“吏”与“士”相结合，强调“学而优则仕”的文化传统有很大关系。但是，笔者所谓的“仕宦型”文人主要指“官”是他们的主体身份特征，史料载述也以他们的官职履历为主。如《黄檗留题》的作者张缙云（生卒年不详），是嘉庆二十四年（1819）进士，曾署福建龙岩直隶州知州（1822），官福州府福清县知县（1823）、台湾府嘉义县知县（1826）及署台湾府北路番理鹿仔港海防捕盗同知（1830）等职。又如《题雪峰大梦因禅师顶相》作者李弥逊（1085—1153），南宋徽宗大观三年（1109）进士，曾于高宗朝先后试中书舍人、户部侍郎等职，后因反对议和忤秦桧，出知漳州，晚年隐连江（今属福建）西山。寺志收录诗人如张缙云、李弥逊等，仕宦型文人可谓比比皆是。

二是学者型。学者型的文人也大多数做过官，但他们在学术上的成就和影响远大于他们在其他领域的影响。如《倡学祠堂题壁》之朱熹、《题南山》之方翥、《题天风海涛亭》之林希逸等都是著名的南宋理学家，又如《鼓山题名》之朱彝尊、《题邻仙院》之叶进升、《题九峰寺》之谢道承等在著史通经上建树颇高。

三是复合型。所谓复合型是指在三个或三个以上领域的建树颇高并具有一定的影响力。如《题临沧亭》之郑善夫（1485—1523），不仅是明代官员、儒学家（阳明学）、文学家，而且善诗书画，曾历官户部广西司主事、礼部主事、员外郎、南京吏部郎中等职；又如《又题太平马氏〈山居〉》之谢肇淛（1567—1624），万历二十年（1592）进士，曾官至广西左布政使，既是闽派诗人代表，又是明代博物学家。

四是诗文知名型。顾名思义，诗文知名型是指以主以诗文闻名显达者。福建佛寺志题诗作者中这一类型的诗人也不在少数，如娴于诗文的明代文人蒋奕芳（生卒年不详）、北宋初著名诗文家王逵（990—1072）、富有文才的明代诗人庄国祯（1527—1604）等。

相较文人群体而言，僧人群体的显著特点表现为：一者数量少。据笔者统计，僧人十位，仅约占题诗作者总数的百分之十四。二者身份构成相对单一。福建佛寺志所收录的题诗作者中，多数僧人的身份构成是单一的，易言之，“僧人”是他们的唯一身份标识，其生平经历、思想观念、成就建树都未跳出他们的身份标识之域，如释元贤、释太虚、释清馥等所从事的活动、具有的思想观念、取得的成就等都主要在佛学领域。道士群体与僧人群体既有相似之处，也有相异之处。前者体现为道士群体人数亦少，仅白玉蟾和柏云子两人；后者表现为他们的身份构成并非都单一，如《题鼓山超凡阁》一诗的作者白玉蟾，他除了具有“道教‘内丹派’南五祖之一”的身份，实际上他还博洽群书，善篆隶草书，工画梅竹，在书画艺术领域颇有才华和影响力，谓之书画艺术家亦未尝不可。

三、题诗之价值

福建佛寺志之题诗，既是中国古典诗歌的重要组成部分，也是福建方志与寺志文献史料的重要来源之一。因此，其具有的文献价值主要体现为丰富的审美价值与独特的文化价值。

（一）丰富的审美价值

福建佛寺志所收题诗之题材主要集中在两类：一是风景名胜，二是诗文书画作品，其中不乏具有较高的思想和艺术水平的优秀之作。兹分别以林希逸《题天风海涛亭》和释照纯的题画诗为例，分析福建佛寺志题诗作品的文学艺术审美价值。

1. 林希逸《题天风海涛亭》

亭是中国古典园林中常见的经典建筑。它们或是达官贵人家园林的一个组成部分，或矗立于湖光巅峰之上，或隐匿于林间山色之中……对于佛寺而言，亭融入佛寺自然风光中，显得更加灵动，且因文人墨客的驻足、留题，又透发出人文底蕴的光环。文人墨客们往来于此，除了赏山乐水、论诗品题，还常常即兴作诗，题于亭壁，或抒离愁别绪，或感慨人生，或寄托出尘之愿等等，不一而足。福建佛寺志题亭诗作仅有《鼓山志》中收录的五首，数量不多，但因佛寺之亭具有自然与人文的双重属性，故而题亭诗有其独特的审美价值。兹以林希逸《题天风海涛亭》对此略作分析。

林希逸（1193—1271），字肃翁，一字渊翁，号鬳斋，又号竹溪，福清（今属福建）人，南宋著名理学家，也是当时知名的书画家、诗人。撰有《竹溪稿》《鬳斋续集》等。其《题天风海涛亭》云：

> 亭后千寻岃崱峰，亭前万里见晴空。山藏落照生新月，海涨轻涛带晚风。世事浮云变今古，客游镵石遍西东。近檐溜雨霜皮柏，却是渠曾识晦翁。①

诗题亭名中的“天风海涛”四字系朱熹留题福州鼓山的崖刻之一，镌刻于鼓山绝顶峰北坡积水池左前北侧石壁。就四字的出处而言，系宋代名相赵汝愚（1140—1196）刻于鼓山石门东的七律《同林择之姚宏甫游鼓山》（又名《题福州鼓山寺》）：

> 几年奔走厌尘埃，此日登临亦快哉。江月不随流水去，天风直送海涛来。故人契阔情何厚，禅客飘零事已灰。堪叹世人只如此，危栏独倚更徘徊。②

诗中抒写诗人长年奔走于宦海，心生倦怠，而登览鼓山胜景后一廓心胸，豁然开朗。其中“江月”两句素为人称道，朱熹读后深为此气象折服，于是欣然提起如椽大笔，在大顶峰石壁上挥写“天风海涛”四字。林希逸驻足于天风海涛亭，极目眼前景象，抚今追昔，有感而发，写下这首《题天风海涛亭》诗。诗的前四句描绘天风海涛亭的自然风光，后四句则在世事变迁、物是人非的慨叹中说古道今。全诗可谓将自然风景、历史人文与诗人的人生感悟熔于一炉，既充满诗意，又意蕴深刻。由此不难看出，林希逸此诗虽为亭阁留题，但因亭与鼓山胜景“天风海涛”有关，而此景又与宋代名臣赵汝愚、儒学集大成者朱熹颇有渊源，其独特的审美价值或许就是李拔所描述的：

> 试思自有天地以来，便有此山。从前百千年，游人迁客，岂无探奇抉奥，来游于斯者。而鼓山何以寂然不闻也？自朱子有“天风海涛”之书而名始重，自君谟有国师岩之题而名始传。设非考亭诸君子登览题咏，增辉其间，则虽有奇峰胜迹，亦将与穷山绝岛同其湮没矣，其何能见重于斯世哉？故观于山之所由重，而人之重可知也；观于人之所由重，而志之重益可知也。③

李拔所论用来形容题诗的意义和审美价值再合适不过了。易言之，风景名胜留题之诗

---

① 白化文、张智编：《中国佛寺志丛刊》第 98 册，扬州：广陵书社，2006 年，第 784 页。本文所引题诗皆出此本。

② 白化文、张智编：《中国佛寺志丛刊》第 98 册，第 778—779 页。

③ 白化文、张智编：《中国佛寺志丛刊》第 97 册，第 21—22 页。

可谓“诗由景生，景因诗传，人以诗达”。

2. 释照纯的题画诗

题画诗是福建佛寺志各类题诗中特别具有艺术审美价值的代表性题材。所谓题画诗，顾名思义，是指题在画上的诗或以画作为对象吟咏而成的诗。将画之形与诗之意融合，诗中有画，画中有诗，这是题画诗最显著的特点。福建佛寺志收题画诗十首，其中七首为释照纯所作。关于释照纯，史料没有太多记载，仅知其为明末清初灵石寺高僧。其七首题画诗分别为七绝和五绝各一组。其七绝《题画》诗云：

国色天香淡更宜，沉香亭北几人知。一枝横出千芳外，魏紫姚黄未足奇。

老叶筛风似破蕉，玉容虽减未全消。月明不闭水晶殿，簇簇金须香正饶。

繁叶不共此心幽，一种萧疏志可酬。细看横斜浓淡处，满堂凉思动清秋。

玉蕊珠包簇簇开，虚窗时想暗香来。自怜独占春风早，五月江城笛漫催。①

其五绝《题画》诗云：

江流千古碧，朴树万年阴。独有秋来雁，偏知钓者心。

屋边松树老，岩上小亭高。一枝收余趣，山风乱羽袍。

隐身天地外，藏屋乱松间。睡足浑无事，持筇看远山。②

众所周知，题画诗的共同特点有四：化静为动，变无为有，借题发挥，虚实结合。这在释照纯的这两组组诗都有一定反映。如诗中“一枝横出千芳外”“簇簇金须香正饶”“满堂凉思动清秋”“玉蕊珠包簇簇开”“偏知钓者心”“一枝收余趣，山风乱羽袍”“藏屋乱松间”“持筇看远山”等句中的动词横、饶、动、开、知、收、乱、持、看等，将画面的静止状态化为动感的描述；又如各诗中描绘香气或扑鼻而来（“簇簇金须香正饶”），或若有若无、似隐似现（“虚窗时想暗香来”），就把画面不能以具象的形式体现的内容通过语言文字延伸、扩展，变无为有；再如以枝叶或花蕊绽放的姿态（“横斜”“簇簇开”）、颜色深浅或香气浓淡的搭配（“浓淡处”“暗香”）联想到相应的季节，虚实结合，并由此借题发挥抒写人的感受（“凉”“催”）。可见，题画诗不仅摹画形，还抒画中情、传画外意，使画意与诗情互相弥补、互相延伸、互相丰富，从而达到题画诗“诗画一体”的最高境界。

总而言之，福建佛寺志所收的题诗不乏像林希逸《题天风海涛亭》和释照纯题画诗这样具有较高艺术审美价值的诗作，前者是人与景和谐共生的诗意传达，后者则是诗意入画、画衬诗情的灵动抒写。

① 白化文、张智编：《中国佛寺志丛刊》第104册，第265—266页。

② 白化文、张智编：《中国佛寺志丛刊》第104册，第271页。

（二）多元的文化价值

如前所述，福建佛寺志之题诗题材内容丰富，广涉自然山水风物、佛寺宗庙建筑、诗文书画及记事题梦等。这些作品既是诗人诗意心灵的艺术再现，也在一定程度上展现了诗人丰富的生活画卷以及一定的历史文化语境，具有多元的文化价值。兹举几例略作检讨。

1. 王钝《题鼓山寺》

王钝（1336—1406），字士鲁，号野庄，河南太康县人。元末为猗氏县县尹。洪武年间，征为礼部主事，累迁为福建参政，以办事廉洁谨慎而闻名。《明史》有传。福建佛寺志辑录其题诗《题鼓山寺》云：

上人飞锡来灵谷，我老羸驹到鼓山。相约恍如成宿契，傍观疑似学偷闲。灵源洞古烟萝绕，喝水岩空雨藓斑。他日尘缘能解脱，也应来此叩禅关。①

“上人”，系对持戒严格并精于佛学的僧侣的尊称，可见诗人交往的是一名德行深厚的高僧。佛教用语“飞锡”则进言此高僧乃云游四方之僧。“灵谷”，即鼓山一景灵源洞。灵源洞和喝水岩都是鼓山胜景。诗人与高僧相约于此，不仅抒发其与“上人”徜徉其间的自适惬意，更是充满了作者对入佛修道境界的神往，生动再现了诗人与方外之士交游互动的生动场景。

2. 庄国祯等的《题清水岩六老同游》

福建佛寺志收录了一组同题的题诗，诗题为《题清水岩六老同游》，因其丰富的文化价值曾一度颇引人注意：

首先，诗题中的“六老”，身份特殊。他们是六首题诗的作者，且身居高位。诗题下除了标注作者姓名字号外，还赫然标明他们的官职，如“江西巡抚学政侍郎庄国祯阳山”②“知府林云程”③“副使欧阳模八山”④“榜眼尚书黄凤翔仪庭”⑤“贵州巡抚林乔相锦峰”⑥和“刑部尚书詹仰庇汝钦”⑦等。身份如此显赫的“六老同游”定然会成为清水岩人文风景线的一个亮点。

其次，“六老同游”留下了数十首游赏清水岩的名篇佳作，谓之为文化盛事不为过也。前述李拔在给《鼓山志》作序时所论“观于山之所由重，而人之重可知也；观于人之所由

① 白化文、张智编：《中国佛寺志丛刊》第98册，第807页。
② 白化文、张智编：《中国佛寺志丛刊》第101册，第332页。
③ 白化文、张智编：《中国佛寺志丛刊》第101册，第332页。
④ 白化文、张智编：《中国佛寺志丛刊》第101册，第333页。
⑤ 白化文、张智编：《中国佛寺志丛刊》第101册，第333页。
⑥ 白化文、张智编：《中国佛寺志丛刊》第101册，第334页。
⑦ 白化文、张智编：《中国佛寺志丛刊》第101册，第334页。

重，而志之重益可知也”[①]，认为鼓山之闻名与朱熹、蔡襄等硕儒名家的墨宝佳文关系密切，其实清水岩之闻名遐迩与身份显赫的“六老”同游亦不无关系。“六老”所题之诗，不仅描绘了清水岩引人入胜的自然风光，更是他们交游互动的形象再现和胜游之旅的生动记录。他们这些题诗连同“六老同游碑”如今已然成为清水岩人文景观的组成部分之一。

再次，六首题诗不仅绘尽清水岩之奇峰胜迹，更于“六老”的探奇访幽中见出他们的真性情，或表现为意气风发之神采，如庄国祯“一泓清水流千古，四望苍山迭万重。自是胜游天不靳，故教明月挂高松”[②] 之高歌；亦表现为深为清水胜景所折服而诗兴大发，如林云程毫不掩饰地说自己“坐眺行吟兴未穷”[③]；或充满着与天地造化竞风流的自信与豪气，如黄凤翔高唱“仙人待我蓬莱上，石室丹邱路不迷”[④]；亦有如欧阳模者直言游兴盎然、乐不思蜀，畅吟“使君高兴真无两，杖履追随肯倦归”[⑤]。相较于前述“四老”之豪情，林乔相和詹仰庇于诗中更多的是抒发他们的闲情，前者感叹“共宿上方诸品静，当窗月色倍分明”[⑥]，后者则吟咏“青山载酒随闲到，飞阁闻经倚醉登”[⑦]。

最后，景韵禅情的诗意抒写。清水岩有“蓬莱仙境”之美誉。清水岩寺依清水岩山而筑，下临深壑幽谷，寺之红砖灰瓦隐在青松翠竹、烟岚缭绕的山顶，徜徉其间，“六老”或流连其“天际高山浩水依，层楼绝顶启禅扉”[⑧]（欧阳模）的空灵；或叙写方内游士与方外高僧共游岩山之旅，微吟“游子篮舆穿树杪，高僧锡杖度云中”[⑨]（林云程）；或云“禅居香在白云层，石径阴森晓气澄。法水喝来明夜月，香枝卧出暗寒藤”[⑩]（詹仰庇），于静夜空山中参禅悟法……诸如此类，无不蕴含微妙丰富的景韵禅情，在一定程度上反映了明代文人与佛禅千丝万缕的联系。

“六老”所作《题清水岩六老同游》诗引起了广泛而深远的影响，后人多有唱和，如明许自表（生卒年不详）《清水岩步六老原韵》、清李日焜（生卒年不详）《步六老原韵》和清唐桂生（1698—1772）《题清水岩步六老同游原韵》等。这些唱和之诗均为福建佛寺志所辑录。据载，许自表，字无己，号箕颖，明崇祯年间吴县人，曾任安溪县令，刻印过郑之玄《克薪堂诗集》九卷、《文集》十三卷；李日熑，字葆甫，号渔仲，安溪人，康熙朝理学家李光地之世父，天性纯厚，幼善属文；唐桂生，清乾隆二年（1737）进士，颇有

① 白化文、张智编：《中国佛寺志丛刊》第 97 册，第 22 页。

② 白化文、张智编：《中国佛寺志丛刊》第 101 册，第 332 页。

③ 白化文、张智编：《中国佛寺志丛刊》第 101 册，第 333 页。

④ 白化文、张智编：《中国佛寺志丛刊》第 101 册，第 333—334 页。

⑤ 白化文、张智编：《中国佛寺志丛刊》第 101 册，第 333 页。

⑥ 白化文、张智编：《中国佛寺志丛刊》第 101 册，第 334 页。

⑦ 白化文、张智编：《中国佛寺志丛刊》第 101 册，第 334 页。

⑧ 白化文、张智编：《中国佛寺志丛刊》第 101 册，第 333 页。

⑨ 白化文、张智编：《中国佛寺志丛刊》第 101 册，第 333 页。

⑩ 白化文、张智编：《中国佛寺志丛刊》第 101 册，第 334 页。

政绩，诗词、文章、书法俱佳。他们唱和之诗不仅是清人与明人跨越时空的互动，更是对“六老”百年之前的清水岩文化之旅的延续和传承。

3. 白玉蟾《题鼓山超凡阁》

福建佛寺志收录两首道士题诗，即白玉蟾《题鼓山超凡阁》和柏云子①《题仙岩寺》。后者于诗中描绘霍童奇风异景的同时，也抒写了自己对道教炼丹术的迷恋之情：“霍童一去不复返，炼丹岩上云空飞。我来乘风一纵送，恍恍惚惚仙气浮。平生心事寄仙岩，安得至人谈玄修。”② 相比之下，前者内蕴着更为丰富的文化内涵。全诗如下：

> 输与黄龙第一筹，于今不到洞宾羞。九重城里圣箭子，三百年来粪扫头。山月扶疏龛石冷，天风浩荡海槎浮。我来会得谦公意，竖起拳头向赵州。③

白玉蟾（1134—1229?）是道教内丹派“南五祖”之一，世传其神异莫测。白玉蟾虽为道士，但在上诗中却多取佛家语词和佛教人物典故入诗。具体表现在：

首先，首联化用了“吕洞宾飞剑斩黄龙”的典故。这一典故在佛教禅宗的典籍中演绎的是禅宗黄龙派初祖慧南禅师与道教丹鼎派祖师吕洞宾斗法的故事。《雪关禅师语录》卷五对此有详细的记载：

> 吕岩真人，字洞宾（青八黄龙机嗣），尝游庐山归宗，书钟楼壁曰：“一日清闲一日仙，六神和合体安然。丹田有宝休寻道，对境无心莫问禅。”（著语云：“问过黄龙始得。”）未几，道经黄龙山，值黄龙升堂，龙见意必吕公，欲诱而进，厉声曰：“座傍有窃法者。”吕毅然出问：“一粒粟中藏世界，半升铛内煮山川。此意如何?”龙指曰：“这守尸鬼。”吕曰：“争奈囊有长生不死药?”龙曰：“饶经八万劫，终是落空亡。”吕薄讶，飞剑胁之，剑不能入，遂再拜，求指归。龙诘曰：“半升铛内煮山川即不问，如何是一粒粟中藏世界?”吕于言下顿悟，作偈曰：“弃却瓢囊摵碎琴，如今不恋汞中金。自从一见黄龙后，始解从前错用心。”龙嘱令加护。（评曰：吕紫岩真人云：“丹田有宝休寻道，对境无心莫问禅。”及见黄龙，又道：“始解从前错用心。”今有以玄门坐功而拟禅理者，岂不错哉?）
>
> 拈曰：吕既悟矣！龙又嘱令加护，此去如何？但行好事，莫问前程。④

上引文中，慧南禅师以佛教的四大皆空观否定吕洞宾的长生不死和肉体飞升观，以此点化吕洞宾悟道，让其了然佛法之无边而道法之虚妄。显然，白玉蟾诗首联是对这一典故的化用。其中，“输”与“羞”则形象地演绎了佛道二教的理论之争。

其次，颔联“圣箭子”“粪扫头”语出于禅宗典籍。前者语出《祖庭事苑》卷三：

---

① 柏云子，白马洲（位于今湖北武汉东湖风景区）人，生平事迹不详。

② 白化文、张智编：《中国佛寺志丛刊》第105册，第204页。

③ 白化文、张智编：《中国佛寺志丛刊》第98册，第783页。

④ 智訚说，山峦录，开诇编：《雪关禅师语录》卷五，《嘉兴大藏经》第27册，台北：新文丰出版有限公司，1987年，No. B198。

象骨，即雪峰之别山，以形似而称。雪峰存因送鼓山。后有语云："一只圣箭子射入九重城里去也。"时太原孚云："须勘过始得。"遂于中路把住，云："甚么处去？"山云："九重城里去。"孚云："忽遇围逼，又作么生？"山云："它家自有青霄路。"孚云："恁么则离宫失殿去。"山云："何处不称尊？"孚便休去，归谓雪峰云："一只圣箭子被我拗折了也。"峰云："它有语在。"孚云："者老汉脚跟未点地。"①

上诗颔联出句化用了上引文"一只圣箭子射入九重城里去也"之语。"九重城"，因古制天子之居有门九重而称。"圣箭子"此处当指雪峰义存禅师（822—908）。他是晚唐五代享誉禅林的高僧，其禅法与当时北方赵州从谂禅师的禅法双峰并峙，所谓"北有赵州，南有雪峰"。据载，咸通九年（868），雪峰义存在福州象骨山造雪峰寺，僖宗皇帝赐寺额为"应天雪峰寺"，后因其机悟，僖宗皇帝赐其"真觉大师"之号，并授以紫衣袈裟。故诗中"九重城里圣箭子"当有所指。后者"粪扫头"亦语出禅林，原语为"粪扫堆头"，禅门高僧多引此语开悟弟子。如《筠州洞山悟本禅师语录》卷一云：

师问云岩："某甲有余习未尽。"岩曰："汝曾作甚么来？"师曰："圣谛亦不为。"岩曰："还欢喜也未？"师曰："欢喜则不无，如粪扫堆头拾得一颗明珠。"②

宋人作诗多引此典，如黄庭坚（1045—1105）《赠刘静翁颂四首·其二》有"千年粪扫堆头物，优钵罗花特地开"句，范成大（1126—1193）《腊月村田乐府十首·其十》有"除夜将阑晓星烂，粪扫堆头打如愿"句，释慧远（1103—1176）《不显名大檀越请偈·其四》有"若能转物即如来，粪扫堆头正眼开"等。白玉蟾此句显然也是对这一禅语的化用。

再次，诗歌尾联两句化用了宋僧道谦禅师和唐赵州从谂禅师的典故。诗中所谓"我来会得谦公意"之"谦公"，即宋临济弟子释道谦（1098—1159）。道谦者，大慧宗杲弟子，亲得宗杲禅师"看话头"禅法的真传。诗末一句"竖起拳头向赵州"，语出禅林广为流传的一则公案。《无门关》卷一有载：

赵州到一庵主处问："有么？有么？"主竖起拳头。州云："水浅，不是泊船处。"便行。又到一庵主处云："有么？有么？"主亦竖起拳头。州云："能纵能夺，能杀能活。"便作礼。③

宋代慧开禅师对这一公案评唱道：

无门曰："一般竖起拳头，为甚么肯一个，不肯一个？"且道"请讹在甚处？若向

① 善卿编正：《祖庭事苑》卷三，《卍续藏经》第 64 册，台北：新文丰出版有限公司，1983 年，No. 1261。

② ［日］慧印：《筠州洞山悟本禅师语录》卷一，《大正新修大藏经》第 47 册，台北：新文丰出版公司，1973 年，No. 1986A。

③ 无门慧开撰，弥衍宗绍编：《无门关》卷一，《大正新修大藏经》第 48 册，台北：新文丰出版公司，1973 年，No. 2005。

者里，下得一转语，便见赵州舌头无骨，扶起放倒得大自在。虽然如是，争奈赵州却被二庵主勘破！若道二庵主有优劣，未具参学眼。若道无优劣，亦未具参学眼。”①

由上观之，诗人于鼓山寺的月朗林疏、清瓮冷石、天风浩荡、海槎浮游等自然风景中领会道谦禅师与从谂禅师之禅法真谛。

以上佛教语词与典故入诗自然熨帖，表明道士白玉蟾对佛语禅典颇为熟稔，这不仅在一定程度上体现了宋代从佛道相争向佛道合流转变的趋向，也是宋人以学问为诗的创作倾向的生动反映。

以上所举三例是福建佛寺志所收题诗中富有代表性的诗作。实际上，综观福建佛寺志所收题诗，或吟咏自然人文风景，或描绘寺院庙宇建筑，或题写书画与佛教名相，或抒写方内外之士交游互动的生动场景，或诗意地再现诗人复杂微妙的心灵世界，或于诗中寄寓禅道玄理等等，不一而足，既在诗歌艺术水平上表现出较高的审美价值，也在思想内容上蕴含着丰富多元的文化价值。

题诗之源头可溯自南朝鲍令晖的《题书后寄行人》和刘令娴的《题甘蕉叶示人》。自唐以后，因题写内容广泛灵活，加之其具有社交往来的功能，题诗逐渐成为历代诗人备受喜爱的诗歌题材之一，数量蔚为可观，仅有唐一代就有题诗 2200 多首。福建佛寺志所收题诗 93 首，虽只是题诗发展历史长河中的一束小浪花，但充分彰显了题诗所具有的题写内容灵活广泛、情感层次丰富多元及文化价值与文学艺术魅力独特等诸方面的独特性。易言之，这些作品不仅生动描绘了闽地自然山水与佛寺人文风光，而且艺术抒写了闽地文人丰富微妙的情感世界以及闽地内外文人、方内外之士彼此交游互动的生动场景。从这个意义而言，福建佛寺志所辑录的题诗是了解闽地诗歌、人文、自然的独特而重要的艺术窗口，有着不可忽视的史料价值与文学价值。

A Discussion on Inscribed Poetry in Fujian Buddhist Temple Chronicles

QIU Weihua

(Normal Education College，Longyan University，Longyan，Fujian 364012)

Abstract：The inscribed poems found in the Fujian Buddhist temple records serve as a crucial gateway to comprehend the poetry，culture，and natural landscapes of Fujian.

① 无门慧开撰，弥衍宗绍编：《无门关》卷一，《大正新修大藏经》第 48 册，台北：新文丰出版公司，1973 年，No. 2005。

These works hold significant historical and literary value, characterized by structured poem titles and expansive inscription content. The authors encompass a diverse composition, with an uneven spatial distribution and representation not only from literati but also from monks and Taoists. In summary, there are four distinct types of literati-officials, scholars, composite individuals, and renowned poets and writers-each contributing to the rich aesthetic and cultural significance of these works.

Keywords: Fujian; Buddhist temple records; inscribed poems

作者简介：邱蔚华，龙岩学院师范教育学院教授，著有《朱熹文学与佛禅关系研究》等。

别庵性统《梅岑集》考论*

王廷法
（泉州师范学院文学与传播学院，福建泉州　362000）

摘　要：别庵性统在清初蜀、鄂、浙、闽等地影响甚著，其《梅岑集》是研究清初巴蜀聚云禅派及宁波普陀法雨寺的重要文献，也是目前聚云禅派仅存的一部别集。通过对该别集进行系统考论，可以还原别庵性统住持法雨寺时接受康熙及当地士绅匡助中兴普陀法雨寺的史实。由其诗歌体现的缠绵情致，则可窥见别庵性统异地传法的心路历程。《梅岑集》所载作品多未见于其他聚云、普陀文献，对清初巴蜀、浙江佛教史及相关文学文献研究多有裨益。

关键词：清初；别庵性统；《梅岑集》；普陀；聚云

别庵性统禅师著述宏富，有《径山录》一卷、《祖师正宗道影》一卷、《高峰宗旨纂要》（即《三山来禅师五家宗旨纂要》）三卷、《普陀别庵禅师同门录》三卷、《分集摘要录》四卷、《梅岑稿》五卷、《别庵语录》三十八卷、《续灯正统》四十二卷行世，“当代名公，多为之序，俱刻行世”①。别庵性统于康熙五十六年丁酉（1717）十月朔涅槃，世寿五十有七，僧腊四十有五，② “中兴之功，踰于曩贤矣”③，为中兴普陀耗尽心血。同时，作为聚云后裔，别庵性统完成了聚云一系回归径山祖庭的使命，使径山再灿，成为清初禅宗东西区域交流的一代高僧。目前学界对普陀山的关注较为集中，然对普陀别庵性统禅师的论述尚不够充分。对于别庵性统的关注要追溯至 20 世纪初庄士敦（Reginald Fleming Johnston）*Buddhist China* 一书中对别庵性统的介绍。④ 目前学界对此研究的代表性学者当属黄夏年与长谷部幽蹊。黄夏年⑤着墨较多者在于别庵性统禅师的著述研究，不过对

*　本文为国家社会科学基金后期资助项目“聚云禅派与晚明清初巴蜀佛教文学文献研究”（批准号：23FZWB038）的阶段性成果。

①　许琰：《普陀山志》卷六，清乾隆刻本。

②　许琰：《普陀山志》卷六，清乾隆刻本。

③　许琰：《普陀山志》卷六，清乾隆刻本。

④　Reginald Fleming Johnston. *Buddhist China*，London：John Murry，Albemarle Street，1913.

⑤　黄夏年：《普陀别庵性统禅师生平与著述考》，《宗教学研究》2014 年第 2 期。

《梅岑集》的研究付之阙如。长谷部幽蹊[①]则聚焦于《续灯正统》与聚云法脉的关联研究。《梅岑集》目前学界尚无学者关注。笔者不揣谫陋，略陈管见，就教于各位方家。

一、《梅岑集》概貌

《梅岑集》五卷，一册，清康熙三十七年裘琏序刻本，署“普陀释性统别庵著”。内容完整，黑格白口，无鱼尾，四周双边，每半叶九行，行十八字。前有康熙三十七年戊寅（1698）八月望日慈溪法弟裘琏撰于梅岑山留带堂之序。各卷目次编排依次为五律48首（卷一）、七律57首（卷二）、五绝25首（卷三）、七绝73首（卷四），第五卷“杂著”收词5首、赋1篇。关于《梅岑集》的收录情况，笔者所见清人别集（包括清代释家别集）整理及丛书影印均未收是集。书志著录此集者有《贩书偶记》《中国古籍总目》。《贩书偶记》“方外之属”著录：“《梅岑集》五卷，普陀释性统撰，康熙三十七年刊。”[②]《中国古籍总目·集部》著录：“《梅岑集》，清释性统撰，清康熙间刻本，国图、中科院。”[③] 此外，上海图书馆亦有藏本。国图、中科院、上图藏《梅岑集》均为清康熙三十七年裘琏序刻本。《梅岑集》为别庵性统由蜀入浙后的诗文别集，也是聚云禅派现存唯一一部别集。聚云禅派自聚云吹万禅师便以“大慧后裔”的身份肩负起回归杭州径山的使命，《梅岑集》记载了别庵性统从1686年至1697年十二年间其入浙扫径山大慧祖塔，在当时士绅匡助下住持普陀法雨寺并蒙受皇恩中兴普陀等一系列攸关清初巴蜀与江浙禅宗发展的重要史实，不但见证了普陀法雨寺的中兴，且是聚云禅派完成回归径山使命的主要文献。

《梅岑集》之“梅岑”即梅岑山，非别庵性统住持之法雨寺主山锦屏山，[④] 而是代指普陀山。《普陀洛迦新志》载：“至宝庆、成化两《四明志》、《大德昌国州志》，并云普陀一名梅岑山，并称宝陀禅寺在梅岑。夫梅岑，因子真炼丹得名，为一人一地事，殊不足概称全山。”[⑤] 朱绪曾云：“普陀、梅岑、洛迦本一山，后人以南峰最高处，名梅岑。然梅岑既名为峰，自不足以概全山。况普陀洛迦，在佛书以四字为一山名，后人或单称普陀，单称洛迦，因其称谓之便，是则普陀洛迦，乃全山之总名。梅岑，乃一峰之别号耳。”[⑥] 此

---

① ［日］长谷部幽蹊：《『续灯正统』と聚云法门〔Ⅰ〕》，《禅研究所纪要》通号31，2003年3月；《『续灯正统』と聚云法门〔Ⅱ〕》，《禅研究所纪要》通号32，2003年3月。

② 孙殿起：《贩书偶记》，上海：上海古籍出版社，1982年，第510页。孙氏所录“康熙三十七年刊”当据裘琏之序。

③ 中国古籍总目编纂委员会：《中国古籍总目·集部3》，北京：中华书局，上海：上海古籍出版社，2012年，第1271页。

④ 《普陀洛迦新志》载：“锦屏山，在佛顶山左，为法雨寺主山。环若列屏，林木青碧，加以白葩丹蕊，开放四时，掩映如锦，因名。”（王彦亨：《普陀洛迦新志》卷二，《中国佛寺史志汇刊》第10册，台北：明文书局，1980年，第85页。）

⑤ 王彦亨：《普陀洛迦新志》卷二，《中国佛寺史志汇刊》第10册，第83页。

⑥ 王彦亨：《普陀洛迦新志》卷二，《中国佛寺史志汇刊》第10册，第92页。

峰即指“梅岑峰”。“梅岑峰，在达摩峰右，南山最高处，林石幽秀，相传汉梅子真隐修于此。”① 清人邵辅忠诗曰：“几树疏疏梅倚石斜，问梅开落属谁家。东风昨夜频吹到，也作如来小白华。”② “白华”者，普陀之异名，邵辅忠将“梅岑”“小白华”并举，即是将梅岑视为普陀山。清缪燧诗曰“梅岑留遗迹，高迴陵青霞”③，亦是将梅岑视为普陀。晚明张忠烈著有《梅岑新咏》，其“梅岑”亦指普陀。

是书前冠有一序，其序曰：

士之幼负慧性，遗世而逃于禅者，必有魁杰不可束缚之气。故虽入空桑，其才力所至，类能旋转劈画，兴衰举废，以寓其兼善天下之心，此则其同于吾儒者也。至其遗弃万有，娱情泉石，静心高致，发为清响，则庄子所称天籁者也。吾儒撄罹尘网者，往往多不及焉。洛迦镇海别公，蜀之夔人，负奇气长才而隐于禅者。生时父有异兆，童龄出尘，壮年受嘱，可谓奇矣！自其主席此山，剪荆棘，驱麋鹿狐兔，首创绀殿红楼于奇岩秀壑之间，规画所至，巨细毕张。十年之间，几与普陀千百年来道场相埒。余疑其心劳力瘁，而不暇为和平要渺之音，抒泄山川奇宕清淑之致矣。别公则不然，长章短句，兴会淋漓；怀古悼今，缠绵情致。盖虽专门名家、精研兹道者，莫或先之。呜呼！别公奈何其多才，而又奈何其逃于禅也！戊寅中秋，余以志事入山，与别公盘桓泉石，披襄烟霞，庐峰、金山，未之或远。暇日出其所梓《梅岑稿》属为序。余屈首穷经，二毛鬅落，经世闻道，一不可自信，以视别公何如哉！然于诗，则少而嗜焉，老而习焉，虽不能登李、杜之堂，入鲍、谢之室，自谓甘苦有得，褒评赏讽，津津不倦，遇别公而不相倾倒，吐所欲言，不几负此名山也哉！爰不辞而为之序。时康熙三十七年戊寅八月望日，慈溪法弟裘琏顿首拜撰于梅岑山之留带堂。④

康熙三十七年戊寅（1698）中秋，裘琏至普陀山访别庵性统、潮音通旭，应别庵禅师之请，于留带堂撰此序。裘琏（1644—1729），字殷玉，号蔗村，别署废莪子，世称横山先生，浙江慈溪人。“裘琏的祖父与父亲均为明末抗清将领，其父战死沙场后，裘氏一门生活甚为贫苦。裘琏善诗文曲辞，又博闻强记，淹通文史，而仕进道路不顺，屡试不第，以卖文、坐馆为业。裘琏晚年因受康熙赏识，于康熙五十四年中进士，钦赐翰林院庶吉士，第二年称老乞归。回乡后继续坐馆著书，雍正六年（1728）被捕，于第二年死于狱中。”⑤ 是年，前、后二寺住持通旭、性统同延慈溪裘琏编辑《南海普陀山志》，稿成，法雨寺旋即授梓。是序作于梅岑山之留带堂，即法雨寺留衣堂，释性统因蓝理去任留衣建

---

① 王彦亨：《普陀洛迦新志》卷二，《中国佛寺史志汇刊》第10册，第90页。

② 王彦亨：《普陀洛迦新志》卷二，《中国佛寺史志汇刊》第10册，第90—91页。

③ 王彦亨：《普陀洛迦新志》卷二，《中国佛寺史志汇刊》第10册，第91页。

④ 释性统：《梅岑集》序，国家图书馆藏清康熙刻本。笔者所引别庵性统诗、词、赋作俱出国图藏清康熙刻本《梅岑集》，下文不再一一作注。

⑤ 详参毋丹：《裘琏生平著述考略》，《戏曲研究》2013年第2期。

“留衣堂”以志怀念。《普陀洛迦新志》载：“留衣堂，在法雨寺。清定海总兵蓝理去任，留一袭衣，以表不忘。住持性统因建斯堂。”① 释性统《蓝公留衣堂跋》曰：“大元侯蓝公，于庚午岁（1690），自宣化奉命移镇定海。甫下车，为国祝厘，旋登普陀。荆榛载道，瓦砾成邱，慨然有兴复之志。历任十有二年，殚心竭力，曲尽经营。殿成轮奂，阁耸云霄。即帑金颁由内府，寺额得之御赐，亦皆公持卫精忱所感召也。至于公之治定也，辟土地、浚河池，置馆通商、肃军安民，丰功伟业，合邑咸称。今岁辛巳（1701），诏驻天津。公至寺礼辞大士，徘徊持久，留衣一袭，以表不忘。昔韩文公问道灵山大颠禅师，留衣镇寺，后周濂溪睹留衣亭，有‘不知大颠何似者，数书珍重更留衣’之句。公之勋名大过韩文，山野道行远逊大颠，蒙此殊贶，得不自愧？然睹物怀人，永镇千秋，窃所幸耳。因建留衣之堂以示来兹云。”② 性统之跋记述了蓝理移镇定海、兴复普陀之经营，留衣建堂以比韩愈与大颠禅师之情谊。蓝理如韩愈留衣于梅岑山，别庵禅师亦效仿大颠禅师建“留衣堂”感念蓝理兴建普陀之功，二者情谊于是可见一斑。

《梅岑集》《南海普陀山志》③《普陀山志》④《重修南海普陀山志》⑤《普陀洛迦新志》悉载裘琏之序，《梅岑集》序记载了裘琏作序之时间、地点，最为完整。《梅岑集》与其他四部普陀山志文字略有不同，⑥ 清裘琏编《南海普陀山志》除将清释性统《梅岑集》“镇海别公”易为“法雨别公”外，正文皆相一致。而至清秦耀增编《重修南海普陀山志》则易“空桑”为“空门”，错将“经世闻道”刊刻为“经世问道”，更是将“几与普陀千百年来道场相埒”一句改为“遂为圣朝兴建菩萨道场庄严之首”，抬升了普陀山的佛门地位。清许琰乾隆四年编《普陀山志》承秦耀增编《重修南海普陀山志》，除将“劈画”易为“擘画”外，与秦耀增本无异。由各版本裘琏之序文字变异情况可知，其传承源流为“释性统本（《梅岑集》）→裘琏本（《南海普陀山志》）→秦耀增本（《重修南海普陀山志》）→许琰本（《普陀山志》）”。

二、《梅岑集》与别庵性统的交游唱和

别庵性统之交游除散见于《别庵禅师同门录》《续灯正统》《圣因接待寺志》及聚云禅派诸语录外，《梅岑集》记载最为集中，是目前考证别庵性统交游最重要的材料。《梅岑

① 王彦亨：《普陀洛迦新志》卷七，《中国佛寺史志汇刊》第10册，第468—469页。

② 王彦亨：《普陀洛迦新志》卷七，《中国佛寺史志汇刊》第10册，第469页。

③ 裘琏：《南海普陀山志》卷十二，《四库存目丛书》史部第239册，济南：齐鲁书社，1996年，第121页下—122页上。

④ 许琰：《普陀山志》卷十五，《续修四库全书》第723册，上海：上海古籍出版社，2002年，第361页下—362页上。

⑤ 秦耀增：《重修南海普陀山志》卷十六，国家图书馆藏清道光十二年刻本。

⑥ 《普陀洛迦新志》承《普陀山志》，文末注有“旧志”二字，《普陀洛迦新志》其例言“诸志相同者，曰旧志”（第23页上），实为许琰《普陀山志》，二者文字无异，不列。

集》所载别庵性统交游唱和情况，从地域而言，涉及重庆、湖北、安徽、浙江、福建、北京等僧众及当地士绅，包含聚云、普陀、天童、径山、阿育王、涌泉等临济、曹洞两宗诸多禅僧。《梅岑集》诗题所出现人物达一百余人，兹对别庵性统回归径山、中兴巴蜀之重要者予以考述。

别庵禅师初入嘉兴，得其同门沈克斋之助甚多。沈克斋，字廷劢，法名性宗，嗣法三山灯来，为铁壁慧机法孙，为性统同门法弟。别庵性统《舟过嘉兴忆高峰老人五首（并序）》载：

康熙乙丑岁（1685），先师归寂于西蜀高峰。次年丙寅（1686），予之天宁，先师曾主席焉。晤克斋先生，请制先师塔铭，并刻板附楞严藏录后。先生与予同门，分所当属。丁卯（1687），予主普陀。戊辰（1688）秋，值先师三周，复至嘉禾，颂先师牌位，入天宁祖堂，先生奔趋尽礼。金明晦和尚誉之曰："要假儿孙脚下行，于今验之矣。"先生谢曰："任在普陀法兄。"予曰："孤掌不浪鸣。"今岁庚午（1690），予有江南之役，再过嘉禾，舟次北丽桥，沈先生挈诸同人下顾焉。因述先师还蜀时，朱葵石、曹秋岳、俞右吉诸缙绅辈款送桥下。先师书卷留别，题曰"渡头法旨"，事传一时，何意今之预对，俨同于昔。嗟乎！渡头犹故，法旨未干，凡诸前辈，俱不复见矣，能不感慨系之！

三山灯来住持嘉兴，即与沈克斋往来密切。这在聚云禅派发展史上具有重要意义，为聚云禅派回归径山迎来新的转机。灯来禅师回蜀后，嘱别庵禅师赴浙传法，亦多赖沈氏之力。别庵性统请沈克斋制先师塔铭，其诗《赠沈克斋法兄》曰"万里重来逢旧面，吾宗信有一铜头"，即作于初入嘉兴请沈克斋制灯来禅师塔铭之时。可惜的是，今存《高峰三山来禅师语录》及《续刻三山来禅师语录》未存沈氏塔铭，仅存海宁杨雍建都御史《别建三山来禅师衣钵塔铭序》。此外，别庵禅师住天童与其同乡山晓本皙禅师互有往来。别庵禅师丐塔铭于嘉禾沈克斋、踵径山扫大慧祖塔后，会山晓禅师邀入天童，浙江提督陈世凯同缙绅屠粹忠等请主普陀。未几，值圣驾南巡，降帑宠异，法社焕然一新。康熙己巳年（1689），受武林檀护请，兼拜东园、永寿。[①] 据《新修天童寺志》记载，山晓本皙禅师出生于1620年，示寂于1686年，嗣法木陈道忞，为临济第三十二世僧人。[②] 山晓禅师在别庵禅师入浙一年后便示寂了，别庵禅师为其作《游中峰挽山晓和尚》一诗，对山晓禅师表达深切怀念。康熙十一年（1672）山晓弟子元盛慰弘住持天童，直至康熙三十五年（1696），别庵、慰弘往来频繁，别庵禅师《赠天童慰弘和尚》言"廿里松阴荫梵宫，密云疏雨播宗风"，对慰弘禅师宣倡天童禅法亦极为赞赏。

---

① 释性统：《普陀别庵禅师同门录》卷下，《嘉兴藏》第39册，台北：新文丰出版公司，1987年，第355页中。

② 《天童寺志》编纂委员会：《新修天童寺志》，北京：宗教文化出版社，1997年，第160—161页。

扣平、素白二位禅师为匡助别庵禅师兴建普陀沥尽心血。扣平，名超直，居观音洞庵，为法雨寺监院，往金陵募建殿木还，病卒于途。其徒润石赍其骨归，建塔庵侧，与素白同居。素白、扣平，同参兄弟也。二公久亲诸方，后隐迹观音洞。别庵禅师主法雨寺，二公来各任院事，鞠躬尽瘁，百废方兴。扣平禅师示寂后，素白禅师偶息劳洞中，别庵禅师常问视素白禅师。别庵和尚每至扣平禅师塔，辄凄怆动哀，赋诗志感。至今寺多其功，岁时扫塔致祭焉。别庵禅师视素白禅师时，作有五律《素白、扣平二公久亲诸方，后隐迹观音洞。予主镇海，二公来各任院事，鞠躬尽瘁，百废方兴，扣公一旦长逝，素公偶息劳洞中，予来问视，赋此寄慨》，诗曰："漫说十年事，重来意转伤。茅檐新瓦插，石洞旧金妆。日照梅阴密，风吹竹影狂。故人半去住，四顾其怆惶。"无限怀念扣平禅师任监院时之场景。康熙甲戌年（1694），别庵禅师视扣平禅师塔作五律组诗《甲戌年嘉平月视扣平监院塔悽然赋感》四首，以诗怀念与扣平禅师往日登山之种种场景，念其兴盛法雨之功。别庵禅师四首五律以"岁穷踏雪""昔老双梅""孤塔""乱草""悲峰""山鸟""海潮"等一系列禅林意象体现了别庵性统对扣平禅师的无限追思，情真意切，催人泪下。四首诗是别庵性统对扣平禅师的追忆，也体现了别庵性统传法半生、再灿大慧禅法于径山的坚定志向，个中艰辛，不言自明。

《梅岑集》保存了别庵性统为蓝理所作诗五首、词一首、赋一篇，是所有交游僧俗中数量最多的。蓝理（1647—1720），字义甫，号义山，福建漳浦人，生于清顺治四年（1647），卒于康熙五十八年（1719），为康熙朝著名将领，是清朝统一台湾的功臣。康熙二十八年（1689）"以海洋多盗，调补浙江定海镇"，任浙江定海总兵官，任职达十余年。[①] 蓝理曾为普陀"积善庵""清凉庵"题额，为《潮音语录》（五卷）作序。康熙三十七年戊寅（1698）冬潮音通旭禅师示寂后，蓝理暨合山耆宿请古心明志继席普济寺。蓝理对于兴建法雨寺更是"难不辞而久不倦"。姜宸英康熙丁丑（1697）《蓝公祠记》载："公之乡多产巨木，斥俸捐资，桴海运木，分给两寺。置木之值，至数千缗，无所吝然，予谓此不足为公难。其分处两寺也，自有护法来，千百年间，未有如公者。"[②] 蓝理为兴建普陀法雨寺、普济寺赍金置木，不以为劳，匡助别庵性统中兴法雨寺。童真至善《法雨禅寺中兴记》载："大将军施公发海艎运载，而镇府蓝公协舟相济，首建圆通大殿。自余诸处，渐次落成。"[③] 详细记载了蓝理与诸公兴建法雨寺之历程。别庵性统《赠义甫蓝镇台助兴普陀赋》曰"青蚨闻九重之帑，旃檀产八闽之分""适旌旗之至，恰车盖而来临。履瓦砾而吁嗟，拨茂草以沉吟。呼彼僧伽兮金帑分给于前后，饬兹首匠兮规模定超于古今。慎梁栋之美选兮取良材于闽粤，当雕琢之华饰兮募巧梓于金陵。"此赋言康熙南巡后，因蓝理

① 邓涛：《〈叔祖福建提督义山公家传〉及蓝理履历考证》，《清史论丛》2020年第1期；蓝鼎元：《鹿洲全集》，厦门：厦门大学出版社，1995年，第139页。

② 王彦亨：《普陀洛迦新志》卷七，《中国佛寺史志汇刊》第10册，第462—463页。

③ 王彦亨：《普陀洛迦新志》卷五，《中国佛寺史志汇刊》第10册，第273页。

其乡产巨木，故其“斥俸捐资，桴海运木”以建盖山寺，助兴普陀。康熙戊寅（1698）前后二寺住持通旭、性统同延慈溪裘琏编《南海普陀山志》，漳浦蓝理序曰：“凡黄公未竟之绪，遂不获辞。于是宣一人之盛德，鼎三宝之巍宫，惟巨惟细，悉理悉张，龙象满山，鼓钟震谷，莫不庆海不扬波，而祝天子万寿也。”① 载其继黄大来之后兴建普陀之事。康熙辛巳（1701）仲春《南海普陀山志》成，别庵性统对蓝理“重志鼎新”之举予以称颂，其上堂云：“镇台蓝公，力肩斯事，厚币硕士，重志鼎新。得我殷玉裘公，腹饱珠玑，笔走霞雾，草创润色，一气呵成。顿令山川梵刹，规制人文，顽者秀，朴者华，拙者巧，没者存，只字片言，别开生面。上纂千年之坠绪，下启百代之鸿猷。”② 别庵性统于法雨寺建陈、黄二公祠，然独为蓝理建蓝公祠，别庵禅师曰：“我之不忘黄公，犹蓝公也；我之不忘陈公，犹黄公也。于蓝公则专之，于陈、黄二公则合之，礼也。”③ 康熙第二次南巡后，蓝理与屠粹忠等士绅同建御碑亭。康熙辛巳（1701）蓝理去任，诏驻天津，留一袭衣，别庵性统于法雨寺建留衣堂以表不忘。康熙三十五年（1696），蓝理五十寿诞，别庵性统为其作七绝诗《祝义翁蓝总戎五袠》、七律《寿义甫蓝公镇台》。其他诸如《赠蓝公总戎体宾下士》《颂义甫蓝公总戎竺城除道德政·浪淘沙》《送蓝镇台蘧公除金门》，极力称赞蓝理之德政。

《梅岑集》所载聚云一系有童真至善、九峰般若灯谱、冰弦禅师、冰源禅师，尤其是童真至善在芜湖传法的相关记载，仅见于《梅岑集》。童真至善六十岁住安徽芜湖护国院，别庵性统《祝汶翁老和尚六袠兼贺新主芜湖之院》诗曰：“聚云密布盖西川，一片分飞天若连。荆楚岳山施法雨，芜关湖水洗尘烟。宗风久播三千界，道腊今臻六十年。为砥中流心不老，嘉猷岂肯让前贤。”是诗当作于康熙三十五年（1696）/三十六年（1697），④ 通过童真禅师“荆楚岳山”“芜关湖水”的传法之旅体现其为中兴聚云付出的心血。童真至善禅师作有《法雨禅寺中兴记》，赞别庵性统禅师“修宋元以来未续之灯，重建径山普觉塔院，奉高峰老人神主入天宁祖堂，诸如此类，可谓法苑之功臣矣”⑤。此外，别庵禅师

① 王彦亨：《普陀洛迦新志》卷十二，《中国佛寺史志汇刊》第 10 册，第 605 页。

② 王彦亨：《普陀洛迦新志》卷十二，《中国佛寺史志汇刊》第 10 册，第 606—607 页。

③ 王彦亨：《普陀洛迦新志》卷七，《中国佛寺史志汇刊》第 10 册，第 465 页。

④ 《竺峰敏禅师语录》卷三载：“师（竺峰幻敏）与童真善和尚同庚，年方十三。”（竺峰幻敏：《竺峰敏禅师语录》卷三，《嘉兴藏》第 40 册，第 234 页下）治平竺峰幻敏禅师生于崇祯十一年戊寅（1638），童真至善禅师亦当在是年出生。《续灯正统》载：“（童真至善）八岁父守夔州，师（童真至善）随父诣任，授以邹鲁章句，辄能记之。”《庆忠铁壁机禅师语录》载：“甲申（1644）前随父海筹公莅夔州府司李之任。”据此，童真至善当生于 1637 年。《万峰童真至善禅师语录》载，康熙十七年（1678）戊午闰三月十二日孝应两邑绅士请师住高峰禅寺，“童真至善师四十岁，两邑善士请升座”，若此，童真至善禅师非生于 1637 年，而是 1638 年。现存德林记《万峰汝翁童真至善禅师》三卷，惜无行状、塔铭。释性统《续灯正统》略载其生平。

⑤ 王彦亨：《普陀洛迦新志》卷五，《中国佛寺史志汇刊》第 10 册，第 274 页。

作有七绝《送汶翁老和尚住卓锡》，亦当作于童真禅师住芜湖禅院之时。冰弦禅师则因为其师玉眉性亮问序于沈廷劢入浙。冰弦禅师，嗣法玉梅性亮，[①]《卓峰珏禅师语录》附载《冰弦法禅师语录》。《冰弦法禅师语录》载："只缘我巴掌师翁门庭递代相传，累及耳庵、高峰二位老和尚一担均分，不意耳师翁脱去之速，遗命本师（玉眉性亮）参随高峰老和尚历有多年，乃将本师嘱付主席天宁。"[②] 玉眉性亮因耳庵灯嵩禅师化去，依灯来禅师。《灯来禅师年谱》载："康熙二十三年（1684），冰弦来理院事时，勤请益，师（三山灯来）严加究竟，盖不忘玉眉亮遗书也。"[③] 后住持忠州五峰山天宁禅寺。玉眉性亮后将衣钵付嘱冰弦禅师。冰弦住持十二年后，由笑旨禅师住持。康熙庚午（1690）秋九月上浣，嘉禾沈廷劢撰《玉眉亮禅师语录序》曰："适冰弦大师自蜀来，持《玉师语录》问序于予，予受而阅之，见其言言见谛，句句超宗，纵夺所施，不啻身受钳锤，觉廿年前面目俨然在睹。"[④] 由是可知，冰弦禅师为向沈廷劢索序入浙。别庵性统《送冰弦法侄大师返蜀》："聚首海南已一秋，于今拟欲上忠州。一回相送一回泪，万里关河万里舟。"冰弦禅师入浙一年后欲回忠州，是诗展现了别庵性统与冰弦禅师分别的不舍之情，"一回相送一回泪，万里关河万里舟"，不但寄寓叔侄二人的深厚法谊，同时别庵性统为担荷禅法远涉嘉禾，体现了别庵性统对忠州的无限思念。别庵性统亦作有《赠冰源和尚》："古柏参天壮蜀东，当机一句起宗风。南来唱和同乡曲，双桂源流遍界通。"冰源禅师，法系不详，当与冰弦禅师同门，或与冰弦同至普陀。

日本子严禅师曾住普陀，《梅岑集》存有别庵禅师七绝诗作《寄日本子严大师》："共话无生住普陀，朝阳有志日边过。故园花鸟同相忆，惟听钟声落碧波。"追忆了与日本子严大师在普陀时共言禅意的时光。然而普陀山因海寇入侵，屡遭损害，别庵禅师对日本侵入浙江沿海深感忧虑。此外，《梅岑集》记载了别庵与径山敏先、日闻、在瞻及为霖道霈、超原澹崖、硕揆原志、明益、潮音通旭、育王秋源等禅师的交往，不但与之交集，别庵禅师与普济、育王、径山、天童、三峰及福州鼓山为霖禅师等互有往来，在清初蜀、浙、闽等地影响甚著。

三、"异域""同天"：别庵性统《梅岑集》诗歌的缠绵情致

别庵性统"为人廓达有担当，与人交真诚剀挚"[⑤]，素善诗文，"盖虽专门名家，精研兹道者，莫或先之"[⑥]。严曾榘《别庵禅师语录序》言："绎其著述演说，大约通旭蕴藉中

① 其法系为：吹万广真—铁眉慧丽—耳庵灯嵩—玉眉性亮—冰弦。

② 释性珏：《卓峰珏禅师语录》，《嘉兴藏》第 39 册，第 343 页中。

③ 释性统：《高峰三山来禅师年谱》，《嘉兴藏》第 29 册，第 774 页上。

④ 释性亮：《玉眉亮禅师语录》，《嘉兴藏》第 39 册，第 333 页。

⑤ 王彦亨：《普陀洛迦新志》卷六，《中国佛寺史志汇刊》第 10 册，第 381 页。

⑥ 释性统《梅岑集》序。

却迅捷，性统稳实中更爽骏。殆亦法门游、夏，各抱具体之长者欤!”[①] 严曾榘是言将性统与潮音通旭一道，将二者比之为孔门子游、子夏，赞誉性统著述“稳实中更爽骏”。康熙第二次南巡（1689）驻跸苏州、普陀之时，“翠华巡幸，迎驾奏对，及进京祝厘，召见者八，进诗者九，敷陈称旨。凡所启请，无不俞允”[②]。别庵禅师迎驾命题应制从容奏对，也因之受康熙恩典，“赐翰赐紫，佛地重光，为从古宠眷所未有”[③]。

别庵性统担负聚云中兴的使命，受其师三山灯来禅师之嘱，从蜀东至浙江传法，使双径大慧禅法再灿。别庵性统不但得到了沈廷劢等由蜀入浙士绅的匡助，同时也得到了黄大来、蓝理等官宦的大力扶持，其中不少诗文为僧俗交游而作，如《赠陆兵垣敬峰先生》《遥望茶山怀陆敬峰先生》《赠蓝义甫镇台》《寿义甫蓝公镇台》《赠蓝公总戎体宾下士》《祝义翁蓝总戎五袠》《送蓝镇台蘧公除金门》《赠义甫蓝镇台助兴普陀赋》《赠薜酉山居士》《赠朱范臣居士》《赠沈克斋法兄》《赠乾庵马公爵台》《寿提台马侯四袠》《贺防海胡公副使》《贺赵公藩台》《赠华亭县令张君》《赠娄县令李君》等，是别庵性统中兴普陀的重要力量。在嘉兴、宁波士绅的匡助下，别庵性统得到康熙皇帝的接见。康熙第二次南巡（1689）时，别庵性统特以皇恩宠渥，作诗《景德谣五章（有序）》载其事，详细记录接旨之前后经过，其序曰：

> 予童年粗通经史，及披缁后，已无一元字脚在胸中矣。况入普陀，日与土木为雠仇，安复知所谓诗也？特以皇恩宠渥，光贲山林，行吟成句，以志不忘帝德云尔。或工或拙，难逃明眼。己巳（1689）三月朔日，圣驾南巡，遣侍卫万尔达、吴格，礼部郎中观音保，赍帑金至山，定镇黄总戎促予接旨。

是序记载了别庵接驾的缘起。别庵性统五首诗作展现了其受康熙恩赐之全貌，从“定镇黄总戎促予（别庵性统）接旨”（其一）、“予率千僧至短姑岸畔，迎龙亭入”（其二）、“龙亭至寺，宣旨谢恩”（其三）、“半偈堂与天使坐谈永夜”（其四）、“望别谢恩讫，复订后会”（其五）等五幅场景一一描述了皇家对普陀的礼遇，可谓以诗叙事。其言“九砾生光彩，皇恩为布金”（其一），普陀山因康熙御赐帑金而重焕声名，别庵禅师与黄大来同率千余僧俗接旨，感激当朝圣主的“殊恩”，并详细讲述法脉源流，展现“派原临济水，宗布径山云。西蜀埋名姓，南天颂国勋”的双重身份。康熙对普陀的礼遇，实现了别庵性统中兴聚云、振兴普陀的使命。

别庵禅师“长章短句，兴会淋漓，怀古悼今，缠绵情致”[④]，担负异地传法的使命，其诗歌中饱含思乡之情，尤其是离别诗情致缠绵，迥别于“语带烟霞”“气含蔬笋”的禅

① 王彦亨：《普陀洛迦新志》卷六，《中国佛寺史志汇刊》第 10 册，第 381 页。
② 王彦亨：《普陀洛迦新志》卷六，《中国佛寺史志汇刊》第 10 册，第 381 页。
③ 王彦亨：《普陀洛迦新志》卷六，《中国佛寺史志汇刊》第 10 册，第 381 页。
④ 释性统《梅岑集》序。

门之作。别庵性统嗣法三山灯来禅师，受请住持嘉兴天宁寺时，为诸缙绅共称“大慧再来”。[①] 康熙庚午（1690）别庵性统再过嘉禾，写下《舟过嘉兴忆高峰老人五首（并序）》，前文已有引述。

别庵禅师因江南之役，舟次嘉禾北丽桥，沈廷劢挈诸同人下顾，述三山灯来禅师还蜀时，朱葵石、曹秋岳、俞右吉诸缙绅辈欵送北丽桥下，灯来禅师书卷留别，题曰“渡头法旨”。所谓“渡头法旨”，康熙九年庚戌（1670）二月，灯来禅师欲上径山扫塔，未能成行。因庆忠老人灵骨高峰建塔期将近，遂辞檀护理西楫，缙绅攀留。缙绅群会于朱府放鹤洲，再三挽留不得，订以明年建塔毕即南来。[②] 二十四起行，僧俗数千人俱于北丽桥送别，朱葵石居士呈册请开示。灯来禅师即于舟中走笔千言，穷册始罢，题册首曰：“渡头法旨，画西移，失怙恃。”[③] 而今别庵禅师再过嘉禾，时过境迁，朱葵石等诸位缙绅已不在人世，“渡头犹故，法旨未干，凡诸前辈，俱不复见矣”，别庵因作诗怀念灯来禅师，其一“日暮丽桥横，渡头怀法旨”“笔花流水香，墨浪芳洲起”正是回忆灯来禅师渡头法旨之事，“兄弟感他邦，师资伤故里”，别庵性统再遇嘉禾缙绅潸然泪下，同门兄弟怀念返回蜀东的灯来禅师，“愁听话旧游，促棹别诸子”，往昔师徒相别，今又与性统禅师离别，可谓“北丽桥上不胜愁”。其二别庵性统回忆起灯来禅师临终遗言，携杖南游，使得法雨再润嘉禾，回忆起“父老旧师友”仍然不胜唏嘘，“思之恐亦否”，虽有旧师友匡助，却不见灯来旧貌。其三则是别庵性统回忆灯来禅师对自己的教诲，性统髫年入室，亲承锻炼十有余载，其言“童稚沐慈恩，沦肌而洽髓”说的即是此事。“既严博典坟，又助广经史”“帐纳五峰云，教流三峡水”，灯来禅师教诲之场景历历在目，惟“惭予椎鲁资，未谙师宗

① 康熙八年己酉（1669），沈克斋居士亦以裁并归里，过楚，觅巨舰迎灯来禅师，同至嘉兴，馆于天宁寺，刻聚云以下三代法录入《楞严藏》。七月，沈克斋偕本郡缙绅司农曹秋岳、司马张蘧林、方伯王迈人、铨部吴鼎吾、给谏杨自西、郎中钱珥信、太守朱葵石，暨诸山禅师东塔为则范、金明介庵进、梵受佷亭挺、前住持古云杰及本山耆宿大愚、秋月、静闻辈，请灯来禅师住嘉兴天宁寺。诸缙绅《启》云：“妙喜宗风五百载，云深双径；当阳竹篦十六传，气压诸方。淬鼓山七星之宝剑，迢迢普觉分灯；挂赵州东壁之葫芦，滴滴西禅法乳。赫尔朝阳启耀，遐哉秋月凝辉。流法化于锦江巫峡之间，树崇标于剑阁铜梁之上。咸闻万籁交吹，泥牛作舞；共仰孤峰壁立，铁汉低眉。”“孙承祖业，勤巴子却有乡情；子就父归，杨翰林不为分外。二千年之丛席，此日维新；三十世之宗猷，一时丕振矣。”（普定编：《三山来禅师语录》卷十六，《嘉兴藏》第 29 册，第 755 页中。）正值诸家鼎盛之时，灯来禅师独施格外钳锤，激扬最上宗旨，英灵川赴，檀护云兴，见者闻者共称“大慧再来”。徐敬可、曹秋岳、朱葵石等皆得其法语，众咸叹服。

② 此外，灯来禅师法嗣夔州西龙千夫性养禅师或与灯来禅师归蜀有关。《别庵禅师同门录》载：“康熙戊申（1668），峰南下，以昙华院事召师（无言性养）主之。居三载，精勤莅众，克绍前徽。庚戌（1670）冬，感微疾，集众说偈而逝。”（释性统：《别庵禅师同门录》卷上，《嘉兴藏》第 39 册，第 348 页上）灯来禅师离夔州府云阳县磐石山昙华禅院南下时，召千夫性养禅师主昙华院事。不过至康熙庚戌冬，千夫性养禅师便示寂了，是时三山灯来禅师刚至高峰开禧禅院。

③ 释性统：《高峰三山来禅师年谱》，《嘉兴藏》第 29 册，第 771 页上。

旨”，性统谦称自己资质鲁钝，未能深悟禅旨。其四非但是对灯来禅师的追忆，也是希望自己能“荣归故里”，首联“南渡五年余，离师已六载”“梦魂系蜀川，幻质靡江海”体现自己在浙传法已久，对蜀东故里魂牵梦绕，希望能返回故里。“百千衲子羁，何日能歌凯”，自己受到嘉禾、甬东僧俗的挽留，蜀东未能成行，不过别庵仍然期盼凯歌回乡。别庵性统与其师父、法叔、师翁等法化江浙一样，在浙传法初期便有归意，令别庵禅师意想不到的是，自后其常驻普陀，未能再住蜀东传法，故而《梅岑集》时现别庵禅师的缠绵情致。其五言“瞻师旧法幢，怯步天宁寺”，体现别庵性统对灯来禅师昔日住持天宁寺的敬畏，然“标月虚堂寒，飞霞残阁毁”，今日阁堂已遭毁坏，非其时兴盛之貌。“空怀庐墓心，未遂还川志”，别庵性统见是情状，屡屡希望回归蜀东，为灯来禅师庐墓。自己往来杭州、宁波等地传法，始终未能再返川东，“不惜南湖游，往来成再四”，表达性统的愧意。五首诗别庵性统从回忆自己受灯来教诲、受嘱入浙、江浙传法到嘉禾遇旧景怀旧人为线索，呈现别庵性统对灯来禅师的追忆，往昔之景历历在目，人去楼空，自己亦远在他乡，回忆之中包含思人、思乡的愁绪。他者如《赠吴友嵋先生》“信是故园残梦断，与君重续旧因缘”①，《甲戌年（1694）嘉平月视扣平监院塔悽然赋感（四首）》“乱草连云暗，悲峰带雨催”“泪尽心灰意矣，思君不欲来”②，《次日闻师还径山》“春水渡头分别去，一片征帆一片心”③，《送冰弦法侄大师返蜀》“一回相送一回泪，万里关河万里舟”④，情致缠绵者在《梅岑集》中比比皆是。

四、小　　结

别庵性统住持普陀，人皆以其为大智禅师后身，称性统禅师为“智祖后身”，为中兴普陀献出了自己一生的心血。《梅岑集》撰写时间前后仅十二载，却处于别庵性统由蜀入浙后传法变动最多的时期，记载了别庵性统由最初入浙到受到缙绅匡助、住持普陀、受康熙接见，使普陀、聚云两地重焕声名的一段历史，是目前了解别庵性统传法历程的重要材料。由于别庵性统特殊的传法经历，《梅岑集》中其“怀古悼今，缠绵情致”的诗歌特点迥别于禅门之作，不少诗歌可称佳作，“虽专门名家，精研兹道者，莫或先之”的评语，诚不虚也。《梅岑集》是别庵性统传法的心路历程，亦是聚云禅派回归径山的缩影。

① 释性统：《梅岑集》卷四。
② 释性统：《梅岑集》卷一。
③ 释性统：《梅岑集》卷四。
④ 释性统：《梅岑集》卷四。

A Study of *Meicen Ji* by Shi Xingtong

WANG Tingfa
(School of Literature and Communication, Quanzhou Normal University, Quanzhou, Fujian 362000)

Abstract: Shi Xingtong had a significant influence in the early Qing Dynasty in Sichuan, Hubei, Zhejiang, Fujian, and other regions. It is an important document for studying the Juyun Chan in the early Qing Dynasty and the Fayu Temple in Putuo, Ningbo. It is also the only remaining collection of the Juyun Chan. Through a systematic study of the *Meicen Ji*, the historical fact that the abbot of Shi Xingtong in Fayu Temple, received assistance from the Kangxi Emperor and local gentry in the revival of Fayu Temple has been restored. The emotions expressed in Shi Xingtong's poetry reveal the arduous journey of Shi Xingtong in promoting Buddhism in Zhejiang Province. The works in *Meicen Ji* are mostly not found in other Juyun and Putuo literature, which is helpful for the study of Buddhist history and related literary literature in early Qing Dynasty in Bashu and Zhejiang.

Keywords: in the early Qing Dynasty; Shi Xingtong; *Meicen Ji*

作者简介：王廷法，泉州师范学院文学与传播学院讲师，发表过论文《晚明禅林诗禅关系的重构与援儒入禅的诗学转向：以吹万广真为中心》等。

憨山德清的禅悟进阶、文学取向和诗歌境界*

王彦明
（江西师范大学文学院，江西南昌　330022）

摘　要：憨山德清的禅修体验、文学思想和诗歌创作，呈现出较为明显的阶段性特征。他经过五次禅悟，由普通释子成长为一代高僧，并在遣戍岭南后属意文学，力倡“情真境实”“实乃真禅”等文学理念。他的诗歌创作大多循此展开，既关注民瘼、抒写遣谪之感，也充盈着幽寂、清寒、澄明的禅悟境界。这为考察佛禅体悟和诗文创作，提供了立体而又鲜活的案例。

关键词：憨山德清；禅悟进阶；文学取向；诗歌境界

憨山德清与云栖袾宏、紫柏真并称“万历三大师”，历来颇受关注，相关研究亦夥。尤可注意者，德清为免后世“嗣法未详”之诮，于天启二年（1622）度大庾岭前夕，撰《憨山老人年谱自叙实录》，既追忆生平履历，更详载早年禅悟体验，实属鲜见。盖释子出于宗教禁忌，多对禅悟体验秘而不宣，或代之以棒喝动作，或诉诸诗性语言，罕有如德清般真切而翔实地记录。这种禅悟体验，深切关联着他的文学思想和诗歌创作，值得深入探掘。

一、憨山德清的禅悟进阶

关于德清，时人多目为“高僧”。比如，钱谦益编撰《列朝诗集》，擢德清为“高僧四人”之首。① “高僧”者，汤用彤曰：“释迦精神之所寄，每每能使教泽继被于来世。”② 时人亦称德清为“大师”，如弟子编修其别集，名曰“憨山大师梦游全集”。所谓“大师”，钱谦益曰：“古之人，译经如童寿、慈恩，但称法师；传宗如大鉴、大通，但称禅师。陈、隋之人主，奉天台智者，特称大师。”③ 这些尊称的内蕴不尽相同，却都彰显出时人对德

* 本文为2022年国家社科一般项目“憨山德清《梦游集》整理与研究”（22BZW091）的阶段性成果。

① 钱谦益：《列朝诗集小传》，上海：上海古籍出版社，2008年，第698页。

② 汤用彤：《汉魏两晋南北朝佛教史》（增订本），北京：北京大学出版社，2011年，第107页。

③ 钱谦益：《有学集》卷三十六《嘉兴营泉寺白法长老塔表》，上海：上海古籍出版社，2003年，第1261页。

清僧史地位的肯定。循名责实，主要有二。一曰佛教地位。德清曾为慈圣李太后取法名，列其为“大”字辈弟子，颇类智𫖮为隋炀帝受菩萨戒事，时人颇有“国师”之誉，如福征称德清为“曹溪中兴肉身嗣祖憨山国师大和尚”。[①] 二曰佛禅修为。德清素来奉行“禅教并重”“解行相应”，“解”谓佛法讲演和经典注疏，“行”指禅道证悟，也就是禅悟经验。德清力倡“以宗入，以教印，以日用境缘为验”[②]，“宗”系禅悟，“教”属经典，“日用境缘”即释子的身世遭际。由此看来，德清是以直觉体悟入佛境界，再以佛教经典印证，更要通过遭迹境缘勘验。三者环环相扣，缺一不可。这表明，直觉体悟是德清进入佛教的初阶，更能贯彻于佛教生涯始终，历诸境缘而不失。由此看来，对德清来说，“行”确实重于“解”。德清素来秉持以“行”解经，以此擘分纯粹以“文字般若”解经者，故其注经，大多融入禅观实践。如《道德经解发题》曰：“予凡注经，必是凝神入观，体契佛心，机倪忽自迸出者方付之纸。若涉思议，即不中用。”[③] 这表明，德清所注经典，盖属禅悟体证，而非知识层面的讲疏，亦透显出他对自身禅悟境界的自信。

更可议者，德清生前身后颇受嗣法未详之诮。钱谦益指出：“谤紫柏则曰本无师承，毁大师则曰但称义学。”[④] 盖德清殁后，僧团弟子颇遭排挤，故其弟子颛愚观衡曰：“师（德清）作礼，祖（德宝）遂以记莂之语嘱付居山，以待龙天推出。”[⑤] 意在追溯德清为笑岩德宝法嗣，便与密云圆悟之师幻有正传同辈。这显然不符德清本意，却也见出他在密云法系严格嗣法观念下被迫做出的调适。如密云徒孙慧海就说：“无根瑞草，智者不贵。威音以后，无师者尽属天然外道。”[⑥] 若真依此，德清岂不成了“天然外道”？蕅益智旭对“佛祖之道，必师资授受，方有的据，否则法嗣未详，终难取信”的说法极为愤慨，撰文力辨其诬，[⑦] 却也透显出德清僧团弟子面临的压力。其实，德清早在《径山达观可禅师塔铭》中，特意转述紫柏真可吊祭遍融真圆所说“嗣德不嗣法”[⑧]，已然觉察到“嗣德”与“嗣法”的抵牾，更为看重佛教精神的传承，而非形式上的“嗣法”。天启二年（1622），德清决定重返曹溪，并于十二月八日度岭前夕，撰述《憨山老人年谱自叙实录》，追忆生

---

① 释德清著，福征疏：《憨山老人年谱自叙实录》，《北京图书馆藏珍本年谱丛刊》第52册，北京：北京图书馆出版社，1999年，第595页。

② 释德清：《憨山大师梦游全集》卷十八《径山杂说》，《四库未收书辑刊》第3辑第25册，北京：北京出版社，2000年，第764页。

③ 释德清：《憨山大师梦游全集》卷四十五《道德经解发题》，《中华大藏经》第84册，第165页。

④ 钱谦益：《有学集》卷四十《致憨山大师曹溪塔院住持诸上座书》，第1382页。

⑤ 观衡：《紫竹林颛愚衡和尚语录》卷十二《曹溪中兴憨山先师传》，《嘉兴藏》第28册，台北：新文丰出版公司，1987年，第722页上。

⑥ 慧海：《天王水鉴海和尚六会录》卷九《金粟费隐容和尚行状》，《嘉兴藏》第29册，第278页。

⑦ 智旭：《灵峰蕅益大师宗论》卷五《儒释宗传窃议（有序）》，《嘉兴藏》第36册，第347—348页。

⑧ 释德清：《憨山大师梦游全集》卷十九《径山达观可禅师塔铭》，《四库未收书辑刊》第3辑第25册，第770页。

平，具体而微的描述了早年禅悟体验。诸如福征《憨山老人年谱自叙实录疏》、观衡《曹溪中兴憨山先师传》、吴应宾《大明庐山五乳峰法云禅寺前中兴曹溪嗣法憨山大师塔铭》、陆梦龙《憨山大师传》、钱谦益《大明海印憨山大师庐山五乳峰塔铭》等碑传史料，多据《憨山老人年谱自叙实录》略有损益，德清的悟修历程也就更为明晰。今依时为次，略作考释。

德清首次修悟，发生在大报恩寺。嘉靖四十三年（1654）冬，该寺主持西林永宁邀请无极守愚讲《华严玄谈》，德清与会，“随听讲至十玄门海印森罗常住处，恍然了悟法界圆融无尽之旨”，知“清凉山有冬积坚冰，夏仍飞雪，曾无炎暑，故号清凉”，心向往之，“自此行住冰雪之境，居然在目，矢志愿住其中，凡事无一可心者”。① 五台山古称“清凉”，自隋唐起，就是《华严》学重镇。② 无极守愚是自北南下的华严高僧，因其弟子雪浪洪恩的肆力弘传，华严学遂在南方成燎原之势。德清北上五台参学，晚年编著《华严纲要》，就导源于此。

德清第二次禅悟，发生在盘山千像峰。隆庆五年（1571）冬，德清钦慕五台山清凉盛境，决计北游。万历元年（1573）春游五台，不禁苦寒，再返京师，寓盘山千像峰，与不语僧同修。其说有云：

> 一夜，师经行，忽然顶门响一声轰如乍雷，山河大地身心世界豁然顿空，境非寻常目前空可喻。如是空定有五寸香许，渐觉有身心，脚下踏实，开眼渐见山河大地，一切境相还复如故，身心轻快，受用亦无可喻，举足如风轻。③

德清遂返居所，诉诸不语僧。不语僧称“此色阴境耳，非是本有”，并诫之曰：“我住此岩三十余载，除阴雨风雪，夜夜经行此境。但不着，则不被他昧却本有。”④ 此次禅悟，盖属《楞严经》所述色阴魔境，并非正悟。唐代禅师永嘉玄觉称为“豁达空”，其《永嘉证道歌》曰：“豁达空，拨因果，莽莽荡荡招殃祸。弃有着空病亦然，还如避溺而投火。”⑤ 德清经不语僧点破，深知其非。嗣后万历二十二年（1594）春，时任山东右布政使的郑汝璧入牢山造访，德清告曰：“工夫念力急切逼拶，妄想一念顿歇。忽然身心脱空，便见大地无寸土，深至无极，则生大恐怖。于此若不勘破，则不敢向前。或以此豁达空当作胜妙，若认此空则起大邪见，拨无因果，此中最险。”⑥ 这番劝诫，显然带有盘山悟道

① 释德清著，福征疏：《憨山老人年谱自叙实录》，《北京图书馆藏珍本年谱丛刊》第52册，第623—624页。

② 参陈允吉：《唐音佛教辨思录》，上海：复旦大学出版社，2018年，第45页。

③ 释德清著，福征疏：《憨山老人年谱自叙实录》，《北京图书馆藏珍本年谱丛刊》第52册，第645页。

④ 释德清著，福征疏：《憨山老人年谱自叙实录》，《北京图书馆藏珍本年谱丛刊》第52册，第646页。

⑤ 玄觉：《永嘉证道歌》，《大正藏》第48册，台北：新文丰出版社，1986年，第396页上。

⑥ 释德清：《憨山大师梦游全集》卷一《答郑崐岩中丞》，《四库未收书辑刊》第3辑第25册，第11页。

的影迹。居四高僧之末的蕅益智旭，亦有类似体验。《八不道人传》自云："次年夏，逼拶功极，身心世界忽皆消殒。因知此身从无始来，当处出生，随处灭尽，但是坚固妄想所现之影，刹那刹那，念念不住，的确非从父母生。"① 当代禅学名家圣严法师称："（智旭）尽管已经得到这么贵重的宗教体验，但并不就等于是圣位菩萨的证悟，只是于性相融会见解的发端而已。因此，就这证悟的情况，并未向任何人提起，但在自己的胸中却没有留下什么疑问，这是当时的情形。"② 正是此次不属正悟，德清在《年谱》中仅以"复入京东游，乞食至盘山千像峰，见一僧不语，予亦不问，即将相与拾薪汲水行乞"草草带过，钱谦益、吴应宾、陆梦龙等人略而不载。

德清第三次禅悟，发生在蒲州山阴王府。山阴王朱俊栅（1530—1602），乃朱元璋孙朱逊煁后裔，嘉靖三十七年（1557）袭封，世居蒲，颇奉佛，尝遣妙峰福登至南海普陀礼观音。返归时，福登病重，寓天界寺充净头，受到德清的悉心照料，病愈返蒲。隆庆六年（1572）十一月，二人再遇京师，同居龙华。时妙峰奉朱俊栅命，入京请藏。万历二年（1574）九月，造藏毕，同归蒲州结冬安居。时太守陈公请福登、德清校刻宋僧净源的《肇论中吴集解》。德清向于论中"旋岚偃岳而常静，江河兢注而不流"③ 诸句不解，此次观后文"梵志出家，白首而归。邻人见之曰：'昔人尚存乎？'梵志曰：'吾犹昔人，非昔人也'"④，顿悟诸法本无去来。其说有云：

> 即下禅床礼佛，则无起动相，揭帘立阶前，忽风吹庭树，飞叶满空，则了无动相，曰："此旋岚偃岳而长静也。"至后出遗，则了无流相，曰："此江河竞注而不流也。"于是去来生死之疑，从此冰释。⑤

悟后遂作偈曰："死生昼夜，水流花谢。今日乃知，鼻孔向下。"⑥ 次日，福登诘其所得，德清答以禅语："夜来见河边两个铁牛相斗入水中去也，至今绝消息。"福登深肯之，称"喜有住山本钱"。依此，德清此悟重心，实于无常迁谢的尘世万象，悟知本有心性的常住不迁。后来，他注《肇论》时再度引述这段经历，称："于是回观昔日《法华》'世间相常住'之疑，泮然冰释矣。是知论旨幽微，非真参实见，而欲以知见拟之，皆不免怀疑漠漠。"⑦ 这说明，德清是以直觉体悟，与镇澄以"圣言量""理量"评判僧肇"物不迁"的阐释进

① 智旭撰，明学主编：《灵峰蕅益大师宗论》卷一《八不道人传》，《蕅益大师全集》第15册，成都：巴蜀书社，2014年，第10页。

② 圣严著，关世谦译：《明末中国佛教之研究》，台北：学生书局，1988年，第309页。

③ 僧肇著，张春波校释：《肇论校释》，北京：中华书局，2010年，第17页。

④ 僧肇著，张春波校释：《肇论校释》，第23页。

⑤ 释德清著，福征疏：《憨山老人年谱自叙实录》，《北京图书馆藏珍本年谱丛刊》第52册，第652页。

⑥ 释德清著，福征疏：《憨山老人年谱自叙实录》，《北京图书馆藏珍本年谱丛刊》第52册，第652页。

⑦ 憨山德清：《肇论略注》，《卍新续藏》第54册，台北：新文丰出版股份有限公司，1993年，第335页。

路全然不同，进而引发了晚明释子围绕《物不迁论》而展开的思想论争。[①]

德清第四次禅悟，发生在五台山。万历三年（1575）正月，德清、福登结束安居，重返五台，二月十五日抵山，寓塔院寺，三月初三卜居北台龙门，专意禅修。镇澄称北台“风云雷雨，出自半麓。有时下方骤雨，其上曝晴，四方云气每朝归而宿泊焉，盖龙帝之宫也。时或猛风怒雷，令人悚怖。尝有大风吹人墮涧，若槁叶耳。”[②] 龙门处北台南麓，“裂石如崩，涛声若雷。北有藏云谷，下有留云台，云出为雨，云入为雾。”[③] 概见此地自然环境恶劣，尤其是自然声响巨大而又嘈杂，极不利于禅修。德清晚年开示双轮照住山时说“（北台）大风时作，万窍怒号，日夜不休。及雪消涧流，响若奔雷，又如千军万马奔腾之状”，直言“如此杂乱境界，初最难当”。[④] 德清初住此地，“甚以为喧扰”，遂向福登请益。福登告以“三十年闻水声不转意根，当证观音圆通”。[⑤] 德清便每日立于溪边独木桥上，初则水声宛然，久之动念则闻，不动念则不闻，终获大悟。其说有云：

> 一日，坐桥上，忽然忘身，则音声寂然。自此众响皆寂，不复为扰矣。[⑥]

德清此次所悟，盖为喧寂一如，更近于“止”，即无论外境如何杂乱，均能保持内心不动。这在抄写《华严经》中得到证明。万历五年（1577）春，德清念父母深恩未报，发愿刺血泥金书写《华严经》，明神宗“赐金纸以助”。[⑦] 期间，游山僧俗造访，他手不辍书，不失应对；每遇高人故旧则延坐禅床，“对谈不失，亦不妨书，对本临之亦不错落”[⑧]。近邻老叟故意率众搅扰，见德清依然书经不乱，叹为惊异，便向德清挚友妙峰福登打探因由。福登释曰：“吾友入此三昧纯熟耳。”[⑨] 这对德清来说并非玄妙，依前例，也只不过是“定中书经”。

此间，德清以麸和野菜为食，合米为汤送之。初人送米三斗，半载尚有赢余，遂于饭后经行。其说有云：

> 忽立定，不见身心，唯一大光明藏圆满湛寂如大圆镜，山河大地影现其中。及觉则朗然，自觅身心，了不可得。即说偈曰：“瞥然一念狂心歇，内外根尘俱洞彻。翻

① 参见江灿腾：《晚明佛教改革史》，桂林：广西师范大学出版社，2006年，第324页；简凯廷：《晚明五台僧五空镇澄及其思想研究》，台湾清华大学2017年博士学位论文，第129—134页。

② 李裕民审订：《清凉山志》，太原：山西人民出版社，1989年，第42页。

③ 李裕民审订：《清凉山志》，第44页。

④ 释德清：《憨山大师梦游全集》卷二《示双轮照禅人》，《四库未收书辑刊》第3辑第25册，第33页。

⑤ 释德清著，福征疏：《憨山老人年谱自叙实录》，《北京图书馆藏珍本年谱丛刊》第52册，第660页。

⑥ 释德清著，福征疏：《憨山老人年谱自叙实录》，《北京图书馆藏珍本年谱丛刊》第52册，第660页。

⑦ 释德清著，福征疏：《憨山老人年谱自叙实录》，《北京图书馆藏珍本年谱丛刊》第52册，第674页。

⑧ 释德清著，福征疏：《憨山老人年谱自叙实录》，《北京图书馆藏珍本年谱丛刊》第52册，第675页。

⑨ 释德清著，福征疏：《憨山老人年谱自叙实录》，《北京图书馆藏珍本年谱丛刊》第52册，第676页。

身触破大虚空，万象森罗从起灭。”自此内外湛然，无复音声色相为障碍。[①]

德清获此禅悟而无人印证，遂取《楞严经》自证。德清自言：“初未闻讲此书，全不解义，故今但以现量照之，少起心识即不容思量。如是者八阅月，则全经旨趣，了然无疑。”[②] 其实，“圆满湛寂如大圆镜，山河大地影现其中”诸语，恰符经中富楼那所问“如来藏清净本然，云何忽生山河大地诸有为相”。[③] 故吴应宾说：“台山之悟，四顾无所咨决，而以现量寓目首楞严王，八阅月无用心处。”[④] 与前次不同，德清此悟重在“观”，即悟自心本就光明广大，外在山河大地一切境缘，能为自心之所映现，故洞彻内外根尘，消泯彼此界限。

德清第五次禅悟，发生在东海牢山。万历十一年（1583）春，他因五台山祈嗣声名太盛，遂与妙峰福登、空印镇澄分携，各觅避居之所。其中，镇澄留守五台，福登前往芦芽，德清避居牢山。万历十四年（1586），李太后遣内侍张本赐《大藏经》，德清入京谢恩，“比蒙圣慈，命合宫眷各出布施修寺安供，请命名曰海印寺”。[⑤] 十一月，禅室初成。德清安居其中，遂有大悟。其说有云：

> 一夕，静坐夜起，见海湛空澄，雪月交光。忽然，身心世界当下平沉，如空华影落，洞然一大光明藏，了无一物。即说偈曰：“海湛澄空雪月光，此中凡圣绝行藏。金刚眼突空华落，大地都归寂灭场。”即归室中，取《楞严》印正。开卷即见“汝身汝心，外及山河、虚空、大地，咸是妙明真心中物”，则全经观境，了然心目。[⑥]

德清此次禅悟，显系五台山所悟“大光明藏如大圆镜”的延续，也使他更加真切地体悟到本就空澄圆明的如来藏心。其《首楞严经悬镜序》曰：“而其所谈，直指一味清凉如来藏真心为体。盖此心体，本自灵明廓彻，广大虚寂，平等如如，绝诸名相，圣凡一际，生佛等同，迷之则生死无端，悟之则轮回顿息。”[⑦] 德清一贯秉持禅悟解经，此处所云已然熔铸了他的两次禅悟经验。由此，德清“完成了个人的佛学证悟”[⑧]，隐然步入高僧行列。

德清的五次禅悟，是其前半生佛学修持的系统总结。藉此，他由普通释子成长为一代高僧。更可贵者，德清将其禅悟毫无保留地呈现在世人面前，“读来犹如现代银幕的景观，生动、活泼，充满了真实感的撼人力量。姑且不论憨山大师的悟境究竟有多深，对于一位

① 释德清著，福征疏：《憨山老人年谱自叙实录》，《北京图书馆藏珍本年谱丛刊》第 52 册，第 661 页。

② 释德清著，福征疏：《憨山老人年谱自叙实录》，《北京图书馆藏珍本年谱丛刊》第 52 册，第 664 页。

③ 般剌蜜谛译：《楞严经》卷四，《大正藏》第 19 册，台北：新文丰出版社，1986 年，第 119 页。

④ 释德清：《憨山老人梦游集》卷五五《憨山大师塔铭》，《中华大藏经》第 84 册，北京：中华书局，1994 年，第 287 页上。

⑤ 释德清著，福征疏：《憨山老人年谱自叙实录》，《北京图书馆藏珍本年谱丛刊》第 52 册，第 700 页。

⑥ 释德清著，福征疏：《憨山老人年谱自叙实录》，《北京图书馆藏珍本年谱丛刊》第 52 册，第 701 页。

⑦ 释德清：《憨山老人梦游集》卷四一《首楞严经悬镜序》，《中华大藏经》第 84 册，第 114 页。

⑧ 何孝荣：《从高僧到大师：憨山德清的崂山生涯》，《江苏社会科学》2014 年第 10 期。

禅者的定境、悟境的叙述，能有如此的细微而明朗者，在中国禅宗史上，当可推为第一”。[①] 这既夯实了德清日后佛经讲疏的实践根基，更密切关联着他的诗学思想和艺文创作。

二、憨山德清的诗学取向

德清不惟禅悟超绝，亦笔耕不辍，著述宏富。其中既有近百万字的诗文别集《憨山老人梦游全集》，亦含儒释道经典注疏二十余种。除《憨山绪言》外，其诗文著述多撰于五次禅悟之后，属于典型的先悟后著。这又与他的文字观相关。

德清七岁入社学，八岁寄食于隔河之亲家，经月始归。母亲洪氏见他不肯登舟，“提顶髻抛于河中，不顾而回”[②]。十二岁，洪氏送他到金陵大报恩寺，依西林永宁出家为沙弥。西林永宁延请儒师教习外学，“初即以四书一齐读之，次习五经、子、史、古文、词赋，即能赋诗述文”[③]。憨山德清与雪浪洪恩日后兼善诗文书法，实得益于此。嘉靖四十三年（1564），德清见同学诸友多取捷者，萌生科举之念。云谷法会教以“出世参禅、悟明心地之妙”，劝他参阅诸祖灯录和高僧传记。德清取《中峰广录》，阅之大快，“尽焚弃所习，专意参究一事”。[④] 雪浪洪恩见他整日枯坐，斥曰：“用如三家村里土地作么?”德清引古德语曰：“若自性宗通，回视文字，如推门落臼，固无难也。”[⑤]

自此，德清遵循“不立文字”的禅林祖训，弃绝诗文，有两事足以证之。一是万历二年（1574），王世贞、汪道昆等文坛尊宿齐聚京师。王世贞教以诗法，德清“瞠目视之，竟无一言而别”。后来，汪道贯谓之曰：“公天资特爽，大有文章气概。家伯子当代文宗也，何不执业以成一家之名乎?”德清笑而唾之，称：“留取老兄膝头，他日拜老僧受西来意也。”汪道贯不悦，归告其兄道昆。汪道昆称德清“他日当入大慧、中峰之室，是肯以区区文字为哉”，又见德清扇头诗曰“身世蜩双翼，乾坤马一毛”[⑥]，知其绝非“文字僧”。虑及王世贞为后七子中坚，自隆庆四年（1570）李攀龙去世，执掌文坛二十余年，德清身为青年释子，丝毫不为所动，足见志不在此。二是万历四年（1576）十月，五台山大塔院寺住持大方圆广被诬，拟递配还俗，德清亲至雁门访兵备副使胡来贡。时山西巡抚高文荐闻德清至，请为自家园亭题诗。德清自称“胸中无一字，安能为诗”，胡氏遂取古今诗集

---

① 释圣严：《明末佛教研究》，北京：宗教文化出版社，2006年，第58页。

② 释德清著，福征疏：《憨山老人年谱自叙实录》，《北京图书馆藏珍本年谱丛刊》第52册，第613页。

③ 释德清著，福征疏：《憨山老人年谱自叙实录》，《北京图书馆藏珍本年谱丛刊》第52册，第621页。

④ 释德清著，福征疏：《憨山老人年谱自叙实录》，《北京图书馆藏珍本年谱丛刊》第52册，第622页。

⑤ 释德清：《憨山大师梦游全集》卷十《雪浪法师恩公中兴法道传》，《四库未收书辑刊》第3辑第25册，第387页。

⑥ 释德清著，福征疏：《憨山老人年谱自叙实录》，《北京图书馆藏珍本年谱丛刊》第52册，第648—649页。

置几案上，助其诗思。德清“偶揭之，方构思，忽机一动，则词句迅疾，不可遏捺”，落笔成二三十首，知为“文字习气魔”，力遏之，“然机不可止，不觉从前所习诗书辞赋，凡曾入目者，一时现前，逼塞虚空。即通身是口，亦不能吐，更不知何为我之身心也。嘿嘿自视，将欲飞举之状，无奈之何”。[①] 盖此前德清视诗文为“文字习气魔”，强行遏制，才会招致强烈反扑。这种态度，随着入狱遭遣而骤然改观。

万历二十三年（1595）二月，德清自京师慈寿寺返归牢山，遂因道士诉讼被捕入狱，遣戍雷州，由此一改此前“不立文字”，诗文创作遂夥，日后裒辑为《梦游集》。故遣戍岭南是其佛徒生涯的重大转折，也是艺文创作的一大关捩。如他自述创作历程，称早年“耽枯禅，早谢笔砚，一钵云游。及守寂空山，则尽唾旧习，胸中不留一字”，直到“蒙恩放岭海，予以是为梦堕险道也，故其说始存”。[②]

受此境缘感发，德清对诗歌的认识更为深刻。他真切感受到：“古诗之佳者，多出于征戍羁旅，以其情真而境实也。”[③] “情真境实”看重主体情感和身世遭迹的同一，成为德清衡论诗歌的基本准则，这也赓续了古典诗学的抒情言志传统。德清说：“诗以言志，非漫谈也。始三百篇，仲尼折衷，归于性情之正。”[④] “性情之正”者，即“《诗》蔽无邪，《易》庆积善”[⑤]，诗歌“不独发性情之真，抑观治乱之原”[⑥]，既要抒发情志，更要承担劝世化俗之责。其实，纯粹从理论角度看，德清此论并无创获。若虑及其高僧身份，自会积极推进晚明释家诗学的深度延展。更可留意者，德清从文体学角度，倡言诗、偈分途。他指出：“若法语偈赞，多出世法，而诗则专为随俗说也。”[⑦] 盖诗歌旨在抒情言志，主要面向世俗文士，法语偈赞重在弘传佛法。《梦游集》以法语居首，正体现出这种用心。至若诗前偈后，又与《紫柏尊者全集》《牧云和尚懒斋别集》等偈前诗末迥异，见其对诗歌的重视。

基于禅悟实践，德清的诗禅论也更为透彻。盖因此前的诗禅论，如严羽的“以禅喻诗，莫此亲切”，元好问的“诗为禅客添花锦，禅是诗家切玉刀”[⑧]，皆判诗、禅为两橛。德清本着“三界梦宅，浮生如梦”的佛禅体悟，称：“（言）纪梦中游历之境，而诗又境之

① 释德清著，福征疏：《憨山老人年谱自叙实录》，《北京图书馆藏珍本年谱丛刊》第52册，第665—666页。

② 释德清：《憨山大师梦游全集》卷八《梦游集自序》，《四库未收书辑刊》第3辑第25册，第318页。

③ 释德清：《憨山大师梦游全集》卷八《梦游集自序》，《四库未收书辑刊》第3辑第25册，第318页。

④ 释德清：《憨山大师梦游全集》卷七《适粤草序》，《四库未收书辑刊》第3辑第25册，第271页。

⑤ 释德清：《憨山大师梦游全集》卷九《悝语题辞》，《四库未收书辑刊》第3辑第25册，第368页上。

⑥ 释德清：《憨山大师梦游全集》卷九《题郭夫人上俞将军诗后》，《四库未收书辑刊》第3辑第25册，第351页。

⑦ 释德清：《憨山大师梦游全集》卷八《梦游集自序》，《四库未收书辑刊》第3辑第25册，第318页。

⑧ 元好问：《元好问诗编年校注》卷二《答俊书记学诗》，北京：中华书局，2011年，第394页。

亲切者。”[①] 故诗、境、心、禅，本就圆融无间。他权衡陶渊明、李白、王维三人之诗，顺势拈出“诗乃真禅”。其说有云：

> 昔人论诗，皆以禅比之，殊不知诗乃真禅也。陶靖节云：“采菊东篱下，悠然见南山”“山气日夕佳，飞鸟相与还”，末云“此中有真意，欲辨已忘言”。此等语句把作诗看，犹乎蒙童读“上大人，丘乙己”也。唐人独李太白语自造玄妙，在不知禅而能道耳。若王维多佛语，后人争夸善禅。要之，岂非之耶？特文字禅耳。非若陶、李超乎文字之外。[②]

德清此论，故作翻案语，颇发时人之覆。就其诗歌与佛禅关系而言，时人大抵以诗佛王维最近于禅。德清却贬之为“文字禅”，盖言王维诗多佛禅语，涉入知解理障，不仅输于自造玄妙、不知禅而能道的李白，更不如陶渊明。至若陶氏《饮酒》诸诗，称之为诗是童蒙之见，究其实质则与禅了无分别。盖因陶诗绝无主观故意，不知禅、不涉禅语而优入禅境。这显然是从禅悟角度做出的判定。德清此论，颇得觉浪道盛、担当普荷、王士祯等人激赏，更为晚明释子的艺文创作夯实了理论根基。

综上，以万历二十年遣戍岭南为界，德清的诗学思想呈现出明显的阶段性。此前“不立文字”，着意禅修，此后则肯定诗文价值，既赓续抒情言志传统，倡言“情真境实”，又能冲破诗禅隔阂，举扬“诗乃真禅”。观其诗歌创作，实则兼而有之。

三、德清诗歌的禅悟境界

德清经由五次禅悟，完成了从普通释子到高僧的蜕变。德清晚年更将其禅悟经验，真实载录在《自叙年谱实录》中，不排除自我形塑，更见其对禅悟境界的自信。虑及德清又力倡“情真境实”“诗乃真禅”，那么，他的直觉体悟是否会影响到诗歌创作？又如何透过诗歌展现其佛禅境界？这需要从其诗歌中探寻答案。

德清诗歌，首先多幽寂之境。其实，释子离俗出家，遁世山居，追求异于凡俗的生活样态和精神境界，由此产生了山居诗，至晚明更大放异彩，出现了“近代禅讲集必有诗，诗必有山居”。[③] 就连素来反对释子写诗作文的云栖袾宏，亦称永明延寿、石屋清珙、中峰明本、楠堂益的山居诗，“发明自性，响振千古，而兼之乎气格雄浑，句字精工”。[④] 盖因山居诗更能迹近释子的精神境界。德清的禅悟体验，亦大多呈现在山居诗中。

德清《山居有引》自述：“早年行脚，三十住五台冰雪中者八稔，及居东海一十二载，知命之年，乃被业风吹堕瘴乡将二十年。”[⑤] 确切说来，其山居生涯主要有四：一是卜居

---

① 释德清：《憨山大师梦游全集》卷八《梦游集自序》，《四库未收书辑刊》第3辑第25册，第317页。

② 释德清：《憨山大师梦游全集》卷十《杂说》，《四库未收书辑刊》第3辑第25册，第407页。

③ 石雨明方：《和楠堂诗序》，《石雨禅师法檀》卷一六，《嘉兴藏》第27册，第137页。

④ 袾宏：《楠堂山居诗》，《莲池大师全集》第3册，上海：上海古籍出版社，2011年，第1412页。

⑤ 释德清：《山居有引》，《憨山大师梦游全集》卷一四，《四库未收书辑刊》第3辑第25册，第555页。

五台，凡八年；二是遁居牢山，凡十二年；三为暂居湖东，凡二年；四为隐居法云寺，凡五年。粗略算来，德清四次山居约二十七年，期间难免外出处理各种事务，总体仍以山居为主。尤其是万历四十二年（1614）九月，他在湖东修筑昙华精舍，“从此一片身心，始得休息之地。如久客还家，以释重负。其消遥洒落，何快如之”。[①] 故其现存山居诗，凡五、七言律、绝、六言 126 首，大抵晚年山居所作，非如时下山居诗般“逗凑几句诗，作两首偈，当悟的道理，消遣日子”。[②]

德清山居诗的显著特点，首在幽寂之境。德清善于摹写清幽孤寂的山居环境。他喜用青峰、白云、晚霞等物象，构筑起相对幽闭而又清寂的山居场域，“纵有红尘深万丈，曾无一点到茅庐”。[③] 本着当机荐取、立处即真的佛禅观照，诸如“闲从绝壑看云起，坐倚千峰听鸟啼。不必更拈言外句，现前声色是全提”[④]“松风时说无生法，流水长鸣太古琴。入室何劳重竖拂，当机荐取在知音”[⑤]，山中的一切境缘，皆为禅观之助。德清早年的山居悟道体验，受此机缘激发，也就喷涌而出。如：“雪拥柴扉独坐时，寒林寸寸折琼枝。晓来顿失青山色，开尽梅花总不知。”[⑥] 以梅喻雪，通透而又清寂。又如：“风从何处来，众响动岩穴。静听本无声，如何有起灭。”[⑦] 追问风之起灭消张，既有庄子《齐物论》“大块噫气”之遗音，又得韦应物《咏声》“万物自生听，太空恒寂寥。还从静中起，却向静中消”之雅意。[⑧] 再思之，又何尝不得僧肇《物不迁论》“旋岚偃岳而长静”“江河竞注而不流”之三昧？盖物性本自寂然，无起灭动来之相，而起决定作用者，是本自寂然的心性。因此，德清山居诗的幽寂外境，大多归结于内在的心境。

德清早年在北台龙门禅修，能于喧杂流水声中忽然忘身，“自此众响皆寂，不复为扰”[⑨]，晚年置身山居清寂之境，更能体悟内心本然的幽寂。比如说：“地炉无火石床寒，瓦鼎香消坐夜残。万籁声沉心更寂，却疑身在镜中看。”[⑩] 地炉无火，石床清寒，瓦鼎香消，万籁寂然，于外境中透显心境，以此观照世间，则外境无不湛寂。如说“形如枯木念

① 释德清：《山居有引》，《憨山大师梦游全集》卷一四，《四库未收书辑刊》第 3 辑第 25 册，第 555 页。

② 释德清：《憨山大师梦游全集》卷二《示石镜一禅人》，《四库未收书辑刊》第 3 辑第 25 册，第 82 页。

③ 释德清：《憨山大师梦游全集》卷十四《山居有引》，《四库未收书辑刊》第 3 辑第 25 册，第 556 页。

④ 释德清：《憨山大师梦游全集》卷十三《山居十首》，《四库未收书辑刊》第 3 辑第 25 册，第 519 页。

⑤ 释德清：《憨山大师梦游全集》卷十三《山居十首》，《四库未收书辑刊》第 3 辑第 25 册，第 519 页。

⑥ 释德清：《憨山大师梦游全集》卷十四《山居有引》，《四库未收书辑刊》第 3 辑第 25 册，第 556 页。

⑦ 释德清：《憨山大师梦游全集》卷十三《忆山居六首》，《四库未收书辑刊》第 3 辑第 25 册，第 527 页。

⑧ 韦应物撰，孙望校笺：《韦应物诗集系年校笺》卷十《咏声》，北京：中华书局，2002 年，第 517 页。

⑨ 释德清著，福征疏：《憨山老人自叙年谱实录》，《北京图书馆藏珍本年谱丛刊》第 52 册，第 660 页。

⑩ 释德清：《憨山大师梦游全集》卷十四《山居有引》，《四库未收书辑刊》第 3 辑第 25 册，第 556 页。

如灰，雪满头颅霜满腮。不是老来偏厌世，眼中无处着尘埃”[①]，又如说“依岩结构草为庵，乍可容身止一龛。但得心源归湛寂，任从世事付痴憨”[②]。这种心境，就导源于德清在蒲州、五台山时的悟境。盖德清悟后自能葆育内心清寂，只不过以诗歌形式呈现出来而已。

其次是清寒诗境。德清自幼生长于江南软暖之地，钦慕向往五台山的清凉胜地。万历元年（1573）三月，德清如愿以偿，初至五台，终因“不禁冰雪，复回都门行乞”。[③] 两年后，德清、福登重返五台，卜居龙门，次年遂遭酷寒考验。他曾在钱谦益面前追忆道：“居北台，大雪高于屋数丈，昏夜可鉴毛发，坚坐待尽，身心莹然。迟明，塔院僧穴雪以入，相携行雪洞中，里许乃出。”[④] 观衡亦称是年大雪经旬，五台山各台顶积雪悉吹聚龙门，覆盖德清所居静室十余丈。时北台、白马寺、中台三处，大众持探竿随探随掘，经两昼夜方抵静室。德清与彻空禅师礼谢毕，称：“也要经过始得。”[⑤] 福征称“龙门冰雪，视为寻常，谱多不载”，也在情理之中。经此一难，德清对冰雪酷寒的体验，必定铭刻于心。戏谑的是，数年后，德清遣戍岭南，跌入酷暑炎荒，内心又作何感？清代纪荫称德清“虽乘愿入此热恼丛中，布慈云，洒甘露。然非从冰雪悬崖一回撒手过来，亦何能法法无生、得大自在也？”[⑥] 确实，从冰雪悬崖撒手过来的德清，拥有消解酷热的秘诀。如万历二十六年（1598）夏所作《军中吟》说：“缁衣脱却换戎装，始信随缘是道场。纵使炎天如烈火，难消冰雪冷心肠。”[⑦] 这说明，德清在五台山所历冰雪酷寒，虽未视为禅悟境界，对其身心观感产生的实质性影响，绝不亚于禅悟。

其实，炎热与清凉，在佛禅语境中，还隐喻着两种场域。《法华经》说：“三界无安，犹如火宅，众苦充满，甚可怖畏。”[⑧] 佛教以为，众生所居三界，犹如着火大宅，饱受生老病死诸苦逼迫而不自知。于是佛陀巧设方便，以三车接引世人逃离火海。德清遣戍的岭南，更像火宅。此中自然环境极为炎热，物质生活和人文环境也颇为酷烈。他在寄给屠隆的信札中说：“时值其地连遭三灾，真同火宅。”[⑨]《自赞》亦云：“忽遇一阵黑风，飘堕罗刹鬼国。抛入大冶红炉，掷向炎方火宅。”那么，如何才能出离火宅？他在写给体玄禅师的书信中说：“朽夫投身火宅，真成毒海，自非铁石肝胆，冰霜心地，何以坐消白日？”[⑩]

① 释德清：《憨山大师梦游全集》卷十四《山居有引》，《四库未收书辑刊》第3辑第25册，第555页。

② 释德清：《憨山大师梦游全集》卷十三《山居十首》，《四库未收书辑刊》第3辑第25册，第519页。

③ 释德清：《憨山老人梦游集》卷十《勅建五台山大护国圣光寺妙峰登禅师传》，《四库未收书辑刊》第3辑第25册，第383页。

④ 钱谦益：《初学集》卷六十八《憨山大师庐山五乳峰塔铭》，第1563—1564页。

⑤ 释德清著，福征疏：《憨山老人自叙年谱实录》，《北京图书馆藏珍本年谱丛刊》第52册，第670页。

⑥ 纪荫：《宗统编年》卷三十，《卍新续藏》第86册，第289页。

⑦ 释德清：《憨山大师梦游全集》卷十三《军中吟》，《四库未收书辑刊》第3辑第25册，第543页。

⑧ 鸠摩罗什译：《妙法莲华经》卷二，《大正藏》第9册，台北：新文丰出版社，1986年，第262页。

⑨ 释德清：《憨山大师梦游全集》卷十六《与屠赤水明府》，《四库未收书辑刊》第3辑第25册，第652页。

⑩ 释德清：《憨山大师梦游全集》卷十五《与体玄小师》，《四库未收书辑刊》第3辑第25册，第607页。

他所说的“铁石肝胆”和“冰霜心地”，就是五台山时期积蓄的冰雪体验。如《从军诗》云：“毒雾熏心醉，炎风透骨蒸。翻思旧游处，俨若履层冰。”① 又如，他在寄给福登的诗中说：“千丈寒岩百尺冰，当年相对坐崚嶒。即今火宅清凉界，一个维摩一个僧。”首句自是追忆当年冰雪生涯，末句“火宅清凉”，不仅有地域上的分殊，也隐含着身份的差异。此时德清复名蔡德清，脱下僧装，“蓄发长髯，便中戴东坡巾”②，更“猛思昔游海门之故事，今此地见东坡如前身”③，自以为是“苏轼后身”。可见，正是五台山的“寒岩百丈冰”，使岭南火宅化成“清凉界”，成为德清抗衡酷热的心理支撑。

当德清真正结束岭南之行，告别酷暑炎天，潜藏于心的冰雪记忆愈加显发出来。万历四十一年（1613），德清初至衡阳，即逢瑞雪，遂赋诗曰：“五热场中幻化身，廿年来往任风尘。今归一片潇湘雪，原是清凉彻骨人。”④ 此后所作《山居二十八首》，更是冰雪之境的集中展现。诸如“寒灯独照影微微，疏屋风吹雪满衣。忽忆五台趺坐处，万年冰里一柴扉”⑤“雪满乾坤万象新，白银世界里藏身。坐来顿入光明藏，此处从来绝点尘”。⑥ 德清身处静室之中，眼前寒灯照影，雪拥柴扉，时或洒落在僧衣之上。他又仿佛置身银妆素裹的五台冰雪世界，回想近二十年遭遇的酷暑炎荒、沾染的仆仆风尘，似乎瞬间凝定在晶莹通透的大光明藏中。再如所云“万峰深处独跏趺，历历虚明一念孤。身似寒空挂明月，唯余清影落江湖”⑦，其人其心犹如雪夜寒空的一轮孤月，朗然独照；外在的山河大地，也不过是身心洒落的影迹。可见，德清诗中清寒之境看似写实，实则传心，凝聚着遥远的冰雪记忆和当下的身心感触，瞬间定格为清寒诗境。

最后是澄明诗境。释子的宗教修持和诗歌创作，多受外在境缘感发。德清所悟澄明之境，也是如此。隆庆三年（1569），他在金山寺开馆授徒，饭食之余，“与一二高士振衣濯足于高空明月之下，秋水长天，空洞一色，真若履玻璃而临悬镜”。⑧ 盖金山寺地处扬子

① 释德清：《憨山大师梦游全集》卷十二《从军诗》，《四库未收书辑刊》第 3 辑第 25 册，第 483 页上。

② 释德清著，福征疏：《憨山老人自叙年谱实录》，《北京图书馆藏珍本年谱丛刊》第 53 册，第 7 页。

③ 释德清：《憨山大师梦游全集》卷一《示灵洲镜上人》，《四库未收书辑刊》第 3 辑第 25 册，第 24 页。

④ 释德清：《憨山大师梦游全集》卷十四《初至衡阳喜雪二首》，《四库未收书辑刊》第 3 辑第 25 册，第 555 页。

⑤ 释德清：《憨山大师梦游全集》卷十四《山居二十八首》，《四库未收书辑刊》第 3 辑第 25 册，第 555 页。

⑥ 释德清：《憨山大师梦游全集》卷十四《山居二十八首》，《四库未收书辑刊》第 3 辑第 25 册，第 556 页。

⑦ 释德清：《憨山大师梦游全集》卷十四《山居二十八首》，《四库未收书辑刊》第 3 辑第 25 册，第 556 页。

⑧ 释德清：《憨山大师梦游全集》卷七《送蕴素稳禅人还金山序》，《四库未收书辑刊》第 3 辑第 25 册，第 270 页。

江中，秋水长天，明月高悬，故有澄明通透之感。德清后居东海牢山，静坐夜起，亦见“海湛空澄，雪月交光”[①]。故此感悟，亦得海月之助。盖海水明月交相映衬，天水相接，晶莹剔透，此境恰与《楞严经》所说“汝身汝心，皆是妙明真精，妙心中所现物”“不知色身，外洎山河虚空大地，咸是妙明真心中物”[②] 契合，确知经中所说“妙明”“明妙”者，就是如来藏心。其《首楞严经悬镜序》曰：“盖此心体，本自灵明廓彻，广大虚寂，平等如如，绝诸名相，圣凡一际，生佛等同。”[③] 德清所述心体相状，如《观心铭》所云“观心无相，光明皎洁”[④]，《示邹生子胤》所云“妙性圆明自本真，从来皎洁绝纤尘”[⑤]，多源于此。原本助发悟境的江水、明月，也就成为德清夜坐禅观的对象。比如，《夜坐纳凉三首》其一云：“静虚观无我，藏修厌有名。坐看空界月，历历对孤明。”[⑥] 其二亦云：“万籁寂无声，心源似水清。炉烟通夜细，山月入窗明。”[⑦]

正如惠能所示，释子的行住坐卧、举动云为，皆可行禅。故德清夜坐乘凉，仰观空中明月，俯察清澄之水，亦可观想到内心的空明澄寂。于是，本就富有诗意的江水明月，也就由禅悟走入诗境，更增一层清澄空灵之美，尤其是晚年所作山居诗。如《山居》其十四云：“清净涵空宝镜，春来水满彭湖。照彻庐山面目，月如额上明珠。”[⑧] 其十九亦云：“世界光如水月，身心皎若琉璃。但见冰消涧底，不知春上花枝。”[⑨] 从“彭湖”“庐山”来看，此组诗歌作于万历四十五年（1617）至天启二年（1622）。此时德清得邢来慈等外护襄助，在庐山五乳峰下建法云寺。该寺“倚汉阳诸峰为屏障，回观七贤、五老坐于云中，彭湖绕其外。湖外云山千里内拱暗列于前，俨一华藏玄都也”。[⑩] 德清于中尽揽湖山之盛，静观山水明月，身心世界打成一片，如琉璃般皎洁而又通透。这种境界，恍如东海牢山所悟海月交光之境。因此，德清的山居诗时常透显水月影迹。如《山居示众》云：“寂寂离知觉，昭昭泯见闻。三更天外月，一片岭头云。”[⑪]《山居二十八首》其八曰：“百

① 释德清著，福征疏：《憨山老人自叙年谱实录》，《北京图书馆藏珍本年谱丛刊》第 52 册，第 701 页。

② 般剌密谛译：《楞严经》卷二，《大正藏》第 19 册，台北：新文丰出版社，1986 年，第 110 页。

③ 释德清：《憨山老人梦游集》卷四十一《首楞严经悬镜序》，《中华大藏经》第 84 册，第 114 页。

④ 释德清：《憨山大师梦游全集》卷十一《观心铭》，《四库未收书辑刊》第 3 辑第 25 册，第 428 页。

⑤ 释德清：《憨山大师梦游全集》卷十四《示邹生子胤》，《四库未收书辑刊》第 3 辑第 25 册，第 574 页。

⑥ 释德清：《憨山大师梦游全集》卷十四《夜坐纳凉三首》，《四库未收书辑刊》第 3 辑第 25 册，第 501 页。

⑦ 释德清：《憨山大师梦游全集》卷十四《夜坐纳凉三首》，《四库未收书辑刊》第 3 辑第 25 册，第 501 页。

⑧ 释德清：《憨山大师梦游全集》卷十三《山居》，《四库未收书辑刊》第 3 辑第 25 册，第 538 页。

⑨ 释德清：《憨山大师梦游全集》卷十三《山居》，《四库未收书辑刊》第 3 辑第 25 册，第 538 页。

⑩ 释德清：《庐山五乳峰法云寺记》，《憨山老人梦游集》卷二十五，《中华大藏经》第 83 册，第 955 页。

⑪ 释德清：《憨山大师梦游全集》卷十四《山居示众》，《四库未收书辑刊》第 3 辑第 25 册，第 564 页。

千世界空华影，一片身心水月光。伎俩穷时消息断，可中无处着思量。”①《忆山居》其三又云：“明月挂寒空，光彻寒潭底。上下本自同，看来无彼此。”② 细品这些诗歌，既有空灵的水月和湛寂的寒潭交相辉映，又于空澄、清寂中显发出透彻心骨的清寒。换言之，它汇聚了德清此前的禅悟经验，幽寂、清寒而又澄明。清初毛际可曾说：“憨山为明庆历间耆宿，诗尤清悟入微。”③ 德清之诗，既有高僧之悟境，又有诗僧之韵致。诗耶？禅耶？似乎很难厘清，其实也勿需强行分判，毕竟在德清看来，“诗乃真禅”。

综上可知，德清早年的禅悟体验，见证了他由普通释子到一代高僧的成长历程，也为他的佛经疏释和文学创作夯实了根基。他由早年的弃绝文字，到“情真境实”“诗乃真禅”的诗学进路，透显出他对释家诗学和诗禅关系的独特认识，进而将此镕铸到诗文创作之中，使其诗歌既关注民瘼、抒写真情，亦有幽寂、清寒、澄明的出世品格。这不仅有助于晚明释家诗学的深度延展，更为我们体察释子的禅悟经验与诗歌创作，提供了极佳的范例。

Hanshan Deqing's Zen Enlightenment Progressions, Literary Orientation and Realm of Poetry

WANG Yanming

(School of Liberal Arts, Jiangxi Normal University, Nanchan, Jiangxi 330022)

Abstract: Hanshan Deqing's Zen progressions, literary orientation and realm of poetry, show obvious stage characteristics. He went through five Zen enlightenments, grew from an ordinary monk to an eminent monk; and after being relegated to Lingnan, started pay attention to literature, advocated literary concepts such as "true feelings" and "poetry is true Zen" . Most of his poetry creation is carried out from this, both paying attention to the people's livelihood and also had a quiet, cold and clear state of Zen enlightenment. This provides an important cases for the study of Buddhist enlightenment and poetry creation.

Keywords: Hanshan Deqing; Zen enlightenment progressions; literary orientation; realm of poetry

作者简介：王彦明，江西师范大学文学院副教授，著有《钱谦益佛教文献与文学研究》。

---

① 释德清：《憨山大师梦游全集》卷十四《山居二十八首》，《四库未收书辑刊》第3辑第25册，第556页。

② 释德清：《憨山大师梦游全集》卷十三《忆山居六首》，《四库未收书辑刊》第3辑第25册，第527页。

③ 毛际可：《毛际可集》卷六《游曹溪记》，杭州：浙江古籍出版社，2017年，第507页。

栽田博饭寻常事

——桂琛“种田”公案在宋元明清禅林的传播接受略论

卢翠琬

（闽江学院新闻传播学院，福建福州　350108）

摘　要：桂琛是法眼宗承上启下的关键人物，其“栽田博饭”公案，体现了多重禅学意蕴，既是“农禅并举”禅风的典型代表，也是禅宗“不立文字”“自修自悟”的生动体现。此公案在历代禅林广为传播接受。两宋时期，其在颂古、评唱、拈古、上堂说法中被反复提及，是禅林接引学人的重要材料，发挥了公案本身“自修自悟”“平常心是道”的禅学意蕴，展现了两宋文字禅的典型形态。元明清时期，此公案广泛出现在禅师的赞、偈颂、诗歌中，主要作为佛家耕种或“古佛家风”的典故使用，这与明清禅风的新变有关。因契合农禅并举、自修自证的禅风，桂琛“种田”公案的传播大大超出了法眼宗的界限，在临济宗、曹洞宗中广泛流传与接受，助推了桂琛在禅林的影响。

关键词：桂琛；“栽田博饭”；农禅并举；公案

漳州罗汉桂琛禅师（867—928），为唐末五代闽国禅僧。其上承玄沙师备，下开法眼文益，乃法眼宗承上启下的关键人物。《宋高僧传》载曰：“得其（师备）法者，众推桂琛为神足矣。至今浙之左右，山门盛传此宗，法嗣繁衍矣。其于建立透过大乘初门，江表学人无不乘风偃草欤？”① 桂琛亦被禅林视为雪峰法脉的重要传承者，《禅林僧宝传》云：“琛能秘重大法，痛自韬晦。然丛林指目，以为雪峰法道之所寄也。”② 因其曾主持福州城西地藏院③及漳州罗汉院，大扬宗风，故世人尊称其为地藏桂琛或罗汉桂琛。可能因其

---

① 赞宁撰，范祥雍点校：《宋高僧传》（上），北京：中华书局，1987 年，第 306 页。

② 惠洪撰，吕有祥点校：《禅林僧宝传》卷第四《漳州罗汉琛禅师》，郑州：中州古籍出版社，2014 年，第 26 页。

③ 关于地藏院在何处，学界有不同看法，王荣国认为在福州，谢重光认为在漳州，蒋家华综合藏内文献关于桂琛的称谓及王荣国的论证，基本确认地藏院在福州市西北的闽侯县境内。参见王荣国：《文益禅师在闽参桂深的年代、因由、地点与卓庵处考辨》；《世界宗教研究》2002 年第 1 期；谢重光：《也谈文益禅师参桂琛的地点和年代——与王荣国同志商榷》。《世界宗教研究》2003 年第 1 期；蒋家华：《罗汉桂琛禅师》，厦门：厦门大学出版社，2017 年。

“处众韬晦”[1]，故声名不显，当下学者对其关注较少[2]，但桂琛“栽田博饭”公案，却在禅林流传颇广，值得后人重视。

一、农禅并举、自修自悟：“栽田博饭”公案的禅学意蕴

“栽田博饭”，又作“种田博饭”“地藏种田”。桂琛的这一公案，禅林灯录多有记载。《联灯会要》卷第二十六《漳州罗汉桂琛禅师》：

> 师插田次。见僧，乃问：“甚处来？”云：“南方。”师云：“南方近日佛法如何？”云：“商量浩浩地。”师云：“争如我这里，种田博饭吃。”云：“争奈三界何？”师云：“尔唤甚么作三界？”僧有省。[3]

《五灯会元》卷第八《漳州罗汉院桂琛禅师》的有关记载完全相同，但增加了“时漳牧王公建精舍曰地藏，请师开法”[4] 的事件背景。按《五灯会元》所载，桂琛“栽田博饭”公案发生于地藏院。此地藏院，既是漳州罗汉桂琛禅师驻锡之所，又是漳牧王公所建，故很容易让人认为，该地藏院在漳州。但据其他史料记载，此地藏院应该在福州城西。《景德传灯录》载：“时漳牧王公，请于闽城西之石山建精舍，曰地藏，请师驻锡焉。仅逾一纪，后迁止漳州罗汉院，大阐玄要，学徒臻凑。”[5]《宋高僧传》载：“遂为故漳牧太原王公诚请于闽城西石山建莲宫而止。驻锡一纪有半，来往二百众。”[6] 根据上述材料，“栽田博饭”公案发生地乃是福州城西地藏院。但是，《指月录》却载：“漳州牧王公，请住城西石山。十余年，迁止罗汉，破垣败篑，人不堪其忧，非忘身为法者不至。因插田次，见僧问……”[7] 按《指月录》所载，公案似发生在桂琛住持漳州罗汉院之时。《指月录》所载应该有误。

---

① 道原：《景德传灯录》卷第二十一，《大正新修大藏经》第51册，台北：新文丰出版股份有限公司，1983年，第371页上。

② 学界对桂琛的研究，主要将其置于雪峰僧团及法眼宗的发展脉络之中加以考查，如杨增文：《雪峰义存与中国禅宗文化》，北京：中国社会科学出版社，2010年；徐文明：《青原法脉研究》，北京：中国社会科学出版社，2016年；吴虞：《雪峰—地藏宗派源流研究》，吉首大学2022年硕士学位论文。或考辨其与文益之间的师徒因缘，如王荣国：《文益禅师在闽参桂深的年代、因由、地点与卓庵处考辨》；谢重光：《也谈文益禅师参桂琛的地点和年代——与王荣国同志商榷》。也有涉及其密学思想的分析，如杜继文、魏道儒：《中国禅宗通史》第五章第五节《福州雪峰禅系与韶州云门宗》，南京：江苏人民出版社，2008年。专著有蒋家华：《罗汉桂琛禅师》，对桂琛的传法路线与时间、师承和同学、禅学思想、地位与影响进行了较为详细的梳理和总结。

③ 悟明：《联灯会要》卷第二十六，《卍续藏经》第136册，台北：新文丰出版股份有限公司，1995年，第862页上。

④ 普济撰，苏渊雷点校：《五灯会元》（中），北京：中华书局，2016年，第447页。

⑤ 道原：《景德传灯录》卷第二十一，《大正新修大藏经》第51册，第371页上。

⑥ 赞宁撰，范祥雍点校：《宋高僧传》（上），第309页。

⑦ 瞿汝稷：《指月录》卷之二十一，《卍续藏经》第143册，第469页上。

关于接引之人，上述材料都只以“僧”代之，未明言具体何人，但天童正觉颂古[①]、《云峰悦禅师初住翠岩语录·室中举古》载此公案为“地藏问修山主”。修山主，即桂琛之嗣法弟子龙济绍修禅师。《五灯会元》卷第十《清凉文益禅师》中载文益与绍修、法进外出行脚时，“后同绍修、法进三人欲出岭，过地藏院，阻雪少憩”[②]。因雪受阻而滞留地藏院。可见，龙济与文益曾同于地藏院参桂琛。据此而言，接引之僧人为修山主或为可信。

综上，“栽田博饭”乃桂琛住持地藏院期间，在插田间隙，随机接引绍修之语，体现了多重禅学意蕴。

（一）农禅并举

众所周知，农禅并举的代表性人物是百丈怀海。他所提倡的“一日不作，一日不食”被奉为禅门最重要的清规戒律之一，其所践行的农禅并举，对中国禅宗的发展有着极为深远的影响。“洪州系中着力在禅行上独辟蹊径，从而带动禅宗整体走上新途的，乃是道一最主要的弟子怀海。他所完成的农禅体系，在中国禅宗史上具有划时代的意义，也是整部中国佛教史和中国通史中的重要事件。农禅发端于道信，开拓于弘忍，直到怀海，才将禅行与农作融合为一，并在制度上巩固起来。此后禅宗的发展，在极大程度上决定于其与农作结合的状况。”[③]

桂琛的“栽田博饭”，正是对农禅并举这一典型宗风的践行。桂琛初事常山万岁寺无相大师，剃发受戒，学习戒律，未得解脱之道。遂转志游方，至江西参访曹洞宗二祖云居道膺。因悟道未果，又转道东南，投入雪峰义存门下，勤奋学习，但仍未有所见。后参玄沙，一言启发，豁然开悟，成为玄沙门下高足。其师玄沙师备和雪峰义存都曾受业于芙蓉山灵训禅师。《宋高僧传》载曰：“释师备，俗姓谢，闽人也。少而憨黠，酷好垂钓，往往泛小艇南台江自娱。其舟若虚，同类不我测也。一日忽发出尘意，投钓弃舟，上芙蓉山出家，咸通初年也。后于豫章开元寺具戒，还归故里，山门力役，无不率先。布衲添麻，芒鞋续草，减食而食，语默有常，人咸畏之。”[④] 而灵训的老师归宗智常，与百丈怀海同为马祖道一法嗣，所以师承玄沙的桂琛，亦受到洪州宗禅风的影响。关于雪峰亲事农耕的记载，见于《雪峰义存禅师语录》：“师因普请畬田。见一条蛇，以杖挑起，召众云：‘看！看！’遂芟为两段。玄沙以杖抛于背后，更不顾视。众愕然。师云‘俊哉’。”[⑤] “师在枯木

① 集成等编：《宏智禅师广录》卷第二《泗州普照觉和尚颂古》，《大正新修大藏经》第48册，第19页下。

② 普济撰，苏渊雷点校：《五灯会元》（中），第560页。

③ 杜继文、魏道儒：《中国禅宗通史》，南京：江苏人民出版社，2008年，第272页。

④ 赞宁撰，范祥雍点校：《宋高僧传》（上），第305—306页。

⑤ 林弘衍编次：《雪峰义存禅师语录》卷之上，《卍续藏经》第119册，第955页上。

庵坐禅，于水磨坊前晒麦。”① 集体参加劳动，耕田、晒麦，说明义存亦传承了百丈农禅并举的禅风。

桂琛的“栽田博饭”、农禅并举禅风，深受禅林推崇。北宋张商英《护法论》曰：“释氏有刀耕火种者，栽植林木者，灌溉蔬果者，服田力穑者矣，岂独今也。如古之地藏禅师，每自耕田。尝有语云：‘诸方说禅浩浩地，争如我这里，种田博饭吃。’”② 可以说，桂琛的“栽田博饭”，正是农禅并举禅风的忠实践行者。

农禅并举，寄修行于日常生活中，成为禅宗最生活化、也最诗意化的存在。“在香岩智闲芟草击竹而悟、船子和尚月夜垂钓而归等诸多故事中，在‘铁磨老牸牛’‘赵州大萝卜头’等诸多公案中，在‘麻三斤’‘系驴橛’‘干屎橛’等诸多话头中，我们能鲜明地感受到一种自耕自足、自证自悟的农禅精神。牧牛、渔父成为禅宗偈颂中反复出现的主题，成为禅宗自由无碍、唯心任运的生活的象征，正是农禅精神的集中体现。”③ 地藏种田公案，亦是农禅生活的生动演绎。

（二）自修自悟

如前所述，“栽田博饭”乃桂琛针对南方佛法“商量浩浩地”而发。也就是说，桂琛主张，真正的佛法，存在于日常之行止中，而非笔耕舌战，辩论不休。因此，“栽田博饭”这一公案，也是禅宗“不立文字”“自修自悟”的生动体现。

“以心传心，不立文字”是禅宗的重要特色，六祖云：“法无文字，以心传心，以法传法。”④ 桂琛传承了雪峰、玄沙一脉的禅风，也追求“不立文字”，强调修行者要“自修自悟”。《景德传灯录》卷第二十一《前福州玄沙师备禅师法嗣·漳州罗汉院桂琛禅师》载：

> 问：“如何是罗汉家风?”师曰：“不向尔道。”曰：“为什么不道?”师曰：“是我家风。”⑤

桂琛不向他人道“家风”，至少包含着两层含义；其一，是强调修行者要“自修自悟”。其二，是“以心传心，不立文字”，不仅“不立文字”，甚至要“不费口舌”。因为真正的佛法是“以心传心”，是要个体通过内在的生命体验去获得。桂琛《明道颂》云：“至道渊旷，勿以言宣。言宣非指，孰云有是。”⑥ 佛性无边无形，不是言语所能宣说的，一旦诉诸于言语文字，即着语言文字相。所有的言语都不能代替自我的修行，甚至可能是参悟佛法的羁绊，所以才需要得鱼忘筌，才会有当头棒喝。

---

① 林弘衍编次：《雪峰义存禅师语录》卷之下，《卍续藏经》第119册，第972页下。
② 张商英：《护法论》，《大正新修大藏经》第52册，第640页中。
③ 周裕锴：《文字禅与宋代诗学》，上海：复旦大学出版社，2017年，第6页。
④ 郭朋：《坛经校释》，北京：中华书局，1983年，第54页。
⑤ 道原：《景德传灯录》卷第二十一，《大正新修大藏经》第51册，第371页中。
⑥ 道原：《景德传灯录》卷第二十九，《大正新修大藏经》第51册，第453页中。

桂琛的这一禅风，在开悟清凉文益的过程中，表现得淋漓尽致。《指月录·金陵清凉院文益禅师》载曰：

过地藏院，阻雪，少憩。附炉次，藏问："此行何之?"师曰："行脚去。"藏曰："作么生是行脚事?"师曰："不知。"藏曰："不知最亲切。"又同三人举《肇论》，至天地与我同根处，藏曰："山河大地，与上座自己，是同是别。"师曰："别。"藏竖起两指。师曰："同。"藏又竖起两指，便起去。雪霁辞去，藏门送之，问曰："上座寻常说三界惟心，万法惟识。"乃指庭下片石，曰："且道此石在心内，在心外?"师曰："在心内。"藏曰："行脚人着甚么来由，安片石在心头。"师窘无以对。即放包，依席下求决择。近一月余，日呈见解说道理，藏语之曰："佛法不恁么。"师曰："某甲辞穷理绝也。"藏曰："若论佛法，一切现成。"师于言下大悟。[①]

行脚四方，参访高僧大德，以求开悟，是佛教徒习以为常的修行之道。桂琛却问文益行脚为了什么？文益回答说"不知"，桂琛对以"不知最亲切"。桂琛讲经论至"天地与我同根处"时，又顺势引导文益，让他思考山河大地与"我"到底是同是别。文益说"同"，桂琛竖两根手指；文益说"别"，桂琛还竖两根手指。也就是说，对于文益的回答，桂琛不置可否，还是要"逼迫"文益自修自悟，但文益似乎还是没有开悟。天气好转之后，文益又要开始新的行脚了。桂琛送文益到山门时，指着庭院中的石头问文益："你总说'三界惟心，万法惟识'，那这石头是在你的心内还是心外呢?"文益说："在心内。"桂琛就乘机反问道："行脚的人把一片石头放在心内是要做什么呢?"文益顿时哑口无言。他也因此认识到，眼前的桂琛，是个佛法修为极高的人，因此立刻放下包袱，再一次虚心求教。由于求悟心切，文益在接下来一个多月的时间里，天天去面见桂琛，阐述他所参悟的大道理，桂琛只好跟他说："佛法不是这样的啊。"文益懊恼、沮丧而又万般无奈地说："我真是说到辞穷理绝、无话可说了。"桂琛又顺势说道："若论佛法，一切现成。"这一句话如醍醐灌顶般让文益突然大彻大悟！行到山穷水尽处的文益，猛然间看到了亮光，内外通透。"若论佛法，一切现成"，修禅只需向内求，世间万相，皆由心造，若能明心见性，自然顿悟法门，根本无需太多的理论和言语。桂琛通过巧妙的引导，而非苦口婆心的演说论辩或"商量浩浩地"，使清凉文益"自修自悟"。

桂琛强调修行者"自修自悟"，不要沉迷于无穷无尽的经论言语。更进一步说，修行者还要打破外在的一切束缚，甚至是打破对自己老师或其他高僧大德的过分崇拜，以免作茧自缚。《景德传灯录》卷第二十八《漳州罗汉桂琛和尚语》载：

忽然见我拈个槌子槌背，便作意度顾览。不然，见我把个箒子扫东扫西，便各照管。是汝寻常打柴，何不顾览招呼便悟去。上座佛法，莫向意根下皮袋里作则度，汝

① 瞿汝稷：《指月录》卷之二十二，《卍续藏经》第143册，第495页。

成自赚，我不敢网绊初心，笼罩后学，各自究去无事。珍重。[1]

由于强调不立文字，当时的禅林常常有一些类似当头棒喝的“机锋”让修行者参悟。受此影响，许多修行者也总认为，老师的某个行为或动作，蕴藏着特殊的“机锋”。修行者由此陷入了另一个极端——执着于挖掘老师的“行为艺术”，对此，桂琛也是极力反对的。他说，如果学生看见老师拿个槌子槌背，便要去揣度老师的意图，那日常的扫地或是砍柴，是否都有佛法真意？如果事事都要去揣度老师行为的意图，那便会落入法执。所以学生在日常的参禅过程中，要自修自证，不要起妄念分别之心。

桂琛对“不立文字”“自修自悟”的提倡，能够有效地促使修行者被言语或外在对象所束缚的心灵得到解放，有利于禅学的健康发展。北宋惠洪《林间录》曰：“地藏琛禅师能大振雪峰、玄沙之道者，其秘重大法，恬退自处之效也欤？予尝想见其为人，城隈古寺，门如死灰，道容清深。戏禅客曰：‘诸方说禅浩浩地，争如我此间栽田博饭吃。’有旨哉。”从桂琛的各种传记中可以看出，“栽田博饭”是唐代禅宗不立文字、自修自悟、农禅并举禅风的极佳呈现。

二、绕路说禅、不离文字：“栽田博饭”公案在两宋的传播接受

晚唐五代以来，著名禅师之间的机缘问答逐步得到禅林重视，并被运用到参禅与说法之中。参究公案，成了宋代僧人参禅的重要途径，出现了代语、别语、拈古、颂古等参究公案的方法，号称“公案禅”。桂琛“栽田博饭”亦被作为禅林接引学人之重要公案，在颂古、评唱、拈古、上堂说法、小参中反复提及。

（一）颂古、评唱

宋初汾阳善昭始作颂古，雪窦重显继作《颂古百则》，宋代禅林颂古之风迅速兴盛，颂古之作剧增，出现了雪窦、天童、投子、丹霞颂古四大名家。其中《天童觉和尚颂古》就对“栽田博饭”公案进行了颂赞：

宗说般般尽强为，流传耳口便支离。种田博饭家常事，不是饱参人不知。

参饱明知无所求，子房终不贵封侯。忘机归去同鱼鸟，濯足沧浪烟水秋。[2]

所谓“饱参”，即充分领略事理。就佛教而言，大体就是参悟后的一种状态。天童觉和尚指出，只有开悟之人，才能理解种田博饭的意义，才能在看似平淡的家常事中发现禅学的意义。就如同不贵封侯的子房、濯足沧浪的渔父，他们在精神上已经自给自足了。这与桂琛的“栽田博饭”异曲同工。

---

① 道原：《景德传灯录》卷第二十九，《大正新修大藏经》第 51 册，第 447 页下。

② 集成等编：《宏智禅师广录》卷第二《泗州普照觉和尚颂古》，《大正新修大藏经》第 48 册，第 19 页下。

与《从容庵录》并称“禅林双璧”的《碧岩录》，则运用了地藏“栽田博饭”的公案来解说雪窦颂古中所举之“前三三后三三”公案。该公案讲，唐代无著文喜禅师前往五台山朝礼华严寺时，遇到一个老者牵牛而行。这个老者邀请文喜禅师到自己的寺院去。宾主坐定后，两人展开了一段对话。老者问道：“近自何来?”文喜禅师道：“南方。”老者问道：“南方佛法如何住持?”文喜禅师道：“末法比丘，少奉戒律。”老者又问道：“多少众?”文喜禅师道：“或三百，或五百。”随即文喜禅师反问道：“此间佛法如何住持?”老者道：“龙蛇混杂，凡圣同居。”文喜禅师道：“多少众?”老者道：“前三三，后三三。”①

“前三三后三三”到底是多少？又有何禅意？文喜当时没明白，千百年来也没有确解，成为禅宗参究不尽的公案。“栽田博饭”和“前三三后三三”这两个公案，有诸多相似之处。其中最为重要的是，两则公案有着相同的模式：南方与北方相对，也就是彼此相对，是迷与悟的相对。持奉戒律并不是开悟与否的依据。如果没有开悟，持奉戒律并不能必然区隔凡圣；开悟了，“龙蛇混杂，凡圣同居”，也不会泯灭凡圣的区别。所以老者说，“前三三后三三”：开悟前，佛是众生；开悟后，众生是佛。众生、佛与心，或许就是“三三”的无穷妙蕴之一。由此而言，“栽田博饭”与“前三三后三三”这两个公案有异有同。所以《碧岩录》说道：“且道（地藏）与文殊答处，是同是别？……若向这里透得，千句万句只是一句。若向此一句下截得断、把得住，相次间到这境界。”② 参透了其中的异同，也就百尺竿头更进一步了。

除此之外，《禅宗颂古联珠通集》还收录了多首关于该公案的颂古，另有不少禅师语录也有颂古留存，说明“栽田博饭”作为一则重要的祖师公案，在宋代被广泛重视。兹择要列表1如下：

表1　两宋“栽田博饭”颂古情况简表

禅僧姓名	颂古	文献出处
云峰文悦	种田博饭吃，言中谁辨的。午后打斋钟，真金曾失色。	《禅宗颂古联珠通集》卷第三十五
灵源惟清	种田博饭吃，佛法要商量。言下超三界，灵机发妙光。	《禅宗颂古联珠通集》卷第三十五
佛鉴慧勤	千钧发重机，千古仰遗则。虽连十五城，那换相如璧。商量浩浩地，争如种田博饭吃。一片殊胜缘，两段俱奇特。要知火里钵昙花，天上人间不可加。	《禅宗颂古联珠通集》卷第三十五
圆通道旻	种田博饭待方来，玄妙商量一任猜。无影树头悬日月，几人于此便心灰。	《禅宗颂古联珠通集》卷第三十五

① 普济撰，苏渊雷点校：《五灯会元》（中），第545页。

② 圆悟克勤撰，尚之煜校注：《碧岩录》卷四，郑州：中州古籍出版社，2011年，第191页。

续表

禅僧姓名	颂古	文献出处
云岩因	种田博饭有来由，免见区区向外求。莫谓劳心便劳力，大都工拙要全收。	《禅宗颂古联珠通集》卷第三十五
无准师范	种田博饭吃，饱卧长伸脚。把将三界来，安向左边着。引得龙牙老古锥，手里把柄破木杓。	《无准师范禅师语录》卷五、《禅宗颂古联珠通集》卷第三十五
剑关子益	地藏栽田博饭，大似饥过心荒。听它三三两两，佛法浩浩商量。杓柄那知有短长。	《剑关子益禅师语录》

“商量浩浩地，争如种田博饭吃”，言语论辩，皆不如亲身实践；“听它三三两两，佛法浩浩商量。杓柄那知有短长”，佛法深奥，不是言语所能说清楚的，参禅的深浅，只有自身知道。“栽田博饭”公案在颂古中的运用，基本是借文字来阐述“自修自悟”的禅法，绕路说禅，以“不离文字”践行“不立文字”的禅门法则，体现了宋代文字禅的发展趋势。“颂古作为有宋一代特有的体裁，比其他任何禅籍都更能体现整个时代‘以文字为禅’的特色。特别是北宋中叶的雪窦重显把汾阳善昭注重的玄言演变成辞藻之学，更代表了宋代禅宗走向‘文字禅’的大趋势。在这一趋势的影响下，甚至连提倡‘默照禅’的天童正觉禅师，也有传世的颂古百则为后人评唱；而火烧《碧岩录》的大慧宗杲禅师，也曾取古德公案一百一十则，作颂古一百一十首。”① “栽田博饭”公案在颂古中的广泛流行，正体现了其在禅林中的地位。

（二）拈古、举古

不同于颂古以韵文的方式评说公案，拈古和举古是以散文形式阐释古则公案。拈古，又叫拈提、拈则，是在举出古人公案之后加以简单评量、论议。拈古虽然主要盛行于宋代，但在元明清时期也仍在流传。桂琛“栽田博饭”公案在后代禅师的拈古中多有出现，清代净符的《宗门拈古汇集》在《漳州地藏桂琛禅师》“栽田博饭”公案下就集有多条拈古。

沩山喆云：“清贫长乐，浊富多忧。”

报恩秀于“怎如我者里，栽田博饭吃”下云：“当时便好道，恁么则非但南州也。”

博山来云：“者僧羁縻三界，带累他南州禅客俗气不除。如今还有与地藏相见者么？更须抛却犁耙、锄头始得。”

大慈言云：“大小地藏道个栽田博饭，不妨令人疑着。无端末上道你唤什么作三界，却似龙头蛇尾。”

① 周裕锴：《文字禅与宋代诗学》，第 34—35 页。

仁王教云："地藏家风，无愧古佛，真个千载一遇。乃为者僧一拶，直得七零八落。"①

以上诸大德，根据各自的理解，对"栽田博饭"公案进行了评述。沩山喆从中看到了自给自足、自得其乐。博山来则指出，南方僧人因羁縻三界，难除禅客俗气，后人则更需警醒，切不可被"栽田博饭"所束缚，"更须抛却犁耙、锄头始得"。大慈言则认为，桂琛当时说个"栽田博饭"让南州僧人参悟，这就很好，最后又追问"你唤什么作三界"，这一问题或许过于抽象了，并不能算是一个好问题，所以"却似龙头蛇尾"。由此可见，后代的僧人们通过拈古的形式对"栽田博饭"公案进行了反思。

举古，即举例，指举禅宗公案里的话头作为参究对象，以此启发学人。拈古和举古二者经常结合使用，先举而后拈。如《虚堂和尚语录》记载：

谢执事上堂，举地藏道："诸方浩浩说禅，争如我者里种田博饭。"师拈云："尽谓地藏坐一走七，殊下知，倒着麻鞋来似去。径山穷天文，究地理，到底不识者个毕竟是什么。卓主丈，一举两得。"②

桂琛"栽田博饭"是个家常事，径山的"穷天文，究地理"则是"不走寻常路"。这两则公案，一朴实，一怪异，但都是参究佛法的典范。

《碧岩录》曰："大凡颂古，只是绕路说禅，拈古大纲，据款结案而已。"③ 颂古不正面诠释禅法，而是采取迂回的方式来表述禅法，而拈古，则是对所引公案作概要结语，楷定古今公案。其实，不管颂古还是拈古，都是采取"绕路说禅"的方式，以古则公案作为接引学人的桥梁，让学人于此中自悟本性，觉悟解脱。

（三）上堂说法

上堂说法是古代禅林中最常用的教化弟子的方式。两宋禅师在上堂时，也常常引用"栽田博饭"公案。如《虎丘绍隆禅师语录》记载：

谢铸镬街坊上堂。渠无面目底，千圣不敢近。方解入林不动草，入水不动波，变大地作黄金，搅长河为酥酪。寸丝不挂，通身无影像，便能入荒田不拣，信手拈来。头头上显，物物上明，收放临时，更无渗漏。所以道"诸方说禅浩浩地，争如我栽田博饭吃"。④

修行悟道，无处不在。要"头头上显，物物上明"，要在日常的挑水担柴、栽田博饭中领悟佛法的意义。其他如北磵居简禅师、天童觉和尚等高僧大德，都曾在上堂说法时举

① 净符汇集：《宗门拈古汇集》卷第三十八，《卍续藏经》第115册，第961页。

② 妙缘编：《虚堂和尚语录》卷之九，《大正新修大藏经》第47册，第1049页下—1050页上。

③ 圆悟克勤撰，尚之煜校注：《碧岩录》卷一，第6页。

④ 虎丘绍隆撰，嗣端等编：《虎丘绍隆禅师语录》，《卍续藏经》第120册，第794页。

“栽田博饭”公案。由此可见其影响之大。

（四）偈语、赞、诗

偈语、赞、诗也是宋代文字禅的重要表现形式，桂琛“栽田博饭”公案亦在禅师偈、赞、诗的创作中被反复引用。如《宏智禅师广录》卷第八《明州天童山觉和尚偈颂箴铭》有《利禅人发心丐开海田》：

檀度赍缘约远寻，利他方称出家心。丐行端取丛林饱，耕耨不嫌泥水深。地面丕平春种玉，波痕清浅月浮金。栽田博饭吾家事，一段风规得老琛。①

佛教利乐有情，慈爱众生，开发海田，是利民之大事。然而，对于修行者来说，“栽田博饭”同样也是“吾家事”。世俗之人与修行之士在此和谐统一了。

宋代集成等编的《宏智禅师广录》卷第九《明州天童觉和尚真赞》有《禅人并化主写真求赞》：

岁寒之容，高岩雪松。清白之胸，冷月霜钟。种田博饭，地藏之春农。明镜非台，黄梅之夜舂。百草头上闲和尚，而今何处不相逢。②

“种田博饭，地藏之春农”，在这农禅并作中，自修自悟。《石门文字禅》卷第一古诗《送充上人谒南山源禅师》：“单丁住山二十年，一等栽田博饭吃。诸方说禅如纺车，我口钝迟无气力。”③ 以清源禅师唇舌迟钝对照诸方之能言善辩，称赞其禅风质朴，跟地藏栽田一样。《石门文字禅》卷第十三有《吾山风物如故园而甚僻余居月余爱之将此卜居二首》，其一曰：

此生于世已无求，况有村原事事幽。乞谷住山真素志，栽田博饭是良谋。
别坡笋蕨春兼采，绕舍桑麻岁倍收。强健自能营饱暖，尘埃回首谩悠悠。④

用“地藏种田”之典写山居自食其力之美好生活。此外，还有法语、心要等禅师开示之机语中亦会引用到此公案。无准师范法语《示垕上人》：

古宿道：“诸方说禅浩浩地，争似我这里种田博饭吃。”……今时参究，往往不本源由，动辙撒屎撒尿，良可哂也。⑤

参究佛法，要脚踏实地，如种田博饭一般，从现实平常的生活中出发，不可故作怪异之行。又如《佛果克勤禅师心要》卷下《示道明》：

---

① 集成等编：《天童宏智禅师广录》卷第八《明州天童山觉和尚偈颂箴铭》，《大正新修大藏经》第48册，第93页中。

② 集成等编：《宏智禅师广录》卷第九《明州天童觉和尚真赞》，《大正新修大藏经》第48册，第107页下。

③ 惠洪著，周裕锴校注：《石门文字禅校注》（一），上海：上海古籍出版社，2021年，第197页。

④ 惠洪著，周裕锴校注：《石门文字禅校注》（五），第2103页。

⑤ 无准师范撰，宗会、智折等编：《无准师范禅师语录》卷三，《卍续藏经》第121册，第924页下。

此道至玄妙深邃，是以佛祖不容拟议，要直截承当，超出见闻色声之表，单契密领，谓之教外别行。然得之奥用之彻，脱去理障，烹煅净尽到极则之地，须遇大达善决择之士剔拨。猛咬断线索，始能无佛无祖窠窟。只平白泛泛地于日用之间透顶透底担荷，无一法当情，无一念可得。等闲作为，向一切境界之中圆融无际，亦无圆可融，亦无融可圆。始行无间道中，游历绝功勋处，唤作平常心不可得。似此脚踏实地，无落虚底工夫，绵绵密密，便扫田掠地，拈筋把匙，种种作为，皆入场屋。是故地藏呵僧云"南方说禅浩浩地"，便道"争如我个里种田博饭吃"。准此而推，忍苦捍劳，繁兴大用，虽粗浅中皆为至实。惟贵心不易移，一往直前，履践将去，生死亦不奈我何，何况余事。①

佛法至为玄妙幽深，却又简洁明了，只在平白泛泛地于日用之间透顶透底，唤作平常心不可得，就如"栽田博饭"，虽粗浅中，皆为至实。

综上所述，桂琛"栽田博饭"公案在两宋禅林被广泛运用，禅僧将其当做祖师开悟学人的典范，具有启示后学的意义，其传播运用的途径主要有颂古、拈古、上堂说法，多从公案本身"自修自悟""平常心是道"的意蕴出发，将其作为接引学人的典范，绕路说禅，据款结案，体现了禅林从不立文字到不离文字的转变，展现了两宋文字禅的典型形态。

桂琛虽是法眼宗承前启后的人物，但其"栽田博饭"公案之影响，并不局限在法眼一脉。前文表 1 所引颂古之作者，除了天童正觉是曹洞宗外，云峰文悦、灵源惟清、佛鉴慧勤、圆通道旻、无准师范、剑关子益都为临济宗高僧，其他颂古的禅师，也多为临济宗。虚堂和尚云："临济栽松，老卢蹈碓，仰山畲粟，地藏种田，显一段衲子家风，作丛林千古标准。"② 这体现了临济宗农禅并举的家风传承。但临济宗发展到宋代，虽然仍保留着农禅并举的家风余韵，却已渐渐从行住坐卧、"神通并妙用，运水及搬柴"的宗教实践观中脱离。从善昭倡导公案、颂古开始，临济宗逐渐将禅化解为文字玄谈，"在解释古圣的语言中寓以禅境，为禅在士大夫中扩展开辟了一条新路。临济由此大盛，并推动着整个禅宗的发展"③。以祖师公案为对象，进行颂古、拈古、代别等等，成了宋代僧人参禅的重要方法，于此禅宗从不立文字发展到了不离文字，对语言的运用和理解，成了禅僧中的头等大事。

三、农禅兴宗、绍继古风："栽田博饭"公案在元明清的传播接受

由于公案流行成风，当时的僧侣都醉心于参究公案而不重经教。两宋以后，为了改变这种状况，佛教界有意提倡尊教抑禅，讲经之风开始回归，讲经、参话头代替了参究公

① 圆悟克勤撰，子文编：《佛果克勤禅师心要》卷下，《卍续藏经》第 121 册，第 778 页下。

② 妙缘编：《虚堂和尚语录》卷之八，《大正新修大藏经》第 47 册，第 1041 页上。

③ 杜继文、魏道儒：《中国禅宗通史》，第 400—401 页。

案。然而“栽田博饭”公案并未因此被遗忘，在明清禅僧上堂说法、小参、颂古、拈古中仍然会运用到，但更多的是将其作为禅林典故，广泛运用在禅师的赞、偈颂、诗歌创作中，兹择选其中之典型列表2以说明。

表2　元明清“栽田博饭”公案传播接受情况简表

朝代	作者	途径	内容	文献出处
元	古林清茂	偈颂	栽田博饭真难得，不似杨岐个老贼。	《古林清茂禅师语录》卷一《拾遗偈颂·剖禅者求》
元	了庵清欲	赞	老杨岐，无旨的，栽田博饭招人吃。	《了庵清欲禅师语录》卷五
明	楚石梵琦	偈颂	且自栽田博饭吃，说禅浩浩任诸方。	《楚石梵琦禅师语录》卷第十九《偈颂五·无旨》
明	楚石梵琦	赞	住后栽田博饭吃，方思说梦老瞿昙。	《楚石梵琦禅师语录》卷第十四《佛祖偈赞下·杨岐》
明	无明慧经	小参	栽禾博饭古之有，未审谁人共作俦。	《寿昌无明和尚语录》卷二《小参》
明	无异元来	拈古	者僧羁縻三界，带累他南州禅客，俗气不除。如今还有与地藏相见者么，更须抛却犁耙锄头始得。	《无异元来禅师广录》卷第九《拈古上》
明	永觉元贤	赞	诸方浩浩谈禅，这里缩头如鳖。 每岁栽禾博饭，甘把黄金当铁。	《永觉元贤禅师广录》卷第二十一《自赞》
明	紫柏真可	诗	缚屋依金刹，时闻钟磬声。种苗非博饭，锄草代经行。	《紫柏尊者全集》卷二十五《金轮静室即事》
明	雪关智訚	诗	栽田博饭新家活，禅煞方知验屎金。	《雪关禅师语录》卷之十三《诗·送郑相国方水先生北上》
明	吹万广真	说	百丈开义田，地藏种田博饭，沩仰高低平得恰好，皆以农务为佛事也。	《吹万禅师语录》卷之十八《论众说》
清	莲月	偈	种田博饭足家常，为己忙乎为众忙。 大小住持皆一体，莫言辛苦枉承当。	《莲月禅师语录》卷第六《示九龙松岩监寺》
清	宗坚	上堂	莫道山僧日日忙，春催也要趁时光。 幽堂洗钵方才毕，普请田中去插秧。 翻忆当年地藏老，种田博饭本家常。	《兜率不磷坚禅师语录》卷上《上堂》
清	云叟住	诗偈	远兄真子契先公，博饭栽田继祖风。 戛玉锵金青嶂里，牵犁拽耙白云中。	《云叟住禅师语录》卷下《诗偈·赠神鼎符侄禅师》
清	机如	像赞	栽田博饭寻常事，令人转见亦风流。	《古林如禅师语录》卷四《像赞·又赞》
清	憨休如乾	偈	种田博饭古人俦，一粒须弥训有由。	《憨休禅师敲空遗响》卷八《偈·开田》
清	远庵本僼	偈	湘南名刹旧神峰，博饭栽田继古风。	《远庵僼禅师语录》卷第十三《偈·送契先符子首众神鼎》

续表

朝代	作者	途径	内容	文献出处
清	莲峰	赞	啸月卧云，疏懒行径。种田博饭，本分生涯。	《莲峰禅师语录》卷之六《赞·又自题》
清	敏树	小参	山僧所以向本地风光中指出，人人脚跟下真实受用，便见草偃风行，渠成水到，龙吟云起，虎啸风生，直教个个归家稳坐，种田博饭，本分生涯也。	《敏树禅师语录》卷第五《小参》
清	燕居德申	杂偈	耕田博饭道风清，不事诸方五味羹。	《燕居禅师语录》卷七《杂偈·示一乘静主》
清	通际	诗偈	圣贤自古隐岩阿，雨种云耕博饭多。	《山茨际禅师语录》卷四《诗偈·示众禅人开山》

据表2可知，“栽田博饭”，为佛家之寻常本分，古禅师之遗风。从表2所举的传播接受途径可以看出，宋代以后，“栽田博饭”公案依然广泛传播，但主要是作为佛家耕种或“古佛家风”的典故被运用，这主要表现在以下几方面：

其一，宋元以后的禅师，对此公案与桂琛的关联逐渐模糊，“栽田博饭”已从宋代的“地藏家风”演变为“古佛家风”，也就是说从禅师个人禅风的代表演变成禅林农禅并举之古风的代表，个人形象弱化。

其二，“栽田博饭”主要作为典故被运用到偈颂的创作中，作为公案在禅师上堂、接引学人过程中的作用已逐渐弱化，这与元明以来禅风的新变有关。两宋以后，参究公案的流弊日益明显，为重振禅风，禅僧们针砭流弊，积极革新。临济宗高僧中峰明本对参究公案的流弊进行了猛烈的抨击：

今时学者之病，在速于要会禅。禅无你会底道理，若说会禅，是谤禅也。如麻三斤，柏树子，须弥山，平常心是道，云门顾，赵州无，一一透得，是解禅语，亦非会禅也。若不妙悟，纵使解语如尘沙，说法如涌泉，皆是识量分别，非禅说也。当知禅语初不难会，凡一千七百则公案，俾之通会于片晌之间亦不难。如今之禅学者流，多是商量个语话，皆不肯回头扣己而参，所以古人目禅语为野孤涎唾，良有旨也。①

禅宗公案，本为禅宗祖师本着各自独特的体验而表达的禅语，是禅宗祖师不拘泥于佛教经典文字，而以眼前所见之物回答学禅者疑问的方法，目的是要斩断学人寻觅佛法的思维意识。但文字禅的发展，却又让后世禅僧们执着于语言文字之中，这无异于隔靴搔痒，离禅的本质越来越远。针对文字禅的流弊，明本转而大力提倡看话禅，从参禅宗公案转而参公案中的精要话头，打破疑团，彻悟本心。因此，“栽田博饭”公案在颂古、拈古、上堂说法中的使用减少。

① 慈寂编：《中峰和尚广录》卷四之上《示云南福、元、通三讲主》，《中华大藏经》第78册，北京：中华书局，1994年，第457页上。

其三，传播运用此公案的宗派，以临济和曹洞居多。在宋代，传播运用此公案的宗派主要在临济宗，但到了明清，曹洞禅僧引用此典故者明显增多，这可能与明代曹洞宗以农禅兴宗有关。刘崇庆《寿昌和尚语录序》曰："师尝游少林，登五台，遇瑞峰师。一见而识，相与契合，深推重之。日惟随众作务，众未及田，师已荷镢先至。虽栉风沐雨，亦无倦意。归则摄衣登座为众说法，信口而道，不落思议。衲子有好逞词锋、嗜文句者，每视师法语如啜木札羹，无脍炙味，间以此议师，师亦尝笑此辈如叶公怖真龙耳，试令与地藏同时，闻栽田博饭之语，亦必谓其无当于宗门玄旨矣。"① 寿昌和尚，即无明慧经禅师，明曹洞宗高僧，座下高足无数，形成曹洞宗之"寿昌法系"，奠定了曹洞宗中兴的基础。其住持南城宝方寺期间，以农禅兴寺，弘扬曹洞宗风，"生平佛法，未离锄头边"，座下弟子博山元来、鼓山元贤等皆传承了这一宗风。故而在其与弟子的语录中，多运用"栽田博饭"之典。说明桂琛农禅并举、自修自证的禅风不仅受到临济宗的重视，亦在曹洞法脉间传承。

其四，"栽田博饭"在元明清禅林广泛地与杨岐方会禅风紧密联系。杨岐方会上堂说法时有言："杨岐无旨的，栽田博饭吃。说梦老瞿昙，何处觅踪迹。"就连祖师说法亦是梦语，更何况是方会呢？我并没有什么"法门"可以传授给大家，我不过是靠种田讨口饭吃的僧人而已。受此影响，在元明清禅林中，"栽田博饭"常常与杨岐方会联系在一起。

四、余　　论

从桂琛公案在禅林的传播接受历史过程可以看出：桂琛接引学人机锋的"栽田博饭"，作为重要的祖师公案，在宋代的颂古、拈古、上堂说法中反复出现，成为宋代禅师参禅的重要法门。其中蕴含的农禅并举、自修自证的思想，亦被作为地藏家风的代表，在临济和曹洞中传播，因此，作为法眼宗承上启下的重要人物，桂琛的影响远不止在法眼宗脉。到了明清，"栽田博饭"作为公案参究的现象明显弱化，地藏的影子逐渐模糊，但"栽田博饭"却作为亲事耕作的古佛家风，在僧人的诗偈赞中被反复运用，这与明清禅林的发展变化有关。

"栽田博饭"典在诗文中亦有出现，如宋王寘《绝句》："耕田博饭未为辱，为米折腰真可怜。高卧北窗风飒至，更于何处觅神仙。"② 王寘，宋泉州晋江人，因上书得罪蔡京，被迁到自讼斋中反思己过十余年，宣和三年（1121）以特奏名进士补官，寻辞归。此诗反映了其不愿为五斗米折腰，而思归隐田园，过着自食其力，悠游自在生活的美好愿景。清汪琬《晚景》："晚景颇艰辛，谁怜白首人。栽田思博饭，髡柳欲储薪。牢补芦藩密，平墁

① 慧经说，元贤重编：《无明慧经禅师语录》卷第一，《卍续藏经》第125册，第1页下。

② 郑杰辑录：《全闽诗录》，福州：福建人民出版社，2011年，第361页。

土壁匀。余生如此了，真个作编民。”① 晚景艰难，在乡间自食其力，了此余生，做个普通的平民也不错。从“栽田博饭”公案在诗文中的传播接受可以看出，它成了文人诗意的田园想象。“禅众的自力自给、无求于人，以及把由此带来的自我满足当成理想主义的自由、独立，也往往令徘徊于官场中的士大夫心向往之。它不是桃花源，却胜似桃花源。中唐以来，禅宗特别为士大夫青睐，这是一个重要因素。”②

桂琛是法眼宗承上启下的关键人物，法眼宗“一切现成”“三界唯心”的宗风，皆受桂琛影响。清王士禛《地藏琛禅师》诗曰：“栽田博饭吃，独振玄沙道。一笑视诸方，说禅方浩浩。”③ 除了“栽田博饭”公案外，地藏的其他公案在宋代的颂古、拈中中亦有传播，如“地藏亲切”“地藏与长庆保福入州见牡丹花障子”“云亦不动风亦不动”，说明地藏在禅林祖师中之重要地位，切不可因玄沙、法眼之盛名而略过位居于其中的桂琛。

Farming for Food is a Common Thing

—Discussion of the Dissemination and Reception about Zai Tian Bo Fan, the Zen Cases of Gui Chen, in Song, Yuan, Ming and Qing Dynasties

LU Cuiwan
(Schoolof Journalism and Communication,
Minjiang University, Fuzhou, Fujian 350108)

Abstract: Gui Chen is a key figure in the development of FaYan Buddhism. Zai Tian Bo Fan, the Zen Cases of him, has a lot of meanings. It is not only a typical representative of the Zen style of "simultaneous development of agriculture and Zen", but also a vivid manifestation of the Zen style of " no writing " and " self-cultivation and self-enlightenment" . This case was widely disseminated and accepted . In the Song Dynasties, it was repeatedly mentioned in SongGu, PingChang, NianGu and lecture. It is an important material for Zen masters to educate their apprentices. It gives full play to the Zen meaning of "self-cultivation and self-enlightenment" and "ordinary mind is Tao", and shows the typical form of Zen in Song Dynasty. During the Yuan, Ming and Qing

① 汪琬：《尧峰文钞》，《四库全书》本。

② 杜继文、魏道儒：《中国禅宗通史》，第 282 页。

③ 王士禛著，惠栋、金荣注，宫晓卫、孙言诚等点校整理：《渔洋精华录集注》（下），济南：齐鲁书社，2009 年，第 1305 页。

dynasties, this case appeared widely in the poems of Zen masters. It is mainly used as a Buddhist Farming or "ancient Buddhist style" story. This is related to the new change of Zen style in Ming and Qing dynasties. Because it was in line with the Buddhist style of both farming and Zen and self-cultivation and self-proof, the spread of this case went far beyond the boundaries of FaYan Buddhism. This story was widely spread and accepted in Linji and Caodong schools, which boosted Gui Chen's influence in the Zen.

Keyword: Gui Chen; Zai Tian Bo Fan; both farming and Zen; Zen Cases

作者简介：卢翠琬，闽江学院新闻传播学院副教授，发表过《俚语与禅趣："远观"诗的传播与僧俗两界的话语互动》等论文。

古代文学研究

走向浙西词派的“钱董”

肖庆伟
（闽南师范大学文学院，福建漳州　363000）

摘　要：钱芳标和董俞是云间词派后期代表人物。钱芳标认为词之源是诗，词之体制定型于北宋，词之本色乃柔丽婉约。董俞认为词滥觞于唐末，词乃“言情之什”，词风以柔丽婉约为上。二人在词调选择、题材取向、词学思想及创作风格上，既继承了早期云间词派的创作路数，又同时表现出向浙西词派靠近的创作倾向。云间词派消融，浙西词派代之而起，在此可见其轨迹。

关键词：钱芳标；《湘瑟词》；董俞；《玉凫词》；柔丽婉约

顺治七年（1650）以后，云间词派进入发展和变异的后期。钱芳标、董俞是这一时期词人的主要代表，人称“钱董”。在创作上，他们一方面继承了云间词派前期词人的创作路数，另一方面因为浙西词派日起而表现出向其靠近的创作倾向。本文拟就钱芳标和董俞的词学创作展开探讨，力图展现云间词派后期词人的创作面貌。

一、“钱董”的词学思想

钱芳标（？—1678），字宝汾，一字葆馚，江南华亭人。① 明刑部侍郎士贵之子。芳标博闻强识，天才俊丽，“总角即好倚声，酒肆粉墙，倡家团房，每因兴会，辄有斜行”②。康熙五年（1666）中顺天乡试，授中书舍人。十七年（1678），举博学鸿词科，抚臣荐为江南第一才人，适丁内艰，不赴，不久猝死。钱芳标与宋征舆、顾贞观、王士祯、沈丰垣、彭孙遹、纳兰性德一起，被称为清初词坛的“前七家”（徐珂《近词丛话》“词学名家之类聚”条）。著有《金门稿》《湘瑟词》。董俞（1631—?），字苍水，号樗亭，别号尊乡钓客，江南华亭人，明代著名书画家董其昌之孙。兄董含，字阆石，号涵九，顺治十八年（1661）进士，与俞诗文齐名，时称“二董”。董俞为顺治十七年（1660）举人，时

---

① 宋如林等修撰嘉庆《松江府志》卷五十七、秦瀛《己未词科录》卷四均有传。

② 秦瀛辑：《己未词科录》卷十一，《续修四库全书》集部第537册，上海：上海古籍出版社，2002年，第281页下栏。又见王晫《今世说·文学篇》。

三十岁，不久兄弟两人因奏销案除名①。此后十余年间，困守乡里，家徒四壁②。康熙十六年（1677）入都，始交渔洋先生，唱和甚勤，清秦瀛说："苍水丁巳年入都，与渔洋山人唱和，颇有知己之感，其《北游草》云：'余所寓萧寺，与阮亭先生寓斋相望，晨夕过从，四方风雅名流至，辄邀余晤对，诚快事也'。"③ 康熙十八年（1679），荐试博学鸿词科，至山东遇盗贼，受伤而返。诗文倍受时人称誉，宋征舆说："其诗之出入雅颂，既庭且硕，如于舆氏之所谓充实而有光辉者。"④ 宋琬说："其诗亦闳深涵演，非复专家小乘所敢望。"⑤ 其与钱芳标齐名，人称"钱董"。又与侄钱金甫相埒，人称"二钱"。

钱芳标论词不同于蒋平阶及其弟子，而取径更广。蒋平阶论词以《花间》为尚，而钱芳标则取径北宋，他在评论董俞《玉凫词》时说道：

> 诗变而为词，盖滥觞于《香奁》诸什，至宋人而体制大备，当时匠哲，咸推秦、柳，皆以旖旎缠绵之思，运其风艳，是知柔情冶语，原属当行；爽致雄裁，终非本色。⑥

这是钱芳标论词最为详尽的一段文字。这里有三层含义值得我们注意：第一，认为词的源头是诗，尤其是滥觞于唐人韩渥的香奁体诗；第二，认为词的体制成熟并定型于北宋，从而改变了蒋平阶等人唯《花间》是尚的狭隘取向；第三，婉约柔丽乃是词的当行本色，而排斥苏、辛的豪放词风。又王顼龄《满江红·冬日，葆翁访予南村，有事诗馀之选，下索里语入集，赋此志谢》一词云："（钱氏）论乐府，宫商覈。谈雅调，淫哇斥。喜吾生重见，开元词客。"也见其推崇温丽雅调。

正是基于上述看法，钱芳标尤其崇尚婉约柔丽、自然清新的词风。他说："冰持（周稚廉，字冰持）词，艳而不纤，利而不滑，刻入而无雕琢之痕，奇警而无突兀之病。可与仿佛者，溧阳彭爰琴（桂）、秀水朱竹垞（彝尊）耳。"⑦ 艳丽而不纤弱，自然而无雕琢，也成了其评词赏词的切入点。又其《无闷·偶阅〈林下词选〉戏题》一词，实则以词体的形式评价《林下词选》一书，词云：

> 拟尽香奁，只合算做，粉本临摹形似。论真色终输，扫眉才子。五色胶东腻纸，

① 宋琬《安雅堂文集》卷一《董苍水诗序》："行年三十，举孝廉于其乡也。居无何，江南逋赋之狱起，士绅同日除名者万有余人，而董君不幸絓名其间。"见宋琬著，辛鸿义、赵家斌点校：《宋琬全集》，齐鲁书社，2003年，第35页。又王士祯《初秘示董苍水》一诗注云："苍水丁巳年入都，始交于先生，杯酒唱和，颇有知己之言。"见《渔洋山人精华录》卷八。

② 宋琬：《安雅堂文集》卷一《董阆石诗序》，《宋琬全集》，第20页。

③ 秦瀛辑：《己未词科录》卷十二，《续修四库全书》集部第537册，第304页下栏。

④ 宋徵舆：《林屋文稿》卷六《董苍水诗简稿序》，《四库全书存目丛书》集部第215册，济南：齐鲁书社，1997年，第320页下栏。

⑤ 宋琬著，辛鸿义、赵家斌点校：《安雅堂文集》卷一《董苍水诗序》，《宋琬全集》，第35页。

⑥ 曾王孙、聂先辑：《百名家词钞·玉凫词评》，清康熙间绿荫堂刻本。

⑦ 钱芳标：《容居堂词题词》，冯乾编：《清词序跋汇编》，南京：凤凰出版社，2013年，第203页。

单称缀、几行簪花字。谱色调、总是妆成清课，秀馀幽思。　　无事。变玉台，和二李。仿佛前身瑶水。步虚一曲，阿母旧侍。遗响谪来能记。恨不令、莺歌琅璈倚。钤小印、露沁脂绵，芸签别署艳体。

认为男子填词填得再好，即“拟尽香奁”，也只能是一种“形似”和“临摹”，“论真色终输，扫眉才子”，终不如女子那样“本色”，实则也承认了词为艳科的传统说法。

董俞论词取径也较广。这与其较为开阔的诗学视野有关。明末，云间陈子龙、李雯和宋徵舆崇尚王世贞、李攀龙之学，因而编选了《皇明诗选》一书藉以重振王、李之学。其后，云间词人田茂遇、董俞续接此风，“乃以一省之诗为一集”（《四库全书总目·高言集提要》）。康熙八年（1669），董俞与田茂遇辑《十五国风高言集》四卷刊行，共选录闽中诗人85家近千首诗。田茂遇撰《选闽诗凡例六则》云：

今秋（康熙八年），傅石漪（为霖，字世杨，号石漪）先生佐郡，公暇留心风雅，搜罗闽诗甚富，属赵子双白见示。不揣固陋，勉为点定，得如《千家》，遂专集问世。至两粤诗，宋潮州（徵璧）近许邮寄，亦即日有成书也。①

据此可知：田茂遇等人原本是想以十五国风为题选编各省之诗，但设想并未实现。选编各省之诗，本身就是云间诗派后期诗人诗学视野开阔的一种表现。但遗憾的是，现在留传下来的唯有这部以选编明代闽诗为目的的《高言集》四卷。

云间王广心和董俞又分为之序。董俞《高言集小序》首先阐述了明前七闽理学、功业、著述和经学等领域的源流承变，继而论及明代的诗学：

（七闽）至明初而作者云兴，后先照耀，而闽中诗学至今雄视海内。或曰：闽中之诗，大约祖林（鸿）、高（棅）而祢郑（善夫）、傅（汝舟），华整流丽，饶于藻而逸于态，秀于写景而婉于言情。而以予观之，则不仅是也。此集始于曹能始（学佺）诸人，此时当明之末造，操觚之士非阳慕王（世贞）、李（攀龙）而失诸肤浮，则醉心钟（惺）、谭（元春）而伤于孤僻。而闽中诸贤则斤斤守其说而不变，去二患而备众美，可谓习俗之所不能囿，而风气之所不能移者也。②

王广心《序》称闽中《高言集》：“华整流丽，秀于色而妍于态”，“高深浑厚，雄于布格而亮于谐声”。董俞则谓闽中诗学不仅仅如此，而且没有染上明人复古末流肤浅浮躁之弊，也没有明代后期竟陵派孤僻之病，即所谓“去二患而备众美”，表现了云间派后期诗人广阔的诗学视野，而这与云间词派后期词人词学取径的多元化是一致的。

康熙八年（1669），董俞为宋琬词集《二乡亭词》作序，从他对宋琬词的评价中，可以看出他的词学思想。其《二乡亭词小引》说：

---

① 田茂遇：《十五国风高言集》卷首《选闽诗凡例六则》，《四库全书存目丛书补编》第41册，济南：齐鲁书社，2001年，第129页上栏。

② 董俞：《十五国风高言集》卷首《高言集小序》，《四库全书存目丛书补编》第41册，第127页下栏。

莱阳宋荔裳先生，以文章名海内久矣。乃人称其登临宴集之暇，好为小词。……于是出其奚囊中诸长调歌之，多商羽之音，秋飚拂林，哀泉动壑，不足喻其峥嵘萧瑟也。……先生复出其小令，为曼声歌之，如新筝乍调，雏莺初啭；尖佻新艳，不数齐、梁《子夜》《读曲》诸歌。噫，观止矣。湖海之作，伧父辛、刘；闺帷之制，衙官秦、柳，此真子建天人之才，邯郸生能不为之咋舌汗下乎！①

在此，有三层含义值得我们注意。第一，董俞仍流露出诗大词小的传统观念。第二，对于词体形式，董俞不仅仅局限于小令一体，更把慢词长调纳入自己的审美视域。第三，长调需悲壮，如"秋飚拂林，哀泉动壑"；小令要清丽，如"新筝乍调，雏莺初啭"。民国卢前《望江南·饮虹簃论清词百家》云："调筝乍，苍水最知音。动壑哀泉商羽激，雏莺枯树怨思深。智井古苔侵。"完全肯定了董俞的词学审美理想。又康熙十七年（1678），董俞撰《湘瑟词序》云：

原夫铙歌称曲，始自汉初；倚声制词，昉于唐季。移商刻羽，无非按谱之音；绘月雕云，尽是言情之什。……昔思光（南朝张融）以《玉海》名篇，飞卿（唐温庭筠）以《金荃》命集，辞章之丽，今古同之。嗟乎，雅调失传，知音罕遘，伶工选调，每乏风华；才子摛词，难调弦管。欲求乐府之遗，试咏湘灵之制，庶几秦淮海之婉恋清新、柳屯田之柔靡艳冶，睹此新著，焕复旧观。……凤箫低压，暖偎杏子之衫；雁柱轻移，羞掩桃花之扇。或悲歌琪树，调类秦声；或缓度铜鞮，音同郢曲。②

这是董俞论词的一篇专文，它比较完整地体现了董俞的词学思想。他认为：第一，词滥觞于唐末。第二，词乃"言情之什"，且注重雕刻。第三，推崇温庭筠、秦观和柳永三位词人。第四，追求"婉恋清新""柔靡艳冶"词风。

综上所述，钱芳标、董俞一方面继承了云间词派前期词人崇尚南唐、北宋词的思想，但纠正了蒋平阶唯《花间》是尚的狭隘取径，另一方面，在词体形式上则是小令和慢调兼取，改变了前期词人多尊小令的倾向。词学视野渐趋开阔，为其词体创作奠定了良好基础。

二、"钱董"的词体创作

钱芳标《湘瑟词》四卷凡五百馀首，钱谦益、彭孙遹、吴绮、陈维崧、金是瀛和董俞分为之序。钱谦益序题于"丙申重九"（1656），但这不是《湘瑟词》的成书时间，因为集中收录了钱芳标丙辰年（康熙十五年）的作品③，钱序可能是钱芳标诗文集之序，后为人移入。吴绮序题于康熙戊午（1678），即钱芳标死前二年，当为《湘瑟词》刊行之时。董俞有《玉凫词》三卷，凡 140 首，清康熙间刻本，陈乃乾辑入《清名家词》。南京大学编

① 董俞：《二乡亭词》卷首《二乡亭词小引》，《宋琬全集》，第 775 页。

② 钱芳标：《湘瑟词》卷首，《续修四库全书》集部第 1725 册，上海：上海古籍出版社，2002 年，第 292 页。本文所引钱氏词，皆依此本。

③ 如《安平乐慢》一词即题"丙辰元旦"。

撰《全清词》（顺康卷）时另辑得词20首。

首先，在词的创作中，钱芳标大力效仿南北宋词人的作品，或用其韵，或效其体，这成了钱氏创作中的突出之处。此列其效仿两宋词人名单于下表：

表1　钱芳标效仿两宋词人词作表

序号	作品名称	效仿词人	序号	作品名称	效仿词人
1	红窗睡	用珠玉词韵	24	一剪梅	和漱玉词
2	泛清波摘遍	帆影，用晏小山韵	25	瑶阶草	忆旧游，寄龙丘王郎、练川陆老，用程书舟（垓）韵
3	夜半乐	蛩语，用柳屯田韵	26	一落索	用稼轩韵
4	驻马听	用柳屯田韵	27	玲珑四犯	用姜白石体
5	小镇	端阳前作，效乐章集体	28	疏影	落照，用姜白石韵
6	雨霖铃	拙闲坐雨，用乐章集韵	29	清波引	用姜白石韵
7	夜游宫	狎客周生，出故人寄妓手书，偶用晏小山韵，隐括其意。	30	扫花游	新绿，用王碧山韵
8	望梅花	用蒲传正韵	31	看花回	饮董苍水荷亭，用周清真韵
9	玉女摇仙佩	用屯田韵	32	渡江云	题范武功画，用张叔夏（炎）韵
10	大有	和片玉词	33	梅子黄时雨	本意，效张叔夏体
11	万里春	和片玉词	34	握金钗	用吕圣求（渭老）韵
12	哨遍	燕京午日，用东坡春晴韵	35	女冠子	用竹山（蒋捷）韵
13	无愁可解	反东坡词意	36	惜黄花慢	赋菊，和梦窗韵
14	水龙吟	咏萤，用坡公和章质夫杨花韵	37	六丑	秋夜感怀，用梦窗韵
15	看花回	饮董苍水荷亭，用周清真韵	38	夜行船	用史梅溪（达祖）韵
16	离亭燕	花朝后一日舟泛，次孙浩然韵	39	月当厅	本意，用史梅溪韵
17	浪淘沙慢	渔歌，用周清真韵	40	白苎	用蒋胜欲（捷）韵
18	兰陵王	用清真韵	41	沁园春	答庄天申，用蒋胜欲韵
19	贺新凉	菌次招集听秋书屋，用坡公原韵	42	别怨	和惜香乐府（赵长卿）韵，寄女郎施闻莺
20	望海朝	同南华，和少游韵	43	有有令	咏鹦哥，用惜香乐府韵
21	梦扬州	用少游韵	44	彩凤飞	用懒窟词体
22	醉花阴	和漱玉词	45	瑞龙吟	忆伎，用清真韵
23	如梦令	用宋人平体韵	46	琐窗寒	岁暮，戏学放翁

从上表可以看出，钱氏所效仿的词人包含南北宋的主要代表作家，既有北宋的柳永、

苏轼和周邦彦，更有南宋的辛稼轩、姜夔、张炎、吴文英等人。与前期云间词人大多取法《花间》不同，而取径更为广大，视野更为开阔。

钱氏词风婉丽。此列举二词：

小屏残烛，小窗残雨，小楼残梦。铢衣已烟散，只蘅芜香重。　锦瑟华年愁里送，便凄凉也无人共。伤心白团扇，画秦娥箫凤。（《忆少年》）

送君南浦，饮君酒、为君楚舞。柳眉几许，和烟向人妩。翠被那曾暖，又逐晴丝吹去。劳劳亭外斜阳，是千古、断肠处。　珊鞭付与，板桥滑、骄马慢度。后期真否，倩霜雁传语。高唐梦回泪，一半荒台残雨。便算檗树莲心，辨来非苦。（《清波引》）

前一首写别后怀人。三个“小”字，绘出一幅精致秾丽的美景；而三个“残”字却写尽了别后的凄凉难堪，所谓以美景传哀情，更见其哀也。《白雨斋词话》卷三谓此词“秾丽语能入幽境，意味便永”。后一首送人之作。别时场景堪丽，别后思念情深。换头“珊鞭付与，板桥滑、骄马慢度”一句最为警动，表面上说是桥滑而不忍催马快去，实则为不忍离别之情使然。彭孙遹《金粟词话》谓：“董苍水、钱宝汾，善为婉丽之词，亦往往风美动人。”又吴绮《湘瑟词序》谓钱词“秾纤合度，摇曳成姿，拗益加妍，在疑雨疑云之际；淡而生艳，是非花非雾之间。譬姑射之冰肌，何妨金粉；若太真之玉质，更胜铅华。故使淮海惭声，屯田辍响。”[①] 皆为中肯之论。

《玉凫词》也是董俞前述词学审美理想的实践产物。

首先，创作取向上，一方面董俞词多写伤春悲秋亡恨和离别相思之苦，这是云间词派前期词人创作取向的延续。如《踏莎行·春望》：

陌柳飘绵，园梨糁雪。红亭绿酒人离别。春光不是别离时，别离偏向春时节。

旧梦无痕，新愁似结。乱鸦啼处山千叠。渔灯点点隔江明，萍丝带雨波声咽。

内容是常见的伤春别离。飘舞的柳絮，雪白的梨花，红亭与绿酒，构成了一幅精美的离别场景图。寄新愁于丽景，以丽景衬哀愁。“春光不是别离时”两句，与苏轼《水调歌头》“不应有恨，何事长向别时圆”两句有异曲同工之处，皆为怨得无理却是有情之曲笔。

另一方面，董俞词又写了自身的不平遭遇。自江南奏销案起后，董俞兄弟俩都把注意力放在了诗文创作上。宋琬说：“董君（含）自以盛年见废清时，既已嘿不自得，而其家徒四壁立，于是愈益无憀，幽忧侘傺，洒酣以往，悲歌慷慨，遇夫高山广谷、精兰名梵、乔松嘉卉、草虫沙鸟，凡可以解其郁陶者，莫不有诗，而其诗亦含弘温厚，异乎人之狂呻呓者。”[②] 又说其弟董俞：“于是弃去帖括，究极于风、雅正变之故，爰及汉魏，下迄三唐，朝茅暮盐，萧然如后门寒畯，而其诗亦闳深涵演，非复专家小乘所敢望。”[③] 吴伟业

① 钱芳标：《湘瑟词》卷首，《续修四库全书》集部第1725册，第290页下栏。

② 宋琬著，辛鸿义、赵家斌点校：《安雅堂文集》卷一《董阆石诗序》，《宋琬全集》，第20页。

③ 宋琬著，辛鸿义、赵家斌点校：《安雅堂文集》卷一《董苍水诗序》，《宋琬全集》，第35页。

说：“其（董俞）才与地既足自拔，而又使之优闲不仕，蕴其骯髒牢落之气，一发之于诗，故讲求益密，而寄托益深。”[1] 不惟诗文如此，骯髒牢落之气也见于其词，如《念奴娇·述感和彭羡门韵》其一云：

英雄已矣，把吴钩抛却，唾壶敲碎。痛哭穷途同阮籍，难乞步兵佳尉。白日黄鸡，催人老去，几度中山醉。龟毛兔角，叹浮名何年遂。　梦魂不到春明，读书卖卜，潇洒君平肆。落日江亭闲岸帻，赢得持螯斫鲙。故国青山，美人黄土，往事征于鬼。桃笙豹枕，算人生唯有睡。

仕途坎坷，功名难遂，年华老去，唯有醉乡寻梦，然而“梦魂不到春明”，得不到朝廷重视，只有追求严君平式的归隐了。另一首《渔家傲》便直言其归隐之意：“检点闲身犹未老，莫教名利萦怀抱。溉水莼乡归隐早，尘事少，驾鹅飞处青山晓。此际待将愁闷扫，悠然浊酒东篱倒。拍手浩歌岩月皎，秋色好，萍花数点潮声小。”像这种直抒归隐之意的作品，在云间词派后期词人的创作中还是比较少见的。

其次，与上述两个方面相一致的，是他的词风也表现出两种不同的类型特征。一是其令词以婉丽为主要特征。如前所述，董俞用“秋飚拂林，哀泉动壑”来评价宋琬长调慢词的风格特征，而用“新筝乍调，雏莺初哢”喻其短调小令。其实，这也正是董俞令词自身的写照。彭孙遹《金粟词话》说他与钱葆馚一样，“善为婉丽之词”，指的就是董俞的小令，如《浣溪沙·春游》：

脉脉闲情似水流，暮江人上木兰舟。画桥西去笛声幽。　客醉夕阳芳草路，鸟啼寒食杏花楼。淡烟微雨一春愁。

兰舟与画桥、芳草路与杏花楼，可谓丽绝；暮笛声幽，淡烟微雨，堪称愁绝。彭孙遹谓：“董苍水情词兼胜，尤工小令。”[2] 汪森把董俞的小令比作南朝乐府民歌《子夜》《欢闻》，而董俞也用“不数齐、梁《子夜》《读曲》诸歌”来类比宋琬的令词，究其原因，自然在于二人的令词都有南朝乐府民歌的风味。

二是慢词以疏宕萧瑟为主。钱芳标《念奴娇·读樗亭乐府用彭羡门韵》：“屏当笭箵浮一叶，细数淞江残脍。春雨编簑，晚沙然竹，抛食驯乌鬼。”写出了董俞羁旅漂泊、避世归隐的形象，而这也正是董俞词，尤其是慢词创作的主要取向，如其《祝英台近》：

霁烟轻，凉月淡，肠断西陵浦。松露廉纤，洒遍篷窗雨。可怜旧日青山，无人吟眺，算谁肯、移家暂住。　凭栏觑，几株垂柳阴边，属玉遥堪数。万壑千岩，犹记虎头语。任他客貌频欹，邮醪半醉，聊目送、乱云归去。

词写羁旅漂泊之感。词以霁云、凉月起端，中写凭栏眺望近处垂柳依依，远眺则万壑

① 吴伟业：《吴梅村全集》卷三十《董苍水诗序》，上海：上海古籍出版社，1999年，第697页。

② 冯金伯辑：《词苑萃编》卷八，《续修四库全书》第1733册，上海：上海古籍出版社，2002年，第488页上栏。

千岩，境界开阔，最后以景语“乱云归去”作结，极显疏宕，富于变化。沈雄《古今词话·词评下卷》引汪森语：“（董俞词）若矫健疏宕处，则又歌行佳境，非学步辛、陆者也。”① 云间词人周稚廉《渔家傲·十二月闺词》词序也说董俞词：“或寄思香草、湘兰、沅芷，义实本于离骚；或托兴禽鱼、虫臂、鼠肝，达有同乎庄叟。靡不雕章缛采，尽态极妍。较其工力，凤凰与黄鹤齐驱；播之笙簧，彤管并香奁争秀。”

三、“钱董”走向浙西词派

《湘瑟词》还表现出向浙西词派倾斜的动向。首先，如前所述，钱芳标所效仿的对象已由花间词人转向两宋，尤其是南宋词人，这与倡导“家白石而户玉田”的浙西词派正相一致。其次，钱芳标与浙西词派朱彝尊、汪森多有词学交谊活动。如《绮罗香》一词是顺治十年（1671）春钱氏“用朱锡鬯咏桃花韵”而成；《望明河》一词是顺治十二年（1673）七夕钱氏与朱彝尊同游时所作；《雪狮儿·咏猫》一词是钱氏在京城时“戏同锡鬯作”，汪森作《雪狮儿·和钱葆馚舍人詠猫》；又朱彝尊集唐人长短句而为诗馀的《蕃锦集》，钱氏用《尉迟杯》一词予以题赞：“从兰畹、金荃休数。且研就、吴绫乌兰谱。”朱彝尊《白苎·送钱葆馚假归》一词记两人往日交游情形：“畴昔。春申浦上，结伴嬉游，郗甥谢从，三十年前晨夕。”又朱彝尊应钱氏之索，作和词《雪狮儿》咏猫三首。

再次，钱氏与朱彝尊在咏物词的创作上也表现出趋同的一面。如前所述，钱氏有《雪狮儿·咏猫》词一首，而朱彝尊则多至三阕；朱彝尊有《沁园春》十首描写女性五官体态，而钱氏则有《沁园春》五首描写女性五官体态之作②。这类作品堆砌典故，几近无聊，后人给予了严厉批评，谢章铤《赌棋山庄词话》卷九“词贵清空”条：

> 宋词三派，曰婉丽，曰豪宕，曰醇雅，今则又益一派曰饾饤。宋人咏物，高者摹神，次者赋形，而题中有寄托，题外有感慨，虽词实无愧于六义焉。至国朝小长芦（即朱彝尊）出，始创为征典之作，继之者樊榭山房。长芦腹笥浩博，樊榭又熟于说部，无处展布，借此以抒其丛杂。然实一时游戏，不足为标准也。乃后人必群然效之。即如咏猫一事，自葆馚、竹垞、太鸿、绣谷而外，和作不下十数家。

可见云间词派之融于浙西词派有其误入歧途的一面，同时也表明朱彝尊为浙西词派带来了他的消极因素，正如严迪昌先生《清词史》谓：“（至康熙中后期）清初词坛所呈现的生气活力日见衰竭，词的志意情趣日趋淡薄。由此而言，朱彝尊为代表的浙西词派前期作家不能不说是始作俑者。”③

董俞《玉凫词》也表现出向浙西词派倾斜的动向，只是不如钱芳标《湘瑟词》明显。

---

① 沈雄辑：《古今词话》，《四库全书存目丛书补编》第45册，济南：齐鲁书社，2001年，第402页上栏。

② 冯金伯《词苑萃编》云：“宋人此体尚少，历之明而盛，至国朝而朱竹垞、钱葆分辈极妍尽致矣。”

③ 严迪昌：《清词史》，南京：江苏古籍出版社，2001年，第274页。

第一，在词调的选择上，兼顾小令和长调①，不同于蒋平阶及学生之囿于《花间》小令。据笔者统计，在《玉凫词》一百四十首词中，小令九十四首，慢词四十六首。以小令为创作主调，正是云间词派创作路数的体现，而慢词创作数量的增长，则表现了董俞为超越和革新云间词派所做出的努力。第二，《玉凫词》还表现出两宋词人兼取的创作视野，由前引《湘瑟词序》一文可知，董俞推崇温庭筠、柳永和秦观三人。但董俞在实际创作上则取径更广，如《祝英台近・会稽道中用辛稼轩韵》一词，所谓“用辛稼轩韵”，指的是辛弃疾《祝英台近・晚春》一词。辛词结拍“罗帐灯昏，哽咽梦中语。是他春带愁来，春归何处，却不解、带将愁去。”惜春怨春之情，无理而妙。董词结拍“万壑千岩，犹记虎头语。任他客帽频欹，村醪半醉，聊目送、乱云归去。”羁旅漂泊之感，别有情致。第三，董俞还推崇阳羡词派领袖陈维崧，《贺新郎・怀陈其年》称赞陈维崧：“试数词坛彦。惟陈生、奇葩逸藻，波腾云卷。手展麦光倾八斗，竞道扬班再见。”陈维崧早年师事云间陈子龙，后来开创阳羡词派，继云间、西陵诸词派而后来居上。朱彝尊《陈纬云〈红盐词〉序》谓：“宜兴陈其年诗馀妙绝天下，今之作者虽多，莫有过焉者也。”② 不过，阳羡词派后来也融入了浙西词派。第四、董俞的小令得到了浙西词派词人汪森的高度赞赏。董俞和汪森并没有词体唱和之作，但是，沈雄《古今词话・词评下卷》引汪晋贤（森）语：“樗亭婉丽之什，源于清商诸曲，遂与子夜、欢闻竞爽。”③ 肯定了董俞小令所带有的南朝民歌风味。云间词派最终走向浙西词派，主要是通过两条途径：一是与阳羡词宗陈维崧的接近，二是和浙西宗主朱彝尊的直接交往。董俞属于前者，而钱芳标则是后者。

综上所述，钱芳标和董俞在词调选择、题材取向、词学思想及创作实践上，既继承了早期云间词派的创作路数，又同时表现出向浙西词派靠近的创作倾向。云间词派的消融，浙西词派代之而起，在此见其轨迹。

On Qian Fangbiao and Dong Yu's Ci Thoughts and Creation

XIAO Qing-Wei

(School of Liberal Arts, Minnan Normal University, Zhangzhou Fujian 363000)

Abstract: Qian Fangbiao and Dong Yu were representatives of the late Yunjian Ci

---

① 关于词调的分类，古人以五十八字以下者为小令，五十九至九十字者称中令，九十一字以上者称长调；王力先生则将词调分为两类，六十二字以内者称作小令，六十三字以上者称慢词。此处采用王力先生的分法。

② 朱彝尊著，屈兴国、袁李来点校：《朱彝尊词集》，杭州：浙江古籍出版社，1994 年，第 405 页。

③ 沈雄：《古今词话》，《四库全书存目丛书补编》第 45 册，第 402 页上栏。

school. Qian Fangbiao believed that the origin of ci was poetry, the system of ci was finalized in the Northern Song Dynasty, and the essence of ci was soft and graceful. Dong Yu thinks that ci originated at the end of Tang Dynasty, ci is “what of love” and ci is soft and graceful. In terms of the choice of tone, theme orientation, ci-ology thought and creation style, they not only inherited the creative way of the early Yunjian Ci school, but also showed the creative tendency of approaching the West Zhejiang Ci school. The disappearance of the Yunjian ci school was replaced by that of the West Zhejiang Ci school, and its trajectory can be seen here.

Keywords: Qian Fangbiao; *Xiangse Ci*; Dong Yu; *Yufu Ci*; soft graceful and restrained

作者简介：肖庆伟，文学博士，闽南师范大学教授、博士生导师，著有《北宋新旧党争与文学》等。

乾嘉朴学“实事求是”的学术精神与晚清政治态度

——基于近代若干福建学者的视角*

郑礼炬

（温州大学人文学院，浙江温州　325035）

摘　要：“实事求是”是乾嘉朴学的家法。乾嘉朴学成为清朝一代之学术，晚清士人的知识结构基本受到乾嘉朴学的影响。在同治年间，闽籍士大夫陈宝琛意识到清朝统治的危机，将“实事求是”作为刷新晚清政治的方法论，“实事求是”从乾嘉朴学的家法转换为政治运动的方法，但未能成功，归因于晚清朝廷未能坚持“实事求是”。清朝整个统治阶层包括陈宝琛在内均未达到共产党人所诠释的“实事求是”的思想高度。

关键词：实事求是；朴学；家法；陈宝琛；晚清

近读陈宝琛《沧趣楼诗文集》，观察到1870—1880年代，正值壮年的晚清士大夫陈宝琛（1848—1935）曾经提出用“实事求是”的政治态度来拯救面临绝大社会危机、内外交困处境中的清朝。我们梳理“实事求是”从清朝朴学②家法转换到政治态度的概念使用过程，考察晚清中国人实现国家自强、政治革新的另一种路线设计。但在晚清，只能遭遇失败，“实事求是”无法成为挽救清朝命运的法宝。

一、“实事求是”的乾嘉朴学家法

当代学者漆永祥称引阮元、洪亮吉、马瑞辰等学者“实事求是”的治学理念，以为“实事求是、无征不信”是乾嘉考据学的求证方法，“实事求是为汉儒治学传统，乾嘉学者承此学风，论学立说，讲求有本之学”。③

在清代学术风气嬗变的背景下，嘉庆、道光间福建学术从宗宋学转变为宗汉学。同治间重刊本《福建通志·陈寿祺传》：

---

* 本文为国家社科基金重大项目“闽台海疆文学文献整理与研究（1602—1895）”（21&ZD272）的阶段性成果。

② 漆永祥称“乾嘉考据学”，别称有考核学、考证学、考据学、朴学、汉学、实学、制数学、名物典制学、乾嘉学术、史料学等（漆永祥：《乾嘉考据学研究·前言》，北京：北京大学出版社，2020年增订本版，第1—2页）。由于引用文献称名不一，本文称朴学或考据学，所指相同。

③ 漆永祥：《乾嘉考据学研究》（增订本），第84—85、89页。

寿祺，嘉庆己未（四年，1799）成进士，改翰林院庶吉士，六年授职编修，九年典试广东，十二年典试河南，旋记名御史，十四年丁外艰，归。服除，以母老遂不复出。主讲泉州清源书院。道光三年①，主讲鳌峰书院。……先是，康熙间昆山顾炎武、太原阎若璩倡为考订之学，其源出于汉刘氏向、歆父子。刘氏校雠之业将以辨章学术、考镜源流，非屑屑于字句之异同讹舛也，然承古学式微之后而以旧本之殊异正古经之舛误，由汉郑氏、许氏以上，通雅故于经训，未尝无补焉。元和惠栋、余姚卢文弨、休宁戴震、曲阜孔广森、嘉定钱大昕、金坛段若膺复继起之，至大兴朱珪、仪征阮元大畅其说，一时闻风兴起，江左尤盛。闽中自李光地、王士让、官献瑶为宋儒之学，兼崇汉儒。寿祺初受业于孟吏部超然，为宋儒之学，及后出朱珪、阮元之门，因是博闻强识，专为郑、许之学，以疏证经传于闽中，实开其端。②

在陈寿祺（1771—1834）嘉庆四年（1799）登第之前，福建本省“乡党渊源罕言许、郑之学”③，虽然已经有朱筠、朱珪兄弟督学福建，传播乾嘉学术，然而转变旧习需要时间和更好的时机以及具有学术影响力的学者。陈寿祺“再上公车，然后见当世大雅宏达所讨论而得其门”④。登第之后，陈寿祺师从朱珪、阮元等同代乾嘉朴学的重要学者，得乾嘉学术门径与家法。嘉庆十五年庚午（1810），以丁父艰回闽，服阕陈情乞养母，不复出，主讲清源书院十年，传播乾嘉朴学，传汉儒师法，培养出陈庆镛（1795—1858，其门人陈棨仁）等门人，转变闽中学风，推动闽中学术从康熙、雍正间李光地、官献瑶等人主宋学兼宗汉学的思想转变为“专学汉儒”之学的范式转型，带来新的学术思潮，“一洗空疏之习”，并向前后任闽浙总督汪志伊、孙尔准，福建巡抚王绍兰、韩克君等进言敬教劝学。道光二年壬午（1822），为继任闽抚叶世倬聘主鳌峰书院讲席，“具规程十条”⑤，“重廉耻”“尚经学”“严董戒令”⑥，整肃规程，力挽处于“十数年久弛之后积习败坏，靡所不至”⑦ 的

① 按：林昌彝《哭陈恭甫师》首句“金鳌峰畔旧帷堂”，自注：“师自道光甲申主讲鳌峰十年。”（林昌彝：《林昌彝诗文集》卷三，上海：上海古籍出版社，2012 年，第 61 页）甲申，道光四年（1824）。此说不确，当以道光三年为是。根据陈寿祺《左海文集》卷五《上仪征公夫子书》《与叶健庵巡抚书》《与卢厚山巡抚书》等篇，陈寿祺在叶世倬甫任福建巡抚之时敦聘为鳌峰书院山长，根据同治重刊本《福建通志》的记载，叶世倬于道光二年任福建巡抚（《福建通志》卷一百七，影印第 2044 页），陈寿祺《与朱咏斋（朱士彦）侍郎书》云“明岁承大府邀以主讲鳌峰，固辞不获”（陈寿祺：《左海文集》卷五，《清代诗文集汇编》第 499 册，上海：上海古籍出版社，2010 年，第 238 页），则主讲鳌峰始于道光三年。

② 《陈寿祺传》，同治刊本《福建通志》卷二百三十八，原第四、五页，台北：华文书局出版股份有限公司，1968 年，第 4298—4299 页。

③ 陈寿祺：《左海文集》卷四《答段懋堂先生书》，《清代诗文集汇编》第 499 册，第 181 页。

④ 陈寿祺：《左海文集》卷四《答段懋堂先生书》，《清代诗文集汇编》第 499 册，第 181 页。

⑤ 陈寿祺：《左海文集》卷五《上仪征公夫子书》，《清代诗文集汇编》第 499 册，第 228 页。

⑥ 陈寿祺：《左海文集》卷五《与叶健庵巡抚书》，《清代诗文集汇编》第 499 册，第 234 页。

⑦ 陈寿祺：《左海文集》卷五《与朱咏斋侍郎书》，《清代诗文集汇编》第 499 册，第 238 页。

鳌峰书院，“穷经讲学辟荆榛”①，11 年间培养出大批学者，实现乾嘉朴学在闽中的代际传承。

综合来看，嘉庆以来，福建的学术研究从宋学转变为汉学，这个过程比较顺利。以实事求是为家法，以陈寿祺为赤帜，有先导者，有羽翼者，有追随者。尤其以陈寿祺门人众多，“极一时之选”②，如王捷南、叶修昌、张际亮、翁时稚、刘存仁、林昌彝、曾元澄、林寿图等，千里同声，声势浩大，有力有声之故，终于实现本省学术范式的转变。

陈寿祺之子陈乔枞能世其家，传其父治学家法，著述富赡，堪称“实事求是”朴学方法的典型。陈乔枞（1809—1869③），字朴园，一作璞园④，一字树滋，号礼堂。谢章铤《左海后人朴园先生墓志铭》云：

> 先生独居，深念其先世遗著，辄慨然曰：“昔先大夫病革，有言曰：‘吾四十归田，生平无他嗜，惟以书为性命，疲于文字之役，纂述匆匆，未尽就。尔好汉学，治经知师法，他日能成吾志，九原无憾矣。’小子敢不勉诸，乃于簿书之隙，紬绎旧闻，次第勒为定本。于时政和民宜，而素业亦告成焉。”
>
> 有《礼堂经说》二卷，《毛诗郑笺改字说》四卷，《礼记郑读考》六卷，《鲁诗遗说考》六卷，《齐诗遗说考》四卷，《韩诗遗说考》五卷，《齐诗翼氏学疏证》二卷，《诗纬集证》四卷，《鲁齐韩毛四家诗异文考》五卷，《今文尚书经说考》三十四卷，《欧阳夏侯经说考》一卷。
>
> 其《礼记郑读考》谓三礼之学，《周礼》则有金坛段懋堂之《汉读考》，《仪礼》则有泾县胡墨庄之《古今疏义》，因专治《礼记》四十九篇。《礼记》本出孔壁，及河间献王所得皆古文，其后礼家授受变为今文，师承各出，传写日繁。郑所改读略有四例，有承受经师者，有援据别本者，有稽合经典以订之者，有审核音训以定之者，而一孔之士乃以为郑好改字，非也。
>
> 其《齐诗翼氏学疏证》《诗纬集证》谓齐氏之学宗旨有三，曰四始，曰五际，曰六情，皆以明天地阴阳终始之理，考人事盛衰得失之原，言王道治乱安危之故。齐先亡，最为寡证，独翼奉传存其百一，亦犹《易》有孟、京卦气之候，《春秋》有公羊灾异之条，且其说多出《诗纬》，察历象，推历数，征休咎，盖齐学所本也。今文具

① 谢章铤：《赌棋山庄集》诗集卷五《论诗绝句三十首》其二十五，《清代诗文集汇编》第 680 册，上海：上海古籍出版社，2010 年，第 855 页。

② 谢章铤：《赌棋山庄文续》卷一《孝廉方正刘征君别传》，《清代诗文集汇编》第 680 册，第 760 页。

③ 谢章铤《左海后人朴园陈先生墓志铭》：“年六十一，同治己巳卒于抚州官舍。”（《赌棋山庄集》文集卷七，《清代诗文集汇编》第 680 册，第 733—734 页）《清儒学案》卷一百三十《左海学案下·陈先生乔枞》小传云“同治七年卒，年六十一。”（徐世昌等编纂，沈芝盈、梁运华点校：《清儒学案》，北京：中华书局，2008 年，第 5137 页）则陈乔枞卒于 1868 年。

④ 林昌彝：《林昌彝诗文集》卷十四《陈恭甫先生传》，第 363 页。

存十六篇，既无今文可考，遂莫能尽通其义。

凡古文《易》《诗》《书》《论语》《孝经》所以传，奚由今文为之先驱。今文所无辄废。向微伏生，则万古长夜矣。欧阳、大小夏侯各守师法，苟能得其单辞片义以寻千百年不传之绪，则今文之维持圣经于不坠者，岂浅尠哉！先生所论列，实事求是类如是。①

陈乔枞克承其父遗训，好汉学，知师法，见博而思精，治经有所创获。藉以上所列，我们了解清代福建学者“实事求是”的学术精神及其学术著述的概貌。《清儒学案》之论云：“朴园继志述事，父子并为大师。”② 引说者谓“清代经学家自元和惠氏、高邮王氏外，惟陈氏能修世业，张大其家法云”。③

谢章铤《上座主小峰侍郎书》云：“盖（吴晴舫）先生及闻孙渊如（孙星衍）、洪稚存（洪亮吉）、王引之、阮文达（阮元）诸老之绪言，于汉学得其门径。”④ 《西云札记序》：“癸未（光绪九年，1883），章铤在豫章，获见乡先生西云李氏诗文集。其言真朴，有关系，询之人，乃知吾友荷绅大令之先德也。既而大令复出先生所为札记，请为序，将付之梓。大抵上稽经典，下考子史，而尤注意于小学，盖实事求是之家法也。”⑤ 清代汉学阵营的学者形成固定的家法，以实事求是为宗，示以门径。

我们观察乾嘉朴学在福建传播开来之后，“实事求是”的家法在学者群体中、代际传承中得以恪守。略举以下学者：

长乐梁章钜（1775—1849）是与陈寿祺同时代的学者，亦尝为阮元门人。林则徐称“仕宦中著撰之富，无出其右者”⑥。梁氏有《全闽明诗钞》五十卷，“体例与前书（按：指《东南峤外诗钞》初集唐十二卷、宋三十卷二种）同，胪列一切，殿以《退庵诗话》，钩稽旧籍，编摩不苟，犹是考据家实事求是之遗则”⑦。

福州府永福人黄钟泽（字子望、雨人，号师磐），徙居福宁府霞浦。受知于学使吴钟骏，吴钟骏宦辙所至，必与偕焉，得其亲炙甚久。黄钟泽“究心笺疏，通训诂，不喜举业，道光癸卯（二十三年，1843）应乡试，策对偶用汲冢文，典试者訾为僻书，几遭摈

① 谢章铤：《赌棋山庄集》文集卷七，《清代诗文集汇编》第680册，第733页。

② 徐世昌等编纂，沈芝盈、梁运华点校：《清儒学案》卷一百二十九，第5069页。

③ 徐世昌等编纂，沈芝盈、梁运华点校：《清儒学案》卷一百三十《左海学案下·陈先生乔枞》，第5137页。按：此“说者”指谢章铤等人。语本谢章铤《赌棋山庄集》文集卷七《左海后人朴园陈先生墓志铭》。

④ 谢章铤：《赌棋山庄集》文集卷七，《清代诗文集汇编》第680册，第731页。

⑤ 谢章铤：《赌棋山庄集》文续卷一，原第十六页，《清代诗文集汇编》第680册，第755页。书牌作《赌棋山庄文续》。

⑥ 林则徐：《林则徐全集》第五册《诰授资政大夫兵部侍郎都察院右副都御史江苏巡抚梁公墓志铭》，福州：海峡文艺出版社，2002年，第487页。

⑦ 陈衍：《福建通志》总卷二十五，《福建艺文志》卷七十一引谢章铤《赌棋山庄余集》，民国二十七年刻本，第14页。

斥，本房高某力争得售。……慕汉周磐之为人，自号师磐，私淑郑氏康成之学，又自号师郑。尝谓‘吾读书以太史公网罗天下散失旧闻为准，以河间献王实事求是为归，而要不外于古训是式’。生平著述有《说文繁辞正误》《续方言》《续释名》诸书，皆草创未成。”①

福宁府福安人李枝青（1799—1858）是林则徐的门人、侄女婿。民国《福建通志》著录《西云札记》引谢氏《赌棋山庄续集》云：“乡先生西云李氏诗文集其言真朴，有关系。所为《札记》大抵上稽经典，下考子史，而尤注意于小学，盖实事求是之家法也。”②

泉州府晋江人陈庆镛（1795—1858）是陈寿祺主讲清源书院时的门人。通籍后在京师有籀经堂③、籀经书府④、实事求是斋⑤等书室（斋、房），结交潘世恩、阮元、梁章钜、洪亮吉、伊念曾、刘位坦、孔宪彝、李光彦、李杭、何绍基、魏源、曾国藩等当世学者。以“实事求是”命名书斋，表明其为学路径和宗趣。

民国《福建通志·文苑传·陈煦传》：“字星槎，一字悝斋……咸丰辛亥（元年，1851）副举人。穷经，富著述。能实事求是，统会众说，不以一家之言先入为主，至于钩稽名物、象数，务合乎制度之宜而后止。”⑥ 陈煦于《考工记》、三礼、山川、史志均能发前人所未发，尝与谢章铤论学。谢章铤有《致陈悝斋广文书》，称其治古文“贯通众说，气粹而词举”⑦。陈庆镛《籀经堂类稿》卷十一有《陈星槎所著书序》。

二、乾嘉之后福建士人观察到的反朴学思潮

漆永祥《乾嘉考据学研究》注意到了乾嘉考据学兴起之时，桐城派古文宗师、宗宋学的姚鼐与朴学大师戴震之间的关系，表现为姚鼐对考据学的攻驳、抨击⑧，他们的关系深刻影响到桐城派古文家和朴学学者两个阵营之间人物的关系。

道光间，福建士人张际亮（1799—1943）在《两汉节义传序》中对桐城派古文家和朴学学者两个阵营的纷争和互相攻讦描述如下：“昔桐城姚惜抱先生有言：考据好利，辞章好色。斯言也，余尝慨之。盖今世之治考据者皆以京师大儒自命，然其人处而乡里，类多工关说请托，为患父老；出而仕宦，类多名贪残墨黠，贻害国家。其为言伪而辨，行丑而诈者，殆不可悉数也。其攻辞章者皆以才人名士自喜，然其人生而富贵，类多纵豪侈淫

① 陈衍：《福建通志》总卷三十九，《福建文苑传（清三）》卷九，第7—8页。

② 陈衍：《福建通志》总卷二十五，《福建艺文志》卷五十，第7页。

③ 陈庆镛：《籀经堂类稿》卷十五《林梧圃诗钞跋》，《清代诗文集汇编》第587册，上海：上海古籍出版社，2010年影印，第582页。

④ 陈庆镛：《籀经堂类稿》卷十五《韩渌琴规政吟跋》，《清代诗文集汇编》第587册，第584页。

⑤ 陈庆镛：《籀经堂类稿》卷十七《题吕西村髯可我我图赞集易林语》，《清代诗文集汇编》第587册，第602页。

⑥ 陈衍：《福建通志》总卷三十九，《福建文苑传（清三）》卷九，第11页。

⑦ 谢章铤：《赌棋山庄集》文集卷六，《清代诗文集汇编》第680册，第722页。

⑧ 漆永祥：《乾嘉考据学研究》（增订本），第十二章，第333—377页；第十五章，第455—476页。

佚，以弃名教；贱而阨穷，类多为愤诽荡泆，或陷刑法。至于甚而早夭，幸而晚败者，亦不可悉数也。夫妻人生平如此，此宜君子所不许，学者所可为鉴戒者也。然而治考据者，攻辞章者，方日起而各护其类，则有跻之于国史儒林、文苑之传者矣。乌乎！岂非廉耻之心丧于中，嗜欲之习诱于外故然与？岂非是非之清议不闻，愧厉之善俗不至故然与？余因慨姚先生之言，而慨二者之敝，则思有以救之。”①

咸丰、同治年间，在福建士人身上及其著述中观察到彼时士大夫之间存在着反朴学的思潮，这种思潮与清代嘉庆、道光以来人才消歇相联系，亦与全国桐城古文家反朴学思潮同步。谢章铤撰《左海后人朴园先生墓志铭》，为陈寿祺之子陈乔枞作。文中云：“其时宿学渐芜，微言零落，而瞪目扼腕者流，方以败坏人才訾謷考据家，独湘乡曾文正公通经能文章，见其书，以为可传。”②《西云札记序》：“考订之学至国朝极矣，然钱、惠、江、戴诸家精益求精之时，而姚惜抱已有异议，沿及方存之、孙芝房，目击丧乱，太息人才之衰歇，遂集矢于考据家，彼其言皆自许为世道计矣。岂知今日者汉学既熄，宋学愈荒，苟非科举之故，即程朱之遗说其不憖置于耳乎？”③ 姚鼐（1732—1815），号惜抱，桐城派古文宗师。孙鼎臣（1819—1859），号芝房，湖南善化人。方宗诚（1818—1888），字存之，方东树族弟、门人。“以败坏人才訾謷考据家”的论调昉自乾隆朝姚鼐等人，隐约形成古文家与考据家之间的严重对立。

谢章铤（1820—1903）的著作对于清代学者、古文家攻击朴学记载较多，尚有多文。《与悝斋论闽儒纪要书》：“《四库提要》出于钦定，殆不辨指斥，以人才之衰集矢于汉学，且痛诋纪河间（纪昀），彼姚惜抱（姚鼐）、孙芝房（孙鼎臣）之所论，断果确乎？果持平乎？且考据岂可厚非？实事求是固博学详说之一道，朱梅崖（朱仕琇）读误，本《说文》姑字注，以夫母为大母，通人引以为口实，则太不考据之过也。考据盛于我朝，始则黄梨洲、顾亭林，继则钱竹汀、全谢山、洪稚存、孙渊如、高邮王氏、元和惠氏，落落十数子，学问淹雅，立身皆有本末，岂以考据而害其为正人乎？”④ 朱仕琇（1715—1780），号梅崖，福建邵武府建宁县人，亦古文家。姚鼐于乾隆三十八年至三十九年间（1773—1774）尝预《四库全书》修纂，纂若干提要，今见存于《四库提要分纂稿》（上海书店出版社，2006 年）、《惜抱轩书录》四卷（光绪五年桐城徐氏《惜抱轩遗书三种》刊本）。由

① 张际亮著，王飏校点：《张亨甫文集》卷二，《思伯子堂诗文集》下册，上海：上海古籍出版社，2007 年，第 1326 页。标点稍异。按：张际亮本人对于考据学亦有微词，观其代闽浙总督赵慎畛所作之《读易慎疑序》，有“其有号称通经者，或琐屑支离，以训诂名物佐其辨博，而颠倒是非”云云（《张亨甫文集》卷二，第 1316 页）；《与蒋拙斋（蘅）书》有“若近代考据家，穿凿附会，著书动数百卷，党伐纷纭，急一时之名，而不顾千秋是非定论，则诚不如空谈至道者犹为无害于人心也已”（《张亨甫文集》卷五，第 1398 页）等。

② 谢章铤：《赌棋山庄集》文集卷七，《清代诗文集汇编》第 680 册，第 733 页。

③ 谢章铤：《赌棋山庄集》文续卷一，《清代诗文集汇编》第 680 册，第 756 页。

④ 谢章铤：《赌棋山庄集》文集卷七，《清代诗文集汇编》第 680 册，第 735 页。

于和纪昀、戴震①等人学术观念不同，彼此之间的辩驳竟雅不相能，姚鼐不久即退出四库馆臣行列，四库馆臣学者间的龃龉遂转化为对朴学及其人物的批评，而孙鼎臣、方宗诚继姚鼐之后对朴学发难，维护其作为古文家及主宋学的门户之见，与考据家之间大有不两立之势，对乾隆之后的学术思潮及社会思潮影响极大。

谢章铤《记抄通甫类稿续编》：“宣庙中叶以后，封疆渐多故，人才亦颇消歇，而百尔黼黻升平，晏然若无事焉者。”②《通甫类稿续编》是古文家鲁一同（1805—1863）的著作。然而谢章铤既是学者，亦一古文作者，其学术、文学创作的观念不持门户，于乾嘉朴学有所维护，对于古文家对朴学的攻击颇为不满，其态度客观。上引《与悭斋论闽儒纪要书》同时举出乾隆间福建古文家朱仕琇古文创作中的“以夫母为大母”释“姑”之瑕疵，说明古文家亦须考据，否则行文舛误将贻人口实。

此种思潮源于清代朴学的兴盛与古文创作受到抑制而引发两个阵营之间彼此攻伐的斗争，渐次扩大、定性为朴学与全国性、全局性人才消歇事件的因果关系，当时逞其锋芒所向，用意亦颇为刻毒，然而不尽妥当，未必竟如其说。

我们同步观察到陈寿祺晚年的门人，著名的三礼研究学者，巨著《三礼通释》二百八十卷的作者林昌彝（1802③—1876）对桐城古文家颇著微词，与清初以来对桐城古文家的抨击相似。林昌彝对桐城古文家法进行攻击，其绝句诗《莫》首句直谓“学文莫学桐城派”，三、四句云“皮徒存者骨不侠，防其险者留吾真”④。所著《砚耕绪录》十六卷，陈衍《石遗室书录》以为“议论时有过当”，如“桐城派散文不敢轻走一部，然简净有余，何至方灵皋（方苞）、姚姬传（姚鼐）譬之‘自郐无讥’，而以朱笥河为（朱筠）神似龙门（司马迁及其《史记》），李申耆（李兆洛）、陈恭甫（陈寿祺）为骨似孟坚（班固及其《汉书》）；谓《曝书亭集》以《孔门弟子考》入集中为有识者所拟议；又以钱塘江为曲江为乡曲之见，不知《圣贤群辅录》陶渊明以入集中，曲江即钱塘江，元钱维善有赋，考据精确，详《归田诗话》；《闽越王外传》以仁、义、礼、智定妃位，乃王氏事，而以为无诸事，谓妇德所以特懋，则大误矣”⑤。按：陈衍所举四事，后三例林昌彝所论确实失据，

① 关于姚鼐与戴震的论争及二人关系，请参看漆永祥《乾嘉考据学研究》（增订本）第十二章《乾嘉考据学家与桐城派关系考论》（第333—378页），该书在引方东树《汉学商兑》中“率天下而从于昏”、“此害专及学士大夫”（第358页）外未涉及桐城古文家对考据学之于朝廷作养人才的消极作用。

② 谢章铤：《赌棋山庄集》文集卷七，原第二十七页，《清代诗文集汇编》第680册，第744页。

③ 林虞生所撰《林昌彝诗文集·再版后记》纠正了初版林昌彝生于嘉庆八年（1803）的错误（林昌彝：《林昌彝诗文集》，第461—462页），而钱洪来《林昌彝年谱》一仍旧说，作生于嘉庆八年（1803）（钱洪来：《林昌彝年谱》，沈阳师范大学2010年硕士学位论文，正文第4页），盖未读过刘存仁《小石渠阁文钞序》、五律五首《挽林芗溪先生》诗，今并见《林昌彝诗文集·附录》（第457—459页）。柯愈春《清人诗文集总目提要》（北京：北京古籍出版社，2001年，第1384页）亦未改正。

④ 林昌彝：《林昌彝诗文集》卷七，第212页。

⑤ 陈衍：《福建通志》总卷二十五，《福建艺文志》卷五十引《石遗室书录》，第8页。

而第一例实则是对闽中古文的推重，未必过当，以朱筠尝督学闽中，扶植人才甚夥，陈寿祺为林昌彝恩师，陈氏古文学班固，林昌彝亦力追战国、两汉及唐宋韩苏之文①，与桐城派古文的取向不同，扬此抑彼，在情理之中。

时代稍晚于林昌彝的闽籍古文家、诗人、词人林纾（1852—1924），作有《知名士》，“叹经生诗人之无益于国也”，其诗云：“知名士，好标格，词章考据兼金石。考据有时参《说文》，谐声假借徒纷纭。辨微先析古钟鼎，自谓冥搜驾绝顶。义同声近即牵连，一字引证成长篇。高邮父子不敢击，凌铄孙洪驳王钱。既汗牛，复充栋，骤观其书头便痛。外间边事烂如泥，窗下经生犹作梦。白头老辈鬓飘萧，自谓经学凌前朝。偶闻洋务斥狂佻，此舌不容晚辈饶。有时却亦慨时事，不言人事言天意。”② 林纾是谢章铤的门人，然而却比乃师尖锐，对“词章考据兼金石”的知名士进行掊击。此外，我们从林纾的文章《秋室研经图记》“骤讼纷纭，均考订家之言，与医道无涉”③ 等处亦可以见到林纾作为晚清、民国间的古文家对汉学的攻击，然而林纾本人亦时时考证旧闻，见于所撰小说之中④，盖中宿酲而不知其病狂。

无论福建士人观察到的桐城派古文家对乾嘉朴学的攻击，还是近代福建学者对桐城古文家的反击，都说明晚清福建的学术形态与全国逐渐趋同，然而可贵的是，谢章铤等福建士人对朴学的兴起造成清代人才败坏的论调保持清醒的立场，能够辨析这种论调的极端和过犹不及的危害性。

时势迁移，民国初桐城古文被攻击为谬种，冲突起于桐城古文创作与以白话文创作之间作家阵营的矛盾。乾隆以来桐城古文家施之于朴学的攻击罪名，民国初的桐城派古文家也遭受了一遍，并遭受了更加恶毒的攻击。由后视之，这样的攻击都是主观认识误区导致的，因果之间仅仅符合逻辑学上主观认定的充分条件，不构成必要条件，更不是充分必要条件。

三、陈宝琛实事求是的学术精神与政治态度

实事求是清代朴学的学术精神。近人余英时自述：“‘道问学’虽早就成为儒学的一个重要的组成部分，孔子也说‘思而不学则殆’，但只有在清代，‘实证知识’的崇高价值才因考证学的兴起而普遍地建立起来。这是一个划时代的大变动，对‘士’的思维方式发生

① 钱洪来《林昌彝年谱》咸丰二年（1852）条下江开题《一灯课读图画册》引魏源语（第 47 页）。

② 林纾：《林纾集》第 2 册《闽中新乐府》，福州：福建人民出版社，2020 年，第 358 页。

③ 林纾：《林纾集》第 1 册，第 262 页。

④ 如《铁笛亭琐记》中《郎中》（《林纾集》第四册，第 269—270 页）、《麻面》（第 255—256 页）、《飞龙传》（第 249 页）、《止步扬声》（第 236—237 页）、《袒免齐衰》（第 228—229 页）、《以字为名》（第 229 页）、《握两手汗》（第 224—225 页）、《古墓》（第 199 页）、《僧蜡》（第 175 页）、《俗语本有出处》（第 171 页）、《家奴不应称“小的”》（第 159—160 页）、《髻史》（第 93—94 页）、《四六对》（第 92 页）、《闽音与〈说文〉通》（第 89 页）、《出家》（第 277 页）、《巨擘》（第 282 页）、《请愿书》（第 282—283 页）等。

了潜移默化的影响。清末学人如梁启超等之所以重视‘实证知识’，因而很自然地接受了现代科学及其方法，正是由于清学的背景。”[①] 余氏以为清代学术以乾嘉考据学的确立，从而在西方自然科学、社会科学输入中国之时“中学”“西学”之间建立起沟通的桥梁，实现“中学”对“西学”的输入、融通和吸收，“五四”以后进一步推进现代转化，从而产生现代“知识人”。在晚清政治舞台上，历任翰林院侍讲[②]、右春坊右庶子、侍讲学士、江西学政、内阁学士的陈宝琛（1848—1935）探索出“实事求是”的方法论，无论在给朝廷的奏折中，还是在典试、督学江西的奏折中，或者在条议越南，条陈洋务，论人事，会办南洋军务的奏折和附片中，均体现出“实事求是”的精神，其上奏朝廷论扼守江阴的淮军“操炮较熟，然亦不讲炮尺勾股之法”[③]，南洋炮台“不知有炮表、炮尺、测量勾股之法”[④]，都表明陈宝琛已经接受西方自然科学中数学、军事学等领域的知识，且有一定的学养根底。

我们更要看到陈宝琛将“实事求是”作为一种政治态度，视作晚清光绪朝朝廷政治改良，“讲求时务”[⑤]，“缵中兴之业”[⑥] 和他自身行事的准绳和方法。光绪十年（1884）三月二十四日，陈宝琛《请以黄宗羲顾炎武从祀文庙折》：“咸丰十年廷议：‘著书立说，羽翼经传，真能实践躬行者，准其奏请从祀。’是则循名核实，两庑非可侥倖；而显微阐幽，一时必求至当。”[⑦] 陈氏奏折以黄宗羲、顾炎武从祀文庙，彼时此事为翁同龢等南人党所驳，其事遂寝[⑧]。主驳者只看到“二儒生平著述仅托空言，不足当阐明圣学、传授道统之目”，而陈宝琛看到的是清初黄宗羲、顾炎武“辟草昧之气，开文治之先”，“备我国家起化之用”，在明清学术风气转换、清代统治思想的确立上有大功：“生当明季，经术荒芜。或囿于性理之空言，或汩于制艺之俗体，汉注唐疏，弃置不谈。宗羲倡之于前，炎武继之于后，承学之士始习古经”，“且宗羲传刘宗周之教，矫良知之末派，以慎独为归。炎武与

① 余英时：《余英时谈治学经历》，载《东方早报・上海书评》，2014 年 6 月 29 日。网址：http ：//www.dfdaily.com/html/1170/2014/6/29/1163266_6.shtml。“澎湃新闻”2014 年 6 月 29 日刊发同名文，余英时口述，何俊记录。林纾小说《舒季青》将琉璃书肆的“科学”书与“古本旧书”对称（《林纾集》第 3 册，第 571 页），表明“科学”系“西学”的别称。

② 张允侨《闽县陈公宝琛年谱》光绪元年（1875）条下，记载本年陈宝琛擢侍讲，被称为清流党成员（陈宝琛：《沧趣楼诗文集》附录三，上海：上海古籍出版社，2013 年，第 849 页），当视为陈宝琛在晚清政治上“以忠节自励”，期望有所作为的开始。《沧趣楼诗文集》所收《奏议》自光绪六年（1880）上《典试甘肃差竣假满覆命折》始（第 589 页）。

③ 陈宝琛：《沧趣楼诗文集》下册《请募勇参用西法教练折》，第 700 页。时光绪十年（1884）七月十六日。

④ 陈宝琛：《沧趣楼诗文集》下册《报巡阅情形折》，第 705 页。时光绪十年（1884）八月二十三日。

⑤ 陈宝琛：《沧趣楼诗文集》下册《请明功罪以示劝惩折》，第 615 页。时光绪七年（1881）。

⑥ 陈宝琛：《沧趣楼诗文集》下册《陈越南兵事折》，第 652 页。时光绪八年（1882）四月初十日。

⑦ 陈宝琛：《沧趣楼诗文集》下册《请以黄宗羲顾炎武从祀文庙折》，第 680 页。

⑧ 陈宝琛：《沧趣楼诗文集》下册附录二引胡思敬《国闻备乘》卷三，第 816 页。

李光地相知，辨陆（陆九渊）王（王守仁）之几微，以紫阳（朱熹）为的”，“与古同功”，“绵蕞之功，滥觞之业，幸际盛明，似不容置之不论”①，应当从祀。

在有清统治200年之后，“同治中兴”的假象被打破，清朝的政治逐渐陷入危机，陈宝琛认识到黄宗羲、顾炎武从祀的意义，根本上是要清理从乾隆朝以来对朴学攻击的错误认识，正本清源，端正态度，甚至以将黄宗羲、顾炎武提高到从祀文庙的政治高度上，重新认识清代朴学精神的方法论意义。在这样的认识高度下，陈宝琛以为肯定和遵循“实事求是”的政治态度是打开晚清政局的方法：

> 两家之学，皆深入于宋儒，而又能抉许、郑之精，刊贾、孔之误，初不以抱残守缺为止境，尤无考据家之流弊，是可贵耳。
>
> ……
>
> 方今世变所趋，士风渐斁，侥倖科举，废弃诗书。其或粗通训诂，则妄訾宋儒；略识时务，又迂视王道。人才之衰，肇于学术。若得（黄）宗羲、（顾）炎武二人，树之风声，动其观感，使天下咸晓然于学问经济自有本原，理非空谈，功无速化，行己以有耻为质，读书以有用为程，则功名不贻气节之羞，而风俗可受师儒之益。其转移教化，谅非浅鲜，盖不独有光学校已。②

陈宝琛清理强加在朴学之上导致“人才之衰”的罪名，还原黄宗羲、顾炎武这两位朴学宗师学术既“深入于宋儒”，又“抉许、郑之精”，“初不以抱残守缺为止境，尤无考据家之流弊”。这是一个去除遮蔽的过程，是认识真理的准备工作，汉学“实事求是”方法论的高明之处得以显现，进而以“实事求是”的政治态度施政，在实践中校验“实事求是”方法论的成效。

光绪十年（1884）五月初十日，陈宝琛《沥请陛见片》：

> 臣无更事之习，无保身之明，拥会办之虚名，蒙专奏之重责。位望不足以整军和众，权力不足以调饷用人，而欲成实事求是之功，破粉饰因循之习，不独臣之迂暗不能有所设施，即张佩纶衔命入闽，赤手空拳，亦恐难于为力也。③

实事求是与粉饰因循是两组反义词。前者破除粉饰政治上以慈禧太后为首的“渐耽逸豫”④“稍倦于勤”⑤，大臣的“庸猥”⑥弊端。光绪九年（1883）十二月陈宝琛在江西学

① 陈宝琛：《沧趣楼诗文集》下册《请以黄宗羲顾炎武从祀文庙折》，第680—681页。

② 陈宝琛：《沧趣楼诗文集》下册《请以黄宗羲顾炎武从祀文庙折》，第682页。

③ 陈宝琛：《沧趣楼诗文集》下册《沥请陛见片》，第683—684页。

④ 陈宝琛：《沧趣楼诗文集》下册附录一引陈衍《陈宝琛传》，第750页。

⑤ 陈宝琛：《沧趣楼诗文集》下册附录一引陈懋复等《诰授光禄大夫晋赠太师特谥文忠太傅先府君行述》，第740页。

⑥ 陈宝琛：《沧趣楼诗文集》下册附录一引陈懋复等《诰授光禄大夫晋赠太师特谥文忠太傅先府君行述》，第740页。

政任上，专折上《论越事不可中止折》，论云：“中兴将帅锐志寖销，曾国荃暮气孱驱，暗于任人，怯于任事……鲍超之媮颓，刘铭传之骄侈，养尊处优，难为人下。”[①] 后者破除清代中后期政治中的不合时宜的“因循”，用陈宝琛的话说是“方今时局之患在臣下随波苟同，隐忍徇庇”[②]，反对空言：“诚恐卧薪尝胆徒托空言，则永无自强之日矣。”[③]

光绪十年（1884）八月二十三日，陈宝琛《附陈募勇积弊片》：“海防募勇多多益善，而其中积弊实难破除，臣前具折自请募练一军，固志在参合中西战法，亦思屏绝虚糜，力求实际，与各防营观摩砥砺，共底于成。”末云：“臣仍当随时稽查，再图设法整顿，以勉副圣主实事求是之意。”[④] 慈禧太后、光绪皇帝及朝廷中枢决策系统成败的关键在于是否坚持始终，包括对陈宝琛在内的清流党士大夫始乱终弃的任用。

张允侨《闽县陈公宝琛年谱》光绪元年（1875）条下，记载本年陈宝琛擢侍讲，被称为清流党成员[⑤]，当视为陈宝琛在晚清政治上“以忠节自励”，期望有所作为的开始。《沧趣楼诗文集》下册所收《奏议》，自光绪六年（1880）上《典试甘肃差竣假满覆命折》始[⑥]，戛然止于光绪十年（1884）八月二十三日所上《密陈陈湜贪侈骄纵情形折》，此折之后陈宝琛即被镌五级被斥闲居。

在1875—1884年间，陈宝琛的主要政治作为是在朝廷以兴办洋务为政治改良方向[⑦]，围绕国家自强[⑧]议洋务、外交、铁路、军事建制、边疆海疆边防（东北三省、台湾、越南、琉球）、民情、教育、人才举荐、各级各员人事等，贯彻实事求是的精神。其论云：“窃见我中国年年论自强，日日言御侮，而卒无一效者，其病在有名无实、有始无终。”[⑨] 倘无“实事求是”的政治态度，清朝“卧薪尝胆徒托空言，则永无自强之日矣”[⑩]，后来清朝的命运果然在意料之中。

四、结　　语

观察晚清政坛士大夫的精神境界，陈宝琛提出“实事求是”作为刷新晚清统治的政治态度，标志着陈宝琛在晚清士大夫阶层中的最高站位，其意义非同一般。然而陈宝琛在光绪十年（1884）以后长达25年投闲置散，则说明晚清整个统治阶层并未统一到“实事求

① 陈宝琛：《沧趣楼诗文集》下册《论越事不可中止折》，第673页。
② 陈宝琛：《沧趣楼诗文集》下册《论富陞宜原心恕过折》，第603页。
③ 陈宝琛：《沧趣楼诗文集》下册《筹造铁路以图自强折》，第602页。时光绪六年（1880）。
④ 陈宝琛：《沧趣楼诗文集》下册《附陈募勇积弊片》，第707—708页。时光绪六年（1880）。
⑤ 陈宝琛：《沧趣楼诗文集》下册，附录三，第849页。
⑥ 陈宝琛：《沧趣楼诗文集》下册《典试甘肃差竣假满覆命折》，第589页。
⑦ 陈宝琛：《沧趣楼诗文集》下册《请收回琦善专祠成命片》，第637页。
⑧ 陈宝琛：《沧趣楼诗文集》下册《附陈轮船积弊片》，第632页。
⑨ 陈宝琛：《沧趣楼诗文集》下册《沥请陛见片》，第683页。
⑩ 陈宝琛：《沧趣楼诗文集》下册《筹造铁路以图自强折》（代作），第602页。

是”的政治态度上去。宣统元年（1909）陈宝琛奉召还京开复处分，至其逝世，再无重要的政治建树，说明陈宝琛在罢黜25年的反思①中放弃了“实事求是”的政治态度。

The Academic Spirit and Political Attitude of "Seeking Truth from Facts" in Qing Dynasty

—From the Perspective of Several Fujian Scholars in Modern Times

ZHENG Liju

(College of Humanities, Wenzhou University, Wenzhou, Zhejiang 325035)

Abstract: "Seeking truth from facts" is the genre method of Qianjia Puxue（乾嘉朴学）. Qianjia Puxue became the dynastic academic of the Qing Dynasty, and the intellectual structure of the scholars in the late Qing Dynasty was basically influenced by QianJia Puxue. In the reign of Emperor TongZhi, Fujian scholar-bureaucrat Chen Baochen（陈宝琛）realized the governance crisis of Qing Dynasty, used "seeking truth from facts" as a method of refreshing politics in Late Qing Dynasty, and "seeking truth from facts" converted from the genre law of Qianjia Puxue to a method of political movement. The political movement' s failure was attributed to failure to insist on "seeking truth from facts". The entire ruling class of the Qing Dynasty, including Chen Baochen, did not reach the ideological height of "seeking truth from facts" as interpreted by the Communists.

Keywords: seeking truth from facts; puxue; genre law; Chen Baochen; Late Qing Dynasty

作者简介：郑礼炬，温州大学人文学院教授、博士生导师，著有《明代福建文学结聚与文化研究》等。

① 陈宝琛《谢开复降调处分折》：“危事易言，致干荐举非人之咎。独居内讼，两纪有余。自揣衰庸，已甘沦弃。”（《沧趣楼诗文集》，第712页）作于宣统元年（1909）三月十一日。

《儒林外史》的雅俗构建

——以稗官小说成经史之文章

吕贤平　苏筱旆

（闽南师范大学文学院，福建漳州　363000）

摘　要：《儒林外史》虽为小说文体，却没有"轻心掉之"的"稗习"，其"以文章为小说"的特征，是对中国传统"文道论"的继承与发展。吴敬梓重文重道，强调文章学问要有益于社会天下，其经学思想与史家意识融入小说创作中，加之纯净和富于表现力的语言使用，形成《儒林外史》"格式特别，表现深切"的特征，小说深具"文章之意蕴"。以文学的雅俗视角观之，世家出身的吴敬梓于小说中不断表明雅俗之间鸿沟深壑，虽不乏门阀之见，然是为洞见，而作为俗文学的《儒林外史》，早已成为经典并跻身大雅之堂。

关键词：小说；文章；雅俗

中国古典文学名著中，《儒林外史》虽是小说文体，却颇有"文章意蕴"①。吴敬梓没有"轻心掉之"的"稗习"②，并拒绝故事情节的诱惑，转而剪辑萃取人情世态，小说"格式特别，表现深切"，借用刘师培对全祖望等浙东学者所论："咸属良史"而"斐然成章"③。

一、小说家之主体性

中国文学的雅俗分化由来已久，《毛诗序》曰："是以一国之事，系一人之本，谓之

① 此处文章，主要指不包括诗词、小说、戏曲在内的狭义的文章概念，即古文或散文。明清小说理论多源于中国传统的文章学，其文体论、传道论、文法论、情理论等都依托于文章学的理论，小说理论建构文章化，有关小说的创作与鉴赏都呈现出文章化的特点。《儒林外史》的创作也多少受到这方面的影响。

② 此处"稗习"，并非对小说文体的轻视，即如章太炎所说："是则古之公牍，以用古语为雅；今之公牍，以用今语为雅。……近世小说，其为街谈巷语，若《水浒传》《儒林外史》，其为神怪幽秘，若《阅微草堂》五种，此皆无害为雅者。若以古艳矜，以明媚自喜，则无不沦人恶道。故知小说自有雅俗，非有俗无雅也，公牍、小说，尚可言雅，况典章、学说、历史、杂文乎?"（章绛：《文学论略》（上），《国粹学报》第二十一期，1906年10月）"稗习"主要指所谓的小说气，着重于用意太纤刻。

③ 李帆编：《中国近代思想家文库・刘师培卷》，北京：中国人民大学出版社，2015年，第328页。

风；言天下之事，形四方之风，谓之雅。雅者，正也，言王政之所由废兴也。”① 以诗文为主体的雅文学占据着中心的位置，戏曲、小说等俗文学长期受正统文学的排挤与轻视。程晋芳《怀人诗》说：“《外史》纪儒林，刻画何工妍。吾为斯人悲，竟以稗说传。”② 多少表达出对稗史小说的不屑③。只是吴敬梓非一般小说家所能概括，《儒林外史》也因之与一般小说实在大不同。

（一）“学者的文人”④

“学为政本”的传统使中国的读书人向来重视文章学问，他们乐于思考历史与传统、文化与制度，将学术问题上升到天下大事，所以“雕虫”文人多被诟病。顾炎武引宋刘挚语曰：“士当以器识为先，一号为文人，无足观矣”，反对纯粹的文人，也嘲笑只知“注虫鱼命草木”的经生⑤。伴随着清代朴学的兴起及壮大，有清一代“文人”与“学人”界限日趋分明，稍后于吴敬梓的戴震说：“古今学问之途，其大致有三：或事于理义，或事于制数，或事于文章。事于文章者，等而未者也。”⑥ 吴敬梓曾为友人所作戏曲写序，认为李本宣《玉剑缘传奇》是“君子当悒郁无聊之会，托之于檀板金樽以消其块磊”，“言男女之私心”也是“发于一时，感于一事”，并非平常性情，推想日后作者将“悔其少作”，进而强调说李本宣二十年来勤治诸经，有志于立言以不朽，传奇不过游戏之笔。⑦ 如此写序，甚不讲理，且强词夺理。然而，情之所无而理之所有，吴敬梓反对只做“词章之士”的文人，也不屑于专做考据的经生，其“亦好治经”⑧。他在《尚书私学序》中说：“一二高明之士，喜持辩论今文、古文之真伪，聚讼无休”而“究何当于《书》之义理”⑨。讲究义理是吴敬梓治经学的原则。那么，吴敬梓如何自我体认，是文人抑或学者？33 岁移

---

① 毛亨传，郑玄笺，孔颖达正义：《毛诗正义》卷一，影印《十三经注疏》，北京：中华书局，1980 年，第 272 页。

② 程晋芳：《勉行堂诗集》卷二《春帆集》之《怀人诗十八首》，清嘉庆二十三年刻本。

③ 程晋芳在《严东友诗序》中就说：“其诗渟滢恣肆，兼有众体，固世所争赏，无待余言。因述敏轩昔所以勖予者弁其端，俾世之览者，知吾友之志，固别有在，盖不独藉声韵以传也。”（程晋芳：《勉行堂文集》卷二，清嘉庆二十五年冀兰泰、吴鸣捷刻本）对于声韵之诗尚且不屑，何况小说戏曲。

④ 梁启超评论毛奇龄说：“西河是‘半路出家的经生’，与其谓之学者，毋宁谓之文人也。”此处称吴敬梓是“学者的文人”并非因之求对举之意。梁启超：《中国近三百年学术史》，北京：商务印书馆，2011 年，第 210 页。

⑤ 顾炎武：《顾亭林诗文集》之《与人书十八》《与人书三》，北京：中华书局，1959 年，第 100、95 页。《日知录》“文人之多”条为“一号为文人”。栾保群校注：《日知录集释》，杭州：浙江古籍出版社，2013 年，第 1106 页。

⑥ 戴震：《戴震文集》卷九《与方希原书》，北京：中华书局，1980 年，第 143 页。

⑦ 吴敬梓：《玉剑缘传奇序》，李本宣：《玉剑缘传奇》，清乾隆间刻本。

⑧ 程晋芳：《勉行堂文集》卷六《文木先生传》，清嘉庆二十五年冀兰泰、吴鸣捷刻本。

⑨ 李汉秋编著：《儒林外史研究资料集成》，上海：上海古籍出版社，2017 年，第 47 页。

家南京后约一年，吴敬梓作《移家赋》云："千户之侯，百工之技，天不予梓也，而独文梓焉。"[①] 姑且勿论"文"的复杂性，即便将其定于"文人"一隅，而移家后的遭际苦难，作者恐怕也会重新检视反思。乾隆十四年（1749）程晋芳云："吾为斯人悲，竟以稗说传。"乾隆十九年（1754）吴敬梓猝然逝于扬州，金兆燕说："丈夫抱经术，进退触藩羝。于世既不用，穷饿乃其宜。"[②] 既是文学家更是经学家的程晋芳推崇《儒林外史》的同时，十分惋惜吴敬梓仅以小说家闻名，作为文人的金兆燕看重的则是吴敬梓经学研究的身份，时代的趋尚影响着他们对吴敬梓的评价。刘师培在论及清代文学的变迁时曾慨叹："优于学者，往往拙于为文，文苑、儒林、道学，遂一分而不可复合。"[③] 伴随着清代朴学的兴起壮大，"文人""学人"界限渐趋严格分明。"文"与"学"的分离，自有其合理性，然而，中国的读书人向来推崇根底经史、熔铸诗文，遭逢汉学勃兴文人难免受汉学潮流的裹挟。尽管阮元极力提倡经学、史才、词科三者兼及，他也不得不承认"为才人易，为学人难"[④]，要突破"学术"与"文学"之间的藩篱，实在不是一件容易的事情。时代主流学风对于位处边缘的文士造成了心灵紧张和重压，晚年吴敬梓所云经学乃"人生立命处"[⑤]与其小说家身份所系甚紧，是沉痛语。

纵观吴敬梓一生，从少年时期"穿穴文史窥秘函"[⑥]"涉猎群经诸史函"（吴檠《为敏轩三十初度作》）[⑦]，至《诗说》及《儒林外史》成，如程晋芳《文木先生传》所概括，"仿唐人小说为《儒林外史》""学尤精《文选》""晚年亦好治经"，[⑧] 吴敬梓是小说家、诗人，也是学者。实际上，尽管《儒林外史》在吴敬梓的当世就开始流传，但吴敬梓其时并未以小说家出名，或者说小说家并不是吴敬梓最重要的身份。何满子称吴敬梓"更带有思想家的气质"[⑨]。夏志清十分欣赏吴敬梓的才华："要不是出于他对伪文人和贪官污吏的强烈反对，以及试图证明自己是一个正直的儒者和孤高的隐士强烈愿望，吴敬梓很可能是不会感到有必要成为一个小说家的。"[⑩] 吴敬梓在经、史研究及诗、文创作方面皆有造诣，

① 吴敬梓著，李汉秋辑校：《吴敬梓诗文集·移家赋》，北京：人民文学出版社，2002年，第8页。

② 金兆燕著，吕贤平辑校：《金兆燕集·甲戌仲冬送吴文木先生旅榇于扬州城外登舟归金陵》，北京：人民文学出版社，2018年，第325页。

③ 李帆编：《中国近代思想家文库·刘师培卷》，第327页。

④ 桂馥：《晚学集》，阮元《序》，清道光二十一年孔宪彝刻本。

⑤ 程晋芳：《勉行堂文集》卷六《文木先生传》。

⑥ 金榘：《泰然斋诗文集》卷二《次半园（吴檠）韵为敏轩三十初度同仲弟两铭作》，清道光二十六年重刻本。

⑦ 吴檠：《为敏轩三十初度作》，金榘《泰然斋诗文集》卷二附。

⑧ 唐人小说尤其讲究"史才、诗笔和议论"。

⑨ 安徽省纪念吴敬梓诞生二百八十周年委员会编：《儒林外史研究论文集》，合肥：安徽人民出版社，1982年，第21—22页。

⑩ 夏志清著：《中国古典小说史论》，胡益民等译，南昌：江西人民出版社，2001年，第252页。

且有所贯通，这些方面很多时候是同步的，在各个层面彼此多有对话，小说《儒林外史》与其诗文、《诗说》在许多方面则形成互文关系。鲁迅曾感慨《儒林外史》的遭际，说“伟大也要有人懂”，如果说程晋芳所云“竟以稗说传”是看重学者的吴敬梓，鲁迅强调的则是不一样的小说家（“万不可去做空头文学家”）[①]。以一生鸟瞰，吴敬梓34岁所云“独文梓焉”，晚年说“（经学）此人生立命也”[②]，其要做的即非雕虫文人，也非穷经皓首之俗儒。吴敬梓有思想，多担当，文章斐然成章，我以为“学者的文人”是吴敬梓十分适合的身份。

（二）人格与思想的独立

“功名富贵无凭据”[③]，清代知识分子的恶劣处境逼出一批看得透的知识分子，吴敬梓乃此中一流之人物。

生长于累代科甲世家，吴敬梓曾经在举业中反复挣扎过。作为长房的嫡传子孙，中年以前的吴敬梓恪守家族传统，诚心实意地做着科举兴家的梦。当侍奉病重的父亲和参加秀才考试发生冲突时，他选择了秀才试；瞻仰高祖吴沛修建的西墅草堂而作歌慨叹：“明月空传天子诏”[④]；雍正七年（1729）滁州科考，因担心被黜落，自负甚高的吴敬梓也向主考官“匍匐乞收”（吴檠《为敏轩三十初度作》）[⑤]；面对曾祖吴国对探花及第而建的“遗园”[⑥]，吴敬梓多希望“白雪按新歌”[⑦]，以振兴祖辈的举业成就。[⑧] 然而，“株守残编，落魄诸生十二年”（《减字木兰花（庚戌除夕客中）》）[⑨]，乡试屡败的失落、家族举业的式微使他陷入迷惘，吴敬梓深谙其中苦痛：友人李岑淼“扶病驱驰”[⑩] 应试，最后客死京城；同乡滁州冯粹中，晚年得中举人，旋即在京病逝[⑪]；高祖吴沛一生孜孜努力而志不得伸；舅氏“弱冠为诸生，六十犹迍邅”（《哭舅氏》）[⑫] 而终老科场；父亲吴霖起拔贡二十八年得选赣榆教谕，郁郁而终……这些鲜活的悲剧逼着吴敬梓反思，这一时期词如《减字

① 鲁迅：《鲁迅全集》第六卷《叶紫作〈丰收〉序》《死》，北京：人民文学出版社，2005年，第228、635页。

② 程晋芳：《勉行堂文集》卷六《文木先生传》。

③ 吴敬梓著，李汉秋辑校：《儒林外史汇校汇评》，上海：上海古籍出版社，2021年，第1页。

④ 吴敬梓著，李汉秋辑校：《吴敬梓诗文集》，第13页。

⑤ 金榘：《泰然斋诗文集》卷二附金两铭《和（吴檠）作》。

⑥ 《遗园四首》即是他这一时期思想的反映。诗见《吴敬梓诗文集》，第14页。

⑦ 吴敬梓著，李汉秋辑校：《遗园四首》（其二），《吴敬梓诗文集》，第14页。

⑧ 《丙辰除夕述怀》等词也多抒写此种心境。（《吴敬梓诗文集》，第28页。）

⑨ 吴敬梓著，李汉秋辑校：《吴敬梓诗文集》，第55—57页。

⑩ 吴敬梓著，李汉秋辑校：《吴敬梓诗文集》，第34页。

⑪ 吴烺在二十年后（1764）作诗《归里杂感十首》（其四）记其事，以示感激怀念之情。

⑫ 吴敬梓著，李汉秋辑校：《吴敬梓诗文集》，第44页。

木兰花》八首①、《买陂塘》二首②、《乳燕飞：甲寅除夕》③ 等记载着他的心路之旅，其中应鸿博试而中途退却在吴敬梓的思想发展中最有典型性④，最终吴敬梓辞去了京城的鸿博试。小说中杜少卿推辞李大人的举荐时，李大人对他说："世家子弟，怎说得不肯做官？""杜少卿就不敢再说了。"⑤ 去留之间的选择是艰难的。胡适说："丁巳以前，先生还有穷秀才气；丁巳以后，先生觉悟了，便是《儒林外史》的作者吴敬梓了。试看他宁可作自由解佩的汉皋神女，不愿作那红氍毹上的吴宫舞腰：这便是大觉悟的表示了。"⑥《贫女行》《美女篇》通过对比，作者说要做一个自由的汉皋神女！肯定个体的人格独立和精神自由，这已与吴敬梓创作《儒林外史》的情怀胸襟相比附了。《儒林外史》中杜少卿说："麋鹿之性，草野惯了"，"将来乡试也不应，科、岁也不考，逍遥自在，做些自己的事罢！"⑦ 这以后，作家的思想不断发展，尽管难免还会出现波折，但主线是明晰的。

《儒林外史》第一回借王冕之口说的"一代文人有厄"，对士人阶层在专制制度下的精神萎靡及由此引发的文化危机发出警思。"天上纷纷有百十个小星，都坠向东南角去了"，"天可怜见，降下这一伙星君去维持文运"⑧，"维持文运"四字道出吴敬梓的苦心。第三十四回杜少卿说："朱文公解经，自立一说，也是要后人与诸儒参看。而今丢了诸儒，只依朱注，这是后人固陋，与朱子不相干。"⑨ 朱子无意，然朝廷功令却有意将"朱说"与八股举业互为表里，其本质不过是要找一个实在的凭借而推行其文化专制的思想，由此"文以载道"的儒家传统与"代圣人立言"的八股举业之间咫尺不啻天涯。吴敬梓所畅扬不唯从朱注，更是对清代文化桎梏的反对。第四十九回迟衡山说："讲学问的只讲学问，不必问功名；讲功名的只讲功名，不必问学问。"⑩ 对于士人来说，强调学问的独立则尤为要紧。小说以祭泰伯大祭为中心，表现星君维持文运的努力；第五十五回写了市井四奇人，他们是开篇"楔子"所写之群星的一部分，吴敬梓对这些奇人寄予大希望。其实这也是士林普遍关心的问题，冯梦龙、蒲松龄、吴敬梓、曹雪芹等于此皆有思考，他们的文学

① 吴敬梓著，李汉秋辑校：《吴敬梓诗文集》，第 55—57 页。

② 吴敬梓著，李汉秋辑校：《吴敬梓诗文集》，第 59—60 页。

③ 吴敬梓著，李汉秋辑校：《吴敬梓诗文集》，第 63 页。

④ 吴敬梓与博学鸿词科考的情况，较早可见的比较典型的材料有：江宁县学训导唐时琳为《文木山房集》序云："相国泰安赵公方巡抚安徽，考取全椒诸生吴敬梓敏轩；侍读钱塘郑公督学于上江，交口称不置。……将论荐焉，而敏轩病不能就道。……非托为病辞者"，程廷祚为《文木山房集》序云："曾与荐鸿博，以病未赴，论者惜之。"程晋芳《勉行堂文集·文木先生传》中论及此事云："安徽巡抚赵公国麟闻其名，招之试，才之，以博学鸿词荐，竟不赴廷试。"

⑤ 吴敬梓著，李汉秋辑校：《儒林外史汇校汇评》，第 683 页。

⑥ 胡适：《胡适全集》第二卷《吴敬梓年谱》，合肥：安徽教育出版社，第 633 页。

⑦ 吴敬梓著，李汉秋辑校：《儒林外史汇校汇评》，第 683、692 页。

⑧ 吴敬梓著，李汉秋辑校：《儒林外史汇校汇评》，第 21 页。

⑨ 吴敬梓著，李汉秋辑校：《儒林外史汇校汇评》，第 698 页。

⑩ 吴敬梓著，李汉秋辑校：《儒林外史汇校汇评》，第 950—951 页。

作品及其他非文学作品汇为一个深厚的“文化文本”，不断催人觉醒，吴敬梓及其《儒林外史》则尤为突出。

举业家族的束缚与个体的觉醒、叛逆始终伴随着吴敬梓的思想发展，从“无端拟献金门赋”到“亦有却聘人，灌园葆贞素”① 构成他追求人格独立、精神解放历程中一个重要阶段，“吴敬梓是惊觉中国传统文化的深重危机的智者……，是百年后龚自珍的‘精神前身’”②，这类认识堪作吴敬梓《儒林外史》的知音。

二、“经”与“史”的双重维度

“文道论”是中国传统文论命题中最基本的理论思想，唐宋古文运动中韩愈等人“文以明道”观，强调文章明道、载道宗旨，强化了这一文论传统。后世对“文道论”不断发展、重释，其意义也不断更新，“文”由原初特指的古文或散文扩展至诗歌、小说、戏等，道也不仅限于儒家的道德义理，不同的时代具有不同的“道”的内含与思想，著述者根据时代要求，在作品中所寄寓各有其“道”。通俗小说传道论的兴起与明初统治者鼓吹风化，并颁布严厉的书籍查禁政策相关联。明中后期开始兴起的通俗小说为维持生存，首先打出小说传道的旗帜，“三言”序云：“不害于风化，不谬于圣贤，不戾于诗书经史”，可“佐经书史传之穷”，“为六经国史之辅”③，劝化世俗，补裨人心风俗，表现出一定的社会责任担当。然而，大多篇章思想与口号并不一致，不少小说则流于道德说教，甚至不乏装点门面的托词，如相阳柳伯生《如意君传》跋曰：“史有小说，犹经有注解乎？经所蕴，注解散之，乃如汉武、飞燕内外之传，闺阁密款，犹视之于今，而足以发史之所蕴，则果犹经有注解耳。”④ 终不脱娱众媚俗，小说文化品格并不高。明清时期的八股文，其亦载道，陈独秀《文学革命论》云：“余尝谓唐宋八家文之所谓‘文以载道’，直与八股家之所谓‘代圣贤立言’，同一鼻孔出气。”⑤ 甚至于如小说中高翰林所云：“这些话是教养题目文章里的词藻”⑥，显示士大夫精神层面的颓堕，如黄宗羲所云：“（经传）

① 吴敬梓著，李汉秋辑校：《吴敬梓诗文集》，第27、36页。

② 何满子：《伟大也要有人懂》，《中华读书报》2002年3月27日。

③ 丁锡根编著：《中国历代小说序跋集》（中册），北京：人民文学出版社，1996年，第777、776、780页。所谓“六经皆史”，一般会列举浙东史学，称道章学诚的“六经皆史”说。实际上，王阳明回答徐爱提出的问题：“先儒论《六经》，以《春秋》为史。史专记事，恐与《五经》事体终或稍异。”阳明回答说：“以事言谓之史，以道言谓之经。事即道，道即事。《春秋》亦经，《五经》亦史。《易》是包牺氏之史，《书》是尧、舜以下史。《礼》《乐》是三代史。其事同，其道同，安有所谓异！”（王阳明撰，邓艾明注：《传习录注疏》，上海：上海古籍出版社，2012年，第22页）吴敬梓的经史观也与此相呼应，在包括将小说名之曰“外史”以及《儒林外史》中说诗、《诗说》的思想等方面都有相通处。

④ 徐昌龄：《则天皇后如意君传》，东京大学东洋文化研究所藏本。

⑤ 陈独秀：《陈独秀文章选编》，北京：生活·读书·新知三联书店，1984年，第173页。此段语言当看作是五四新文化运动时期并不少见的矫枉过正之语。

⑥ 吴敬梓著，李汉秋辑校：《儒林外史汇校汇评》，第695页。

亦复为拊掌之资。"[①] 《儒林外史》推崇"史"尊"经"正的传统，小说"义"与"经"配，并带有浓厚的思想史意识，与一般的文人想象大不同，吴敬梓欲借"外史"以明道。

在清代学术的演进过程中，乾嘉时期是一重要转型，乾嘉学派以其朴实的考经证史为学特征，揭开了清代学术的新风貌，生活在这一时期的吴敬梓也深受影响。其朋友中，程廷祚、程晋芳、沈大成、江昱等都是当时活跃在江南学术圈的士绅，胡适将吴敬梓与程廷祚并举，说他们是"乾嘉经学的先锋"[②]。程晋芳云："（吴敬梓）晚年亦好治经。"吴敬梓十分推重"经"的价值判断，其进一步延伸，由经而礼，直到小说高潮的泰伯祠大祭。儒家早期经典构成《儒林外史》的价值和意义的本源，经学思想反映在小说中并与当时学术潮流相接续。小说第三十三回迟衡山说："而今读书的朋友，只不过讲个举业，若会做两句诗赋，就算雅极的了，放着经史上礼、乐、兵、农的事，全然不问。"所以想要在南京与友人"春秋两仲，用古礼古乐致祭，借此大家习学礼乐，成就出些人才，也可以助一助政教"[③]，这些想法便是小说深意之所在，使八股在"代圣人立言"之道掩盖下的"博大和恶辣"[④] 昭昭然。胡适在 1916 年 9 月 5 日的日记中写道："清文正传不在桐城、阳湖，而在吴敬梓、曹雪芹、李伯元、吴趼人诸人也。"[⑤] 从这一角度来说，只有理解了文章在中国文学史上的枢纽作用，你才会懂得鲁迅为什么说《儒林外史》了不起。

吴敬梓史家意识强烈，吴敬梓有未成书的《史汉纪疑》[⑥]，其小说命曰"外史"之名，二者创作精神当有相通处，[⑦] 甚至可以推想《儒林外史》当与《史汉纪疑》之间有某种密切的关联，可惜未有成书。小说虽云"外史"，在时间上却相当严格地采用明代的王朝纪年，有关明代历史人物和事件指涉虽零星散见，互不关联，但是汇总起来，确实勾勒出小说重要的历史叙述层面，成为《儒林外史》暗藏的一条主线。小说开篇为王冕立传以及卧闲草堂本闲斋老人序的时间标识等，即已触及到修撰《明史》这个重大敏感的政治和学术问题。作者将小说所要表达的思想进行历史化和语境化的处理，在小说与历史语境之间建立起关联点并融会贯通。李葆恂《旧学庵笔记》曰：

> 阮文达是扬州人，却极赏吴敏轩《儒林外史》一书，尝谓："作者系安徽望族，所讥者乃其乡里来商于扬而起家者，与土著无干。"又云："作者一肚皮愤激，作此发

① 黄宗羲：《黄梨洲文集》，北京：中华书局，1959 年，第 85 页。

② 胡适：《胡适全集》，第 642 页。

③ 吴敬梓著，李汉秋辑校：《儒林外史汇校汇评》，第 686、687 页。

④ 鲁迅：《鲁迅全集》第六卷《且介亭杂文·买〈小学大全〉记》，第 60 页。

⑤ 胡适：《胡适全集》卷二八《日记》，第 456 页。

⑥ 平步青：《霞外攟屑》卷九《小栖霞说稗》，北京：中华书局，1959 年，第 670 页。

⑦ 当一个思想家、一个儒者想要借助小说这种文体，来反思文人的群体命运与生存困境时，自然也会考虑著述的原则与规范不乖于正。"史"是仅次于"经"的一类文体，吴敬梓的"外史"虽不同于正史，但仍然大体尊重了史书的文体规范和撰述宗旨。如史书旨在提供历史经验，必须真实客观，排斥任何主观的、诗意的与繁缛的表达。为了达到这个目的，《儒林外史》尽量保持客观、冷静的简约风格。

泄，与太史公作谤书，情事相等，故笔力亦十得六七。”倾倒极矣！予谓敏轩此书，不惟小说中无此奇文，恐欧、苏后具此文笔者亦少；明之归、唐，国朝之方、姚，皆不及远甚。只看他笔外有笔，无字句处皆文章，言尽于此，意见于彼，褒贬讽刺，俱从太史公《封禅书》得来，真绝世奇书也。①

《儒林外史》史家笔法尤多②，小说构建出一系列人物、场面和情节，与外部世界形成多样的历史性关联，具有“信史”的价值③。明清两代的诸多历史事件、清代的文字狱、博学鸿词试、遭际各异的学者与文人等在小说中皆有指涉。“以事明义，以义系人，析义之精微平实，缀文之错综变化，盖良史之流亚也。”④ 这些论题非为历史添加典故异闻，而是基于“经”之正当性的价值裁断，以经史贯穿的思维来理解世界，在正史之外进行历史书写并开启小说的批评空间，其对抗正史的姿态隐约可见，小说因此具有了强烈的现实精神与批判意识。

三、文体与结构：“铸鼎象物，魑魅魍魉毕现尺幅”

小说之分唐宋主要就文言或白话文体而言，进而可以推衍到风格上的雅俗。冯梦龙《古今小说序》曰：“唐人选言，入于文心；宋人通俗，谐于里耳。”⑤ 前者主要体现为逸事、志怪与传奇，后者则主要包括话本小说及后来的章回小说。程晋芳称吴敬梓“仿唐人小说为《儒林外史》”，将《儒林外史》溯源而与唐人小说接续，指出小说在记录逸事见闻的同时，兼擅文情与笔力。实际上，章回小说之日益文人化，以及真正走出说书传统，“唐人小说”发挥着重要作用。后世学步《儒林外史》者，如李伯元、吴趼人等，也都同时创作文言小说与章回小说，由此遂有鲁迅称之为“虽云长篇，颇同短制”⑥ 的结构范式。金和则将《儒林外史》与《阅微草堂笔记》比较，称《儒林外史》“体例精严，似又在纪书之上”⑦。在大量轶闻故事与社会风情的描绘上，相较《儒林外史》，《阅微草堂笔记》结构相对松散，吴敬梓则将文言小说（唐人小说）搜罗轶闻与洞达人情方面以及章回小说结构长篇敷衍故事之特质结合起来，且多有扬弃。闲斋老人序曰：

---

① 李葆恂：《义州李氏丛刻·旧学庵笔记》，民国五年李放京师刊本。

② 清代政府对私史撰述管控尤严，平步青《霞外攟屑》说：“《史汉纪疑》未成书。”（《霞外攟屑》卷九，第670页）宁楷《挽吴赠君四首》诗中自注曰：“方著《史汉纪疑》，未毕。”（《修洁堂集略》卷二，中国社会科学院图书馆藏本）小说的创作与其精神相通，可以推想《儒林外史》当与《史汉纪疑》之间有着某种密切的关联，可惜未有成书。

③ 吴国钦：《〈儒林外史〉中的戏曲资料》，《中山大学学报》2002年第3期。

④ 刘咸炘：《推十书》（增补全本）丁辑第1册《小说裁论》，上海：上海科学技术文献出版社，2009年，第218—219页。

⑤ 冯梦龙：《喻世名言·叙》，北京：人民文学出版社，1995年。

⑥ 鲁迅：《鲁迅全集》卷九《中国小说史略》，第229页。

⑦ 李汉秋编著：《儒林外史研究资料集成》，第47页。

乃言者津津夸其章法之奇、用笔之妙，且谓其摹写人物事故，即家常日用米盐琐屑，皆各穷神尽相，画工化工，合为一手，从来稗官无有出其右者。①

吴敬梓专注于“家常日用米盐琐屑”，不妨称之为小说写实精神的体现，更表现出对以“传奇”著称的小说的革新。日常生活的描摹，不仅体现在如卧评所言“世间惟最平实而为万目所共见者，为最难得其神似也”② ——小说用笔描摹的难度，其难处尤其在对小说故事性的疏离，这意味着不再对传统支撑整部小说的中心情节亦步亦趋。齐省堂本惺园退士序曰：“《儒林外史》一书，摹绘世故人情，真如铸鼎象物，魑魅魍魉毕现尺幅。”③摒弃中心情节并不表示小说散漫无章，吴敬梓有其独立的结构意识，齐评称赏其“鼎形结构”，强调小说结构的稳定及其涵盖内容的深邃广大。鼎之顶端即鼎盖，是小说楔子中出现的王冕，尾声之四客为鼎之足，充斥于鼎内的则是读书人这个群体。开篇写王冕作为“敷陈大义”“隐括全文”的参照，结尾市井四奇人包含“高山流水”“述往思来”之思想意蕴。在小说首尾确立下的主旨体系中，各色人物纷纷登场；在精心描摹的一幅幅风俗画背后，小说主旨逐渐呈现。吴敬梓以此结构他的长篇小说，这实在是个创举。小说第三十三回卧评曰：

祭泰伯祠是书中第一个大结束。凡作一部大书，如匠石之营宫室，必先具结构于胸中：孰为厅堂，孰为卧室，孰为书斋、灶厩，一一布置停当，然后可以兴工。此书之祭泰伯祠，是宫室中之厅堂也。从开卷历历落落写诸名士，写到虞博士是其结穴处，故祭泰伯祠亦是其结穴处。譬如岷山导江，至敷浅原，是大总汇处。以下又迤逦而入于海。书中之有泰伯祠，犹之乎江汉之有敷浅原也。④

从金圣叹开始，小说评点家已经认识到小说中的这种“史汉笔法”，以文章角度读小说成为批点中常用方法。泰伯祠大祭是整个小说结构的中心，并指出其位置与功用，其说主脑、讲经络、辨声调、识笔力等，虽然也在结构意识下讲求首尾一致、血脉贯通，然其着眼点已在“立意”，而非“事件”。就此而言，卧闲草堂本《儒林外史》的回评比金圣叹评《水浒传》或毛宗岗说《三国》更贴切，其评述对象更像是一篇大文章，而《儒林外史》确实更像是一篇“大文章”。

更进一步说，中国古典小说中，《儒林外史》算是“文气”最浓的一部。小说由情节故事转向人情世态的描摹以突出作家理想与审美意识，这在章回小说创作中堪称独举，小说也因此而真正文章化。周作人在燕京大学教授国学语文课程时，面对过去由“现时白话文追溯到四大古典小说”的方法，周氏觉得此思路“虽是容易，却没有多大意思，或者不如再追上去，到古文里去看也好”，于是从“《儒林外史》的楔子，讲王冕的那一回，别的

① 吴敬梓著，李汉秋辑校：《儒林外史汇校汇评》，第1077页。

② 吴敬梓著，李汉秋辑校：《儒林外史汇校汇评》，第143页。

③ 吴敬梓著，李汉秋辑校：《儒林外史汇校汇评》，第1083页。

④ 吴敬梓著，李汉秋辑校：《儒林外史汇校汇评》，第688页。

白话小说就此略过”[①]，一跳就到了明清之际的文人。直到发现了明代的李卓吾、张宗子、公安三袁等，终于理清了“中国新文学的源流”。周氏追踪“从白话到美文”的路径源流，将《儒林外史》与文章（明代的散文，或曰小品文）接续起来，林庚也说可以将《儒林外史》当成无数讥弹士林的小品文来读[②]，他们都注意到作为小说的《儒林外史》在文体上有别样的特征。

实际上，文体的作用不仅代表着它的形式、结构或体裁，很多时候更是一种思维方式的表达。重视思想教化的清代科举考试制度所要求的八股文可以训练读书人的思维，实现思想控制，清朝统治者所以尤其重视，不断强调“厘正文体”[③]，其本质上表明一种思想的宣示，以致八股文对文学产生了极大的影响。大略说来，生活在明清时代的作者，只有科举上有所成就或完全疏离举业，才能发挥其天才的文学创作。吴敬梓“独嫉时文士如仇，其尤工者，则尤嫉之”[④]，对八股文的痛恨与决绝促成了《儒林外史》的诞生，也拉近了《儒林外史》与晚明小品文的距离[⑤]，使其包蕴着更多“文章趣味”。

四、“口语化的散文”：纯净和富于表现力的语言

胡适曾将宋濂《王冕传》和《儒林外史》第一回比较后说：

> 即如那《儒林外史》里的王冕，是一个有感情，有血气，能生动，能谈笑的活人。这都因为做书的人能用活言语活文字来描写他的生活神情。那宋濂集子里的王冕，便成了一个没有生气，不能动人的死人。[⑥]

撇开胡适“反对文言文，提倡白话文”的文学主张，仅就其以“王冕传”为例来说明《儒林外史》的文学价值，更“生气”“动人”，其分析确实抓住了关键。钱玄同也有类似观点：“白话文学之中有‘方言的文学’和‘国语的文学’之区别……《儒林外史》出世之日，可以说它是中国国语的文学完全成立的一个大纪元。”[⑦] 吴敬梓自觉地运用“国语”的白话写作，成为中国文学的一块里程碑。

相较同期前后的中国古典小说，吴敬梓比早先的作家更大程度上坚持了不受通俗小说传统影响的创作方法，[⑧] 特别是小说在景物与场景的描写中多用白话，而绝少韵文，请看

---

① 周作人：《知堂乙酉文编》，石家庄：河北教育出版社，2002 年，第 57 页。

② 林庚：《中国文学简史》，北京：北京大学出版社，1995 年，第 664 页。

③ 《清仁宗实录》卷二〇三、二八六，《台湾文献史料丛刊》，台北：台湾大通书局，1984 年。

④ 《勉行堂文集》卷六《文木先生传》。

⑤ 参看吕贤平：《从晚明小品文的“一点觉醒”到〈儒林外史〉的文化省思》，《福州大学学报》2017 年第 4 期。

⑥ 胡适：《胡适全集》第一卷《建设的文学革命论》，第 456 页。

⑦ 钱玄同：《〈儒林外史〉新序》，吴敬梓：《儒林外史》，上海：上海亚东图书馆，1922 年第 4 版。

⑧ 吴敬梓也极少袭用说书人惯用的文辞，最低限度地遵从着形式上的某些需要。小说以对仗的两句为标题，几乎每一回都以“话说”开篇，结尾皆用四行韵文，伴随“欲知后事如何，且听下回分解”的套话。

小说中杜少卿居所的描写：

从厅后一个走巷内，曲曲折折走进去，才到一个花园。那花园一进朝东的三间，左边一个楼，便是殿元公的赐书楼。楼前一个大院落，一座牡丹台，一座芍药台。两树极大的桂花，正开的好。合面又是三间敞榭，横头朝南三间书房后，一个大荷花池。池上搭了一条桥，过去又是三间密屋，乃杜少卿自己读书之处。①

这是杜少卿的故居，吴敬梓将高祖吴沛西墅草堂之精灵蕴含其中。这里鲜花点缀，曲径通幽，书香诱人，吴敬梓如数家珍，娓娓道来，将家族灵魂人物蕴含其中，整段文字都浸渍着对故乡最美好的记忆和最温情的寄托，傲岸不羁的吴敬梓满是失落的心境上却总有对故乡最温馨的记忆。小说中七泖湖畔的湖光荷色，南京秦淮河、玄武湖的风光，杭州西湖之景色，吴敬梓都能信手拈来，将它们准确而生动地描绘出来，各各不同。如秦淮河之景色，闲适自足中充满着一种自然的状态与情怀，张文虎感叹说："写秦淮风景，百世之下犹令人神往。"② 夏志清总结说：

在一部主要的白话小说里，描绘性的段落由于运用口语化的散文而第一次同叙述的正文有机地结合了起来。作者有意避免那些用于描绘的公式化的诗词用语，实际上证明他已经根据自己对不同人物、不同地点的观察来进行描写了。南京、杭州、嘉兴以及江南的其他城市，它们的丰富而纷纭的日常生活和闻名于世的美丽动人的风光景色，在作品中得到了生动的再现，那些景致至今依然可辨。③

实际上，作者在景色描写中寄寓着情思，如南京不仅有秦淮之美丽，也有"这个地方是可以饿的死人的"④ 深哀巨痛，这是江南文人生存境遇下的精神世界的痛苦体验。如果将杭州的景物描摹看成一个有机的整体，那么，在这个整体中我们可以看到如张岱《湖心亭看雪》《西湖七月半》那样的小品文所组成的世界。林庚所说《儒林外史》与晚明小品文精神相通，大概也由此触发。其叙述（事）文字同样纯净、生动、极富表现力。请看下面一段叙述：

须臾整理停当，何美之捧出盘子，浑家拎着酒，放在桌子上摆下。和尚上坐，浑家下陪，何美之打横，把酒来斟。吃着，说起三五日内要往范府替老太太做斋。何美之浑家说道："范家老奶奶，我们自小看见他的，是个和气不过的老人家。只有他媳妇儿，是庄南头胡屠户的女儿，一双红镶边的眼睛，一窝子黄头发，那日在这里住，

① 吴敬梓著，李汉秋辑校：《儒林外史汇校汇评》，第 641 页。

② 吴敬梓著，李汉秋辑校：《儒林外史汇校汇评》，第 529 页。陈文新说："从吴敬梓对南京几处名胜的记叙，我们至少可感觉到三个要点：吴敬梓对南京满怀深情；他采用的是写实的笔墨；具有与古代风土笔记游记散文样高的精确性。这在明清时代的言话小说中颇为罕见。"陈文新：《吴敬梓的情怀与哲思》，合肥：安徽文艺出版社，2018 年，第 205 页。

③ 夏志清著：《中国古典小说史论》，胡益民等译，第 215 页。

④ 吴敬梓著，李汉秋辑校：《儒林外史汇校汇评》，第 591 页。

鞋也没有一双，夏天靸着个蒲窝子，歪腿烂脚的。而今弄两件‘尸皮子’穿起来，听见说做了夫人，好不体面！你说那里看人去！”①

胡屠户之女与何美之妻子都出身下层，相去不远，胡氏骤然富贵，穷招人笑，富招人嫉，卧评曰：“观何美之浑家口中数语，只不过气不忿范太太，何其用笔之雅，直将‘功名富贵’四字写入愚妇人胸中，吾不知作者之锦心绣口居何等也。”② 吴敬梓以妇人之口说妇人之事，刻画极尽世情。另外，作者有意识地引文言入白话，使小说语言略带涩味，略显古奥，读来却十分明畅，传统文言小说的长处也借此显示出来。③ “红镶边的眼睛”“一窝子黄头发”“靸着个蒲窝子”“歪腿烂脚”“尸皮子”实在是最习见的全椒方言土语白话，用在这里极富表现力（整篇小说其家乡全椒方言和俚语词汇尤多）。则仙评“又闹了一会，婊子又通头、洗脸、刷屁股”句曰：“妙哉‘刷’乎！今试悬之国门，有能易此字者当不惜北面师事之。”④ “语入要紧处，不可着一毫脂粉，越俗越家常，越警醒。”⑤ 其语言简洁纯净，不可增减半字，⑥ 形成《儒林外史》的“口语化的散文”风格，效果奇佳，写一人而骂尽诸色。

《儒林外史》的场景描写借助这种语言风格也同样精彩：

> 余大先生抬头看尊经阁上，绣衣朱履，觥筹交错。方六老爷行了一回礼，拘束狠了，宽去了纱帽圆领，换了方巾便服，在阁上廊沿间徘徊徘徊。便有一个卖花牙婆，姓权，大着一双脚，走上阁来，哈哈笑道：“我来看老太太入祠！”方六老爷笑容可掬，同他站在一处，伏在栏杆上看执事。方六老爷拿手一宗一宗的指着说与他听。权卖婆一手扶着栏杆，一手拉开裤腰捉虱子，捉着，一个一个往嘴里送。⑦

堂堂尊经阁上有卖花婆拉开裤腰捉虱子吃！即如黄评云：“写到如此不堪，令阅者几不欲观，而先生不遗余力，穷形尽相，岂非禹鼎铸奸，欲少有天良者一醒悟耶。”⑧ 夏志清十分欣赏吴敬梓的才华，一方面为吴敬梓只是小说家而惋惜，然而又不得不承认：“如果吴敬梓没有成为小说家，我们也就看不到他对周围社会生活栩栩如生的艺术再现了，看

① 吴敬梓著，李汉秋辑校：《儒林外史汇校汇评》，第 81 页。

② 吴敬梓著，李汉秋辑校：《儒林外史汇校汇评》，第 81 页。

③ 钱玄同说：“但那时的做白话文章，并不是有坚决的主张，不过文学家要很真切的发表自己的情感，哲学家要很真切的发表自己的学说，有时候觉得古语不很适用，就用当时的白话来凑补，所以把古文和白话夹杂起来，自由使用。这时候文章中的白话，不过站在补缀古文的地位。”（《〈儒林外史〉新序》）

④ 吴敬梓著，李汉秋辑校：《儒林外史汇校汇评》，第 833 页。

⑤ 徐渭：《徐渭集》，北京：中华书局，1999 年，第 1093 页。

⑥ 《儒林外史》语言所表现的“纯净和富于表现力”，这方面与桐城派的古文讲究雅洁有共通，但二者思想迥异。

⑦ 吴敬梓著，李汉秋辑校：《儒林外史汇校汇评》，第 922—923 页。

⑧ 吴敬梓著，李汉秋辑校：《儒林外史汇校汇评》，第 923 页。

不到由《儒林外史》给我们保存至今的、那早已消逝了的18世纪的中国社会风俗了。”①小说中诸如蘧公孙的热闹的婚礼、杨执中铜炉摩弄等等描写无不若此，堂皇的婚礼上偏有梁上老鼠掉进盛着燕窝的碗里，这些都确实像一幅幅“清代雍乾时期的社会风俗画”。同时，我们不要被热闹的故事的假象所迷惑，打碎了粉汤与碗的厨役与狗儿的斗气使狠，杨执中看梅品茗的诗情画意中偏偏跑出醉鬼儿子杨老六锅中捞肉的胡闹，这些夹杂的错乱正是作者的玄音。金和跋云：“读者太半以其体近小说，玩为谈柄，未必尽得先生警世之苦心。”② 史家春秋笔法所寄寓的是吴敬梓的苦心孤诣。

明清时期的读书人多灾多难，清代尤其突出，充满戏剧性与史诗性，可以做成大文章。吴组缃曾评价《儒林外史》说：“关于中国知识分子的历史性格与命运……《儒林外史》里已经全有了。”③ 比起袁枚的性灵，抑或方苞的纯净，吴敬梓不发无关大局的牢骚，其脱略门面，扛得起大题目，确非一般“文章”家可比。《儒林外史》堪称大家手笔。

The Construction of Elegance and Vulgarity in *The Scholars*

—Development from a Collection of Unofficial Stories into an Essay on Classics and History

LÜ Xianping
(School of Liberal Arts, Minnan Normal University, Zhangzhou, Fujian 363000)

Abstract: Though *The Scholars* is a novel, it has no “corruptive feature” of “casualness” . Its feature of “novel in the form of essay” is the inheritance and development of tranditional Chinese “theories of teaching and education” . Wu Jingzi attached great significance to teaching and education and emphasized that both learning and writing should benefit soceity. His thoughs of classics and history integrated into novels, and his purified and expressive language usage form the “distinctive style and profound expression” of *The Scholars*, full of “features of an essay” . Evaluated from persective of elegance and dignity in literay, Wu Jingzi, born in an aristocratis family, showed now and then in this novel that elegance differs greatly from vulgarity, an idea, though influenced by his family power, revealed the truth. Therefore, this novel, as one of the

① 夏志清著，胡益民等译：《中国古典小说史论》，第230—231、252页。
② 吴敬梓著，李汉秋辑校：《儒林外史汇校汇评》，第1081—1082页。
③ 何满子：《伟大也要有人懂》，《中华读书报》2002年3月27日。

the vulgar literary masterpieces has reached the height of elegance as classical works.

Keywords：novels；essays；elegance and vulgarity

作者简介：吕贤平，闽南师范大学文学院教授，著有《明清时期全椒吴敬梓家族及其文学风貌》等。苏筱旆，女，河北沙河人，闽南师范大学文学院硕士研究生。

征稿启事附注释规范

一、征稿启事

《闽海学刊》是闽南师范大学文学院创办的综合性学术辑刊，刊发人文科学领域的优秀学术论文。本刊虽处中国东南一隅，但抱广对四海之心，诚挚欢迎海内外作者惠赐大作，共襄其事。今将相关事宜通知如下：

1. 本刊为半年刊，一年刊发两辑，分别于每年 6 月、12 月出版。作者投稿后一般会在一月内收到本刊编辑部的处理通知。

2. 来稿请使用中文规范简体字写作，用其他语种写作的论文，请自行翻译成中文。论文每篇以 10000—15000 字为宜，少数文章字数可扩展到 30000 字。

3. 论文应包括正题（副题）、作者、摘要、关键词、正文、作者简介以及题目、作者、摘要、关键词的英译。

4. 来稿请在文末附上作者信息，包括姓名、工作单位、学历、职称、邮编、通讯地址、电话、电子信箱、代表性著作 1 部或论文 1 篇。

5. 所有来稿由本刊编辑部匿名送两位相关学科专家评审，通过者即告知作者大致在哪一辑刊发。

6. 本刊刊发原创论文，作者切勿一稿多投。虽未发表而在博客、微信等平台上传的论文，本刊一律谢绝采用。凡涉抄袭、侵害他人著作权之事，概由作者承担一切责任。

7. 本刊刊登稿件为作者个人研究成果，不代表本刊意见。如论文涉及敏感话题，本刊会根据相关规定，与作者联系后做出恰当处理。

8. 论文一经发表，即付稿酬，并寄送样刊 3 册。

9. 本刊将加入中国知网，所付稿酬已包含中国知网收录的稿酬。凡不愿在中国知网显示自己的文章者，请事先告知本刊，本刊会做处理。

10. 本刊目前通过电子邮箱接收稿件，特殊情况可邮寄纸质稿件。投稿电子邮箱：minhaixuekan@163.com。地址：中国福建省漳州市芗城区县前直街 36 号闽南师范大学文学院《闽海学刊》编辑部。邮政编码：363000。电话：0596—2591442。

二、注释规范

1. 本刊采用页下注。每页重新编号。

2. 注释内容有：作者、题名、出版地、出版者、出版年、引文页码。同一专著再次征引时只需标注作者、题名、页码，出版信息可以省略；期刊、报纸文章及析出文献，再次征引时依然保留出处信息。具体分述如下：

（1）引用古籍文献：

谢章铤：《赌棋山庄文集》卷四，清光绪十年南昌刻本，第十七页 b。

刘将孙：《养吾斋集》卷九《刻长吉诗序》，《文渊阁四库全书》集部 1199 册，台北：台湾商务印书馆，1986 年，第 80 页。

许慎撰，段玉裁注：《说文解字段注》第一篇下，成都：成都古籍书店，1981 年，第 31 页。

谢章铤：《赌棋山庄遗稿》，八闽文库编纂委员会编：《福建文献集成》集部（48），影印福建省图书馆藏稿本，福州：福建人民出版社，2020 年，第 427—428 页。

（2）引用今人著作：

鲁迅：《中国小说史略》，北京：中华书局，2010 年，第 22 页。

秦观撰，徐培均笺注：《淮海集笺注》，上海：上海古籍出版社，1994 年，第 176 页。

屈兴国编：《词话丛编二编》，杭州：浙江古籍出版社，2013 年，第 1378 页。

（3）引用析出文献：

姚中秋：《作为一种制度变迁模式的“转型”》，罗卫东、姚中秋：《中国转型理论分析：奥地利学派的视角》，杭州：浙江大学出版社，2009 年，第 44 页。

陈衍：《石遗室诗话》卷二四，张寅彭主编：《民国诗话丛编》第 1 册，上海：上海书店，2022 年，第 328 页。

（4）引用论文：

吴承学：《生命之喻——论中国古代关于文学艺术人化的批评》，《文学评论》1994 年第 1 期。

王宁、黄易青：《词源意义与词汇意义论析》，《北京师范大学学报》（人文社会科学版）2002 年第 4 期。

赖静玫：《刘辰翁诗歌评点论析——以唐代诗歌为研究中心》，台湾淡江大学 2003 年硕士论文，第 123 页。

（5）引用译作：

［法］杜夫海纳：《美学与哲学》，孙非译，北京：中国社会科学出版社，1985 年，第 52 页。

［日］浅见洋二：《文本的密码——社会语境中的宋代文学》，李贵、赵蕊蕊等译，复

旦大学出版社，2017 年，第 200 页。

（6）引用报纸、杂志文献：

钱锺书：《中国固有的文学批评的一个特点》，《文学杂志》第 1 卷第 4 期，1937 年 8 月。

习近平：《深入学习坚决贯彻党的十九届五中全会精神　确保全面建设社会主义现代化国家开好局》，《人民日报》2021 年 1 月 12 日，第 1 版。

（7）引用网络文献：

《习近平同美国总统拜登举行视频会晤》，中国政府网，http：//www.gov.cn/xinwen/2021—11/16/content _ 5651232.htm. 最后访问时间：2022 年 1 月 23 日。

图书在版编目（CIP）数据

闽海学刊. 第一辑 / 肖庆伟主编. --福州 ：福建人民出版社，2024.11. -- ISBN 978-7-211-09701-2

Ⅰ. C53

中国国家版本馆 CIP 数据核字第 2024R0L988 号

闽海学刊（第一辑）

主　　编： 肖庆伟
责任编辑： 张煜杰
助理编辑： 李　科
美术编辑： 王　玮
责任校对： 陈　璟
出版发行： 福建人民出版社　　**电　　话：** 0591-87533169（发行部）
网　　址： http://www.fjpph.com　　**电子邮箱：** fjpph7211@126.com
地　　址： 福州市东水路 76 号　　**邮政编码：** 350001
经　　销： 福建新华发行（集团）有限责任公司
印　　刷： 福州报业鸿升印刷有限责任公司
地　　址： 福州市仓山区建新北路 151 号
电　　话： 0591-38720782
开　　本： 787 毫米×1092 毫米　1/16
印　　张： 16.5
字　　数： 341 千字
版　　次： 2024 年 11 月第 1 版　　2024 年 11 月第 1 次印刷
书　　号： ISBN 978-7-211-09701-2
定　　价： 80.00 元

本书如有印装质量问题，影响阅读，请直接向承印厂调换。